+ 추천사 +

예술로서의 목회

    목회! 이는 듣기만 하여도 가슴이 설레는 말이다. 목회라는 말만 들어도 가슴이 뛰던 시절이 있었다. 그리스도교 역사를 꾸려 내려온 동력이 바로 목회이다. 하지만 목회! 그것은 달걀로 바위를 치는 일이었다. 구멍 난 항아리에 물 붓기였다. 목회를 통하여 거둘 성과는 애초부터 목적이 아니었다. 애쓴 만큼 보상이 주어지지 않는 경우가 더 많았다. 더디고 느린 과정에 깃든 감격이 더 컸다. 무모하지만 의심하지 않았고, 후회하거나 남과 비교하지 않았다. 우공이산(愚公移山)의 심정으로 그 길을 걸었다. 배는 고팠고 삶은 고달팠지만 그 이상으로 행복했다. 흔들림은 있었지만 멈춤은 없었다. 성공에 이르지는 않았으나 실패라고 생각하지 않는다. 목회, 그 자체가 기쁨이고 보람이고 행복이었다. 가난하면서도 만족하고, 실패하고서도 비굴해지지 않고, 성공해서도 교만하지 않는, 인생을 이만큼 대담하게 하는 일이 목회 말고 또 무엇이 있겠는가?

    세상이 바뀐 것일까? 목회를 꿈꾸는 젊은이들이 줄어 신학교에는 학생이 미달이라고 걱정들 한다. 동네마다 우후죽순처럼 있던 많은 교회 중에서 더러 문을 닫기도 한다. 뭔가 기운이 빠진 듯하다. 특정 교회의 부흥은 있지만 전체 교회는 날로 쇠퇴하고 있다. 내 교회의 부흥에 만족하고 안심할 수 없는 이유이다. 교회의 사회적 인식은 날로 추락한다. 교회에서 만족을 얻지 못하는 이들이 교회로부터 등을 돌리고 있다. 그러는 사이에 이단과 사교들이 골목과 거리를 잠식하고 있다. 총체적 위기란 이런 경우를 말하는 듯하다. 무슨 방법이 있을까?

은사 중심의 신비주의가 교회를 허리케인처럼 훑고 지나간 적이 있다. 성경의 언어로 위장한 성공학이 교회를 쓰나미처럼 휩쓸기도 하였다. 자본주의 사고방식의 경영이 목회를 대체하기도 하였다. 그 사이에서 성실하고 건강한 목회자는 비지땀을 흘리면서 바벨론화 되는 교회를 멀찍이 바라보아야만 했다. '그 교회'와 '이 교회'의 간극이 너무 심했다. 현상과 본질을 혼동하는 사이에 교회는 상처를 입어 만신창이가 되었다. 이런 때 드는 생각이 튼실한 기본기이다.

저자는 목회를 안수받은 목사만의 전문 분야로 설명하지 않는다. 그의 말을 빌리자면 '목회는 일상에서 하나님 나라의 백성으로서 헌신하는 성도를 모두 포괄하는 일'이다. 목회는 목사의 단독 사역이 아니라는 저자의 말이 반갑다. 그는 이런 목회를 '하나님의 목회'로 명명한다. 목회의 가닥이 잡히는 느낌이다. 특히 목회를 객관화하는 자세야말로 소경이 소경을 인도하는 우를 벗어나는 유일한 길임을 깨닫게 한다. 지극히 당연한 말이 한없이 반가운 이유는 우리의 좌표가 심하게 흔들리고 있기 때문이다.

이 책은 한 마디로 기본에 충실한 책이다. 예배와 교육, 봉사, 교제, 선교를 교회의 튼실한 기둥으로서 그 역할을 변함없이 강조한다. 그러면서도 우리가 간과하기 쉬운 것을 세심하게 살펴 무엇이 소중한지를 스스로 질문하게 한다. 저자는 목회 비평을 통해 목회 객관화를 주문한다. 목회는 한두 개의 단순한 공식으로 풀 수 있는 산수가 아니다. 목회자는 다양한 공식과 복잡한 원리가 한데 섞여 있는 목회 현장을 제대로 볼 수 있어야 한다. 비평 없는 목회는 욕망으로 꿈틀거리는 맘모니즘과 다를 바 없다. 따뜻한 인간애와 하나님 나라에 대한 확신과 인접 학문에 대한 열정이 필요한 이유이다. 평소에 저자가 강조하는 바대로 탈교회 시대에 목회 비평이야말로 남은 자로서 하나님 나라를 가능하게 한다.

이 책은 목회의 기본기뿐만 아니라 미래 지향성의 책이어서 고리타분하지 않다. 게다가 저자가 목회를 진·선·미로 풀어내는 모습이 반갑다. 내가 『그리스에서 바로크까지』와 『클래식에서 이동파까지』(동연, 2021)를 쓰면서 담고 싶었던 긴 내용을 저자는 짧은 지면에 포함적으로 언급하고 있어 놀랍다. 조직신학자와 인문학도의 반가운 조우를 느꼈다. 흔히 건축을 종합예술이라고 하는데 목회야말로 그렇다. 예술이 기술에게 놀림당하는 시대에 아름다움을 목회로 실현하려는 저자의 의지가 고맙다. 목회는 아름다움에 목마른 이가 하는 거룩한 예술이다.

이 책을 읽고 목회하였더라면 더 행복하였으리라 생각하며 지금 목회를 꿈꾸는 신학생과 여전히 목회 의지가 뜨거운 분들이 이 책을 읽으면 바른 지향과 큰 기쁨에 이르리라 확신한다. 이 책이 나오면 냉큼 구입하여 선물하고 싶은 얼굴들이 떠오른다. 축복의 출산을 기다리는 마음이다.

최광열(인문지식소매점 구멍가게 대표)

교회에 대한 각종 담론이 무성하고 목회와 관련된 온갖 성공 지향적 제언이 난무하는 시대다. 그 어지러운 말들의 쟁론 가운데 목회자들도 때로 교회를 지키려는 순정한 마음으로, 또는 교회 성장을 바라는 간절한 염원으로, 더러 목회의 위기를 벗어나려는 다급한 몸부림으로 이곳저곳을 기웃거리며 모범답안 찾기에 분주한 형편이다. 그러나 교회에 대해, 목회에 관해 바람직하다는 주장의 말을 쏟아내면 낼수록 교회 안팎의 사람들이 피곤해하고 목회자가 스트레스를 더 받는 듯한 분위기는 참 아이러니한 현상이다. 교회의 이상적 모델이 한 가지가 아니고 목회의 지혜와 방법이 다양하다는 증거 아니겠는가.

최성수 박사는 신학자로서 신학 비평이란 영역을 이 땅에서 개척하였고 또 그동안 목회 경험과 현재의 선교 경험을 토대로 이 책을 통해 목회 비평이란 장르를 소개하고 있다. 이를 위해 그는 화려한 색조의 기발한 담론을 제안하기보다 기본과 상식을 토대로 오늘날 당면한 탈교회 시대의 제반 문제들을 다각도로 진단하고 분석하면서 합리적인 대안을 제시한다. 목회 비평은 무엇보다 공동체로서 교회의 주인이 하나님이고 그리스도의 몸으로서 그 명분과 목표가 하나님의 뜻에 맞추어져 있다는 기본 중의 기본을 초심으로 돌아가 되새기는 데서 출발해야 한다. 그것을 토대로 목회 비평이란 "목회행위를 가능하게 한 신학적인 조건들과 목회를 들여다보는 틀과 그리고 목회행위에 함의된 판단을 신학적으로 분석하여 잘못된 부분을 비판하고, 다른 한편으로는 목회를 건강하게 수행할 수 있도록 목회의 현실을 밝히고 바른 목회의 방향과 구체적인 방법을 제시"하는 데 목표를 두고 있다.

저자 최 박사가 제시하는 바 목회에서 균형을 잡아야 하는 신앙의 '두 초점'과 교회를 건강하게 만들어주는 '다섯 기둥'(예배, 교제, 섬김, 교육, 선교)은 교회 목회의 기존 개념을 재조명하는 것이지만 그 심층적 의미를 신학적으로 확장하면서 조화와 균형을 강조한다는 점에서 목회의 성찰을 위해 특히 유익하다. 이 책의 특징이자 장점은 저자가 한 가지 중요한 논지를 강조하기 위해 그 대척점의 다른 요소를 배제하거나 무시하기보다 그것들이 어떻게 합력하여 최선의 결과를 이끌어낼 수 있는지 그 포용과 통섭의 지혜를 보여준다는 것이다. 나아가 목회는 교역자와 평신도를 포함하는 교회의 구성원 전체가 참여함으로써 동역하는 것이지만 그것이 단순히 인간의 유익을 도모하는 '인간의 목회'에 머물지 않고 궁극적으로 '하나님의 목회'를 지향하는 것이 필수라는 주장도 새겨들어야 할 논점이다. 이러한 주장은 단순하면서도 이루기 어려운 목표인데 바로 그러한 이유로 목회가 종합예술로서 창의성이 필요한 영역이며, 하나님의 뜻을 따라 겸손히 감당할 때 보람찬 사역이기도 한 것일 터다.

탄탄한 신학적 연단을 거치며 이론과 현장의 경험을 두루 쌓아온 신학자/목회자의 이 역동적인 목회 비평의 교본이 탈교회 시대, 후기 기독교 세계(post-Christendom)의 수렁 속에 우왕좌왕하는 한국 교회를 다시 세우는 데 큰 도움이 되길 바라며 일독을 권한다.

차정식 교수(한일장신대, 신학과)

조직신학을 전공하여 박사학위를 취득한 후 여러 곳에서 자신의 전공 학문을 가르쳐온 저자는 그 와중에도 다양한 타 전공 분야를 섭렵함으로써 나름대로 학문 활동의 지평을 꾸준히 넓혀 온 독특한 경력이 있다. 기독교 영화 평론가로서의 활동이 그렇고, 예배와 설교에 관한 다채로운 연구가 그렇다. 이러한 연구 활동에는 당연히 여러 권의 책과 글들이 포함되어 있다. 그리고 이제는 영역을 더 넓혀 캄보디아 선교사로서 조직신학을 가르치면서, 자신의 목회 경험에 기초하여 기독교 교양을 위한 저술 작업에 힘을 쏟고 있는 바, 본서는 그러한 작업의 연장 선상에 놓인 책이라 할 수 있겠다. 제목이 암시하듯이, 저자는 목회가 본질적으로 사람에 의해서 이루어지는 것이 아니라 하나님의 주도 하에 이루어지는 것이어야 함을 강조한다. 더 나아가서 저자는 일반 성도까지도 포함하는 목회자 개념의 확대를 시도하는 중에, 교회와 신앙생활의 중심을 이루는 다섯 개의 기둥(예배, 교육, 봉사, 교제, 선교)을 순서대로 살피되, 교회와 세상을 아우르고 신학과 인문학을 통섭해야 할 사명을 가진 신학자의 본령에 입각하여, 건강한 교회를 세우기 위한 목적의 목회 비평 작업을 본서에서 시도하고 있다. 읽는 이에 따라서는 다소 불편함이 느껴질 수도 있겠지만, 위기에 놓인 한국 교회를 사랑하고 염려하는 저자의 애정 어린 목소리에 귀를 기울여볼 필요도 있을 것이다. 한국 교회와 하나님 나라를 향한 저자의 충정과 노고가 담긴 본서의 일독을 적극 추천한다.

강성렬 교수(호남신대, 구약학)

하나님의 후회
인간의 후회

하나님의 축하
인간의 축하

최성수 지음

그리스도인은 오직 교회 직분에서만 차이가 있을 뿐 모두가 평등하다. 하나님 앞에서 살아가는 존재이기 때문이다. 주인과 노예, 남성과 여성, 어른과 아이의 관계에서 차별이 점차 사라진 건 성경적 가치관에서 유래한 생각 때문이다. 이런 생각은 성경 곳곳에서 발견할 수 있음에도 불구하고 오랫동안 수면 아래 있었다. 지극히 당연한 사실이 오히려 낯설게 느껴질 정도인 이 생각을 수면 위로 떠오르게 한 건 마르틴 루터(Martin Luther)가 주장한 '만인사제론(Priestertum aller Gläubigen/ Priesthood of All Believers)'이다. 이것을 근간으로 삼는 개혁주의 신앙에서 교회 사역은 신분이 아니라 오직 은사에 따른 직분으로 구분한다.

"우리가 한 몸에 많은 지체를 가졌으나 모든 지체가 같은 기능을 가진 것이 아니니 이와 같이 우리 많은 사람이 그리스도 안에서 한 몸이 되어 서로 지체가 되었느니라 우리에게 주신 은혜대로 받은 은사가 각각 다르니 혹 예언이면 믿음의 분수대로, 혹 섬기는 일이면 섬기는 일로, 혹 가르치는 자면 가르치는 일로, 혹 위로하는 자면 위로하는 일로, 구제하는 자는 성실함으로, 다스리는 자는 부지런함으로, 긍휼을 베푸는 자는 즐거움으로 할 것이니라"(롬 12:4~8)

"그가 어떤 사람은 사도로, 어떤 사람은 선지자로, 어떤 사람은 복음 전하는 자로, 어떤 사람은 목사와 교사로 삼으셨으니 이는 성도를 온전하게 하여 봉사의 일을 하게 하며 그리스도의 몸을 세우려 하심이라 우리가 다 하나님의 아들을 믿는 것과 아는 일에 하나가 되어 온전한 사람을 이루어 그리스도의 장성한 분량이 충만한 데까지 이르리니 이는 우리가 이제부터 어린아이가 되지 아니하여 사람의 속임수와 간사한 유혹에 빠져 온갖 교훈의 풍조에 밀려 요동하지 않게 하려 함이라 오직 사랑 안에서 참된 것을 하여 범사에 그에게까지 자랄지라 그는 머리니 곧 그리스도라 그에게서 온 몸이 각 마디를 통하여 도움을 받음으로 연결되고 결합되어 각 지체의 분량대로 역사하여 그 몸을 자라게 하며 사랑 안에서 스스로 세우느니라"(엡 4:11~16)

인자와 자비의 하나님이 창조주로서 세상을 다스린다는 사실이 구약에서는 사사와 선지자와 제사장 그리고 왕을 통해 계시하였고, 신약에서는 예수 그리스도의 오심으로, 그의 인격 안에서, 그리고 그의 사역을 통해 계시하였다. 지금은 계시한 말씀과 성령을 통해 믿는 자 안에서 그리고 그들의 공동체를 통해서 다스리신다.

이 땅을 하나님의 뜻에 따라 관리하는 일 곧 하나님의 다스림을 이 땅에 적합하게 실현하는 일을 목회라 한다면, 진정한 목회자는 오직 삼위일체 하나님이고, 목회의 원천은 '하나님의 목회'이다. 하나님의 섭리와 경륜에 따라 성령을 통해 그의 나라를 관리하는 자로서 참되고 선한 목회자의 모델을 보여주신 이는 예수 그리스도이다. 하나님 나라는 하나님 아들의 나라로 전환되고, 이 나라는 성령의 역사를 통해 현실에서 구현된다. 이로써 구원의 역사는 삼위 하나님의 공동목회를 기술한다.

그런데 하나님의 나라가 온전히 현실로 나타나기 전까지 이 일은 은사에 따라 부르심을 받아 하나님 나라를 위해 부름을 받은(혹은 관리를 위탁받아 행하는) 사람에게 위임된다(눅 22:29~30). 처음에는 사도요 그다음은 교회다. 따라서 성령이 사역하는 곳이며 그리스도의 몸인 공동체로서 교회에서 그리고 세상에서 이 일을 위해 부름을 받아 수행하는 사람, 그리고 은사를 받고 직분에 임명되어 부르심에 순종하여 행하는 사람은 누구나 '목회자'라 볼 수 있다. 곧 목회자는 소명에 따라 직분을 받고 사는 교인과 교역자 모두를 가리키는데, 다만 안수 여부에 따라 목회를 수행하는 영역과 책임 그리고 권한이 다를 뿐이다.

교역자(목사와 전도사)만 목회자로 여기는 건 교권주의(clericalism) 발상이다. 그렇다고 기존의 질서를 무시하는 건 아니다. 교회의 질서는 하나님의 통치를 실행하는 방식이기에 존중받아야 한다. 그러나 교회의 질서는 지배하는 방식이 아니라 서로 도우며 섬김으로써 세워지고 유지된다(마 20:28, 막 10:45). 강제적이지 않고 하나님의 주권적 자유에 복종하면서 은혜와 사랑을 구현하는 방식이다. 누구도 공동체를 떠나 홀로 목회를 감당할 수 없으며, 성도 모두가 은사에 따라 협력한다. 교역자 없이 교인만으로 안 되고, 교인 없이 교역자만으로도 안 된다. 교역자와 교인은 하나님의 목회에 순종하여 각자 목회를 수행하며, 또한 은사에 따라 서로 협력하여 목회를 수행한다.

따라서 이 글에서 사용된 '목회자'는 교역자와 직분을 맡은 교인 모두를 지칭하는 '성도'를 가리키고, 특별히 사역과 관련해서 구분할 필요가 있을 때는 '교역자'와 '교인'을 각각 구별하여 사용할 것이다. 교역자는 교인을 목회자로 세우는 목회자이다. 이렇게 구분하는 이유는 앞으로 이어지는 글에서 자세히 설명될 것이다. 예수 그리스도를 믿음으로 하나님에 의해 거룩하게 구별된 사람으로서 '성도'는 교역자와 교인 모두를 가리키는 말임을 밝힌다.

"그리스도의 몸"(고전 12:27)이며 "하나님의 집"(고전 3:9) 그리고 "하나님이 거하실 처소"(엡 2:22)인 교회는 바르게 세워져야 하고 건강한 상태로 유지되고 관리되어야 한다. 건축은 기초가 튼튼해야 하지만 기둥 역시 마찬가지다. 건강은 건강할 때 유지해야 한다. 한 번 잃은 건강을 회복하는 일은 건강을 지키는 일보다 훨씬 더 어렵기 때문이다. 때로는 불가능해지기도 한다.

필자는 하나님의 집인 교회와 그리스도의 몸인 교회의 건강에 특별한 관심을 두며 목회하고 신학함을 실천했다. 그리고 어떻게 하면 교회가 바르게 세워지고 또 건강을 유지할 수 있을지 고민하고 해결책을 모색하면서 이 글을 써나갔다. 독자들은 특히 이 점을 염두에 두고 읽어나가길 바란다. 교회가 바르게 세워지고 건강하게 유지하는 데 관심을 두고 읽다 보면 많은 점에서 공감할 것이라 확신한다.

청교도 목회자이자 신학자인 리처드 백스터는 "한 지역 내에서 그리스도의 교회가 성장하는 것은 그 목회자의 역할에 크게 좌우된다."[1]라고 말했다. 안수받은 목회자를 겨냥한 말이었을 테지만, 필자는 이 글을 목회자의 정체성을 갖고 살아가는 성도를 염두에 두고 썼다. 목사와 신학자이든, 신학생으로서 목회 예비자이든, 아니면 교회에서 직분을 받아 목회에 적극적으로 협력하며 살길 원하는 성도, 그리고 일상에서 하나님 나라의 백성으로서 헌신하는 성도를 모두 포괄한다.

목회자는 본질에서 배움의 길에서 멈출 수 없다. 하나님이 일하시는 한 세상은 날마다 새로울 것이기에 배울 이유는 늘 존재한다. 그렇다고 무한정 새로울 수는 없다. 반복하는 루틴에서도 날마다 새로운 걸 경험하게 해주는 건 예배다. 이런 의미에서 본 글은 예배로 시작해서 예배로 마치는 걸 본질로 하는 목회를 겨냥한다. 목회 개념과 실천된 목회 현실을 신학적 비판적으로 이해하고 또한 부르심에 합당하게 목회하길 원하는 사람에게 신학적으로 생각하고 토론할 내용 그리고 계속해서 신학을 공부할 이유를 제공한다. 이와 더불어 교회의 회복과 목회의 변혁이 일어난다면, 이는 분명 성령께서 일하신 까닭이니 무엇을 더 바랄 것인가?

무엇보다 목회의 원천이 '하나님의 목회'라는 사실과 인간의 목회는 다만 위임받아 행하는 일이라는 사실은 목회를 이해하고 설명하는 모든 노력이 근거로

---

1 Richard Baxter, *The Reformed Pastor*, 최치남 옮김, 『참 목자상』(생명의말씀사, 2003), 6.

삼아야 할 것이다.

엄밀히 말해서 이 글은 교회론이다. 교회를 목회신학 관점에서 살핀 것이다. 하나님의 목회를 위임받은 인간이 순종하며 행하는 목회 현장이 교회이다. 전통적인 교회론의 구조에서 벗어나 있으나 발견의 과정이 새로울 뿐 정당화 과정은 크게 다르지 않다.

이 글은 「장신논단」 52/5(2020.12), 261-287에 발표된 논문("탈 교회 시대에 목회 비평에 관한 연구")을 근간으로 한다. 논문에서 주장한 '두 초점 이론'을 교회 행위의 다섯 가지(예배, 교육, 봉사, 교제, 선교)에 적용하여 목회를 살펴본 것이다.

이 글의 가치를 인정해 기꺼이 추천서를 써 주신 강성렬 교수님, 차정식 교수님, 그리고 최광열 목사님께 진심을 다해 감사의 말씀을 드립니다. 그리고 김기현 목사님과 고재길 목사님은 많은 수고와 노력을 통해 이 글을 출판할 곳을 알아봐 주셨습니다. 그리고 표지 디자인을 위해 최광열 목사님은 이미지를, 김현수 목사님은 제목의 서체를 보내주셨습니다. 이 자리를 빌려 깊은 감사의 말씀을 드립니다.

+ 목 차 +

독서 안내   10

제1부

탈 교회 시대에서 목회 비평의 필요성

교회의 건강에 해를 입히는 핵심 요인들   25

  1. 문제의식   25

    하나님의 목회와 인간의 목회   30

    교회와 예배   36

    교회의 문제, 교역자   39

    건강을 상실한 교회   46

    교인을 대상으로 하는 목회?   50

    교역자와 교인의 관계   52

    비신학적인 목회   55

    하나님의 목회란?   61

  2. 연구 주제: 탈 교회 현상과 목회 그리고 목회 비평   66

  3. 어떻게 해결할 건가?   69

목회 비평   *72*

1. 문제해결을 위한 제안, 목회 비평   *72*
   목회 비평을 위한 대화 규칙들   *72*
   목회 비평의 신학적 자리매김   *75*

2. 목회 비평이란? : 선행연구와 관련해서   *79*
   목회진단과 목회 비평   *80*
   교회 미래학과 목회 비평   *82*
   목회자론과 목회 비평   *84*
   설교비평과 목회 비평   *85*
   공공신학과 목회 비평   *87*

3. 목회 비평이란? : 의미와 구조적 문제   *88*
   의미   *88*
   구조적인 문제   *90*
   • 금기 의식을 넘어서야 한다   *90*
   • 편향된 목회   *92*
   • 중심에서 두 초점으로   *93*
   • 예방을 위한 제안   *94*

4. 신학함으로서의 목회 비평   *96*
   목회 비평의 목적   *96*
   목회 비평의 당위성   *97*
   교회 비평 vs 목회 비평   *98*
   목회비평가   *100*
   목회 비평의 대상   *101*
   목회 비평의 두 방법   *102*
   목회 비평이 신학적이어야 할 이유   *104*

5. 목회 비평의 전통   *106*
   목회 비평의 성서적 기원과 역사   *106*
   • 천지창조   *107*

　　• 에덴동산의 사건　　　　　　　　　108
　　• 예언자들　　　　　　　　　　　110
　　• 성경은 목양을 위한 책　　　　　　111
　　• 교회사　　　　　　　　　　　113
　목회 비평의 선지자적 성격　　　　　115

6. 목회 비평의 두 초점　　　　　　　116
　신앙의 두 초점 이론　　　　　　　116
　　• 원형과 타원형　　　　　　　　117
　　• 교회의 두 측면　　　　　　　　117
　　• 하나님 나라의 두 초점　　　　　118
　　• 왜 타원궤도를 유지할까　　　　　119
　　• 두 초점의 관계　　　　　　　　120
　　• 문제해결의 실마리　　　　　　　121
　신학과 인문학　　　　　　　　　122
　교회와 세상　　　　　　　　　　125
　Text와 Context　　　　　　　　130
　나와 우리　　　　　　　　　　131

7. 목회의 재정의　　　　　　　　　133
　목회의 목표는 온전한 예배　　　　　133
　　• 하나님의 목회, 인간의 목회　　　133
　　• 목회의 목표는 예배　　　　　　135
　　• 성도=교역자와 교인=목회자　　　140
　목회의 출발점　　　　　　　　　147
　　• 성경　　　　　　　　　　　147
　　• 하나님 나라　　　　　　　　　149
　　• '하나님은 살아 계신다'라는 믿음　150
　　• 그리스도인　　　　　　　　　150
　　• 인간의 죄　　　　　　　　　151
　목회란?　　　　　　　　　　　152
　　• 목회와 교역자　　　　　　　　152

• 목회의 기대 : 시간과 공간 그리고 사람　　　　156

• 목회자 이미지　　　　166

• 목회란?　　　　184

8. 목회의 세 유형　　　　195

　십자가의 신학에 따른 그림자 목회　　　　196

　• 하나님 나라를 지시하는 일　　　　196

　• 십자가의 신학과 영광의 신학　　　　197

　• 그림자에 대한 다양한 이미지　　　　199

　• 선악과의 유혹　　　　201

　• 그림자 목회　　　　203

　창조신앙에 따른 진/선/미 목회　　　　206

　• 창조신앙과 진/선/미의 신학적 의미　　　　206

　• 진/선/미 목회　　　　209

　삼위일체 신학에 따른 통전적 목회　　　　214

　• 통전 개념 이해　　　　214

　• 페리코레시스(perichoresis)　　　　215

　• 통전적 목회　　　　216

9. 목회 비평의 실제　　　　218

　목회 비평의 과제　　　　218

　목회를 관찰하고 분석하기 위한 틀　　　　221

　• 논리들　　　　221

　• 목회의 본질과 교회사적 전통과의 연관성　　　　225

　• 목회 비평의 기준　　　　227

제2부

교회를 건강하게 지탱하는 다섯 기둥

왜 다섯 기둥인가?   *235*

교회의 다섯 기둥

\- 예배, 교육, 봉사, 교제, 선교   *246*

  1. 예배는 왜 교회의 기둥인가?

    \- 두 예배를 초점으로 갖는 교회   *246*

    교회는 하나님 나라의 모형   *250*

    예배란?   *252*

    교회와 예배   *253*

    타원형 모델의 교회   *256*

    어떻게 예배해야 하는가?   *259*

    예배가 너무 많다?   *261*

    예배는 교회의 존재 이유   *266*

    목회 비평의 기준으로서 두 초점의 예배   *267*

  2. 교육은 왜 교회의 기둥인가?

    \- 인간 이해 및 하나님 이해에서 출발하는 교육   *269*

    가르침과 교회의 기초   *269*

    교육을 통한 믿음의 형성은 가능한가?   *276*

      • 믿음의 신학적 측면과 사회적/윤리적인 측면   *276*

      • 균형 잡힌 믿음을 위해   *280*

    기독교/교회 교육은 왜 필요한가?   *284*

    인간 이해와 기독교 교육   *287*

      • 인간 이해   *287*

• 기독교 교육의 목적   *292*

• 인간은 하나님을 나타내는 존재   *295*

• 인간은 관계적인 존재   *296*

• 관계 속 인간에게 주어진 원칙들   *298*

• 기독교 교육은 하나님의 형상으로 살 수 있도록 돕는 일   *299*

하나님 이해와 기독교 교육   *300*

• 이름 계시와 하나님의 본질   *301*

• 하나님의 속성과 행위   *314*

목회 비평의 기준으로서 두 초점의 교육   *325*

3. 교제는 왜 교회의 기둥인가?

-성도의 교제와 공적 사역을 통한 교제   *327*

관계 결핍의 인간   *327*

종교에서의 관계   *330*

교회와 교제   *331*

교제(사귐)의 의미   *332*

• 교제의 원형   *333*

교제는 교회의 기둥   *335*

• 교제와 존재   *335*

• 삼위 하나님의 교제   *337*

• 성도의 교제는 성찬공동체   *338*

• 교제가 없는 교회?   *340*

• 교제의 방식   *341*

• 교제의 비결   *342*

교회 안에서의 교제, 동호회?   *348*

교회 밖의 교제=선교?   *350*

목회 비평의 기준으로서 두 초점의 교제   *352*

4. 봉사(섬김)는 왜 교회의 기둥인가?

- 공동체를 위한 교회와 타자를 위한 교회   *353*

봉사와 부르심   *353*

　　· 왜 봉사인가?　　　　　　　　　　　　　 355

　　· 봉사(섬김)란　　　　　　　　　　　　　 356

　　· 부르심　　　　　　　　　　　　　　　　 363

　　· 봉사와 부르심　　　　　　　　　　　　　 365

　　· 봉사와 쉼　　　　　　　　　　　　　　　 367

　섬김은 제자도　　　　　　　　　　　　　　 369

　봉사는 하나님이 사용하시는 도구　　　　　 370

　봉사(섬김)는 예배　　　　　　　　　　　　 374

　봉사가 없으면 무슨 일이 일어나는가?　　　 375

　목회 비평의 기준으로서 두 초점의 봉사　　 377

5. 선교는 왜 교회의 기둥인가?

　- 선교와 하나님의 선교　　　　　　　　　 379

　하나님 나라와 선교　　　　　　　　　　　 379

　　· 선교적 교회　　　　　　　　　　　　　 386

　　· 선교에 대한 다양한 이해　　　　　　　 387

　　· 선교 없는 교회?　　　　　　　　　　　 389

　선교 현실의 변화에 따른 새로운 선교 개념　 391

　　· 관계전도　　　　　　　　　　　　　　　 391

　　· 하나님의 선교　　　　　　　　　　　　 393

　　· BAM(Business As Mission)　　　　　　 399

　　· 문화선교　　　　　　　　　　　　　　　 402

　선교와 '하나님의 선교'의 통합　　　　　　 403

　　· 통합의 가능성　　　　　　　　　　　　 403

　　· 비판신학의 가능성　　　　　　　　　　 405

　타 종교인에 대한 선교 활동은 괜찮은가?　 406

　여행 금지 국가로의 선교여행은 괜찮은가?　 409

　목회 비평의 기준으로서 두 초점의 선교　　 411

나가는 말　　　　　　　　　　　　　　　　 412

제1부

탈 교회 시대에서
목회 비평의 필요성

교회의 건강에 해를 입히는
핵심 요인들

"예수께서 나아와 말씀하여 이르시되 하늘과 땅의 모든 권세를 내게 주셨으니
그러므로 너희는 가서 모든 민족을 제자로 삼아 아버지와 아들과 성령의 이름으로 세례를 베풀고
내가 너희에게 분부한 모든 것을 가르쳐 지키게 하라 볼지어다
내가 세상 끝날까지 너희와 항상 함께 있으리라 하시니라"

(마 28:18~20)

1. 문제의식

교역자와 교인(관습적으로 말해서 목회자와 성도)의 관계는 교회 이해에서 결코 간과할 수 없는 주제임에도 불구하고 양자의 관계와 그것의 상관관계를 규명하는 논문은 찾아보기 쉽지 않다. 양자의 어그러진 관계로 인해 발생하는 갖가지 불협화음이 교회의 건강과 실존을 위협한다는 사실을 생각한다면, 이 주제는 신학이 절대 간과해서는 안 된다. 필자는 현재 대량으로 쏟아지고 있는 교회 문제의 귀책사유가 누구에게 있는지 잘잘못을 따지기 전에 먼저 목회를 교회론의 큰 틀에서 보고 생산적 비평을 위한 기반을 마련해보려고 한다.

이와 관련해서 구체적으로 목회 비평을 다루기 전에 먼저 교회의 건강에 치명적인 해를 입히는 핵심 요인들을 몇 가지 살펴보는 것이 좋겠다. 보기에 따라서 다

양한 요인이 있겠지만(세속화, 맘몬이즘, 기복신앙, 이단, 목회자를 대하는 성도의 자질, 도덕적
윤리적 타락, 공공성 상실, 목회의 불투명성, 목회의 무능, 비신학적 목회, 성례의 경시 등), 최소한
성경이 있고 또 성경을 바탕으로 설교하고 있음에도 목회에서 잘못이 무엇인지
모르는 건 정말이지 심각한 문제이다. 이에 비해 무엇이 잘못인지 알고 있는 것 같
아 조심스레 들여다보면, 목회가 신학적 인식에 바탕을 두지 않아 발생한 문제인
경우가 많다. 이것들도 작지 않은 문제이지만, 더욱 큰 문제는, 설령 개별적 목회
행위가 있고 또 목회의 의미는 다양하게 밝혀져 있어도 그것을 신학적 적합성에
비추어 평가하는 기준이 없는 현실이다.

비록 나름 신학적 성찰에 근거한 문제해결이라고 해도, 그 주장이 개인의 경험
과 통찰의 수준에 머물러 있어 객관적인 근거로 삼지 못하거나 혹은 너무 이질적
이어서 한국교회의 체질과 상황에 맞지 않아 목회자가 목회행위를 위한 신뢰할
만한 근거로 삼지 못하는 경우가 허다하다. 신학은 많으나 목회자가 신뢰할 만한
신학은 부족하다. 신학자로서 부끄러운 일이지만, 목회에 유용하게 활용할 만한 것
이 없다는 말을 목회자들에게 자주 듣는다. 너무 어렵거나 아니면 현실 상황에 맞
지 않다는 불만이 많다. 홍수 가운데 마실 물이 없는 형국이다.

어찌 되었든 이렇게 되면 목회는 고삐 풀린 망아지처럼 자의적인 방식으로 실행
된다. 한국교회는 개교회주의로 몸살을 앓고 있는데, 춘추전국시대가 따로 없다. 이
로 말미암아 교회 성장을 위한 전략과 목회자의 철학에 따라 어느 한 분야(복음, 말
씀, 교육, 선교, 신학, 봉사, 교제, 생명, 문화, 정의, 평화, 인권, 환경 등)에만 집중하는 목회는 오
늘날까지 각축장을 연상케 할 정도이고, 심지어 교회 운영방식에서 목회자의 생
각과 다른 생각을 가진 교인은 목회에 대한 이의를 표현하지 못한 채 자기의 생각
을 불평과 불만으로 평가절하하고 체념하며 살아야 한다. 불만의 정도가 심한 경
우엔 교회를 떠나고 여기에 안주하는 삶에 익숙해지면 신앙마저 포기한다.

물론 목회를 평가하는 기준이 없었던 까닭이 없지는 않다. 특히 목회가 하나님
앞에서만 책임을 지는 행위라는 인식이 크게 작용하였다. 문제는 그것이 구체적

으로 무엇을 의미하는지 밝히지 않은 채, 면책의 이유만으로 제시된 것이다. 이런 관습적 사고가 일으키는 또 다른 문제는 목회의 신학적 근거를 파악하는 일이 쉽지 않은 것이다. 교회가 성장하고 부흥하는 데 공헌하면 무엇이든 가져다 쓰는 태도가 용인되었는데, 이렇게 되면 교회를 일반단체로부터 구별하는 일은 어려워져 도대체 교회란 곳이 무엇이고 무엇을 하는 곳인지 질문이 절로 나온다. 교회 내 문제가 사회 문제로 불거져 세상의 근심거리로 전락하든가 세상으로부터 고립하든가 세상에 동화되어 국가에 헌신하는 시민단체와 구분이 되지 않는 경우다.

이런 문제의식을 염두에 두고 써나가는 글에서 필자가 기대하는 바는 탈 교회 물결이 거센 현실에서 교회를 회복하고 구원할 이는 오직 하나님밖에 없다는 신앙고백이 현실에서 제자리를 차지하는 것이다.

"너희는 가만히 있어 내가 하나님 됨을 알지어다…"(시 46:10 상반절)

탈 교회 물결이 거세질 때 오히려 교회를 새롭게 볼 안목이 열렸다는 것이 필자의 생각이다. 이 기회를 놓치지 않기 위해 쓰린 마음을 부둥켜안고 피눈물을 흘리면서 이 글을 썼다.

이 글의 근간을 형성하는 틀로 필자는 두 초점 이론(two focal theory)을 제시하려고 한다. 그리고 두 초점 이론에 따른 교회 행위의 다섯 기둥(예배, 교육, 교제, 봉사, 선교)에 관해 상술할 것이다. 이와 관련해서는 앞으로 전개되는 글에서 자세히 다루겠지만, 간단히 말해서 예수 그리스도의 오심과 함께 성령을 통해 이 땅에서 분명해진 하나님 나라는 '교회와 세상', 이 두 초점을 두고 형성되는 타원형에 비유될 수 있다.[1] 특히 두 초점을 말할 때 포인트는 상반된 듯이 보이면서도 서로에게 영

---

1 하나님이 세상을 다스리는 방식으로 타원형 모델을 생각하고, 이로써 세상 속 교회 혹은 그리스도인의 실존을 설명하려는 노력은 필자의 성찰에서 얻은 결론이다. 이미 오래전에 기획하고 집필하여 2019년에 출판된 『언제까지 가짜 신앙을 포장할 것인가?』(이화, 2019), 14쪽에서 소개한 바 있다. 필자의 창의적인 아이디어로 생각

향을 주고받는 요인들 사이에서 균형을 유지하는 데에 있다. 하나님이 아닌 피조물로서 인간이 전체를 인식할 수 없는 한계로 인해 빚어진 현상이다. 하나님 나라에서는 초점이 오직 하나인 하나님 중심의 원형 구조를 갖춘다.

교회의 건강을 위협하는 많은 요인이 있지만, 이곳에선 한국교회의 문제를 언급하는 일에서 가장 많이 회자하고 또 수렴하는 '교역자와 그들의 목회행위'에 집중하면서 '교인과 그들의 목회'를 포함한 다른 요인들을 개괄하고자 한다.[2] 무엇보다 하나님의 구원을 나타내기 위해 부름을 받은 교회의 목회를 두 초점의 원리에

하고는 이를 상술하기 위한 목적으로 글을 쓰고 있었다. 그런데 2020년도에 책을 읽는 중에 아브라함 J. 헤셸의 책에서 비록 맥락은 달라도 유사한 의미의 글을 읽게 되었다. 인용하면 다음과 같다. "인간의 삶이 움직여 나가는 코스는 천체의 궤도처럼, 원이 아니라 타원이다. 우리는 두 개의 중심에 결부되어 있다. 우리 자신이라는 초점과 하나님이라는 초점이 그것이다. 그 두 개의 힘에 이끌려 움직이는 우리는 획득하고 즐기고 소유하려는 충동과, 응답하고 굴복하고 내어주려는 욕망을 아울러 지니고 있다." 『사람은 혼자가 아니다』(한국기독교연구소, 2007), 176. 또한 같은 해에 지구촌의 위협과 한국교회의 위기 상황에서 지속 가능한 성장을 위한 생명 목회를 추구하면서 원형이 아닌 '타원형 교회의 모델'을 주장한 2005년에 출판된 양재섭/구미정의 논문도 읽게 되었다(양재섭/구미정, "지속 가능한 성장을 위한 생명 목회의 패러다임-'타원형 교회' 모델을 향하여", 대한예수교장로회총회생명살리기운동10년위원회 편, 『하나님 나라와 생명 살림』, 한국장로교출판사, 2005, 365-405). 저자들은 논문에서 생명 목회가 공생과 상생을 위한 나눔의 지도력임을 주장하였다. 이는 필자의 생각과 매우 유사한 문제의식에서 출발하여 이는 같은 결론임을 확인할 수 있었다. 이후에 양재섭 교수의 정리된 생각을 읽었다. 양재섭, 『생명을 나누는 타원형 교회』(바이오사이언스출판, 2012). 결과적으로 '타원형 모델'에 관해 필자보다 앞서 나온 글을 면밀하게 분석하여 참조하였다. 조직신학자 윤철호 역시 타원 개념을 통전적 신학 방법론과 관련해서 사용했고(윤철호, "통전적 신학 방법론-춘계 이종성의 신학 방법론을 중심으로," 『장신논단』 47-1, 2015. 3, 125-49, 143), 타원 개념은 기독교 교육학에서도 사용되었다: 이규민, "한국교회 다음 세대 위기에 대한 대안 모색-생명과 생명력 고찰을 중심으로," 『신학 논단』 81 (2015. 9), 201-33; 김도일, "우리 교회, 우리 마을 이야기: 지역사회 생태계 살림과 회복," 『교회 교육』 459 (2016. 11), 10-17. 이는 두 초점 이론이 그만큼 포괄적이라는 점을 입증하는 사례라 볼 수 있다. 필자가 두 초점 이론이 목회 현장에서 구체적으로 어떻게 적용되는지에 대해 상술했다면, 이들은 타원형 모델을 언급하였을 뿐이다.

2 대한예수교장로회 합동 교단이 낸 보고서에 따르면, 교회의 개혁을 위해 가장 우선적인 개혁 대상은 목회자였다. "대한예수교장로회 합동 교단이 낸 '코로나 19 시대 한국교회 신생태계 조성 및 미래전략 수립을 위한 조사 결과 보고서'에 따르면 설문조사 대상 목회자(목사와 부목사) 600명 중 86.0%가 '한국교회에 혁신이 얼마나 필요한가'라는 질의에 '매우 필요'라는 입장을 보였다. '약간 필요'는 12.9%로, '필요하다'라는 의견이 전체 98.9%를 차지했다. 한국교회의 혁신이 '전혀·별로 필요하지 않다'라는 의견은 0.6%에 불과했다. 주요 개혁 대상으로는 '목회자'라는 답이 32.8%로 가장 많았다. 이어 '개별 교단·총회·노회'가 28.4%, '기독교 관련자 모두' 23.2%, '기독교 기관·연합 단체' 7.4% 등의 순이었다."(뉴스앤조이 2021년 1월 18일 자)

따라 살펴볼 틀을 제공하여 목회의 신학적인 근거를 튼튼하게 다질 뿐 아니라 목회 행위와 목회구조에서 건강을 회복할 가능성을 모색할 것이다. 필자가 말하는 두 초점의 원리는 어느 정도 소위 통전적(wholistic) 관점이라 말할 수 있는데, 여기서 말하는 통전적 관점은 종합적인 의미를 얻기 위한 해석학적인 원리를 의미하지 않는다. 교회 행위를 구분하여 보기는 하되 서로 대립적인 것으로 보지 않고, 오히려 전체로 보고 또 상호 간 유기적 관계를 가능케 하는 관점을 의미한다.[3]

　교회의 건강한 회복을 위해 필자는 앞서 언급한 여러 방향에서 조명된 목회의 실증적 현실을 받아들이되 교회의 건강을 위한 목회의 적합성과 관련해서 비평할 필요성을 밝히고 또 건강한 교회를 회복하기 위한 비평 가능성을 신학적으로 탐색하는 것을 목표로 삼았다. 여기에 더해 비평의 도구를 개발하는 것도 본 연구의 목적 가운데 하나다. 무엇보다 목회라는 이름으로 실천하는 일들을 조직신학적 관점에서 생산적으로(constructive) 분석하며 고찰하려 한다. 특히 목회를 생산적으로 고찰하려는 이유는 오늘날 교회가 세상의 비난을 받는 일이 잦아졌고, 또 이와 더불어 탈 교회 현상이 두드러졌기 때문이다. 한편으로는 전방위적으로 비난받는 교회의 아픔을 깊이 공감하는 일이 필요하고 다른 한편으로는 회복을 위해 진리의 빛을 등으로 삼아 세상 속 교회의 사명을 위해 앞으로 나아갈 길을 모색해야 한다.

　사실 교회가 하나님 나라를 세상 가운데 나타내기 위해 세워졌기에 칭찬도 받고 비난도 받는 건 지극히 자연스러운 일이다. 그러나 교인들의 탈 교회 움직임이나 신학의 탈 기독교 신앙적 경향[4]을 띤 작금의 교회 현상은 전례를 찾아보기 어

3　이런 통전적 관점에 대해서는 다음을 참고: 최성수, "통전적 신학에서 '통전' 개념의 의미와 그 기제에 관한 연구", 「장신논단」 53-1(2021.3), 127-157.

4　John Shelby Spong, *Why Christianity Must Change or Die: A Bishop Speaks to Believers In Exile*, 김준우 옮김, 『기독교가 변하지 않으면 죽는다-교회 감독이 유배당한 신자들에게 고함』 (한국기독교연구소, 2001); Timothy Freke, *The Jesus Mysteries*, 승영조 옮김, 『예수님은 신화다-기독교의 신은 이교도의 신인가』 (미지북스, 2009); 오강남, 『예수님은 없다-기독교 뒤집어 읽기』 (현암사, 2017).

렵다. 신뢰가 바닥으로까지 내려간 현실에서[5] 최소한 바로잡기 위한 방향이라도 정하지 않으면 더는 회복하기 어려울 것이다.

이 글은, 교회가 본질에서 벗어나거나 본질을 상실해서 나타난 탈 교회 현상에도 불구하고, 하나님은 세상을 다스리시며 또한 언약 백성인 교회를 결단코 포기하지 않는다는 사실을 전제한다. 포기하지 않는다고 해서 잘못을 인지하지 못하고 회개하지 않는 교회를 무조건 받아들이신다는 건 아니다. 또 전통 교회가 새로운 형태의 교회보다 더 낫다는 것도 아니다. 다만 새로운 목회의 가능성을 말한다 해도 결코 무시되어서는 안 되는 요소들이 있기에 이것을 발전시킬 방안을 모색할 것이다. 비평을 넘어 회복을 위한 길을 찾는 노력으로 보면 될 것이다.

하나님의 목회와 인간의 목회

케빈 밴후처(Kevin J. Vanhoozer)는 에베소서 1:4에 근거하여 다음과 같이 말했다.

"하나님은 세상이 창조되기 전부터 그분의 교회를 세우는 일을 해오셨다."[6]

이것을 필자의 언어로 다시 말한다면 이렇다: 하나님의 목회는 세상 창조와 함께 구체적으로 세상 가운데 나타났으며, 또한 당신의 목회를 인간에게 위임하셨고 이를 위해 복을 주셨다(empowerment). 그러나 인간의 타락으로 하나님의 목회는 방해되었다. 인간은 자기의 뜻대로 살기를 고집했고, 또 서로를 돌보며 살도록 만들어진 창조의 뜻을 지키지 않았다. 하나님은 목회의 참모습을 모세와 같은 지도자와 사사와 선지자와 제사장 그리고 왕을 통해 그리고 특히 율법을 매개로 나타

---

5   '목회데이터 연구소'가 2020년을 보낸 후에 2021년 1월에 발표한 보고서(Numbers 제82호)에 따르면, 한국 교회 신뢰도는 32%에서 21%로 내려갔다. 32%도 높은 수치는 아니지만, 코로나 팬데믹 시기를 거쳐 오면서 방역지침을 어기는 교회에 대한 부정적 영향으로 더욱더 내려갔다는 건 간과할 수 없는 문제다.

6   Kevin J. Vanhoozer/Owen Strachan, *The Pastor as Public Theologian*, 박세혁 옮김, 『목회자란 무엇인가』 (포이에마, 2016), 238. 참조: 딤후 1:9 "하나님이 우리를 구원하사 거룩하신 소명으로 부르심은 우리의 행위대로 하심이 아니요 오직 자기 뜻과 영원 전부터 그리스도 예수 안에서 우리에게 주신 은혜대로 하심이라".

내려 했으나, 거듭되는 인간의 범죄로 하나님의 목회는 계속 방해되고 왜곡되었다. 궁극적으로는 예수 그리스도의 복음을 통해 계시하였고(딤후 1:10, "이제는 우리 구주 그리스도 예수님의 나타나심으로 말미암아 나타났으니 그는 사망을 폐하시고 복음으로써 생명과 썩지 아니할 것을 드러내신지라"), 하나님에게서 전권을 위임받아 행한 예수 그리스도의 목회는 성령을 보내주심과 함께 사도들에게 위임되었으며(딛 1:3, "자기 때에 자기의 말씀을 전도로 나타내셨으니 이 전도는 우리 구주 하나님이 명하신 대로 내게 맡기신 것이라"), 그리고 사도의 터 위에 세워진 오늘날의 교회는 복음을 위해 수고하는 전통을 이어받아 성령으로 말미암아 목회를 감당한다. 이 땅에서 하나님의 목회는 삼위일체 하나님의 경륜에 따른 구속의 역사를 매개로 기술된다. 하나님의 다스림과 돌봄으로서 목회는 우선적으로 교회에서 구체화한다.

오늘 우리가 직면한 목회의 참 문제는 목회의 원천인 하나님의 목회가 왜곡되고 또 심각하게 침해당했다는 사실에 있다. 부분적으로나마 이 땅에 임한 하나님 나라가 번성하지 못하고 오히려 인간의 나라로 왜곡 혹은 축소되고 심지어 추방당했다는 느낌이다. 세상 정치가 교회 정치를 압도했다는 의미에서 21세기적 영적 바벨론 포로 생활이다. 이 글에서 말하는 탈 교회 현상은 교회가 건강을 상실했다는 지표로, 비록 하나님의 나라에 대한 기대가 사라지고, 인간의 욕망이 번성하는 현실을 가리키지만, 비유적으로 보면 하나님 나라를 뺏긴 교회가 세상의 포로로 전락한 모습이다. 21세기 바벨론 포로 상태다.

달리 말해서 이는 한편으로는 하나님의 부재가 현실이 되고, 하나님의 목회가 무시되고, 하나님의 말씀이 평가절하되며, 예배의 의미가 상실하고, 교회의 필요성을 깨닫지 못하고 소위 보이지 않는 교회에만 중점을 두는 사람들이 많아진다는 의미이며, 그리고 전통적인 방식으로 더는 하나님을 말하기가 어려워졌다는 말이다. 다른 한편으로는 목회자 정체성이 흔들리고 있고 또 목회자가 제 역할을 다하지 못하고 있다는 말이다. 심지어 목회자 상(像)이 물질문명에 영향을 받아 심하게 변형되어 참되고 선한 목회자의 모델을 찾기가 쉽지 않다. 보수 성향의 교단이 제출한 보고서에 따르면, 개혁 대상의 제1호로 목회자가 선정되었다고 하는데, 이에 대해 사람들은 그다지 놀라워하지 않는다. 처음 접하는 사실이 아니기 때문이다.

교회는 더는 생산을 기대할 수 없는 척박한 땅으로 변했다. 심지어 코로나 19 팬데믹 시기에는 교회가 방역 수칙을 위반해 집단 감염원이 됨으로써 공공의 적이 되었다. 지금까지도 교회의 신뢰도는 바닥을 치고 있다. 물론 그렇지 않은 교회가 훨씬 더 많겠지만, 소수 교회와 목회자로 말미암아 겪는 안타까운 현실을 외면할 수는 없다. 진지한 그리스도인이라면 누구든지 탈 교회 현상을 결단코 가볍게 보지 않을 것이다. 그 이유는 아무런 대책을 마련하지 않고 수수방관만 한다면 결과적으로 하나님의 목회를 불신하여 거부하고 또한 예수 그리스도에 대한 신앙을 포기하도록 만들기 때문이다. 탈 교회 현상은 그 결과이다. 교회가 영적 질식 상태에 놓여 있다고 말할 수 있다. 이렇게 되면 교회가 세상의 희망이 되지 못하는 것은 물론이고 마지막 날에 대한 소망의 숨통이 끊어질 수도 있다.

한편, 탈 교회 현상은 하나의 증상이다. 증상은 전혀 없는 것보다는 있는 것이 낫다. 현실을 제대로 인지할 가능성이기 때문이다. 탈 교회 현상은 참 교회를 향한 방향 전환의 표식일 수도 있다. 곧 하나님의 목회가 심각하게 훼손된 상태에서 벗어나 목회의 진정한 모습을 회복하기 위한 몸부림이며 용기 있는 방향 전환의 계기일 수 있다. 실제로 목회가 총체적으로 위기에 직면함에 따라 오히려 이것을 기회로 삼아 시대에 맞게 새로운 형태로 탈바꿈하는 교회가 늘고 있다(소위 '이머징 처치'나 가나안 교인을 위한 '가나안 교회' 등).

단순한 진단을 넘어 문제해결을 위해 먼저 탈 교회 현상이 도대체 누구의 책임인지 물어보자. 신학자와 교역자 중에는 탈 교회 현상을 지적하고 교회를 비난하며 자기 의를 내세우는 사람은 많다. 그런데 사실은 창자가 끊어지는 듯한 고통을 삼키며 문제를 해결하기 위해 뛰어드는 사람이 필요하다. 그런 사람이 없지는 않아도 목회의 개혁으로까지 관철하지는 못하고 있다. 목회가 자정 능력을 상실했다는 느낌을 강하게 받는다. 개혁을 외치는 사람은 많아도 정작 어떻게 개혁을 실현할지 그 방법을 제안하는 연구는 많지 않다.

그런데 자세히 들여다보면, 탈 교회 현상의 본질은 단순한 심경의 변화에 따른 교회 이탈이 아니라 교회에서 행해지는 각종 행위와 그 행위 주체에 대한 깊은 회의의 결과다. 왜곡의 수준을 넘어 타락한 교회 정치의 결과다. 여기에 신학교의 신학교육도 한몫했다는 건 더는 숨길 수 없는 현실이다. 목회 현장과 무관하고 번영 신학에 기초한 목회로 인해 하나님 나라가 인간 나라의 모습으로 탈바꿈하니, 이것에 크게 실망한 것이다. 하나님의 목회를 시대에 적합하게 실천에 옮길 의지도 능력도 없는 무능한 목회에 대한 실망감의 표현이기도 하다. 무엇보다 왕이신 하나님이 다스리시기보다 인간이 주권자가 되어 통치하는 것에 대한 거부감의 표현이다. 이런 의미에서 탈 교회 현상은 비판을 넘어 하나님 나라를 향한 갈망으로 이해할 수 있다.

오언 스트래헌(Owen Strachan)은 교회가 하나님이 아니라 인간이 다스리는 곳이 되면 어떻게 되는지를 사무엘상 8:10~18을 인용하여 말했는데,[7] 그것은 하나님이 사무엘에게 왕을 요구하는 백성들에게 주신 말씀이다. 그들의 요구를 들어주면 결국 그들의 자손은 왕의 종이 될 것이고, 여호와 신앙에서 떠나게 될 것이라는 경고였다. 오늘날 우리가 새겨들어야 할 매우 적합한 지적이다.

달리 말해서 탈 교회 물결을 일으킨 요인은 교회가 하나님의 다스림을 거부한 것이며, 그 결과인 제왕적 목회자와 자의적 목회 그리고 무능하고 또 부패한 목회에 대한 불신이다. 이것은 하나님이 아니라 인간의 뜻이 지배하는 곳이라면 어디든 나타나는 현상이다. 하나님의 목회를 기대하고 교회에 출석한 교인들은 전혀 그렇지 않은 모습으로 큰 실망감을 품고, 이것 때문에 목회를 불신하고, 교회를 떠난 후 마침내는 신앙마저 떠난다. 이로 말미암아 가장 큰 손해를 입는 건 하나님이다. 하나님의 영광이 추락하고 하나님 신앙이 약화하기 때문이다. 기독교 예배의

---

7   Kevin J. Vanhoozer/Owen Strachan, 『목회자란 무엇인가』, 87.

의미와 가치 역시 끝없이 추락한다. 목회자가 타락하여 신뢰를 잃으면, 그를 따르는 사람들의 타락은 당연한 결과이고 죄의 종이 되어 교회와 예수 그리스도에 대한 신앙마저 위기를 겪는다. 그렇기에 하나님을 대적하는 악한 세력이 원하고 실행에 옮기는 일은 무엇보다 목회자의 타락과 목회의 변질을 조장하는 일이며, 올바른 목회를 방해하고, 교회를 혹독하게 비난하는 것이다.

따라서 교역자를 포함하여 직분을 맡은 교인은, 자기는 뚜렷하게 잘못한 것이 없다고 자만하지 말고 탈 교회 현실에 대해 깊이 공감하면서, 어디서부터 잘못되었는지를 돌아보아야 할 것이다. 연대책임을 말하고자 한다면, 이건 공감의 수준을 넘어 자기에게도 책임이 있다는 사실을 적극적으로 받아들이는 것이다. 단순히 목회자 개인에게만 책임을 돌리기 전에 왜 제왕적/자의적 목회가 나타나게 되었는지, 이에 관해 살펴보는 것이 바람직하다. 그리고 자정 능력을 회복할 방법을 여러 뜻있는 사람들과 협력하여 모색해야 한다. 교회는 자기 능력의 한계에 머물지 않고 오히려 다른 목회자들과 협력하여 한계를 극복할 수 있는 참되고 선한 목회자를 찾아 그들로 하나님의 목회를 실행할 기회를 주어야 할 것이다.

한편, 케빈 밴후처는 이런 현상의 공범으로 교역자와 교인 모두를 주목하면서 매우 의미심장한 말을 했다.

> "너무나도 많은 목회자가 자신의 소명적 장자권을 경영 기법, 전략 계획, 리더십 강좌, 심리요법 따위의 팥죽 한 그릇에 팔아버렸다. 회중들은 목회자들이 이런 자격을 갖추기를 기대하며, 목회자가 경영학 석사학위를 갖고 있다면 훨씬 더 좋다고 생각한다."[8]

오늘의 탈 교회 현상은 교역자와 교인 모두의 책임이다. 이런 안타까운 현실에서 교회를 회복할 방법은 무엇인가? 밴후처는 신학이 예루살렘으로부터 추방되었

---

8 Kevin J. Vanhoozer/Owen Strachan, 『목회자란 무엇인가』, 15.

기 때문이라고 말하면서 신학자로서 목회자의 정체성을 회복할 방법을 제시했다.[9] 목회자의 신학적인 정체성을 회복하는 일은 하나님의 목회를 회복한다는 의미로 이해할 수 있다.

이에 몇 가지 질문이 꼬리를 문다.

그런데 그것이 중요한 일이고, 신학이 목회에 도움을 주어 문제가 어느 정도 해결되기는 하겠지만, 그렇다면 신학자가 목회자로서 사역하는 때에도 문제가 발생하는 경우는 왜 그런가?

실천되지 않는 신학, 실천할 수 없는 신학, 목회 현실과 무관한 신학 때문인가?

하나님의 구원 행위는 과연 신학을 통해 나타날까?

만일 하나님의 구원 행위가 성령이 역사하는 목회와 무관하지 않다면, 목회는 구체적으로 무엇을 하는 것인가?

그리고 공동체가 목회하는 이유 곧 목회의 신학적 근거는 무엇인가?

목회가 반드시 갖추어야 할 다섯 가지 요소(다음에 자세히 설명하겠지만, 목회의 5대 요소는 하나님의 목회에 관한 지식과 경험, 하나님의 말씀, 목회 현장으로서 교회와 세상, 성도와 교역자, 그리고 기도와 순종) 중 한 가지만을 해결한다고 해서 문제가 해결되지 않는다. 왜냐하면 다섯 가지는 서로 유기적인 관계에 있기 때문이다. 엄밀히 말해서 하나님의 목회를 위임받아 행하는 목회는 성령의 도움이 없이는 불가능하다. 여기서 성령의 역사를 고려하지 않은 이유가 있다. 왜냐하면 성령의 역사는 하나님의 주체적인 뜻에 따른 것으로 인간의 노력으로 불러들일 수 없기 때문이다. 인간은 다만 기도할 수 있고 또 하나님이 당신의 뜻을 이루시길 기대하며 순종할 수 있을 뿐이다. 우리는 다만 5대 요소와 관련해서 성령의 도움을 받아 최선을 다해 순종한 후 하나님이 행하실 것을 기다릴 뿐이다. 이런 점에서 기도와 순종을 영성과 순

---

9 Kevin J. Vanhoozer/Owen Strachan, 『목회자란 무엇인가』, 16.

종으로 바꿀 수 있다.

교회의 유기적 관계는 이미 사도 바울이 언급했다. 비록 당대의 지식수준에 따라 몸과 지체의 관계에 제한했지만, 유기적 관계에 비추어 교회를 이해한 건 매우 혁신적이다. 교회를 성령을 통한 예수 그리스도와 연합으로 보고 깨달은 지혜다. 몸과 지체의 유기적 관계만을 말하는 단계를 넘어서서 지체 간 상호관계의 기제(mechanism)를 밝히는 일이 필요한데, 성도는 서로 독립적으로 기능하되 분리되지 않고 상호작용하여 온전한 생명을 위해 공헌한다.

이 글은 탈 교회 현상을 먼저는 '건강을 상실한 목회' 혹은 '목회의 위기'로 보고 교회의 부정적 현실을 염두에 두고 제기된 위 질문에 목회의 다섯 가지 요소를 통합적으로 고려하며 신학적 비평적으로 대답하려 한다. 이로써 하나님 나라를 관리할 책임을 부여받은("내 아버지께서 나라를 내게 맡기신 것 같이 나도 너희에게 맡겨 너희로 내 나라에 있어 내 상에서 먹고 마시며 또는 보좌에 앉아 이스라엘 열두 지파를 다스리게 하려 하노라" 눅 22:29~30) 교회의 행위인 목회를 먼저는 신학적으로 그리고 이어서 현실적으로 회복할 방법을 모색하려 한다. 관건은 하나님의 목회를 정확히 알 뿐만 아니라 하나님의 목회를 먼저 자기에게 일어나도록 하는 -곧 순종하는- 사람을 통해 목회가 수행되게 하는 것이다.

교회와 예배

교회는 무엇인가? 교회가 마땅히 해야 할 과제, 곧 부름을 받고 모인 성도가 해야 할 일은 무엇인가? 흔히 교회론에서 다뤄지는 본질과 사역에 관한 질문인데, 목회의 양태는 이 두 질문에 어떻게 대답하는지에 따라 결정된다.

교회가 존재하는 우선적인 이유는 세상 속 그리스도인의 모임에 있다. 사실 공동체로서 모임(에클레시아) 자체가 교회를 뜻한다. 교회가 공동체가 아니라 공동체가 교회이다. 공동체로 모이는 이유는 교제하고 가르치고 배우며 기도하고 또 떡을 떼면서 예수 그리스도의 죽음(성찬)과 부활(금요일이 아닌 일요일에 모임, 행 2:1~4, 행

2:41~47, 행 20:7)을 기념하기 위함이다. 초대교회는 이 일을 사도의 전통으로 여기며 지켰다. 후대에 와서는 이 모임에서 일어나는 일련의 신앙 행위에 '예배'라는 이름이 붙었다. 예배는 예수 그리스도를 믿어 교회로 부름을 받아서 모인 성도가 하나님의 은혜와 사랑 그리고 말씀과 행위에 전 인격적으로 반응하는 것이다. 하나님을 인정하고 감사하고 높이며, 하나님의 말씀을 듣고 반응하며 순종하고, 하나님의 약속에 반응하며 기도하고, 예수 그리스도의 고난에 반응하며 성찬을 나누었다. 이를 통해 교회 안팎을 구분하였다. 반응하는 방식이 일관성을 갖고 대내외적으로 의미가 부여되면서 예전(禮典 ritual)으로 자리를 잡았다(예배에로의 부름, 찬양, 임재/중보/감사 기도, 설교, 말씀 읽기, 성찬, 성도의 교제, 봉헌, 축도와 파송 등).

분명한 목적을 갖고 모이면서 그리스도인은 모임 자체를 그리스도 안에 있는 모임으로 믿었다. 사도 바울은 교회를 예수 그리스도의 몸으로 고백했다. 이로 말미암아 목회는 하나님의 집[10]이 교회와 세상에서 튼튼하게 세워지는 것과 그리스도의 몸인 교회가 유기적으로 건강해지는 일에 관심을 둔다. 특히 같은 믿음 안에서 같은 목적으로 모이지만 서로 다른 모습 때문에 나타나는 갈등에 직면하여 사도 바울은 교회를 예수 그리스도를 머리로 하고 성도가 지체인 몸으로 이해하길 권고하였다. 인체의 유기적 상호작용에 빗대어 교회를 성령을 통한 유기체로 이해한 것으로, 이로써 그는 궁극적으로 예수 그리스도의 몸으로서 교회의 이해, 교회의 평화, 그리고 유기적인 관계에 바탕을 둔 균형과 조화를 강조하였다.

하나님은 성령 안에서 예수 그리스도를 통해 교회에 다가오시며, 교회는 예수 그리스도 안에서 성령을 통해 하나님에게 다가간다. 이를 위한 조건은 오직 믿음이다. 교회는 오직 그리스도를 통해 하나님을 알고, 교회 역시 그 안에 있을 때 그리고 그를 통해 하나님에게 알려진다. 교회 지체의 다양하고 이질적인 모습은 예

---

10 하나님의 집은 하나님이 거하시는 곳을 가리키는 표현으로 교회만을 의미하지 않는다. 교회와 세상 모든 곳이 하나님이 거하는 곳이다. 따라서 세상과 교회는 하나님의 집을 구성하는 두 개의 방이다.

수 그리스도 안에서 역사하시는 성령을 통해서 하나가 된다(엡 4:3).

교회가 하나님의 집이요 공동체이고, 공동체의 유기적 관계가 그리스도의 몸이요 몸의 기능으로 이해되었다면, 이제 교회가 주체로서 해야 할 일은 하나님의 집이 든든하게 세워지게 하는 것이고, 예수 그리스도의 몸을 건강하게 유지하여서 모임이 부름에 합당하게 유지되고, 또 건강한 교회가 계속 세워지게 하는 것이다.

첫째는 예수 그리스도를 믿고, 먼저 부르심을 받아서 거룩하게 구별된 성도가 교회로 모여서, 하나님의 백성으로서 하나님의 말씀과 행위에 전 인격적으로 반응하며(예배하며), 그리고 둘째는 세상에서 예수 그리스도의 증인으로서 살면서 하나님과 이웃과 자연에 적합하게 반응하는 것(예배하는 것)이다. 교회에서 예전을 통한 예배와 일상에서 선한 삶을 통한 예배, 이 두 가지를 가능하게 하는 일이 교회의 사역이며 목회다. 세상 속 그리스도인이 세상의 가치관을 상대로 나그네로서 거류민인 자기 정체성을 주장하도록 돕는다는 점에서 정치와 무관하지 않다.[11]

그렇다면 교회의 행위로서 목회는 믿음을 갖고 또 지키며, 부르심에 적합하게 응답하고, 성도의 거룩함을 지키도록 하고, 그리고 하나님을 참으로(영과 진리로) 예배하고 또 세상에서 증인으로서 살도록 돕는 일이다. 목회의 궁극적인 목표는 성도가 하나님의 행위에 인격적으로 반응하며 또한 이웃과 자연환경에 대해서도 마찬가지로 반응하도록 해서, 교회 안팎에서 올바르게 예배하고, 하나님이 오실 때 자기 백성으로 알아보실 수 있도록 성도를 양육하는 것이다. 정치신학은 이걸 정치 행위로 여기지만, 목회신학에서는 예배와 교육과 봉사와 교제와 선교의 사안으로 여긴다. 정치로 이해하든 목회로 이해하든 주의할 점은, 구원은 하나님에게 속한 일로서 정치나 목회의 기대 지평 가운데 하나이지 정치나 목회의 목표는 아니라는 것이다.

밴후처는, 교회는 "젖과 꿀이 흐르는 땅, 특히 성령의 열매가 넘치는 땅이 되어

---

11   다음을 참고: Stanley Hauerwas/William H. Willimon, *Resident Aliens*, 김기철 옮김, 『하나님의 나그네 된 백성』 (서울: 복있는사람, 2022); James Smith, *Awaiting the King*, 박세혁 옮김, 『왕을 기다리며』 (서울: IVP, 2019).

야 한다."[12]라고 말했다. 탈 교회 현상과 더불어 점점 척박해지는 교회를 향한 지적으로 받아들여야 할 것이다. 그렇다면 이제 관건은 다음의 질문에 대답하는 것이다. 교회에서 예전을 통한 예배와 일상에서 선한 삶을 통한 예배, 이를 위해 교회는 구체적으로 무엇을 해야 하는가?

교회의 문제, 교역자

많은 경우에서 교회 문제의 중심에는 교역자가 있다. 물론 교역자만이 아니라 성도 모두가 문제겠지만, 책임이라는 면에서 보면 전문적인 교육과 훈련을 받아 사역에 임하는 교역자의 비중이 더 크다. 귀책 사유가 누구에게 있든 교역자는 교인이 교회를 옮기는 이유 가운데 가장 크지 않을지 싶다. 2021년 보수적인 교단의 보고서에 따르면, 교회 개혁의 우선적인 대상으로 목회자(교역자)가 지목되었다는 사실을 다시 한번 기억함이 좋을 것이다. 이 문제에 관해 생각해보자.

교회가 세워지는 건 먼저 성령의 역사로 부름을 받은 성도를 전제한다. 성도가 있기 전에도 하나님은 일하셨지만, 이 땅에서 교회는 성도를 통해 세워진다. 예수 그리스도와 함께 이 땅에 임하고 또 성령을 통해 더욱 강건하게 역사하는 하나님 나라 곧 하나님의 다스림과 돌봄을 특정한 지역에서 분명하게 드러내려는 강력한 의지가 모여 교회는 세워진다. 교역자가 있고 또 그의 사역을 위한 기반을 마련하기 위해서가 아니다. 교회가 세워지는 일에는 특정 지역에서 모습을 드러내는 하나님 나라에 대한 헌신이 선행한다. 하나님의 부재 상황으로 인한 고통과 아픔이 있는 곳에서 하나님 나라에 대한 갈망이 있고 또 그 나라의 현실을 나타낼 필요에 근거하여 교회는 세워진다. 먼저 하나님의 목회에 관한 지식과 경험을 전제한다는 말이다.

---

12   Kevin J. Vanhoozer/Owen Strachan, 『목회자란 무엇인가』, 18.

그러므로 교회설립을 위한 지역 선정에서 기준은 양적인 성장을 보장하는 곳이 아니다. 인간이 하고 싶은 일을 할 수 있게 해주는 조건이 갖추어져 있기 때문도 아니다. 오직 하나님의 다스림과 돌봄이 필요하냐 그렇지 않으냐이다. 그곳이 사람이 많은 곳일 수도 있고 그렇지 않을 수도 있는데, 교회는 그런 곳에 세워진다. 그러나 비록 사람 수가 적어도 필요하다고 생각되면 기꺼이 교회를 세워야 한다. 이와 관련한 사례로 필자가 독일에서 유학할 때 박사과정 지도교수(Gerhard Sauter)에게 들은 인상 깊은 이야기가 있다.

> (정확한 장소를 들은 기억은 없지만, 독일 남부 어느 지역에서 일어난 일이라고 했다) 장기간 가뭄으로 땅이 황폐해지자 많은 사람이 새로운 삶의 터전을 찾아 떠나 지극히 소수만 남게 된 마을이 있었다. 마을이 텅 비어갈 때, 그곳으로 하나둘 모이는 사람들이 있었다. 수도사들이다. 그들은 척박한 환경에서 살면서 나무를 심고 물길을 내는 등의 일을 꾸준히 했다. 그들이 그 척박한 땅을 일구며 어떤 모습으로 살아갔겠는지는 상상에 맡긴다. 오랜 수고 끝에 그 땅은 다시 농사를 지을 수 있게 되었고, 벌들과 새들이 다시 찾아왔으며, 그리고 떠났던 사람들이 하나둘 다시 모이기 시작해 옛 마을의 형태를 회복했다. 모두가 떠난 곳은 교회를 위해 모인 수도사들의 헌신을 통해 생명이 다시 살 수 있는 곳으로 거듭났다고 한다.

교회는 하나님의 다스림과 돌봄이 필요한 곳에 세워진다. 그곳이 어디든 필요하면 반드시 세워져야 한다. 설립의 결정이 있기까지는 시간과 공간과 사람 사이에 상호관계가 작용한다. 하나님이 세상 가운데, 우리 가운데 계심을 나타내 보이는 곳이 교회이기 때문이다. 교회의 터는 양적 성장이 예상되는 지역이 아니다. 사람이 많이 모이는 곳도 아니다. 하나님 나라를 절박하게 필요로 하는 곳이다. 그곳은 어디인가? 하나님의 다스림과 돌봄이 있어야 할 곳은 어디인가? 교회를 세우길 원하는 사람은 누구든 이 질문으로 시작해야 한다. 교회는 목회자의 실존을 위해 세워지는 게 아니라 목회의 필요성에 따라 세워진다.

교역자가 소명으로 뜨거울 때는 어디로 가든 혹은 어디에 머물든 하나님 나라를 갈망하면서 최선을 다해 복음을 전하고 말씀대로만 살면 된다고 생각한다. 아골 골짜기라도, 빈들이라도 상관하지 않는다. 그런데 시간이 갈수록 교회 안팎으로 저항이 거세지고, 인간으로서의 한계를 경험하거나 영적 성장이 정체되면, 스스로 말씀대로 살고 또 교인이 그렇게 살도록 돕는 일 자체를 버겁게 여긴다. 하나님 나라의 백성으로서 살 뿐 아니라 또한 그 나라의 현존에 대한 증거를 제시하며 올곧게 사는 일이 세상에서는 언제나 반대에 부딪히는 것을 모르지 않고 또 이것을 충분히 예상할 수는 있어도, 성령이 끊임없이 공급하는 힘이 없이는 견디기 어렵다. 이렇게 살아선 자기의 생존 자체가 위협받을 것이라는 불안감이 엄습한다. 불안에 사로잡히고 두려움에 압도되면 하나님을 신뢰하는 정도가 급속으로 떨어져 하나님 나라의 백성으로서 정체성이 상실하는 것은 차치하고 자존감마저 무너진다. 소명에 충실하게 살고 있다고 자신할 수 없고, 또 자신의 결점이 노출할까 두려워 누군가로부터 도움을 요청할 생각을 하지 못한다. 점점 커지는 불안과 두려움으로 겹겹이 쌓인 스트레스를 극복하지 못하면 목회의 처음이며 마지막에 손을 댄다. 곧 하나님의 말씀을 바르게 선포하며 그 말씀대로 살고 또 교인이 그렇게 살도록 가르치고 훈련하길 스스로 포기한다. 세상에 적응하거나 세상과 적당히 타협한다. 외형적으로 도덕률을 위배하지 않고 어느 정도 공적 책임을 의식하여 하나님의 질서를 지향하는 듯이 보이는 일이면 그것으로 만족한다. 본인 스스로 하나님의 목회에 충실하게 응답하지 못하고 오히려 회개하지 않은 채 목회를 실천하니 교인이 회개하든 그렇지 않든 개의치 않고 다만 교회 조직이 아무 탈 없이 운영되기만 하면 그것으로 만족한다. 이렇게 되면 교회는 본질의 궤도에서 벗어난다. 목회에 관한 생각이 잘못된 경우에도 같은 결론에 이른다.

설상가상으로 자신의 영성(하나님과의 친밀한 관계)을 관리하지 못해 하나님의 영이 떠나면 교역자의 열정은 급속도로 식는다. 영적 지각 능력이 사라지면 하나님의 주권적인 뜻에 따라 임하시는 하나님 나라를 볼 수 없다. 하나님 나라를 볼 수 없으니 증언할 것도 없어진다. 성령이 떠나면 경건의 모양만 있을 뿐 경건의 능력은 사라진다. 하나님과의 소통이 막히고 성도의 교제가 끊어진다. 이렇게 되면 하나님 나라를 받들어 관리하는 자가 아니라 땅의 나라에서 군림하는 자가 된다. 더는 목회가 아니라 경영과 관리(management)일 뿐이다.

『대통령 예수』의 저자는 그리스도인이 좋은 사람이 되고 싶어 하면서도 하나님 이외의 다른 것 곧 국가의 군사력과 경제력에 의지해서 세상을 바꿀 수 있다고 믿는 현상을 두고 "정신분열증"이라고 말했다.[13/14] 정확한 표현이라고 생각한다. 좋은 교역자이기를 원하면서 권력과 돈을 의지하며 목회직을 수행하는 건 정체성에 반하는 일임에도 자신이 무엇을 행하고 있는지 그 의미를 전혀 의식하지 못한 채 행하는 것이니 정신분열증 환자와 무엇이 다른가.

돈과 권력으로 하나님 나라를 섬기려 하는 "정신분열증"의 상태에서 목회 자체를 포기하지 않는다면 교역자는 그 대안을 찾는다. 목사 신분을 유지하고 또 조직을 운영하기 위해선 그럴 수밖에 없다. 목회는 실력이 필요하다. 목회 능력을 위해 부지런히 성경과 신학을 연구하고 또 영성 강화를 위한 훈련에 매진할 생각을 하지 않는다면, 교역자는 교인을 온전히 세워 그리스도의 몸을 이루게 하기보다 그들의 세속적 요구에 따르고 그들의 세속적 필요를 채워주는 길을 찾는다. 성장과 번영의 논리를 전수하는 각종 세미나 참석에 분주해진다. 목회자의 영성이 부족한 상태를 넘어 정체성이 변하는 순간 교회는 빠르게 하나님의 길에서 벗어난다. 교회의 상태를 진단하고 비판하는 논문의 다수가 성장과 번영을 지향하는 목회 관행 및 교회의 행위에 집중하는 것에는 그럴 만한 이유가 있다. 하나님 나라를 관리하는 청지기로 부름을 받은 대로 목회하는지 아니면 땅의 나라에서 군림할 이유를 쌓아나가고 있는지를 냉철하게 돌아볼 일이다.

---

13 Shane Claiborne/Chris Haw, *Jesus for President*, 정성묵 옮김, 『대통령 예수』 (살림, 2010), 24.

14 Stanley Hauerwas & William H. Willimon, *Resident Aliens*, 김기철 옮김, 『하나님의 나그네 된 백성』에서 두 저자는 "콘스탄티누스주의"(34)로 규정했다.

문제는, 이렇게 되면 삼투압의 원리에 따라 교회 안으로 스며든 세상의 통치 원리 및 방식을 받아들일 수밖에 없게 되는 것이다. 교역자보다 더 지척에서 세상과 더불어 사는 교인이 그 길을 편하게 받아들이기 때문이다. 유감스럽고 또 안타까운 일이지만 깨어 있는 교인의 수준에 미치지 못하는 교역자가 많다. 세상에 살면서 비성경적이고 비신학적인 삶의 현실에 관해 잘 아는 교인은 하나님 나라의 모형인 교회에서만은 성경적이고 신학적이길 바라지만, 회개하지 않고 신앙 양심을 저버린 교역자는 힘의 논리와 돈의 논리 그리고 성과의 논리를 따르면서 그들의 고언에 귀 기울여 들으려 하지 않는다. 이런 교역자는 이미 신앙 양심이 마비되거나 변성하여 제 역할을 하지 못한다. 이런 교역자는 목회적인 돌봄에 대한 교인의 요구와 교인의 간절한 영적 필요를 채우지 못하며, 하나님의 은혜에 굶주려 있는 성도의 궁핍함을 보지 못하고 자기 신념과 확신에만 빠져 산다. 하나님 나라를 관리하라고 위임받은 권한은 이미 효력이 상실했지만, 이런 교역자는 관성에 따라 여전히 그 영광에 취해 살고 또 그에 걸맞은 이유와 목적을 추구하며 산다.

교역자는 설령 어두운 길(하나님의 길)을 걸어도 결단코 어둠 속으로 빠지지 않고 또 길을 잃지 않아야 하지만, 안타깝게도 경건의 능력을 상실한 현실 목회는 종종 그런 궤도 위에 안착한다. 아니 어두운 길에서 사람들이 빛을 보게 하기보다 이 길에서 벗어나 밝게 보이는 길(세상의 길)을 걷게 해 깊은 나락으로 떨어뜨린다. 그러면서도 하나님의 이름으로 목회한다고 말한다. 물론 교인과 협력하지 않고 단지 그런 모양새만 갖출 뿐이다. 비록 겉보기에는 어떨지 몰라도 하나님의 이름을 자기 유익에 따라 사용하는 일이니, 영적으로는 점점 더 깊은 수렁 속으로 빠질 수밖에 없다. 죄인을 벌하는 것만이 아니라 또한 깨달음을 막고(이사야에게 주신 메시지처럼, 사 6:9~10) 진리의 줄을 놓는 것(계 22:11)도 심판의 하나다. 이런 상태에서 교회는 더는 하나님 나라의 모형이 아니라 세상 나라의 모습을 갖춘다. 목회는 조직을 유지하기 위한 비즈니스로 탈바꿈한다. 교역자는 직분을 맡은 자가 아니고 지위로 이해되면서 CEO가 되고[15] 권력을 행사한다. 교인은 비즈니스의 활성화를 위해 동원된 직원이나 노동자로 전락한다. 이런 부조리함을 숨기기 위해 갖은 이유를 들어 거룩한 사역이라 말하길 주저하지 않는다. 총회와 노회에 "성(聖)"을 붙여 부르는 건 정치 목사들이 자기 행위를 거룩하게 포장하기 위한 전략에서 비롯한 것은 아닐지 싶다. 하나님을 믿고 사는 사람들에겐 모든 것이 거룩하기 때문이다.

이런 변화는 그루밍 혹은 가스라이팅 과정을 거쳐 점차로 일어나기도 하지만, 때로는 상황과 필요에 이끌려 순식간에 벌어지는 일이라 교인도 교역자도 자기가 하는 일이 목회인지 아니면 비즈니스인지를 분별하지 못한다. 교인에게 꿀을 먹이고 있는지 아니면 교인의 에너지를 빼앗아 탈진시키고 있는지를 모른다. 교회의 생존과 유지 그리고 성장에 열정을 쏟아부으며 하루하루를 지내면서 교역자로서 역할을 다하고 있다고 스스로 생각할 뿐이다. 안타깝지만 헛발질에 불과한 일이다. 깨어나기 위해 기득권을 포기할 각오가 없으면 전혀 알아차리지 못한다.[16] 이렇게 되면 경건의 모양만 있을 뿐 경건의 능력이 상실한 신앙을 감추기 위해 자신을 포장할 필요가 절실해지는데, 여기서 선호되는 포장재로 사용되는 건 예배다.[17] 곧 주일 예배만 제대로 구성되고 또 성도들이 감정적으로 만족한다면 괜찮다고 생각한다. 교인의 마음에 드는 설교 중심의 예배를 구성하고, 교회 프로그램을 늘리고, 교회를 장식하고, 성가대를 키우는 등 보이는 예배를 구성하는 데 열을 올린다. 위선이 태동하는 순간이고[18] 또 예배가 위선의 도구로 전락하는 과정에서 흔히 볼 수 있다.

---

15 양자의 관계를 다룬 다음의 책을 참고: Robert B. Catell/Kenny Moore/Glenn Rifkin, *CEO and Monk*, 김원호 옮김, 『CEO와 성직자』(한스 컨텐츠, 2006).

16 2017년 한국교회 사회적 신뢰도 여론조사에 보면 목사에 대해 50.3%가 신뢰하지 못한다고 대답했고, 한국교회가 개선해야 할 점으로는 목사의 윤리/도덕성을 언급한 경우가 49.4%였다.

17 다음을 참고: 최성수, 『언제까지 가짜 신앙을 포장할 것인가?』(이화, 2019). 이 책은 그리스도인이 예배 뒤로 숨어 자신의 가짜 신앙을 숨기며 사는 현실을 비판적으로 보면서, 바른 예배의 회복을 위한 길을 제시한다.

18 다음을 참고: 김병삼, 『텅 빈 경건: 위선 가득한 그리스도인을 향한 경고』(두란노서원, 2020); 권연경, 『위선: 하나님의 백성 앞에 놓인 위험한 유혹』(IVP, 2018).

이런 현실에 안주하는 교역자와 교인에게 하나님은 어떤 분으로 이해되고 있는지 궁금하다. 살아계신 분이긴 한 건지, 감찰하시는 분으로 믿는 것인지, 세상을 다스리는 분으로 인정은 하고 있는지 모르겠다.

교회가 세상에서 하나님 나라를 인지하지 못하고 또 사람들에게 하나님 나라를 보이는 모형으로 존재하지 않으면 세상으로부터 비난과 조롱을 받는 건 당연한 결과다. 성령의 도움을 받아 어느 순간 하나님 앞에 서게 될 때, 교역자는 자기가 영적인 어둠에 깊이 빠져 있음을 깨닫는다. 하나님의 말씀대로 세상의 질서를 새롭게 세우기보다는 자신을 세상에 조율하며 세상의 질서에 휩쓸려 하루하루 분주히 살아가는 자기 모습을 깨달을 때는 이미 되돌리기가 어려운 상태다. 돈, 섹스, 명예, 권력과 뒤엉킨 문제 등으로 영적 성장을 가로막는 각종 걸림돌에 넘어져 정신이 번쩍 들 때는 이미 늦었다. 스스로 목회를 포기하거나 교회가 갈등의 소용돌이를 거쳐 해체되는 아픔을 경험하지 않는 한 불가능하다. 안타까운 현실은 그나마 목회의 잘못과 한계를 깨닫고 돌이키는 사람은 목회를 포기할 줄 알아도, 오히려 마땅히 포기해야 할 사람은 참회와 회개의 과정 없이 계속해서 목회의 자리에 남아 있는 것이다. 아이러니하게도 카리스마적인 목회로 인해 더 큰 교회로 성장하곤 한다. 목회의 상태가 이 정도에 이르면 교인이든 누구든 아무리 바른길을 외쳐도 교역자는 들으려고 하지 않고 또 누가 말해도 전혀 들리지 않는다. 신앙 양심이 마비의 수준을 넘어 죽은 상태다. 이렇게 되면 교회를 위해 일하는 교역자가 아니라 거의 교회 파괴자이다. 하나님 나라를 섬기는 자가 아니라 그 나라와 그의 의의 실현을 방해하는 방해꾼에 불과하다. 사탄의 도구로 전락한다. 이러니 조금은 양심이 있는 사람들의 탈 교회 현상은 당연한 결과가 아닐 수 없다.

교역자의 문제를 정리하면 이렇다.

하나님의 목회에 상응하는 목회를 실행할 영성이 부족하다.

신학적 사고와 신학적 판단 능력을 위한 훈련이 부족하다.

교역자가 되는 과정을 보면 신학자와 신학 이론만을 학습할 뿐 좋은 교역자가 되는 훈련이 없다. 곧 기독교적 성품 형성을 위한 인격 수련이 턱없이 부족하다.

하나님의 행위를 인지하고 그것을 수용하는 능력이 부족하다.

무엇이 하나님의 목회인지 분별력이 떨어진다.

하나님 경험을 표현하는 능력이 부족하다.

성경해석 능력과 그것을 시대적인 상황에 적용하는 능력이 부족하다.

성경해석과 적용을 넘어 메시지를 공감적으로 전달하는 능력이 없다.

교인들의 마음에 공감하면서 인격적으로 소통하는 능력이 부족하다.

말씀의 메시지를 먼저 자기에게 적용하는 능력이 부족하다.[19]

건강을 상실한 교회

교회가 복음이 필요한 곳에 세워질 뿐만 아니라, 또한 복음적으로 또 신학적으로 건강해야 하는 이유는 무엇보다 하나님의 목회가 투명하게 드러나야 하기 때문이다. 물론 개인과 공동체가 전인적으로 양질의 삶을 살기 위해서도 건강해야 한다. 교회가 건강하지 못하면, 교회의 존재 이유와 목적이 불투명해지고 공동체 구성원의 삶은 척박해진다. 하나님의 영광이 훼손되고 땅으로 추락한다.

앞서 언급한 문제들로 인해 교회는 충분히 건강을 잃을 수 있다. 여기에 더해 교회가 건강을 잃는 건 보이는 교회에 비판적 관심을 보이지 않고 오직 보이지 않는 교회만을 중시하는 편향적인 태도가 가져온 결과 중 하나다. 영지주의적인 태도에서 비롯한다. 이건 종종 보이는 교회에서 겪는 난관에 직면해서 신앙적인 책임을 외면하고 그 대안으로 보이지 않는 교회로 도피한 결과이기도 하다. 교회가

---

19 Richard Baxter, 『참 목자상』 (생명의말씀사, 2003), 앞의 같은 책, 49~56. 리처드 백스터는, 목회자가 설교를 준비하는 만큼 바르게 살기 위한 공부는 하지 않는다는 점을 지적했는데, 오늘날 먼저 자기에게 적용하는 일을 도외시하고 또 실천은 없이 지나치게 성경해석에만 매달리는 현실에서 매우 큰 울림이 있고 또 의미 있는 비판이다.

군이 외부와 소통하지 않아도 큰 문제 없이 유지되는 건 세계와 교회를 해석하는 원리가 있기 때문이다. 그것이 무엇이든 이 원리를 비판적으로 접근하지 않으면 교회는 자기충족적 폐쇄사회가 될 수 있다.

도대체 무엇이 잘못인 걸까? 보이는 교회에서 실천된 목회가 교회 안팎으로부터 비판받는 이유는 매우 다양하다. 그 이유는 시간과 공간과 사람에 따라 달라지겠지만, 오해에서 비롯하거나 까닭 없는 비난의 경우를 제외하고 대략 살펴보면 이렇다.

무엇보다 하나님의 목회를 인간의 목회에 반영하지 못할 때,

교회에 대한 이해가 잘못되었을 때,

일상의 예배를 간과하고 오직 교회 예배만을 예배로 생각할 때,

복음이 아니라 특정인의 이념을 실현할 목적으로 교회가 세워지고 또 운영될 때,

교회에 교육과 훈련이 없을 때,

공동체가 협력하여 실천해야 할 사역인 목회를 교역자 개인의 사역으로 오해했을 때,

공동체와 협력하는 교역자가 아니라 오직 자신의 권한만을 충실히 이행할 사람을 임명했을 때,

공동체를 대표하는 교역자가 해야 할 일을 교인이 공감할 정도로 수행하지 못했을 때,

공동체를 돌보지 않고 교회 외적인 일에 전념할 때,

공동체의 리더로서 교역자의 인격과 영성에 문제가 있을 때,

교역자가 게으르거나 혹은 다른 일에 몰두하여 공동체의 목회 능력을 개발하려고 하지 않을 때,

교회에서 마땅히 해야 할 일들(예컨대 교육, 봉사, 정기적인 성찬 등)이 없을 때,

당연히 해야 할 일을 행하고는 있으나 신학적으로 올바르게 실행하지 못할 때,

공동체의 이름으로 실천하고 있지만 정작 교인들과의 소통이 원활하지 못할 때,

(봉사직을 명예로 혹은 지위로 알고 있는 현실이 가장 큰 문제이긴 하지만, 아무튼) 교회 봉사자들을 세우는 과정에서 공평하지 못할 때,

일 처리 과정이 편파적일 때,

교인이 목회에 지나치게 수동적일 때,

교인이 교역자를 협력한다고 하나 그의 사역을 돕기보다는 비판하는 데에 더 큰 비중을 둘 때,

그리고 교인이 하나님 나라를 관리하는 일에 관심을 보이지 않을 뿐 아니라 하나님 나라 자체에 대한 열정이 없을 때 등이다.

이상의 것들을 정리하여 살펴보면, 건강은 크게 세 가지로 이해된다.[20]

첫째는 일정한 기준의 상태를 유지하고 유기적인 기능이 원활하게 일어나는 것이다.

둘째는 외부 환경과의 관계에서 적절한 상호반응을 할 수 있는 상태이다.

셋째는 하나님과의 관계에서 그분의 영광과 위엄에 적합한 반응을 할 수 있는 상태다.

만일 교회가 교회 됨을 말하는 일정한 기준의 상태에서 벗어나 있다면, 교회는 건강을 상실한다. 교회의 기능에 문제가 있을 때나 혹은 개별 기능에는 문제가 없으나 상호작용이 원활하지 못해도 그렇고, 또 비록 교회 내적으로 별문제가 없어 보인다 해도 교회가 이웃과 지역사회와의 관계에서 적절한 반응을 보이지 못하는 경우도 그렇다. 무엇보다 하나님의 말씀과 행위에 적합하게 반응하지 못한다

---

20 세계보건기구가 정의하는 건강의 개념을 살펴보면 어느 정도 교회의 건강과 맞닿아 있다는 점을 알 수 있다. "건강은 질병이 없거나 허약하지 않은 상태가 아니라 육체적, 정신적, 사회적으로 완벽하게 안녕한 상태이다."(Health is a state of complete physical, mental and social well-being and not merely the absence of disease or infirmity.)

면 이것은 매우 심각한 상태다. 특히 교회 내적인 일에만 전념하고 지역사회 사안에 관심을 보이지 않는 교회를 건강하지 못하다고 보는 시각은 최근에 교회의 공공성(publicity) 주장과 함께 두드러지고 있다. 교회가 사회를 위해 존재하지는 않아도 하나님의 사역이 교회를 통해 사회로 침투하도록 노력할 필요는 있다.

교회의 건강과 관련해서 교역자 혹은 교인 스스로 목회의 현실을 조심스레 들여다보고 비판적으로 조명할 방법은 없는 걸까? 공동체와 자신의 관계에서 교역자는 자기가 걷고 있는 길이 제대로 가는 길인지를 수시로 확인할 방법은 없는 걸까? 목회를 돌아보면서 스스로 진단하며 자정과 회복의 능력을 발휘할 기회는 없었던 걸까? 일탈을 시도하기 전에 아니 설령 그 길에 들어섰다 해도 잘못된 목회를 치유하고 참다운 목회의 회복을 도울 방법은 없을까? 교회 문제 중 하나가 교인을 단지 목회의 대상으로만 보는 것이라면, 교인이 목회자임을 스스로 인지하고 목회에 주도적으로 참여시킬 방법은 무엇일까?

일련의 질문에 대답하려고 할 때 마땅히 고려할 방향이 몇 가지 있다.

첫째, 앞서 언급한 목회의 5대 요소(하나님의 목회에 관한 지식과 경험, 하나님의 말씀, 목회 현장으로서 교회와 세상, 성도와 교역자, 그리고 기도와 순종) 외에 잘 알려진 목회자 이미지 가운데 오늘날 재고해야 할 것들이 있다(목회자 이미지 비판).

둘째, 목회 개념에 대한 이해가 잘못된 경우가 있다(목회 철학 비판).

셋째, 목회자에게 윤리 의식이 결여한 경우가 있다(목회자 윤리 비판).

넷째, 목회행위를 수행할 때 이웃하는 교회와의 관계에서 그리고 동역자와의 협력 사역에서 지켜야 할 규범이 있다(목회 윤리 비판).

그리고 다섯째, 교회 행위(예배, 설교, 봉사, 선교, 교제)가 적절하게 실행되는지를 살펴보는 것(목회행위 비판) 등이 있다.

교인을 대상으로 하는 목회?

앞서 제시한 문제의식과 여러 방향에서 서로 겹쳐있으면서 가장 시급하게 고려해야 할 사항은 목회를 공동체의, 공동체에 의한, 공동체를 위한 행위가 아니라 교인을 대상으로 하는(그들을 위해서 혹은 그들과 협력하여 행하려 하기보다 그들에게 지시하는) 교역자의 고유행위로 이해함으로써 나타나는 목회의 비인격적이고 비윤리적이고 비신학적 행태이다. 이것은 자주 교역자와 교인을 수직적 관계로 이끌고, 흔히 권위주의의 온상이 되는 교권주의(clericalism)로 이어진다. 성도를 조직 구성원의 일원으로 여기는 잘못을 범한다.

목회를 단지 교인을 대상으로 하는 교역자의 행위로 이해할 때는 대개 서로를 섬기며 서로를 세워주는 리더십에서 벗어나 명령하고 지시하는 목회로 전락한다. 교회를 계급화하고 사유화하는 일은 그 연장선에서 발생한다. 이런 목회는 아무리 좋은 의미로 본다 해도 결과적으로 교회를 절망케 할 뿐이다. 부정적으로는 교인과의 관계에서 불필요하게 권위를 주장하는 이유가 된다. 사람은 본질에서 잘 변하지 않기 때문이다. 변하지 않으니 교역자의 노력은 좌절할 수밖에 없다. 만일 이것을 교인들이 완고하기 때문이라고 생각하면 소위 위임받은 영적 권위를 내세워 자신의 주장을 관철하려고 한다. 이런 교역자의 지도를 받는 교인은 현상적으로는 권위에 굴복한 듯 보이지만, 결과적으로는 불평과 불만으로 가득하고 심하면 교회 안과 밖의 모습이 다른 이중적인 신앙생활을 하게 된다. 위선의 숙명적 굴레를 쓰게 되는 것이다. 교역자의 윤리적/도덕적인 타락은 대부분 인정 욕구와 생존 욕구와 지배 욕구를 따르는 행위와 비정상적인 권위 의식에 뿌리를 두고 있다. 물질과의 관계에서는 탐욕적이고 불투명하며, 사람과의 관계에서는 비인격적이다.

반대로 교인을 섬기는 것으로 목회를 이해하면 교인의 종교적 수요와 필요를 만족시키는 데 급급한 목회가 양산된다. 교인을 일깨워서 하나님 앞으로 인도하고 하나님 앞에서 살도록 가르치지 못한다. 교인은 비록 하나님 앞에서 살아간다 해도 현실에선 세상에 기반을 두고 살아가는 사람이다. 많은 경우 그들이 필요로 하고 또 요구하는 건 자기 삶이 아무런 방해 없이 지속하는 것이다. 이를 위해 그들은 가족의 평안과 안정, 직장생활의 만족, 심리적인 위안, 개인의 행복과 관련해서 교회로부터 정당성을 얻고자 한다. 이런 교인은 죄의 심각성을 자각하지 못한 채 그저 적당히 도덕적이고 윤리적이기만 하면 아무런 문제의식을 느끼지 않는다.

목회는 엄밀히 말해서 교인을 섬기는 일이 아니지만, 설령 관례에 따라 그렇게 이해한다 해도, 섬긴다는 말은 하나님의 뜻이 그들에게 그리고 그들을 통해 이루어지도록 돕는다는 의미로 이해해야 한다. 곧 목회는 교인을 하나님 앞으로 인도해 교인 스스로 진지하게 하나님과의 관계를 고민할 수 있도록 도울 뿐이다. 적극적인 소비행위를 북돋기 위해 자극을 주는 행위 같은 것이 아님을 명심하자.

목회는 교인을 대상으로 하는 교역자의 사역이 아니다. 물론 복음을 믿게 하고, 그들을 가르쳐 세상으로 파송하며, 그리고 이웃과 자연환경에 적합하게 반응하는 훈련을 한다는 점에서 그런 부분이 전혀 없지 않다. 그러나 이것은 목적을 위한 준비작업이다. 하나님 나라를 위한 공동체를 함께 세우려 협력 목회자를 키우기 위한 공동체 목회의 한 부분일 뿐이다.

더 큰 맥락에서 목회는 이 땅에 임한 하나님 나라를 섬기는 일로 부름을 받은 성도(교역자+교인)가 성령의 인도에 순종하여 행하는 공동체에 의한, 공동체를 위한, 공동체의 사역이다. 기독교 신앙을 전제로 공동체가 부르심에 순종하는 일이다. 좁게는 가시적 모형으로 세워진 교회를 책임지고 운영하는 교역자와 교인의 신학적인 사고와 결정에 기반을 둔 신앙 행위이다. 넓게는 교회를 위한(for the church) 하나님의 뜻을 실행하고, 교회를 상대로 행하시는(to the church) 하나님의 행위를 기꺼이 받아들이고, 그리고 교회를 통해(through the church) 행하시는 하나님의 일을 순종함으로 실행에 옮기는 것이다. 목회를 교인을 대상으로 삼아 자기 철학(이념이나 이상)을 실현하려는 교역자의 행위로 이해하지 말아야 할 것이다.

좀 더 구체적으로 말한다면, 목회는 먼저 부름을 받고 신학적, 영적, 그리고 윤리적 훈련을 받은 교역자가 세상 가운데 임한 하나님 나라로 초대받은 사람(교인과 자연인)을 믿음으로 이끌어 하나님 나라의 백성이요 참 그리스도인이요 거룩한 무리 곧 성도(앞으로는 교역자와 교인 모두를 지칭할 때 '성도'를 사용할 것이다)요 예수님의 제자로 세울 뿐 아니라 또한 교인들이 같은 목적을 갖고 살도록 도우면서 교인과 협력하여 공동체에 위임된 과제를 수행하는 공동체 행위를 포괄한다. 교회를 세우는 건 바로 이런 목적을 위해서다. 우리를 어두운 데서 불러내어 그의 기이한 빛에 들어가게 하신 자의 아름다운 덕을 선전하게 하려(벧전 2:9)는 뜻에 순종하는 일이다. 간단하게 말해서 목회는 교역자와 교인 모두가 서로 돕고 서로 사랑하고 서로 세워주면서 교회에서와 세상에서 참 예배자로서 살도록 노력하는 공동체의 행위다.

교역자와 교인의 관계

교역자와 교인의 관계는 목자와 양의 관계 외에도 현실에서는 생각보다 훨씬 복잡하다. 본질적인 측면에서 크게 벗어나지 않지만, 교회에서 형성되는 양자의 관계를 제대로 인지하고 있지 않으면 교회 문제로 비약할 수 있다. 바르게 인지해야 하고 또 그에 합당한 적합한 관계 형성을 위해 노력해야 한다. '인문치료학'을 주장한 에릭 카셀(Eric J. Cassel)은 의사와 환자의 관계를 치료과정에서 매우 중요하게 보면서 의사와 환자의 관계를 경제적, 정치적, 사회적, 공동체적, 개인적, 사적 관계로 분석하였다.[21] 이것은 교역자와 교인의 관계를 조명하는 데에도 매우 유익하다. 그가 말한 관계를 교역자와 교인의 관계에 빗대어 말하면 다음과 같다.

첫째, 교인의 헌금을 통해 교역자의 사례와 활동이 보장된다는 점에서 양자의 관계는 경제적이다. 이 관계는 흔히 양자에 의해 부정되기도 하고 또는 과장되기도 하는데, 교역 활동이 분명 경제를 목적으로 하는 활동은 아니지만 부정할 수 없는 현실이다. 이것을 인정하지 않으면 양자의 관계는 올바로 정립되지 않는다. 교인은

---

21   Eric J. Cassel, *The Nature of Suffering and the Goals of Medicine*, 강신익 옮김, 『고통받는 환자와 인간에게서 멀어진 의사를 위하여-고통의 본질과 의학의 목적』(들녘, 2002), 162, 다음을 참고 161-189.

교역자의 일상이 경제적인 궁핍함으로 인해 멈추지 않도록 경제적으로 지원해야 한다. 양자의 관계를 어느 정도 경제활동의 구조에서 생각할 수 있지만, 목회는 수익 사업을 목적으로 삼진 않기 때문에 교인을 소비자로, 교역자를 공급자로 여기는 일은 없어야 한다. 때로는 교역자가 교회 성장을 위해 기울이는 노력이 지나쳐 경제활동처럼 보이고 또 경영과 관리에 편중되는 일이 발생하는데 반드시 지양해야 할 일이다.

둘째, 교역자와 교인의 관계는 많은 경우 매우 사적으로 이루어진다. 사적이란 교역자와 교인 사이에 배타적인 관계가 형성할 수 있다는 것을 가리킨다. 다른 사람이 공유할 수 없는 관계를 말한다. 목회 상담 과정에서 상담자와 내담자 사이에서 흔히 있을 수 있는 일이긴 하나 양자에게서 일어나는 불미스러운 일은 이런 관계가 잘못된 결과다. 할 수 있는 한 사적인 관계는 지양해야 하지만, 목회의 특성상 완전히 피할 수 없는 부분이다. 따라서 목회의 필요에 따라 어쩔 수 없이 형성되는 사적인 관계가 윤리적으로 왜곡되지 않도록 조심해야 하고, 또 불필요하게 오해받지 않도록 예방 조치가 마련되어야 한다. 교역자에 대한 존중으로 인해 교인 편에서는 사적인 관계로 기울어지는 과정을 스스로 통제하지 못하는 경우가 많다. 이런 까닭에 특히 교역자의 주의가 요구된다.

셋째, 양자의 관계는 정치적일 수 있다. 정치적이란 교회 운영과 관련해서 서로 소통하는 관계를 의미한다. 교역자와 교인은 일정한 사안에서 서로 다른 견해를 가질 수 있다. 무조건 교역자의 견해를 따라야 한다는 생각은 구시대적이다. 교역자와 교인은 서로 다른 의견으로 인해 겪는 갈등 상황에서 의견 조정을 위해 소통의 필요성을 느낀다. 어떻게 소통할 것인지 이 문제를 두고 양자는 고민하게 되는데, 경험에 비추어보면 자율적인 조정이 어려울 때가 있어서 이에 적합한 행동을 규정하는 정관을 사전에 마련할 필요가 있다. 여기서 원칙은 효율적인 통제가 아니라 교회의 덕을 세우고 또 하나님의 영광을 위한 목적을 사역의 우선적 가치로 두는 것이다.

넷째, 교역자와 교인의 관계는 무엇보다 공동체적이다. 하나님 나라의 백성으로서 직분의 차이에 따라 교역자와 교인으로 구분되지만, 양자는 예수 그리스도의 은혜를 공유하며 또한 서로 나누고 협력하는 관계이다. 양자의 공동체성은 보통 가족 공동체에 비유되는데, 현대사회의 가족이 보이는 부정적인 이미지(갈등과 해체 등)로 인해 가족 공동체 이미지를 받아들이기 힘들어하는 사람들도 있다. 그런데도 양자의 친밀성은 대개 공동체성에 기반을 둔다고 보는 것이 관행이다. 공동체성은 주로 교인보다는 교역자 쪽에서 강조되는 편이다. 목회의 편의를 위해 강조하는 전략일 뿐 실제로는 교인의 문제를 전혀 공감하지 못하는 상태로 목회하는 교역자가 많다. 과거 고용주가 생산성 향상을 위해 직원들에게 입버릇처럼 말하던 "우리는 가족"이란 구호는 위기 상황에서 고용주 스스로가 가족 공동체로서의 모습을 보여주지 못함으로써 -예컨대 직장 해고- 무의미한 것이 되었다. 교역자 역시 같은 전철을 밟는 일은 없어야겠다.

다섯째, 양자의 관계는 교역자와 교인의 관계를 넘어 인간과 인간의 만남으로 이루어지기도 한다. 인간적인 관계를 가리킨다. 사적 관계의 한 갈래이다. 남자와 여자, 남자와 남자, 여자와 여자, 선배와 후배, 친구 관계, 인간과 인간의 관계로 서로를 대하는 경우를 말한다. 교회 내에서는 흔히 볼 수 없어도 사적인 관계에서 종종 나타난다. 때로는 교회에서 문제가 생겨 갈등 국면에 이르게 되면 서로에 대한 존중감이 사라지는데, 바로 이런 순간에 양자는 교역자와 교인으로서보다는 인간과 인간의 관계로 바뀐다. 인간으로서 피할 수 없는 관계이지만 반드시 선을 지킬 수 있는 범위에 머물러야 한다.

그리고 여섯째, 서로를 대하는 태도가 지극히 사무적일 때, 곧 교역자로서 혹은 한 교인으로서 교회의 역할만을 인지하고 또 그렇게 행동하고 서로를 대할 때, 이런 관계를 사회적이라 말한다. 각자의 역할에 충실한 것이 나쁜 건 아니다. 문제는 다만 양자의 관계에서 교회에 맡겨진 역할로 만족하면 그건 교역자와 교인 사이에서 기대되는 관계가 아니다. 서로 공감할 수 있는 관계, 신뢰를 기반으로 하는 관계, 친밀하면서도 직분과 역할에서 상대의 영역을 침범하지 않는 관계가 바람직하다.

양자가 어떤 관계에 있든 상대를 자기 이해 관계에 따라 대하거나 독점 혹은 배타적 관계로 생각해서는 안 된다. 자기 이해관계에 따라 상대를 대하면, 상대방의 인격은 무시되고 또 자기 목적 실현을 위한 도구나 수단이 된다. 남용과 오용의 사례가 발생한다. 그리고 교역자가 교인을 독점적 관계에서 소유로 생각하면 걷잡을 수 없는 문제들이 발생한다. 교인이 다른 교회를 방문하는 것을 금기로 여긴다. 대화에서 타 교회 목회자를 존경하는 표현을 하면 극심한 질투심에 사로잡힌다. 교회를 떠나는 교인을 향해 저주를 퍼붓는 일은 교인을 자기 소유로 생각할 때 일어나는 대표적인 현상이다. 이에 반해 교인이 교역자를 자기와의 관계에서 배타적으로 생각하면 교역자가 다른 교인에 관심을 보이는 것을 못마땅해한다. 이로 말미암아 교회를 등지는 일이 종종 발생하지만, 대개는 교회 안에서 부정적 영향을 미치는 존재가 된다.

비신학적인 목회

탈 교회 현상의 원인으로 꼽히는 비신학적인 목회란 신학적인 근거가 분명하지 않은 목회를 말한다. 목회 현장에서 신학이 왜곡되거나 실종된 현상이다.[22] 쉽게 말해서 하나님의 목회를 전혀 고려하지 않는 목회다. 예수 그리스도 안에서 그

---

22 원래 신학자로서 목회자가 신학에 관심을 두지 않고 목회하는 현상에 관해 비판적으로 성찰하여 대안을 제시하려 했던 책으로는 다음을 들 수 있다. Kevin J. Vanhoozer/Owen Strachan, *The Pastor as Public Theologian*, 박세혁 옮김, 『목회자란 무엇인가』 (포이에마, 2016).

리고 그를 통해 나타난 하나님 나라와 하나님의 속성과 하나님의 행위와의 관계가 분명치 않은 목회다. 성경의 내용과 정신과도 아무 관련이 없는 목회다. 신학적/목회적 임상 경험이 전혀 없는 목회다.

이런 목회는 신학적 판단 능력이 부족하여 정체불명의 이론 특히 교회의 양적 성장에 공헌하는 이론이라면 무엇이든 자기 목회에 적용한다. 이런 목회는 기업 경영이나 사회사업 혹은 정치 활동과 별반 다르지 않다. 이것은 교회로 세속화의 길을 걷게 하는 이유이다. 신학적 근거가 분명하지 않으니 하나님이 원하시는 결실을 내지 못한다. 이런 목회는 신학적으로 세심하게 살피지 않으면 쉽게 알아차리지 못해 나중에 나타나는 부정적인 현상을 통해서 비로소 그 정체를 깨닫는 경우가 허다하다. 비신학적 교회 행위를 유발하는 교회의 신학적 무지를 밴후처는 "교회가 서서히 생명을 잃게 만드는 피 흘림"[23]에 비유하였을 정도로 교회의 건강에 치명적이다.

기전(mechanism)이 아직 분명히 밝혀지지 않은 질병을 치료해야 할 예외적인 상황이 아니라면, 의사는 대체로 의학 이론과 임상 경험에 충실하게 진단하고 처방한다. 법률가 역시 대체로 법학 이론과 판례에 충실하다. 판사는 법과 판례에 충실하게 근거하여 판단한다. 이에 비해 목회자의 경우는 다르다. 전방에서 적과 직접 맞닿아 있는 군인이 전투 이론에 충실하기 어려운 것처럼 일상의 삶에서 신학함(doing-theology)을 실천하는 목회자는 신학 이론에 충실하게 행하기가 쉽지 않다. 충실하다 해도 그 경우가 드물다. 그 이유로 다섯 가지를 생각할 수 있다.

첫째, 목회자가 신학을 충실히 따르지 않는 까닭은 이론이 현실과 거리가 멀기 때문이다. 목회 현실을 반영하지 않은 신학함의 관행이 낳은 부작용이다.

둘째, 목회자가 신학을 사람의 신념 체계로 여긴 결과 신학 이론보다 성경이나 성령의 인도하심을 우선하기 때문이다. 이것은 사실 지극히 당연해 보이는 일이지만,

---

23 Kevin J. Vanhoozer/Owen Strachan, *The Pastor as Public Theologian*, 박세혁 옮김, 『목회자란 무엇인가』, 275.

실상은 매우 독단적인 목회로 이어지고 개교회주의를 양산하는 주요인이다. 궁극적으로는 신학과 성경의 관계에 대한 오해에서 비롯한 결과다. 신학이 성경에 우선해서는 안 되지만, 신학 없이 성경을 이해하려는 건 위험하다. 이것은 수많은 이단과 사이비 집단이 양산하는 배경이다.

셋째, 신학 이론의 다원성/복수성 때문이다. 신학이 다양하다는 건 그만큼 사회가 건강하다는 뜻이지만, 현실 문제에 직면하여 문제의 해결책을 찾아야 하는 목회자에게는 부담이 되는 일이다. 특정 상황에서 어떤 신학을 적용해야 할지 모르기 때문이다. 다원화한 신학 앞에서 목회자는 대체로 대세를 따른다. 만일 그 대세가 세상의 가치에 경도되었다면 목회는 급속도로 세속화하거나 게토화한다.

넷째, 목회를 단지 하나의 도덕적 경영으로 여기기 때문이다. 이런 사고방식의 목회자는 신학 이론보다 경영이론이 목회에 더욱 큰 도움이 된다고 판단한다. 일반 경영이론에 도덕적/윤리적 가치를 부여한 것을 목회로 생각한다. 아무리 훌륭한 신학 이론이라도 이런 목회자에게는 무미건조할 뿐이다. 비신학적인 목회가 문제인 까닭은 목회에 대한 구조적 진단과 처방이 불가능하기 때문이다.

다섯째, 교리의 완고함 혹은 폐쇄성 때문이다. 교리에 매인 목회는 신학 이론이 아무리 옳아도 쉽게 동의하지 않는다. 교리를 문자적으로 이해하고 믿기 때문이다. 사실 교리는 신학 이론처럼 그렇게 쉽게 바뀌지 않는 속성이 있다. 하나님의 행위에 대한 단언적 진술이기 때문이다. 물론 잘못된 교리가 있다. 역사에서 흔히 볼 수 있는 현상이다. 잘못된 교리로 확인되면 주저하지 말고 바꾸어야 한다. 그러나 원칙적으로 신학 이론은 교리를 시대에 맞게 해석하는 것이지 교리를 바꾸려는 것이 아니다. 교리를 문자적으로 독해하는 것도 문제이지만, 신학 이론으로 교리를 무력화하려는 시도도 문제다. 무엇보다 교리를 해석하는 능력이 부족하면 교리는 불필요하게 폐쇄적이라 오해된다. 제대로 된 신학적 능력을 갖추면 교리는 해석의 가능성을 열어준다는 사실을 알게 된다.

마지막 두 가지를 남겨두고 먼저 이상의 다섯 가지 원인을 살펴보면, 그 배경은 신학을 학습하는 과정에 있다. 신학을 단지 이론을 학습하는 과정으로만 여길 뿐 목회 능력과 신학함의 능력을 향상할 목적을 간과한 결과다. 달리 말한다면 신학 교육이 신학적/목회적 판단력을 형성하기 위한 훈련과정을 배제한 것이다. 판단 력은 이미 알려진 지식과 관련해서 개별적인 사례를 다룰 수 있는 능력이다. 판단 의 근거인 이론을 안다고 해서 저절로 습득되는 건 아니다. 이론에 근거한 추론 과 정에서 고려해야 할 사항이 적지 않다. 일반적 신학 이론이 구체적인 목회 현장에 서 어떻게 적용되는지를 알 뿐 아니라 교회 혹은 교인이 구체적인 사건의 의미와 가치에 관해 어떻게 생각하는지도 고려해야 한다. 소위 신학적 임상 경험이 필요 하다. 비록 문제가 무엇인지 인지했어도 문제를 해결하는 방식이 비신학적인 이 론에 근거를 둔 것이라면, 이것은 아무리 그럴듯하고 수많은 사람의 지지를 얻어 도 결코 신학적인 판단이 아니다. 목회가 반드시 신학적 판단에 따라야 하는지 아 니면 다른 판단도 허용하는지는 신학적 학문이론에서 다루어질 성질이다. 목회가 경영으로 환원할 수 없다는 데에 동의한다면, 목회는 신학적 판단에 따른 것이어 야 한다. 목회는 원래 부름을 받은 자가 하나님이 행하시는 일을 위임받아 성령의 인도하심을 따라 이 땅에서 재현하는 일이기 때문이다.

한편, 무차별적으로 교회 성장을 지향하는 것 외에 목회가 신학적인 근거에 충 실하면서도 종종 비신학적인 모습으로 나타날 수밖에 없는 여섯째 이유를 생각해 보자. 밴후처는 신학을 전문가에게 맡기려는 태도를 지적했다.[24] 그는 "신학은 너 무나도 중요하기 때문에 '전문가'에게 맡겨둘 수 없다."라고 말하면서 "모든 사람 은 하나님 앞에서 인간의 마음을 비롯해 창조된 모든 것 안에 드러난 하나님에 대 한 지식에 응답할 책임이 있다(롬 1:19~21)."라고 주장했다. 교역자와 교인 모두 각 각 필요한 정도와 범위에서 신학자의 역할을 요구받는다는 말이다. 오언 스트래

---

24   Kevin J. Vanhoozer/Owen Strachan, 『목회자란 무엇인가』, 39.

헌 역시 목회자가 자기를 신학자가 아니라 실천적 직분을 수행하는 자로 인식하게 된 중요한 이유를 신학을 전문 신학자의 영역으로 여기면서부터라고 말한다. 이런 경향은 특히 중세에 두드러졌다고 한다.[25]

목회가 비신학적인 모습으로 나타나는 마지막 일곱 번째 이유는 예측할 수 없는 목회 상황 때문이다. 세상에서 하나님의 눈으로 세상을 보며 또 하나님 나라의 관리를 위임받아 행하는 일인 목회는 신학과의 관계에서 볼 때 언제나 전방에 해당한다. 목회의 특성상 목회자의 위치는 대개 하나님 나라와 세상의 경계선이기 때문이다. 이에 비해 신학은 후방의 역할을 한다. 전방으로 나갈 성도를 교육하고 훈련한다.

전방 상황에서 흔히 나타나는 문제는 배운 대로 혹은 훈련받은 대로 실행하기 어려운 일이 수시로 발생하는 것이다. 예상할 수 없는 일이어서 교육받은 대로 행하기 쉽지 않다. 그렇다고 교육과 훈련이 아무 의미가 없는 건 아니다. 전방에서 그나마 최선의 전투역량을 발휘하고 또 생존 능력을 향상하기 위해선 계속된 교육과 철저한 반복 훈련이 필요하다. 머리로 아는 교육만으로는 부족하고 몸이 기억하는 훈련으로 준비해야 한다. 그래도 막상 전투에 임하면 그간 학습하고 훈련한 원칙들이 쉽게 무너진다. 따라서 전방에선 후방 군인이 받아들이기 어려운 생존 방식이 종종 실천된다. 전방에서 실천된 삶의 방식은 그 정당성 및 효율성과 관련해서 비판적으로 연구되어 후방 군인들에게 전수된다. 이렇게 되면 이전과는 다른 상황에 대처하는 새로운 규범이 형성된다.

달리 말해서 신학은 실천된 목회를 비판적으로 혹은 구성적으로 성찰함으로써 하나님 나라를 관리하는 목회에 필요한 것들을 공급한다. 무엇보다 하나님 나라를 알고 분별할 능력을 기르고 또 그 나라의 백성으로 사는 데 필요한 하나님의 뜻을 인지하기 위한 사고를 훈련한다. 하나님 나라를 구체적으로 섬기며 관리할 능력을 함양한다. 이에 비해 목회는 교인이 하나님의 뜻을 알고 수용하도록 하고

---

25   Kevin J. Vanhoozer/Owen Strachan, 『목회자란 무엇인가』, 137~8.

또 땅 위에 임한 하나님 나라에 머물면서 규범을 실천하여 (마지막 날에 온전히 임하기까지는 수시로 이동하는) 하나님 나라에서 오랫동안 머물 뿐 아니라, 또한 교인을 가르치고 훈련하여 많은 사람이 교역자와 협력하면서 그 나라의 기쁨을 공유할 수 있도록 한다.

이 과정에서 목회는 신학의 적합성과 실효성을 실험하는데, 발생하는 문제에 의문을 제기하여 신학자에게 비판적 성찰의 기회를 제공한다. 만일 더는 유효하지 않은 규범이라면 신학자는 신학적 성찰과 논의를 통해 과감하게 수정하며 현실에 맞는 새로운 규범을 제시한다. 믿음의 순종과 함께 이 땅 위에 임하는 하나님 나라의 모습은 종말이 오기 전까지는 온전하지 않기 때문에 교육과 훈련과 파송 그리고 재교육과 파송 등으로 이어지는 상호관계는 계속 반복된다. 목회와 신학은 떼려야 뗄 수 없는 관계에 있다. 이 관계를 밴후처는 다음과 같이 말했다.

> "목회자와 신학자가 서로의 짐을 나누어지고 교회를 잊어버린 학계와 신학을 잊어버린 교회에 함께 대응해가야 한다."[26]

이처럼 목회를 전방에 비유할 때, 목회자는 목회 현장에서 신학적으로 예견된 문제들을 만나기도 하지만, 많은 경우 시대의 흐름에 따라 발생하는 전혀 예상치 못한 새로운 문제를 접한다. 신학교에서 배웠던 가르침만으로는 쉽게 해결할 수 없는 현실을 만날 때 목회자는 당황한다. 문제를 신학적으로 파악하지 못하는 것은 물론이고 문제해결에 어려움을 느낄 때는 위기의식에 사로잡히기도 한다. 신학적으로 훈련받지 못한 교인이 이런 상황에서 동요하는 건 당연하겠지만, 교역자마저도 다르지 않다면 어떻게 하겠는가? 누가 교인에게 바른 방향을 지시하고 또 그들을 인도하겠는가? 목회가 종종 비신학적일 수 있는 이유는 그것이 처한 상황 곧 전방(front)에서와 같은 상황 때문이라고 말할 수 있다. 궁극적으로는 유연

---

26 Kevin J. Vanhoozer/Owen Strachan, 『목회자란 무엇인가』, 24.

하지 않은 신학과 목회 현실과 관련해서 신학적 성찰 능력이 없는 목회에 책임이 있다고 말할 수 있다.

이런 상황을 충분히 고려치 않고 목회를 비판하면서 '목회에 신학이 없다'라고 말하는 신학자들이 있는데, 이 일에서 좀 더 신중할 필요가 있다. 신학의 부재를 비판하기 전에 목회 사역에 함의된 신학을 정제해낼 필요가 있다. 신학에 근거한 비판이 때로는 목회의 본질을 거듭 각인시켜 주어 매우 유익하지만, 때로는 목회 현장에서 일어나는 새로운 경험을 충분히 반영하지 못하는 공허한 비판일 수 있다. 때로는 신학적으로 의미 있는 것을 간과하기도 한다. 이렇게 되면 신학은 교역자와 교인에게 외면당한다. 신학은 과거의 생각을 체계화해서 추출한 개념에 따른 합리적인 생각이다. 이에 비해 목회는 이미 알려진 뜻을 실천하는 현장이지만, 때로는 현장에서 예기치 않게 일어나는 사건에 대한 적합한 반응을 모색하는 일이다. 이것은 일정한 신학적인 견해에 따라 목회를 조명하고 평가하는 연역적인 방식의 비평에 한계가 있음을 의미한다. 일정한 기준에 따라 정답 및 오답 처리를 할 만큼 그렇게 분명한 비평이 목회 영역에는 적용 불가능하다. 이런 한계를 극복하지 못하면 신학과 목회는 영원히 평행선을 달릴 수밖에 없다.

하나님의 목회란?

두 가지 질문이 제기된다. 인간의 목회는 어떤 근거로 행해지는 걸까? 하나님의 목회는 무엇이고 그것의 특징은 무엇인가? 전자는 목회의 신학적 근거를 물으며, 후자는 하나님의 목회에 관한 것이다. 사실 두 질문은 분리되어 있지 않고 서로 연결되어 있다. 왜냐하면, 목회의 신학적 근거란 목회가 하나님의 말씀과 행위를 적합하게 또 정당하게 따른다는 것을 의미하기 때문이다. 그런데 이건 하나님의 목회이다. 따라서 전자를 바탕으로 하나님의 목회에 관한 윤곽을 살펴볼 수 있다.

목회의 신학적 근거: 목회의 신학적 근거를 묻는다면, 이에 대해 여러 대답이 가능하다. 첫째는 하나님의 창조와 섭리 곧 하나님의 나라이다. 하나님은 창조와 함께 이 땅에 나타난 하나님 나라의 관리를 인간에게 위임하셨으며, 타락 후에는 직접 다스리시면서도 인간(사사, 제사장, 선지자, 왕)을 통해 다스리고 또 인간과 협력하는 방법을 사용하셨다.

둘째는 예수님의 위임이다. 하나님 아버지가 아들 예수 그리스도에게 나라의 전권을 위임하셨듯이, 예수님은 제자들에게 목회를 위임하셨다. 대표적인 표현이 베드로를 향해 "내 양을 치라" 말씀하신 것이다. 그리고 제자들에게 제자 삼는 사역을 위임하신 것이다(마 28:19~20).

셋째는 성령을 통한 사도들의 위임이다. 예수님은 자기의 가르침을 받은 사람들에게 목회(제자 양육과 선교)를 위임했는데, 특히 사도들의 편지와 목회 서신에는 목회에 대한 구체적인 내용이 들어있다.

넷째는 교회의 본질에서 유래한다. 교회는 부르심을 받은 사람들의 모임이며, 그곳에서 예배하고 복음을 가르치고 배우며, 특히 예수 그리스도의 인격과 사역이 계속 이어지는 곳이다. 예수 그리스도와 더불어 이 땅에 임한 하나님 나라의 모형으로서 역할을 하는 곳이다. 교회에서 하나님 나라의 일이 잘 이루어지도록 부름을 받고 순종하는 사람들이 행하는 일이 목회다. 목회는 개인의 사안이 아니라 공동체의 사안이다.

마지막 다섯째는 화목의 사역이다. 사도 바울은 우리가 예수 그리스도로 인해 하나님과 화목하게 되었으니 또한 세상에 대해 화목의 사역을 감당하는 것이 마땅하다고 말했다. 여기서 말하는 화목의 사역이 목회이고, 목회는 하나님 나라를 관리하는 일이다.

하나님 목회의 특징: 그렇다면 하나님의 목회는 무엇이고 그것의 특징은 무엇인가? 하나님의 목회는 세상의 구원과 심판을 위한 삼위 하나님의 경륜에 따른 모

든 행위를 의미한다. 하나님 목회란 하나님의 섭리에 목회신학의 관점에서 붙인 이름이다. 성경에 기록된 하나님의 행위 곧 세상 안에서, 세상을 위해, 그리고 세상에 대해 행하시는 하나님의 행위는 하나님 목회의 단면들이다.

무엇보다 하나님의 목회를 말한다면, 이는 이신론(理神論 deism)을 배제한다는 것을 의미한다. 하나님은 세상을 창조하시고, 세상이 자율적인 원리에 따라 움직이도록 하시고, 당신은 다만 안식하신다는 생각은 처음부터 허락하지 않는다. 하나님은 당신의 주권적인 자유에 따라 세상을 다스리신다.

하나님 목회의 특징 가운데 가장 우선적인 것은 목회의 동기와 목적이 사랑에 있다는 것이다(요 3:16).[27] 하나님이 세상을 다스리시면서 무엇을 행하시고 또 무엇을 일으키시든 그건 세상을 향한 하나님의 사랑에서 비롯한다. 특히 믿는 자에게 그렇다(롬 8:28). 물론 인간이 이것을 왜곡하고 또 변질시켜 하나님의 사랑을 생각할 수 없게 만들기도 하지만, 만일 그렇지 않고 하나님의 행위로 인지한다면, 그것은 비록 이해하기 어려워도 반드시 하나님의 사랑에서 비롯한다.

하나님 목회의 특징 가운데 둘째는 하나님은 '우리를 위해' 아버지와 아들과 성령이 각각 고유한 일을 행하시면서도 세상의 온전한 구원을 위해 서로 협력하여 일하시고,[28] 당신의 백성과 세상이 당신을 참 하나님으로 인정할 때까지 계속하시고, 이 일을 위해 필요한 일꾼들을 부르시고 그들과 동역하시는 것이며, 또한 그들에게 이 일을 행할 능력을 주신다는 것이다.

하나님 목회의 셋째 특징은 피조물이 오직 여호와 하나님만을 예배하는 것을 겨냥한다는 것이다. 하나님의 영광이 세상에 가득하여 모든 민족이 하나님을 참 하나님으로 인정하며 예배하기까지 하나님은 당신의 일을 쉬지 않으신다.

하나님 목회를 방법적인 측면에서 볼 때, 넷째 특징은, 하나님은 당신의 목회를

---

27   요한복음 제3장 16절을 해석한 다음을 참고: 최성수,『의미는 알고나 사용합시다』(예영, 2019), 15~23.
28   Catherine Mowry LaCugna, *God for Us*, 이세형 옮김,『우리를 위한 하나님-삼위일체와 그리스도인의 삶』(서울: 대한기독교서회, 2008).

주권적 자유에 따라 행하시되, 때로는 당신을 계시하면서(Deus revelatus) 때로는 당신을 숨기시면서(Deus absconditus) 행하신다는 것이다. 이것들을 종합적으로 혹은 통전의 원리에 따라 보면, 믿는 자에게는 구속과 생명의 역사이지만, 믿지 않는 자에게는 심판과 멸망의 역사로 나타난다.

다섯째, 하나님 목회의 특징은 자기희생을 바탕으로 한다는 데에 있다. 하나님은 세상을 창조하시면서 자기를 비워 피조물이 머물 공간으로 내어주셨고, 죄인인 인간을 용서하기 위해 자기 아들을 내어주셨고, 의를 세우기 위해 불의를 행한 자기 백성을 벌하시는 고통을 감내하신다.

하나님 목회의 내용: 이에 비해 하나님의 목회를 세부적으로 들여다보면, 헤아리기 어려울 정도로 많고, 그 범위를 다 조망할 수 없을 정도로 넓으며, 그리고 그 심오함을 다 측량할 수 없을 정도로 깊다(사 55:8~9). 감히 인간의 지/정/의로 파악하여 표현할 수 없다. 다만 하나님의 행위를 말할 때 사용된 성경 언어로 표현한다면 다음과 같이 말할 수 있을 것이다.

하나님의 목회는 진실하시고, 정직하시고, 성실하시고, 선하시고, 변함이 없으시고, 당신을 미워하는 자까지도 사랑하시고, 이를 위해 당신 자신을 희생하시고, 거듭 거역하는 자를 끊임없이 용서하시고, 약한 자를 선택하여 당신의 백성으로 삼아 강하게 하시고, 넘어진 자를 일으키시고, 자녀와 같이 품으시고, 인간과 친밀한 관계를 맺으시고, 복을 주시고, 인도하시고, 도우시고, 위로하시고, 공감하시고, 생명을 풍성케 하시고, 불안과 염려와 두려움이 없게 하시고, 소망을 갖게 하시며, 낮은 곳으로 내려오시어 고통당하는 자와 함께 고통당하시고, 우는 자와 함께 눈물을 흘리시며, 그리고 죄인의 생명을 구하기 위해 하나밖에 없는 아들을 대신 세상에 내어주시고, 우리를 불러 당신의 목회를 대신하도록 하시되 성령을 보내주시어 우리를 도우시고, 그리고 우리와 함께 계신다는 약속을 끝까지 지키신다. 물론 당신의 뜻을 무시하고 하나님의 이름을 함부로 부르며 우상을 숭배하고 이웃에 해를 끼치는 사람을 징계하시고 또 심판하시기도 한다.

어떻게 반응할 것인가? 인간의 목회에서 관건은 이상에서 언급한 하나님의 목회를 공동체에 적합하게 또 투명하게 보이는 것이다. 이 행위 자체가 예배(교회에서 예전을 통한 예배와 일상에서 선한 행실과 성품을 통한 예배)이다. 인간의 목회라는 매개를 통한다 해도 성도 본인이 하나님의 말씀을 듣고, 하나님의 행위를 경험하고, 또 하나님 앞으로 나아가 그분 앞에 설 수 있어야 한다. 만일 인정 욕구와 생존 욕구 그리고 지배 욕구와 같은 인간의 기본 욕구에 사로잡혀 하나님의 목회를 왜곡하고 또 변질하며, 교회와 예배의 관계가 올바르지 못하고, 그리고 교회의 건강을 해치는 목회의 퇴행이 반복한다면, 탈 교회 현상은 피할 수 없는 결과다. 하나님의 영광이 아니라 인간의 영광이 추구되고, 세상의 물질에 집착하고, 하나님을 예배하지 않고 우상숭배가 횡행하기 때문이다.

이를 예방하고 또 해결하기 위한 첫걸음은 무엇일까? 그동안 문제를 지적하는 수많은 비판에도 불구하고 뚜렷한 변화가 나타나지 않은 데에는 근본적으로 신앙 양심이 마비되어 비판을 깨닫지도 못하고 또 깨달을 의지조차도 없어 귀를 기울이지 않는 목회자의 완고함에 있지만, 다른 한편으로는 그 비판이 소통 방식에서 벗어났다는 사실도 한몫한다. 하나님의 목회에 관해 구체적으로 알려고 하거나 그것을 목회에 적용하려는 노력은 없이, 다만 세상의 주류를 정당화하거나 비판하는 데 전념하거나, 과학과 대립각을 세우고, 목회 경험을 신학지식으로 형성하지 못한 채 목회 경험을 과거에 매이게 하는 연역적인 사고로 일관하는, 그야말로 목회 현실과 거리가 먼 신학함의 행태가 바뀌지 않으면, 신학 없는 목회 그리고 하나님의 목회를 떠난 인간의 목회를 변화시킬 신학의 회복은 요원하다.[29]

예컨대 과학과 신학은 사실 서로 반목하는 대상이 아니다. 양자는 건강한 목회

---

29   신학함의 행태에 대한 비판에 대해서는 다음을 참고: 최성수, 『신학 문화–신학함의 제 행태에 관한 학문 이론적 연구』 (대전: 도서출판 자우터, 2014).

를 위해 통전의 원리에 따라 살펴볼 필요가 있다.[30] 그 밖에 목회자의 완고함은 신학교육에서 걸러지거나 성품 훈련을 통해 개선을 기대할 수 있지만, 그렇지 않다면 민주적인 행정 절차(한 번 위임으로 평생을 보장받는 위임 제도가 아닌 임기제를 도입하여 일정 주기로 투표를 통해 신임을 묻는 것)에 따라 목회자의 신임을 평가할 제도를 마련하는 것밖에 달리 방법이 없다. 이것은 본 논문의 한계를 벗어나는 일이다. 이곳에서는 다만 소통이 되는 비판에 집중하여 문제해결을 위한 목회 비평(pastoral criticism)을 제안하고자 한다.

2. 연구 주제:
탈 교회 현상과 목회 그리고 목회 비평

탈 교회 현상은 교인들이 교회를 신뢰하지 못하거나 굳이 교회에 다닐 이유를 찾지 못해 교회를 떠나고, 이에 비례하여 문을 닫는 교회 수가 빠른 속도로 늘어나는 현실을 일컫는다. 탈 교회가 모두 탈 신앙을 의미하진 않는다. 원인은 다각도로 분석되고 또 다양하게 조명하여 연구되고 있으나,[31] 탈 교회 현상은 해가 더할수록 커지고 있다. 물론 탈 교회 현상을 교회 재편의 기회로 여겨 새로운 교회 형태를 시도하는 사례도 눈에 띈다.[32] 전통적인 교회의 틀을 벗어나 새로운 상상력을

---

30 통섭을 처음으로 주장한 윌슨의 다음의 책을 참고: Edward Wilson, *The Origin of Creativity*, 이한음 옮김,『창의성의 기원: 인간을 인간이게 하는 것』(사이언스북스, 2020). 윌슨은 이 책에서 과학과 인문학 사이에 유기적인 관계가 형성될 때 창의성이 싹텄음을 보여주면서, 향후 이를 기반으로 새로운 계몽 운동이 일어날 것으로 전망한다. 신학적 진술이 과학에 토대를 둘 수는 없으나, 과학적 발견은 얼마든지 신학적인 상상력을 펼치기 위해 사용할 수 있다. 여기에 유용하게 쓰이는 도구가 은유적 상상력이다. 은유적 사고는 과학적 발견과 과학의 개념들의 신학적 함의를 넓게 펼쳐낸다.

31 다음을 참고: 최윤식,『한국교회 미래지도 1』(생명의말씀사, 2013); ,『한국교회 미래지도 2』(생명의말씀사, 2015).

32 Alan J. Roxburgh, *Joining God. Remarking Church, Changing the World*, 김재영 옮김,『교회 너머의 교회』(IVP, 2018).

동원하여 대안을 찾는 시도는 매우 값지다.

그러나 이머징 처지가 아무리 대세라도 그건 과도기적 대안일 뿐이며, 그것이 전통 교회를 대체할 수는 없다. 여기서 말하는 전통 교회는 일정한 예전을 통한 예배를 간과하지 않는 교회를 의미한다. 물론 교육, 봉사, 교제, 그리고 선교를 포함한다. 따라서 본 연구는 전통적 교회의 틀을 벗지 못하는 다수 한국교회 현실을 염두에 두고 탈 교회 현상의 문제를 전통 교회의 틀(교회의 다섯 기둥)에서 다루고자 한다. 만일 이 틀 자체가 문제가 된다면, 그때는 새로운 패러다임이 필요한 시대일 것이다.

탈 교회 현상의 원인은 필자가 앞서 어느 정도 제시했고 또 계속된 연구를 통해 그 해결책을 탐색할 과제이지만, 결론을 앞서 말한다면, 핵심 원인은 교회에 주어진 선물이면서 또 교회가 감당할 책임을 상실했기 때문이다. 여기서 말하는 선물이란 하나님의 목회를 말한다. 이를 위해 하나님은 세상에 교회를 세우신 것이다. 책임이란 선물로 주어진 복음을 바르게 선포하는 것이고, 은혜로 주어진 성례를 바르게 집행하는 것이다. 그 결과로 기대되는 건 성도가 하나님의 말씀과 행위 그리고 이웃과 자연환경에 적합하게 반응하는 것이고, 언어와 생각과 행동과 인격에서 온전한 구원이 이루어지는 것이며, 그리고 하나님의 말씀대로 변화되어 하나님이 아름답다고 보시는 세상이 되는 것이며, 또한 하나님이 알아보시는 성도가 되는 것이다.

이 일에 대한 책임을 간과할 때 교회는 위기 상황에 놓인다. 현실에서 하나님의 목회는 인간의 목회로 인해 변질하거나 소홀히 여겨지거나 혹은 전혀 다른 것으로 대체된다. 달리 말해서 교회의 위기는 기본적으로 목회의 현실과 목회의 본질이 일치하지 않아 유기체로서 교회에 결함이 생겨서 발생하는 병리적 현상이다.

교회의 건강은 목회의 양상에 따라 달라진다. 그러함에도 불구하고 목회자들과의 대화에서 필자는 많은 목회자에게서 목회에 관한 생각이 기본에서 잘못되어 있음을 어렵지 않게 발견할 수 있었다. 무엇보다 교회 내부에 잠재해 있는 문제를 신학적으로 적시에 인지하지 못하는 것과 그것에 대한 신학적인 진단을 내리지 못하는 것, 그리고 진단에 따른 바른 처방을 위한 신학이 결여한 것, 그리고 하나님과 이웃과 자연에 적합하게 반응하지 못하는 것은 탈 교회 현상이 현저함에도 손을 놓고 바라볼 수밖에 없는 핵심 이유이다.

그리스도의 몸인 교회의 건강은 오직 성령의 역사와 말씀에 대한 순종을 통해서만 유지된다. 복음을 알고, 복음을 살아내는 순종을 거쳐, 마침내 그리스도의 장성한 분량에 이르기까지 성숙한 그리스도인이 가득해질 때 비로소 교회는 건강해진다. 건강한 목회를 통해 교인과 교회는 건강하게 성장한다. 성령의 역사를 받아들이지 않고 말씀에 대한 순종이 등한시되면 교회는 건강을 잃고, 비록 성장한다 해도 기형적으로 성장한다.

상황이 이렇게 되면 흔히 교회와 신학은 병리적 현상에 매달리며 그것을 제거하려고 애쓴다. 그러나 클라우니(Edmund P. Clowney)는 "교회에 대한 세상의 비판이 최고조에 달한 바로 그 순간이 세속 세상이 가장 곤고한 때이다."[33]라고 말했다. 다소 역설임에도 그 이유를 자세히 말하지는 않아 아쉽지만, 필자의 이해에 따르면, 교회에 대한 비판은 오염과 죄로 물든 교회 안에 있는 겨자씨 같은 하나님 나라, 밭에 감춰진 보화 같은 하나님 나라, 가라지와 뒤섞여 있는 알곡을 전혀 보지 못한 결과이기 때문이라는 것이다. 질그릇에 담겨 있는 보배를 바르게 인지하는 것이 관건이다.

따라서 필자는 교회 비판에 날을 세우기보다는 오히려 온전한 구원이 필요한 세상을 위해 부름을 받은 교회를 염두에 두고 본질에 적합한 목회의 가능성을 탐색하고자 한다. 교회 유기체 가운데 결함이 있는 부분을 지적하는 일은 필요하지만, 그렇다고 탈 교회 현상에 힘을 보태기 위한 비판이 아니라 오히려 교회의 유기적 기능을 보강하여 스스로 자정 능력과 회복 능력을 갖추도록 돕는 의미에서 생산적인 목회 가능성을 제시하려 한다. 넓게는 조직신학적이고 실천적인 교회론에

---

33 Edmund P. Clowney, *The Church*, 황영철 옮김, 『교회』 (IVP, 1998), 17.

해당하지만, 교회 행위인 목회에 초점을 두고 교회의 본질과 행위를 이해하면서 건강한 교회를 구성할 가능성을 모색하려 한다는 점에서 목회신학과 조직신학(윤리학을 포함해서)을 융합하는 시도가 될 것이다.

3. 어떻게 해결할 건가?

탈 교회 현상에서 목회를 건강하게 유지하기 위한 길을 모색하기 위해서 무엇보다 먼저는 목회적 관점에서 교회가 건강하다는 것이 무엇을 의미하는지 살펴보고, 그 후에 신학함의 한 방법으로 목회 비평은 무엇인지, 왜 목회 비평을 말할 수밖에 없는지, 목회 비평이 대상으로 삼는 주제는 무엇인지 등 이것에 관한 설명이 필요하다.

필자는 이것을 목회와 하나님 나라의 관계에 비추어서 보여주려고 한다(제1부). 곧 목회의 본질은 교회의 건강을 유지하고 교회의 본질에 합당하게 행하는 일이다. 달리 말해서 목회는 예수 그리스도와 더불어 이 땅에서 밝히 드러나고 또 성령을 통해 작용하는 하나님 나라(다스림과 돌봄)의 현실을 위해 부름을 받은 성도가 그 나라를 섬기며 관리하도록 위임된 일을 은사에 따라 순종함으로써 실천하는 일이다. 교회와 세상을 다스리는 주체는 사람이 아니라 하나님임을 나타낸다. 따라서 관건은 하나님의 다스림이 먼저는 자신에게 일어나게 할 뿐 아니라 사람들이 하나님의 다스림을 인정하고 받아들이도록 하는 것인데, 성도는 이 일을 위해 교회로 부름을 받는다. 이것에 대한 상세한 설명이 있을 때 제기되는 질문은 이렇다. 목회를 비평하는 건 어떻게 가능한가?

이 질문에 대답하기 위해서는 현실 목회를 들여다보는 프레임을 설정하고 또 비평의 기준에 관한 신학적 성찰이 요구된다. 먼저 하나님 나라와 교회와의 관계에서 목회를 생각할 때, 다음의 인용문은 하나님 나라와 교회의 관계에 관한 일반적인 이해를 반영하기에 인용해 본다.

"하나님 나라의 핵심은 하나님의 통치이다. 그리고 교회는 하나님 나라에 속한 백성들의 공동체이다. 따라서 교회는 그 자체로 하나님 나라는 아니지만, 그 나라를 현실화하고 선포하도록 부름받은 공동체이다. 또한, 공동체 내에서만이 아니라 그 너머의 세상에서도 삶을 통해 그 역할을 수행하도록 부름받았다."[34]

그러나 교회의 역할을 단지 하나님 나라의 존재를 나타내고 선포하는 것으로 제한하는 건 바람직하지 않다. 목회는 하나님의 나라를 나타내고 선포할 뿐만 아니라 또한 교회 내적인 목표를 실현하기 위해 구체적인 현실을 구현한다. 물론 위에 인용한 글의 저자들도 "교회는 하나님의 나라를 지키는 관리인"[35]으로 이해하기도 했지만, 하나님 나라와의 관계에서 지상교회의 역할을 말할 때, 목회라는 활동을 통해 하나님 나라를 '섬긴다' 혹은 '관리한다'라는 표현이 더 나을 것이다.

그 이유로 첫째, 하나님은 사람을 만드시고 에덴동산에서 살게 하셨으며 그것을 관리할 것을 명하셨기 때문이다. 둘째, 하나님 나라는 이미 이 땅에 현존해 있었음이 예수 그리스도를 통해 드러났고, 또 이 땅에 현존하는 하나님 나라는 성령의 인도하심에 따른 교회의 목회를 통해 실질적으로 관리되기 때문이다. 그래서 청교도 목회자 조나단 에드워즈(Jonathan Edwards)는 목회를 "그리스도의 왕국의 직분"[36]으로 보았다. 보이지 않는 하나님 나라는 목회적 순종을 통해 그 존재와 작용이 입증되고 가시화된다. 기도와 말씀과 순종을 동반한 신앙의 눈으로 주목하여 보는 사람은 하나님의 뜻에 따라 경영되는 그 나라를 경험할 수 있다. 목회가 바르게 실천되지 않으면 하나님 나라는 종말이 임하기까지 병약한 모습을 가질 수밖에 없다. 사람들의 관심 밖으로 벗어나거나 영향력을 상실한 채 묻힐 뿐이다. 오신 예수 그리스도가 계시하신 것이 무의미해진다.

이 땅에 임한 하나님 나라를 성령의 은사에 따라 관리하며 섬기는 목회는 성령

---

34 양혁승/류지성/배종석 공저, 『무엇이 교회를 건강하게 하는가』 (IVP, 2018), 13.

35 양혁승/류지성/배종석 공저, 『무엇이 교회를 건강하게 하는가』, 35.

36 Kevin J. Vanhoozer/Owen Strachan, 『목회자란 무엇인가』, 149에서 간접인용.

의 역사를 받아들인 목회자의 살아있는 양심과 다섯 가지 요소(하나님의 목회, 하나님의 말씀, 교회와 세상, 성도, 목회자)를 기반으로 교회의 본질(순수한 복음 선포와 올바른 성례 집행 혹은 거룩함, 일치, 보편성, 그리고 사도성)을 지향하면서 합리적인 노력을 통해 일정한 교회 사역의 내용(예배, 교육, 봉사, 교제, 선교)을 교회 안팎에서 실천한다. 이는 행정과 리더십 곧 인사(교역자와 직원 선택과 사역 배정), 정책(장기 및 단기 비전 제시), 관리(재정 및 시설 관리), 그리고 다양한 경로의 소통(교역자와 교인, 교인과 교인, 교회와 지역사회) 등을 매개로 구체화 된다. 목회 자체에 대한 이해가 신학적으로 적합해야 할 뿐만 아니라 목회자의 이미지와 철학 그리고 윤리와 영성도 목회 비평의 관건이다.

이 주제들은 교회론과 목회신학 그리고 교회 행정(혹은 목회 행정 혹은 기독교 정치)에서 주로 다뤄지는데, 이 모든 것을 다루는 일은 너무 넓어 이 글의 범위를 벗어난다. 목회 현실을 염두에 두고 목회를 비판적/구성적으로 살펴볼 조건을 탐색하는 과제를 염두에 둔 조직신학자로서 나는 목회에 대한 이해는 앞서 언급한 것으로 만족하겠다. 다만 목회의 다양한 영역 가운데 목회 콘텐츠(다섯 기둥으로 알려진 것과 세례와 성찬)에 해당하는 내용을 실천적/이론적 교회론의 맥락에서 다루고, 그 밖에 앞서 언급한 것들은 필요한 경우에만 간략하게 살펴볼 것이다.

특히 세상 속 교회의 정체성으로 인해 불가피한 한계에 직면해서 필자는 '두 초점을 갖는 타원형 모델'을 제안하려 한다. 이 모델을 바탕으로 해서 교회의 두 개의 표식(복음을 순수하게 선포하고 성례를 올바르게 집행하는 교회)과 교회의 목적 혹은 교회 행위의 기둥(예배, 교육, 교제, 봉사, 선교)으로 알려진 것들을 통해서 설명할 것이다 (제2부).[37] 교회의 지체들 사이에서 유기적 관계가 원활하게 이루어지는 실천 방안을 모색할 것이다. 이 모든 것은 교회 생명의 온전한 상태를 회복하기 위함이다.

---

37 기본적으로 두 개의 표식을 참된 교회의 표식으로 보는 종교개혁 전통의 교회와 달리 주로 가톨릭교회에서 참된 교회의 네 가지 속성으로 알려진 것(하나의, 거룩한, 보편적, 사도적 교회)은 필요에 따라 언급할 것이다. 종교개혁 전통의 교회는 네 가지 속성을 부정하진 않지만, 두 개의 표식의 중요성을 강조한다. 나중에는 권징도 개혁교회의 특징적인 행위로 인정되었고, 특징은 시대의 변화에 따라 추가되거나 바뀌었다.

목회 비평

1. 문제해결을 위한 제안, 목회 비평

목회 비평을 위한 대화 규칙들

앞서 제기한 문제들을 해결하기 위해 다음에 제안할 목회 비평은 기본에서 신학적 대화에 해당한다. 질문과 대답의 과정을 거치면서 스스로 한계와 부족을 깨닫고 더 나은 방식의 길을 발견하는 과정이다. 대체로 성도로 하나님의 목회를 바로 알게 하고, 자신을 비판적으로 돌아볼 방법을 숙지케 하며, 만일 문제를 발견했다면, 과감하게 목회의 궤도를 수정할 수 있는 용기를 북돋는 방식으로 이뤄진다. 기본에서 공감적인 설득을 지향한다. 일상에서 흔히 볼 수 있는 목회에 대한 비판이 마땅한 대안도 제시하지 않고 목회자의 마음에 상처를 입힐 뿐인 사례들을 고려한다면, 목회 비평은 학문적으로 좀 더 신중해야 한다. 목회 자체에 초점을 두고 신학을 연구하거나 실천하지 않았다면, 신학을 배웠거나 혹은 신학자 정체성을 갖고 있다고 해서 목회를 평가할 자격이 있거나 그런 능력이 갖춰져 있는 건 아니다. 관건은 목회 현장을 충분히 반영하는 신학이어야 한다는 것이다.

목회 현실에 직면한 교역자나 교인과 비교할 때 상대적으로 후방에 있는 신학자는 목회자와의 대화를 계속 시도해야 한다. 신학자는 목회 현실에 능동적으로 참여하는 교역자와 교인이 목회 현장에서 만난 문제들을 신학적으로 이해하고 설명하며, 현장에서 만난 다양한 문제를 신학 주제에 따라 재구조화하고, 이 문제들에 대한 신학적인 해결책을 모색할 방법을 제공하고 또 훈련한다. 이것을 교역자와 교인이 문제해결에 바로 사용할 수 있는 형태로 제시한다면 가장 좋겠지만, 신학자의 인간학적인 한계로 목회 현장에 응용하는 건 대체로 교역자 혹은 교인의 몫이다. 교역자와 교인에게 필요한 능력은 복잡하고도 다채롭고 또 예상할 수 없는 일로 가득한 목회의 현실과 관련해서 신학자가 제시한 신학적인 대책을 이해하고(독해 능력) 목회 현장에서 만난 일들과 관련해서 신학적인 질문을 제기하는 것이다(문제 파악 능력). 기존의 신학 사상을 목회에 비추어 이해하고 또 그것을 비판적으로 응용하는 것이다(비판 능력 및 창의적인 응용 능력). 만일 현실이 기존의 신학으로 설명되지 않으면 질문하여 연구 과제를 제시한다. 신학적인 목회를 위해 이처럼 교역자와 교인 그리고 신학자 사이에 대화 채널은 항시 마련되어야 한다.

특별히 목회를 책임 있게 수행하는 교역자를 위한 교육은 신학 이론을 습득하는 것으로 만족할 순 없다. 무엇보다 신학 이론을 가르쳐서 그것을 목회 현실에 응용하도록 유도하는 형태의 '학습과 적용 패러다임'의 교육 방식은 이제 중단되어야 한다. 오히려 목회 현상을 신학적으로 인지하고 신학적 질문을 제기하면서 교회 현실과 문제를 신학적으로 인지할 능력을 기르는 것이어야 한다. 여기에 더해 신학을 바르게 사용할 수 있는 언어 능력[38]과 목회 현장에 비추어 신학의 적합성을 판단하는 능력도 있어야 한다. 과학 기술 시대에 사는 사람으로 과학에 관한 상식을 갖추는 교육이 필요하다. 또한, 사람을 세우고 능력을 부여하여 맡겨진 목회를 시대 상황을 고려하여 적합하게 수행할 수 있게 하는 일이기에 인문 사회적 소양을 갖추기 위한 교육은 필수다.[39]

---

38   다음을 참고: 최성수, 『의미는 알고나 사용합시다』 (예영, 2019).

39   김용규, 『그리스도인은 왜 인문학을 공부해야 하는가』 (IVP, 2019). 조금 다른 관점에서 볼 수 있는 것으로는 다음을 참고: 한병수, 『기독교 인문학』 (부흥과 개혁사, 2018).

한편, 대화로서 목회 비평에 임할 때 유념해야 할 규칙으로 첫째는 교회가 설령 특수한 상황에 있어도, 문제해결은 특수한 진단과 처방에 제한하지 않도록 해야 한다는 것이다. 교회는 지역 교회라 해도 하나님의 교회이기에 보편성을 지향한다. 문제는 개별적이라도 문제에 대한 신학적 인식은 누구나 공감할 수 있어야 한다. 토착화를 지향하는 신학과 목회는 종종 보편성보다 특수성이나 지역성에 더 큰 가치를 두는데, 소통 가능성을 찾기보다는 그것으로 만족하는 경향이 있다. 신학적 주장은 누구나 할 수 있지만, 그것의 정당성을 확립하기 위한 조건인 학문적 소통은 충족해야 한다. 다시 말해서 기존의 신학적 주장과의 논쟁을 통해 정당성을 입증하지 않으면 설득력을 잃을 수밖에 없다. 만일 기존의 신학적 주제와 전혀 다른 것이라면 그 새로움은 신학적으로 검증해야 한다. 동양과 서양이 다르다는 주장만으로는 부족하다.

둘째는 사도 전통에서 벗어나지 않아야 한다는 것이다. 이를 위해 문제는 성경과 교회사를 통해 인지되고 진단되어야 하며, 성경과 교회사를 매개로 해결책이 마련돼야 한다. 특별히 사도 전통을 중시하는 이유는 예수님의 가르침 때문이다. 예수님의 가르침은 사도들을 통해 기록되어 전승되었다. 이것을 정경으로 인정하는 한, 사도 전통은 시대를 넘어 유효하다.

그리고 셋째는 같은 주제를 두고서도 많은 이견이 있을 수 있기에 일치점에 이르기가 쉽지 않지만, 아무리 경합하는 이론이 많아도 최소한 성경 속 같은 하나님을 말하는 고백이라는 점에서 진리가 스스로 입증해 보일 때까지는 서로가 서로에 대해 관용해야 한다는 것이다. 의견과 주장이 서로 달라 논쟁이 불가피할지라도 진리의 하나님이 스스로 나타나시길 기대하면서 하나님을 고백하는 일에서는 일치해야 한다(참고: 고전 13:9~12).

목회 비평의 신학적 자리매김

그렇다면 바른 목회를 위해 요구되는 신학은 구체적으로 어떤 신학을 말하는가? 성서신학? 조직신학? 실천신학? 역사신학? 신학적 윤리학? 사실 목회 현장에서 요구되는 신학은 어느 하나에 제한할 수 없고 이 모든 것을 포함한다. '교회가 필요로 하는 것'이라 말할 수 있는데, 단순한 종합적인 지식이 아니라 지식 상호간 유기적 작용을 인지하고 또 활용할 수 있는 능력을 말한다. 이를 두고 '통전적 목회신학'이라 말할 수도 있겠지 싶다. 그러나 인간으로서 능력의 한계를 인정한다면 현장 목회를 위해 이 모든 지식을 습득하거나 그것의 상호작용을 온전하게 파악하는 건 불가능하다.

이런 상황에서 중요한 건 '신학적으로 적합하게 사유하고 판단하는 능력'이다. 이것에 관해 구체적으로 세분하여 말해보자. 현실을 신학적으로 바르게 관찰하여 이해하는 능력, 신학적으로 적합한 질문을 제기하는 능력, 신학적인 문제를 파악하는 능력, 문제에 대한 다양한 신학적 대답을 비판적으로 성찰하는 능력, 상대의 의견을 경청하는 능력, 그리고 다양한 의견 사이에서 유기적 상호관계를 발견하는 신학적인 논쟁 과정에서 모든 것을 다스리시는 하나님을 기대하는 마음을 바탕으로 신학적 판단을 내리되, 비록 견해가 달라 합의에 이르지 못했더라도, 일치의 하나님을 함께 고백할 능력을 말한다.

여러 사상가에 의해 제시된 각종 신학적 진술인 신학 사상은 신학적 데이터베이스에서 얼마든지 참고할 수 있다. 기록된 문헌도 많지만, 오늘날 널리 사용되는 인터넷은 유용한 도구이다. 데이터 기반의 인공지능 기술이 장착한 검색엔진(chatGPT)을 통해 유용한 자료는 얼마든지 습득할 수 있다. 이런 현실에서 신학 사상을 그것을 가르치고 암기하듯 습득하는 건 무의미하다. 관건은 주어진 자료를 활용하여 목회 현실과 관련해서 신학적으로 질문하고, 신학적인 문제를 발견하며, 신학적으로 올바르게 사고하고, 논쟁을 통해 신학적으로 적합한 판단을 내리는 일이다. 신학교육은 이를 염두에 두어야 한다.

따라서 목회 비평은 목회의 근거와 실제를 통전 신학적으로 고찰하는 목회신학과 조직신학의 융합으로 이루어지는데, 조직신학은 목회행위와 철학을 신학적 비판적으로, 특히 방법론적으로 고찰한다. 오늘날 성경의 진리를 의심하게 만드는 요인이 교회(혹은 교회 구성원)의 그릇된 행위(이를 두고 '목회적으로 신학함'이라 말할 수 있다)에 있다면, 이것에 대한 성경적 근거를 묻고 또 조직신학이 이것에 의문을 제기하고 이 질문에 대한 대답을 모색하는 건 당연한 일이다.

　목회적으로 바르게 신학하기(pastoral doing-theology) 위해 곧 신학이 있는 목회를 위한 교육에서 먼저 교인을 위한 교육은 특정 신학자의 사상을 전수하기보다는 성경 교육을 통해 현실에서 직면한 각종 문제를 바르게 인지하고 올바른 질문을 제기할 능력을 갖추는 일에 초점을 두는 것이 좋다. 세상을 바르게 인지할 수 있는 세계관 교육과 문화 교육도 필요하다.[40] 이를 위해 교인 역시 신학과 문화를 배울 일이 종종 생기지만, 성경 교육을 기초로 해서 신학과 문화를 추가로 교육할 방법을 찾는 것이 적격이다. 설령 신학과 문화를 학습할 기회가 있어도 연역적이고 일방적인 소통 방식보다는 귀납적이고 쌍방향적인 소통 방식이 훨씬 더 바람직하다. 이를 위해선 교인이 직접 각종 현실 경험을 말할 기회와 또 현실 경험으로부터 질문하고 또 그것을 성경과의 관계에서 성찰하면서 교역자와 협력하여 대답을 찾기 위한 기회가 마련돼야 한다.

　이에 비해 교역자를 위한 교육은 교인의 현실과 목회 현장을 주의 깊게 관찰하되 신학적인 주제에 따른 질문을 제기하고 또 신학적인 문제를 파악하며, 이어서 신학적으로 문제를 해결하는 능력을 기르는 것이어야 한다. 이는 신학 이론의 태동 배경과 과정 그리고 신학 이론이 정립되기까지의 논증 과정을 살펴보는 일을 반복함으로써 습득된다. 목회 현실을 이해하기 위해선 인문학적인 소양이 갖춰져

40　이정일은 문학을 알면 자신의 삶을 성찰하고 또 하나님을 더 깊이 알게 된다고 말한다. 『문학은 어떻게 신앙을 더 깊게 만드는가』 (예책, 2020).

야 하며, 이를 위해 신학교에서 논리와 철학 및 문화와 예술(문학을 포함해서) 교육을 도입하면 좋을 것이다.[41] 다양한 분야의 글을 읽는 것이 중요하지만, 개인적으로는 감정 교육과 합리적 사고 훈련 및 글쓰기와 말하기 그리고 인격적으로 대화하기 훈련은 필수라고 생각한다.[42]

특히 목회가 이 땅에 임한 하나님 나라를 성령의 도움으로 책임지고 관리하는 일인 만큼 신학은 처음부터 마지막까지 성령의 도움을 받으며 또한 하나님 나라와 관계해야 한다. 여기서 벗어나면 신학의 정체성이 사라진다. 만일 신학자가 성령의 역사를 무시하고 이성에만 의지한다거나 목회에 관심을 기울이지 않고 신학 자체의 문제에만 골몰하면, 비록 그것이 분명 필요한 작업이라 해도, 신학은 공허해지고, 교회로부터 외면당할 수밖에 없다. 교회와 무관한 사변만으로 가득할 것이다. 아무 쓸데가 없어 다만 길에 버려져 사람들의 발에 밟힐 뿐이다. 신학이 있는 목회를 위해 신학은 교역자와 교인의 관심과 문제의식에 반응하여 얻어낸 결과물을 제시해야 한다.

이에 반해 교역자와 교인이 배우려 하지 않고 신학에 관심을 기울이지 않는다면, 이런 목회는 브레이크 없이 내리막길을 달리는 버스와 같다. 엄청난 불행을 예상할 수 있다. 앞서 개괄적으로 살펴보았듯이, 신학 없는 목회는 수많은 일탈의 과정을 반복한다. 세상의 원리에 따라 이익을 추구하는 비즈니스로 변질하는 건 시간문제이고, 무엇보다 온갖 교회 문제의 진원지가 된다. 이렇게 되면 목회와 신학은 상호 비방으로 붕괴하거나 영원한 평행선을 달린다.

신학이 있는 목회를 위해 교역자는 특정 신학자의 사상이 아니라 신학함을 실행할 방법을 학습하길 권장한다. 이는 올바른 신학 문화(theological culture) 형성을 위해서도 권장되는 사안이다.

---

41   김경집, 『눈먼 종교를 위한 인문학-인문학자의 눈으로 본 성서, 그리고 한국기독교』 (시공사, 2013).

42   송인규, "신학적 글쓰기의 과정", 「신학정론」 제24권 2호, 2006.11, 301~6.

간단히 말해서 하나님 나라의 일을 맡은 목회자에게는 -언어사용과 삶의 방식 그리고 여러 교회 행위를 포함하는- 자기 목회의 현실을 성경적/신학적으로 조명하고 파악하며, 심지어는 비판적으로 성찰할 수 있는 안목이 필요하다. 목회 비평은 바로 이런 필요에 부응하고자 한다. 어두운 길을 가면서도 하나님의 목회에 따라 공동체를 빛으로 인도할 수 있도록 먼저는 교역자 자신이 바르게 설 수 있도록 돕고(신학 및 영성 훈련), 목회에 대한 책임 의식을 강화하고, 목회를 신학적으로 타당한 방식으로 실천할 수 있을 뿐 아니라 또한 교인과 협력하여 실행하는 목회의 현실을 신학적-비판적으로 돌아볼 수 있도록 돕고자 한다. 올바른 신학 문화를 형성하는 일과 깊은 관계가 있지만, 언어사용이 바른지, 삶의 방식이 교역자 영성에 부합하는지, 목회는 통전적인지, 하나님 목회에 따른 목회인지, 교회는 건강한지, 그리고 교회 사역은 교회의 본질을 지향하며 적절하게 실천하고 있는지 등의 문제와 관련해서 목회를 진단하고 치료받아 회복할 수 있도록 돕는다(신학적 판단 능력).

목회는 비록 인간의 길이지만, 하나님의 눈으로 세상을 보고 또 하나님의 길을 걷도록 부르심을 받아 애쓰는 사람의 사역이다. 바울은 디모데에게 보내는 편지에서 "그러므로 너는 내가 우리 주를 증언함과 또는 주를 위하여 갇힌 자 된 나를 부끄러워하지 말고 오직 하나님의 능력을 따라 복음과 함께 고난을 받으라"(딤후 1:8)라고 말하면서 그 이유를 부르심에서 찾았다.

> "하나님이 우리를 구원하사 거룩하신 소명으로 부르심은 우리의 행위대로 하심이 아니요 오직 자기의 뜻과 영원 전부터 그리스도 예수 안에서 우리에게 주신 은혜대로 하심이라… 내가 이 복음을 위하여 선포자와 사도와 교사로 세우심을 입었노라"(딤후 1:9, 11)

이에 따르면 하나님의 목회를 실현하기 위해 부르심을 받아 가는 길은 좁고 또 사람이 적어 외롭고 힘들다. 어둠은 곳곳에 깔려 있다.

가장 바람직한 목회는 공동체가 하나님 나라의 백성으로서 살고 또 공동체 구성원에게 말과 행위에서 신앙의 진보를 위한 최선의 도움을 주면서 공동체 자신을 목회의 협력자로 세우는 것이다. 이는 공동체로 하나님과 사람 앞에서 선한 목자가 되며 주께서 맡겨주신 양들을 돌보는 마음을 갖고 공동체를 사랑하는 자가 되도록 하는 것이다. 곧 하나님이 권능으로 임하실 때 공동체를 당신의 백성으로 알아볼 수 있는 자가 되게 하는 것이다. 공동체에 의한, 공동체를 위한, 그리고 공동체의 사역인 목회는 하나님을 사랑할 뿐 아니라 또한 교역자와 교인 사이에서 서로 돕는 노력이 없이는 불가능한 일이다.

2. 목회 비평이란?
: 선행연구와 관련해서

엄밀히 말해서 목회 비평은 새로운 것이 아니라 이미 오래전부터 있었다. "목회진단학"[43]이 회자할 정도이니 문제의식이 새롭진 않다. 목회신학 영역에서 실천되는 목회진단은 많은 부분 목회 비평이다.[44] 경험론적 교회론[45]은 교회 현실을 신학적-비판적으로 성찰하면서 교회의 본질과 사역을 다루고, 목회신학은 교역자의 영성과 목회행위에 초점을 두고 관찰하면서 신학적으로 성찰한다.[46] 목회자의 다양한 정체성에 관한 연구[47]도 목회 비평의 하나로 자리매김할 수 있다.

엄밀히 말해서 어떤 형태의 교회론이든 현실 교회 및 목회행위에 대한 신학적-

---

43   황의영,『목회진단학』(서울: 쿰란출판사, 2002).

44   황의영의『목회진단학』그리고 신상헌, "오늘의 목회에 대한 목회신학적 진단과 처방"(2005년도 총신대학교 신학대학원 석사학위 논문).

45   은준관,『실천적 교회론』(서울: 한들, 2013). 이 책에서 은준관은 공동체 경험에 바탕을 둔 교회 이해를 서술한다.

46   다음을 참고: Eduard Thurneysen, *Die Lehre von der Seelsorge*, 박근원 옮김,『목회학 원론』(성서교재간행회, 1979). -, *Seelsorge im Vollzug*, 박근원 옮김,『목회학실천론』(한국신학연구소 1979). Thomas Clark Oden, *Pastoral Theology: Essentials of Ministry*, 이기춘 옮김,『목회신학』(한국신학연구소, 1986). 김덕수,『목회의 신학, 목회를 위한 신학』(그물, 2019). 복음주의실천신학회(편),『21세기 목회학 총론』(대서, 2019).

47 『상처 입은 치유자』,『참 목자상』,『목회자란 무엇인가』등

비판적인 성찰과 분석에 근거한다는 점에서 목회 비평은 교회론과 목회신학의 한 부분이라고 볼 수 있다. 유사한 행위는 흔히 교회 비평이나 종교비평 혹은 진단학이나 미래학의 이름으로 실행되었다. 특히 교회론의 주제들은 목회 비평을 위한 신학적인 얼개를 형성한다.

목회진단과 목회 비평

목회적인 관심에 초점을 둔 글이나 실천신학 논문에서 자주 회자하는 '목회진단'은 각종 교회 현상과 목회 행정에서 발생하는 문제를 관찰하고 분석하면서 목회를 진단하는 행위이다.[48] 목회 비평과 다를 바 없어 보이지만, '진단'이라는 표현에서 알 수 있듯이 다소 병리학적인 접근이다.[49] 진단은 질병을 전제한다. 그리고 치료를 위한 작업이고 더 나아가 예측을 가능하게 한다.

이것을 목회에 응용한다면, 목회진단은 목회에 문제가 있다고 의심하는 때 혹은 그런 현상이 현저한 경우에 시행한다. 목회 자체에 아무런 의심을 제기하지 않는다면 혹은 스스로 진단의 필요를 느끼지 않으면 혹은 구체적인 증상이 없으면 진단의 필요성은 성립되지 않는다. 물론 문제가 없는 교회가 없으니 목회진단은 그 자체로 유용한 개념이다. 다만 지나치게 문제에만 집중하는 태도는 바람직하지 않다. 성장통과 같이 문제는 종종 성장과 발전을 위해 필요한 과정일 수 있기

---

48 양혁승/류지성/배종석 공저, 『건강한 교회, 이렇게 세운다』 (IVP, 2008); , 『무엇이 교회를 건강하게 하는가』 (IVP, 2018); 이관직, "목회적 진단: 당위성, 내용, 그리고 방법", 「신학지남」 63(4), 1996, 265~91; 정병관, "한국교회의 성장과 정체에 대한 교회성장학적 진단과 그 대안", 「신학지남」 65(3), 1998, 126~49; 김승호, "국내 목회윤리 진단 및 실천과제", 「신학과 목회」 39, 2013, 225~249; 박관희. "예배 의례화(WORIT)의 측정 도구 개발과 측정 및 평가", 「장신논단」 50(3), 2018, 289~325; 신상헌, "오늘의 목회에 대한 목회신학적 진단과 처방" 총신대학교 신학대학원 2005년 석사학위 논문; 정근두, "중소형 목회에 대한 진단과 전망", 「신학정론」 19(2), 2001, 285~304; 이광희, "목회자의 영성진단과 훈련에 관한 연구", 「복음과 신학」 11, 2009, 90~110. 최성수, 『신학과 목회, 그 뗄 수 없는 관계』 (씨엠, 2000), 25~7.
49 한병철은 신경증을 매개로 현대사회를 진단하여 성과사회라는 진단을 내렸고, 그에 따라 철학적인 성찰 및 해결방안을 제시했다(『피로 사회』).

때문이다. 그리고 예방의학에서 진단은 건강한 사람에게도 실시되는데, 이런 맥락에서 이루어지는 목회진단은 심층적 목회 비평이라 말할 수 있다.

그러나 목회진단을 말하는 사람들이 진단의 과정에서 목회의 본질인 하나님의 목회 곧 하나님 나라와의 관계를 깊이 고려하지 않은 건 문제다. 다시 말해서 하나님 나라를 관리한다는 의미에서 목회를 이해하지 않고 단지 사람(주로 교역자)의 생각과 행위 혹은 교회의 기능만을 겨냥해서 일정한 기준에 따라 평가하는 건 옳지 않다. 재판 과정에서 피의자 한 사람의 행위도 그 동기와 마음과 관련해서 쉽게 판단하지 못해 수개월 혹은 수년이 필요하다면 하물며 어떻게 일정한 기준에 따라 수량화해서 정답 및 오답 처리하는 방식으로 목회를 평가할 수 있겠는가? 결단코 그럴 수 없다.

목회 비평은 목회에 문제가 있을 때는 물론이고 목회에 아무 문제가 없다고 여기는 상황에서도 교역자와 교인의 영성 그리고 목회행위 자체를 신학적으로 관찰하여 목회의 본질에 합당한지 그렇지 않은지를 반성한다. 목회 비평은 목회행위를 가능하게 한 교역자와 교인의 영성과 목회의 신학적인 조건들과 목회를 들여다보는 틀 그리고 목회행위에 함의된 신학적인 판단을 신학적으로 분석한다. 관점에 따라 교역자 및 목회의 윤리에 대한 비평, 목회 행정에 대한 비평이 있고, 목회 철학에 대한 비평, 목회 내용에 대한 비평, 단기 및 중장기 목회 결과에 대한 비평, 그리고 교인의 반응에 따른 비평 등이 있다. 실천된 목회는 물론이고(반성적 비판) 기획 단계의 목회까지도 비평의 대상으로 삼는다(예료적 비판). 앞서 말했지만, 목회 비평은 일정한 기준에 따라 정답 및 오답 처리하는 방식으로는 불가능하며, 다만 목회의 현실을 신학적으로 관찰하고 건강한 목회를 회복하도록 도울 뿐이다. 비평이 없는 목회는 목회적 양심을 마비시켜 욕망으로 가득하면서도 그것을 전혀 인지할 수 없게 한다. 타성에 젖어 목회의 목적과 방향을 상실할 수도 있다.

교회 미래학과 목회 비평

미래학(futurology)은 과거의 통계와 현재 여러 분야의 경향을 관찰하고 분석하여 얻은 자료들(빅데이터)을 바탕으로 통계학의 원리에 따라 추정하여 가능성 있고 개연성 있는 그리고 더 나은 미래를 위한 근거를 탐구하는 학문이다(위키백과에서 인용). 현재보다 더 나은 미래를 지향하는 학문적 노력이기에 과거는 물론이고 현재에 대한 비판적 분석을 전제한다.

미래학이 단지 통계를 이용한 미래 예측에 중점을 두는 학문이라고 생각하는 건 오해다. 미래학은 과학적으로 예측할 수 있는 미래를 말함으로써 과거와 현재, 특히 현재의 변화를 촉구한다. 미래를 말하기 위해 과거를 분석하는 건 과거에서 현재로 이어지는 경향을 합리적으로 파악하기 위한 것이며 또 현재를 분석하고 미래를 예측하는 일에서 설득력 있는 논리를 얻기 위한 것이다. 미래학에서 과거와 현재는 더욱 투명한 미래의 청사진을 얻기 위한 디딤돌에 불과하다. 미래에 대한 청사진이 학자마다 다르기에 그것을 어떻게 성취해야 할 것인지와 관련해선 이견이 있을 수밖에 없다. 같은 미래를 예측한다 해도 분석 방법과 예측 방법에 따라 전혀 다른 결과가 나온다.

아무리 결과가 달라도 더 나은 미래를 위해 계승해야 할 것, 버려야 할 것, 수정해야 할 것, 그리고 새롭게 만들어 나가야 할 것의 목록을 제시하는 건 공통적이다. 미래학의 관건은 미래를 위해 현재를 준비시키고 또 미래에 부합하지 않는 현재를 변화시키는 데 있다. 이런 점에서 미래학은 비판적 관점을 취한다.

교회 미래학은 미래학 방법을 교회의 미래를 예측하는 데 사용한다.[50] 교회 미래학은 공동체로서 교회의 현실을 분석하여 얻은 데이터를 근거로 외삽법(extrapolation)에 따라 추론하여 교회의 미래를 예측하면서 교회 현실을 종합적으로

---

50 최윤식, 『20202040 한국교회 미래지도 1』 (생명의말씀사, 2013); , 『20202040 한국교회 미래지도 2』 (생명의말씀사, 2015).

비평한다. 종교사회학과 밀접한 관계를 갖고 현실 목회와 교회를 비판적으로 조명한다는 점에서 목회 비평 혹은 교회 비평과 맞닿아 있다.

한국교회 미래학은 최윤식에 의해 처음 도입되었다고 하나 사실 한국교회의 미래를 말하는 일은 그가 처음이 아니다. 과거부터 교회의 미래를 말하는 사람들은 늘 있었다. 다만 그것이 엄밀한 미래학 연구 방법론에 따르지 않고 전문 분야에서 얻은 지식과 경험을 바탕으로 현실 교회를 비판적으로 조명하고 개인적-신학적인 통찰에 따라 미래교회를 전망했을 뿐이다.[51] 과학적 방법론에 따라 교회의 미래를 전망한다는 점에서는 분명 새롭다고 말할 수 있다.

목회 비평은 교회 미래학과 어떤 점에서 공통적이고 어떤 점에서 다른가? 미래학은 미래를 전망하는 것에 초점을 둔다. 다시 말해서 우선적인 과제는 미래를 정당한 근거를 갖고 예측하는 것이다. 이를 위한 근거를 과학적으로 탐구하고 제시하여 현재를 준비시키거나 혹은 변화시키는 것을 겨냥한다. 이것을 설득하기 위해 미래학은 통계학을 비롯한 과학적 분석과 예측 방식을 사용한다. 과학적 설득력과 예측 능력을 근거로 교회 미래학은 미래에 적합하지 않은 것이라면 무엇이든지 과감한 수정을 요구한다. 이 과정에서 교회 미래학은 교회 생존을 위해 정치, 사회, 문화, 경제 등의 분야와 긴밀한 관계를 유지하려고 한다.

이에 비해 목회 비평은 미래에 대한 전망을 간과하진 않으나 무엇보다 우선적인 관심은 교회와 목회의 본질이다. 비록 미래학이 제시하는 전망과 일치하지 않아도 지켜져야 할 것이라면 지켜야 하고, 미래에 적합한 것이라 해도 교회와 목회의 본질에서 벗어나는 것이라면, 과감하게 포기하라고 요구한다. 관찰과 분석 방식이 합리성에 기초하는 것은 공통적이지만, 목회 비평의 논리를 구성하는 신학적 합리

---

51 이미 유동식은 자신의 토착화 신학의 원리인 '풍류도' 곧 '한 멋진 삶'의 신학을 말하면서, 거시적인 차원에서 한국교회의 미래를 위한 제안을 했다. 곧 종교적으로 포괄적이고 사회적으로 사람다움을 실현하고 문화 예술적으로 천지인 조화를 추구하는 기독교가 되어야 미래가 있다고 주장하였다. 목회자로서 이성희는 『미래 목회자의 조건』(규장, 2003), 『디지털 목회 리더십』(규장, 2000), 『미래 목회 대예언』(규장, 1998) 등의 저서를 통해 미래교회를 위한 다양한 청사진을 제시하였다.

성은 교회 미래학의 논리인 과학적 합리성과 항상 일치하지 않는다. 교회 미래학이 사회학적인 측면에서 교회의 미래를 염두에 둔다면, 목회 비평은 비록 사회학적인 측면을 반영하긴 해도 주로 신학적 관점에 방점을 둔다. 따라서 굳이 미래학과의 연관성을 언급해야 한다면, 신학적 교회 미래학을 말할 수 있을 것이다.

목회자론과 목회 비평

목회자 이미지 혹은 참 목자에 관한 글들은 대부분 목회 비평을 겨냥한다. 리처드 백스터와 케빈 밴후처 등 고금을 막론하여 많은 신학자가 목회자에 관한 글을 썼다. 목회자는 목회신학의 핵심 주제라 말할 수 있다.

사실 목회자의 본분을 말할 때는 대개 소명을 언급하나 대체로 긍정적인 면보다는 부정적인 면을 부각한다. 교회를 침체하게 하고 교인들을 힘들게 하는 목회자들의 언행을 지적하는 것이다. 이에 비해 교회 성장에 공헌하는 목회자의 인격과 사역에 관해서는 제안의 형태가 대부분이다. 성경을 바탕으로 연역적 사고에 따라 말하는 경우엔 '~해야 한다'라는 식의 당위적 측면이 강조된다.

목회 비판이 대체로 목회자 비판으로 이어지는 까닭은 한편으로는 목회를 목회자 고유의 영역으로 취급하기 때문이지만 다른 한편으로는 교회의 성장이 대체로 목회자의 인격과 능력에 좌우되기 때문이다. 이것은 부정할 수 없는 현실이다. 물론 항간에는 교회 성장에 공헌할 능력이 있는 목회자보다 -그동안 카리스마적 목회자의 권위에 눌려 지낸 경험을 반복하지 않기 위해- 당회가 쉽게 다룰 수 있는 목회자를 선호한다는 소문도 있으나 진정 소문에 불과한 것이길 바란다.

여하튼 목회자론은 목회자의 인격과 사역을 다루지 않을 수 없기에 목회 비평과 불가분 관계에 있다. 따라서 목회 비평은 각론의 형태로 참 목회자 상(像)을 다루지 않을 수 없다.

그러나 목회 비평은 목회자론과는 분명 다르다. 목회 비평은 목회자의 신학적 판단행위를 대상으로 하기 때문이다. 엄밀히 말해서 목회의 성패는 목회자 자신에 달려 있기보다는 은혜로 시작하고 위임받아 시작한 목회에서 일어나는 일과 관련해서 목회자가 어떤 신학함의 과정을 통해 판단을 내리느냐에 달려 있다. 따라서 목회 비평은 목회자 개인보다는 주로 목회자의 신학적 판단행위에 더 큰 비중을 둔다.

설교비평과 목회 비평

지금은 다변화하긴 했으나 여전히 한국교회에서 중시되는 목회행위는 예배(기획과 집례)와 설교이다. 예배에서도 설교는 단연코 으뜸이다. 설교가 목회의 전부는 아니지만, 목회에서 설교를 중시하는 건 부정할 수 없는 현실이다. 다른 목회적 행위와 달리 설교는 목회자 홀로 행하는 일이기 때문이다. 목회자의 능력과 신학을 가장 분명하게 확인할 수 있는 영역이다. 그러므로 목회자의 권위를 중시하는 분위기에서 설교를 비판하는 건 목회자에게 매우 치명적인 일이다. 대체로 금기로 여겨진다.

이런 현실에서 정용섭은 조직신학자로서 설교비평을 시도하여 교계를 떠들썩하게 했다. 그러나 설교를 비평하는 용기 있는 행위에 상응하는 정도로 설교자와 설교의 변화가 일어나지 않아 안타깝다. 이제 막 형성과정에 있으나 아직은 개인의 역량에만 맡겨지고 있을 뿐 학문적인 조건을 충족하고 있지 않은 설교비평 역시 목회 비평의 하나다.[52] 다만 그간에 '목회 비평'이라는 이름으로 실천하지 않았을 뿐이다.

무엇보다 설교비평은 목회에서 설교가 차지하는 비중을 생각해볼 때 충분히 목회 비평으로 볼 수 있다. 정용섭의 시도로 시작한 설교비평이 한국 교계에서 진지하게 인지되길 바랐지만, 실제로는 기대에 미치지 못했다. 그 대표적인 이유는 설

---

52 다음을 참고: 정용섭, 『속 빈 설교 꽉 찬 설교』(대한기독교서회, 2006), 『설교와 선동 사이에서』(대한기독교서회, 2007), 『설교의 절망과 희망』(대한기독교서회, 2008). 윤철호, 『설교의 영광 설교의 부끄러움 : 설교비평의 이론과 실제』(한국장로회신학대학교출판부, 2013).

교비평을 곱게 보지 않는 관행 때문이지만, 이외에도 설교비평이 설교에 대한 설교학적 고려를 소홀히 하고 지나치게 조직신학적 관점에서 시도되었기 때문이다. 설교학적 성찰이 충분치 못했다.

게다가 설교를 비평할 때는 예배 현장에서 직접 '듣는 설교'-최근에는 방송을 통해 '듣는 설교'를 포함해서-와 설교 원고로 접하는 '읽는 설교'를 구분하여야 하는데, 그렇게 하지 않은 것은 설교비평의 진정성을 크게 훼손한다. 설교는 예전 가운데 하나로 여겨지는 만큼 예배 현장을 충분히 고려해서, 달리 말해서 예배에 참여하여 설교를 들은 후에 평가해야 한다. 읽는 설교는 듣는 설교를 평가할 때 참고로 사용하는 것이 좋다.

아직은 설교비평을 설교학의 핵심 연구주제로 삼지 않는 건 설교를 비평하는 일이 그만큼 시간이 걸리고 힘겨운 일이기 때문일 수 있다. 개별적인 설교를 이슈로 삼지 않고 한 설교자의 설교를 총체적으로 비평하는 일이라면 예배에 1~2회 참석하여 설교를 듣고서 평가하는 건 바람직하지 않다. 무엇보다 설교를 비평하는 일과 관련해서 방법론적으로 연구하는 풍토가 마련되지 않으면, 한편으로는 설교에 대한 비평이 자의적인 것이 되고 다른 한편으로는 독단적이고 비합리적이고 비성경적이며 복음적이지 않은 설교가 강단에서 난무하는 것을 막을 수 없다. 탈 교회 현상을 강화하는 대표적인 요인 가운데 설교가 으뜸으로 꼽히고 있는 현실을 외면해서는 안 될 것이다.

설교가 목회의 전부는 아니다. 그러나 설교의 비중을 생각한다면, 설교에 대한 비평은 목회 비평의 한 분야로 인지하는 게 당연하고 또 온전한 예배(교회 예배와 일상 예배)에 공헌하는 통전적 관점에서 계속 연구하고 실천해야 한다. 예전 개혁 운동과 연관해서 각종 예배에 대한 비판적 견해가 있는데,[53] 이것도 예배 비평이라

---

53 유재원, 『이머징 예배 뛰어넘기』 (하늘향, 2016); 주종훈, 『예배, 역사에서 배우다』 (세움북스, 2015). Jane Rogers Vann, *Worship Matters*, 신형섭 옮김, 『예배를 디자인하다』 (한국장로교출판사, 2015); Alison Siewert and etc., *Worship Team Handbook*, 임금선 옮김, 『최고의 예배를 디자인하다』 (다윗의노래, 2007); Constance

는 이름을 붙일 수 있으며 목회 비평의 하나로 볼 수 있다.

공공신학과 목회 비평

목회가 교회를 중심으로 행하는 일로 여겨지던 때가 있었다. 사실 이런 생각은 지금도 지배적이지만, 에큐메니즘과 공적 신학의 확산과 더불어 이와는 다른 생각이 널리 받아들여지는 추세다. 다시 말해서 목회는 교회의 경계를 넘어서야 하며, 특히 지역사회와의 관계에서 교회의 공적 역할을 바르게 수행하는 일을 복음 전파의 한 방식으로 여기는 생각이 확산 중이다. 교회 중심적인 목회에서 벗어나고 있다는 의미이다. 이것을 가능하게 한 것은 복음이 하나님 나라 곧 하나님의 통치와 밀접한 관련이 있음을 알게 되고 또 에큐메니즘의 확산과 함께 공공신학적 문제의식이 관철했기 때문이다.[54] 특히 탈 교회 현실에서 진보와 보수를 막론하고 공공신학에 대한 공감도는 확산하고 있다. 기독교 정치에 관한 담론이 활발하게 전개되고 있다.

공공신학은 그동안 교회의 사회적 책임을 외면한 목회 관행을 비판한다. 비판할 뿐만 아니라 또한 사회적 책임을 인지하고 교회를 기독교 정치의 주체로 인식하여서 사회 개선과 변화를 위한 운동에 적극적으로 참여할 이유와 동기를 제공한다. 이처럼 공공신학이 오늘날 목회를 비평하는 의미에서 주장되는 건 공공연한 사실이다. 그동안 목회가 교회 중심적 사고에 젖어 있었기 때문이다. 그렇다고 해서 공공신학이 교회 사역을 무조건 반대하는 건 아니다. 그래서도 안 된다. 다만 교회 중

M. Cherry, *The Worship Architect*, 양명호 옮김, 『예배건축가』(CLC, 2015).

54 E. Harold Breitenberg, Jr. "To Tell the Truth: Will the Real Public Theology Stand Up?," 「Journal of the Society of Christian Ethics」 Vol. 23, No. 2 (2003), 55-96; 이형기 외, 『공적 신학과 공적 교회』(킹덤북스, 2010); 문시영, "'공공신학'의 교회, '교회 윤리'의 교회", 「한국기독교신학논총」88(1), 2013, 211-232; 최경환, 『공공신학으로 가는 길』(도서출판 100, 2019); Vincent E. Bacote, *The Spirit in Public Theology Appropriating the Legacy of Abraham Kuyper*, 이의현 옮김, 『아브라함 카이퍼의 공공신학과 성령』(SFC출판부, 2019); 윤철호, 『한국교회와 하나님 나라를 위한 공적 신학』(새물결플러스, 2019).

심적 목회를 지양하고 하나님 나라 신앙에 근거하여 교회뿐 아니라 교회 밖에도 관심을 환기하는 의미에서 제기하는 목회 비평으로 인지하는 것이 바람직하다.

3. 목회 비평이란?
: 의미와 구조적 문제

의미

이제 본격적으로 목회 비평을 다루어보자. 이 글을 읽는 독자는 '문학평론', '영화평론', '정치평론', '문화평론'은 익히 들었고, 또 드물긴 해도 '신학 비평'이나 '교회 비평' 혹은 '목회진단'이란 말은 들었어도 "목회 비평"은 귀에 익숙하지 않을 것이다. 목회를 신성시하는 분위기에서는 더더욱 생소할 것이다.

"목회 비평"은 공동체의 영성과 목회행위 및 목회 철학을 방법론적으로, 곧 신학적-비평적(theological-critical)으로 인지하고 해설하여 현장 목회에 대한 이해를 높인다. 한편으로는 목회행위를 가능하게 한 신학적인 조건들과 목회를 들여다보는 틀과 목회행위에 함의된 판단을 신학적으로 분석하여 잘못된 부분을 비판하고, 다른 한편으로는 목회를 건강하게 수행할 수 있도록 목회의 현실을 밝히고 바른 목회의 방향과 구체적인 방법을 제시한다.

목회 비평이 염두에 두고 있는 대상은 목회자 이미지와 영성 그리고 윤리, 목회 철학과 신학, 목회윤리, 목회행위, 그리고 목회 개념 등이다. 목회 비평은 무엇보다 파괴적이지(destructive) 않고 생산적(productive)이어야 한다.[55] 달리 말해서 비평대상자인 공동체와 목회를 파괴하기 위해 날을 세우기보다는 교회의 본질을 회복하고 바르게 세우려는 데에 있다. 비평자와 공동체가 서로 돕고 서로 세우려는 노력

---

55 비평이 파괴적이지 않고 생산적이어야 한다는 주장은 하나님의 징계에 대한 이해에서 비롯한다. 하나님은 죄를 범한 사람을 책망하시고 징계하시지만 그렇다고 해서 멸망시키지는 않으신다. 책망과 함께 긍휼과 자비를 베푸시어 죄를 용서하시는 것은 물론이고 하나님 앞에서 합당한 사람으로 회복하신다.

을 통해 하나님 나라가 임할 때 그 나라를 기쁘게 맞이할 수 있도록 준비하게 하고 또 이 땅 위에 임한 하나님 나라 백성으로 제대로 살도록 돕는 특수 목회(meta-ministry)이다. 하나님 목회에 적합하게 반응하는 목회가 되도록 돕는 목회이다.

목회 비평의 필요성은 단지 탈 기독교 현상과 기독교 비판의 물결이 거세기 때문만은 아니다. 본 연구의 동기이기도 하다는 점에서 이것이 매우 중요한 요인임에는 분명하다. 잘못이 더는 반복되지 않기를 바라는 마음이 간절하다. 그러나 근원적인 동기에서 비롯한 목회 비평의 필요성은 목회를 평가하는 잘못된 시각(신학)에 대한 비판에도 있다. 곧 목회를 단지 교역자 개인의 카리스마에 비추어 평가하는 것, 교역자의 철학을 관철할 방편으로 삼는 것, 교회 성장의 수치에 주안점을 두는 것, 교인을 대상으로 삼아 하는 사역으로 보는 것, 교인으로부터 교역자를 구별하여 교역자의 사안으로만 이해하는 것, 그리고 교회 행위를 윤리의 관점으로만 보는 관행은 지양해야 한다. 성경적 혹은 신학적으로 엄격한 원리에 따라 현실의 교회를 무차별적으로 비판하는 근본주의적인 태도도 삼가야 한다. 공동체 내적인 목회보다 정치 사회적인 측면에 대한 교회의 자각과 참여에만 중점을 두고 목회의 본질과 사역을 평가하는 에큐메니즘의 경향도 문제 삼는다. 목회를 보는 편향된 관섬을 지양하고 통전의 원리에 기반을 둔다는 말이다. 이런 점에서 목회 비평은 목회 및 목회신학에 대한 비평(meta-criticism)으로서의 신학함을 실천한다. 잘못된 목회를 인지할 능력을 향상하고, 목회를 바로 세울 뿐 아니라 올바른 목회 능력을 향상한다.

달리 말해서 목회 비평의 당위성은 다음의 주장에 근거한다. 목회는 아무리 복잡한 역학을 갖는 구조라 하더라도 이 땅 위에 임한 하나님 나라를 책임 있게 관리하는 일이기에 반드시 통전적 신학적인 결정에 따른 행위여야 하며, 또한 실행된 목회는 통전적으로 설명되어야 한다. 따라서 목회 비평은 교역자의 윤리와 영성을 포함한 목회행위 및 목회자 이미지와 그리고 목회의 협력자인 교인의 영성과 신앙생활의 현실을 신학적으로 파악하고 또 통전적 신학적인 해결책을 제안하기 위한 적합한 방법을 모색한다.

"목회 비평"은 이런 관심과 문제의식에 따라 사용된다. 개괄적으로 본다면, 목회 비평은 다분히 문학과 예술 그리고 정치 사회 분야에서 행하는 비평 활동을 통전 신학적인 성찰을 매개로 목회에 응용하는 것이라 보면 될 것이다. 다시 말해서 기본적으로 한 작가의 작품이나 정치가의 정치 행위를 방법론적으로 이해하고 또 분석하면서 설명할 뿐만 아니라 또한, 보다 나은 작품 활동이나 정치 활동을 돕기 위해 행하는 평론가의 작업을 염두에 두면 될 것이다. 이것과의 관련성은 목회 비평을 위한 이론이 요구되는 이유이다.

구조적인 문제

• 금기 의식을 넘어서야 한다

앞으로 더욱 상세하게 설명해야 하겠지만, 사실 '목회 비평'이라는 말에 문제가 없는 건 아니다. 앞서 언급한 대로 치열하고 예측할 수 없는 일로 가득한 전방 같은 목회의 상황에서는 각종 신학적 규범이 잘 적용되지 않기 때문이다. 그뿐 아니라 한 작가의 작품이나 정치 행위와 교역자의 목회 활동이 서로 비교할 수 있는 건지 곧 목회 활동이 객관적인 기준에 따라 평가할 수 있는 영역인지 이에 대한 의문도 있다. 목회를 비평하는 이론에 따른 방법론도 아직은 정해진 것이 없다. 게다가 목회에 대한 평가는 하나님에게 속한 것이라는 믿음은 사실 전혀 근거가 없음에도 그동안 목회 비평을 금기로 여기게 했다. 여기에는 목회는 사람이 아니라 성령이 행하시는 일이라는 믿음이 크게 작용했다. 성령이 행하시는 일을 사람의 기준에 따라 판단하는 것은 옳지 않다는 생각이다. 여기에 권력의 역학관계가 작용하면, 목회 비평은 교역자의 인격에 대한 비판 내지는 권위에 도전하는 것으로 여긴다. 영역과 관련해서도 목회는 공동체의 사안이기에 공동체가 좋으면 다 좋다는 식의 태도로 -예컨대 명성교회의 목회직 세습에 관한 일에서 보인 다수 교인의 태도- 공동체 밖의 사람들이 특정 공동체의 목회를 비판하는 건 바람직하지 않다는 생각이 많다. 게다가 목회가 땅의 일이 아니라 하나님 나라의 일이라는 이유로도 목회에 대한 비판은 그리스도인이라면 마땅히 삼가야 할 일이라 여겼다. 이로부터 목회는 분석하고 비평해야 할 일이 아니라 가능한 한 최선을 다해 계속될 수 있도록 혹은 잘 수행될 수 있도록 도와야 할 일이라는 결론이 나온다. 그래서 교인은 교역자를 섬기는 일에 힘과 정성을 기울이는 것이다. 무조건적 헌신은 문제이지만, 일부 신학대 교수들이 대형교회에 소속해 있거나 대형교회 행사에 동원되어 목회를 비판적으로 돕기보다는 대형교회 목회를 정당화하는 방식으로만 돕는 경우도 잘못된 신학함의 대표적인 사례이다.

이 땅에 임한 하나님 나라를 관리하며 섬기는 일꾼으로서 성도로 부름을 받아 직분을 수행하며 교회를 바르게 세워 그리스도의 몸으로 자라 부르심에 합당하게 살게 하는 일이라는 의미의 목회라는 개념이 포함하고 있는 그럴듯함보다 그렇지 않은 일들이 얼마나 크고 다양하며 또 복잡한 문제를 유발하는지는 오늘날 대한민국 교회 현실을 조금만 들여다보면 알 수 있다. 교역자와 교인의 도덕적/윤리적 타락은 제쳐놓고라도 잘못된 언어생활에서 비롯하는 신앙의 왜곡, 편향된 예배 이해(예전을 통한 예배와 삶으로서 예배를 서로 분리해서 보는 태도 혹은 어느 한쪽에 무게중심을 두는 태도), 예배로 자신의 거짓 신앙을 포장하는 행위, 제왕적 목회와 부 교역자를 부속물처럼 여기게 만드는 담임 교역자 중심의 목회, 그리고 교회를 개인소유로 생각하는 목회 등은 교회 문제의 온상이며 교회를 오류와 갈등과 분열의 수렁으로 빠뜨리는 주범이다. 탈 교회 현상의 진원지이며 기독교를 '개독교'로 비판받게 하는 요인이다. 가나안 성도(그리스도인의 정체성을 갖고는 있으나 교회에 출석하지 않는 사람, churchless Christian)를 대규모로 양산할 뿐이다.

목회가 성령이 행하시는 일이라면 어찌해서 이런 일이 계속되는 걸까? 이런 질문이 제기되면 대개 관심의 초점은 항상 그 일을 맡아 수행하는 교역자 개인의 인격과 영성 그리고 윤리에 집중된다. 양자의 관계가 건강한지도 의심한다. 이것도 중요하고 목회 비평에서 다룰 사안이긴 하나 무엇보다 문제는 개인에게만 향하는 비판적인 시각이 오히려 교역자의 신학적 판단 능력이나 목회행위 자체를 성찰하고 비판적으로 보려는 시도를 막는다는 것이다. 과연 문제가 교역자나 교인 개인에게만 있을까? 양자의 어긋난 관계에만 있는 걸까?

• 편향된 목회

구조적인 또 다른 문제는 유기체로서 교회의 행위가 구성원 개인의 관심과 신념에 따라 편향되어 실천됨으로써 발생한다. 가장 두드러진 편향 현상은 에큐메니즘을 지향하는 목회와 복음주의적 목회이다. 흔히 진보와 보수와 같이 진영 논리로 이해하는 데 익숙한 한국교회 상황에서는 어떤 목회든 양 진영 가운데 하나를 택할 수밖에 없다. 양측의 목회를 지지하는 신학이 주장되고 있고 또 그에 따라 교회도 양분되어 있기 때문이다. 목회가 전인의 건강을 추구하는 것이 마땅하나 현실에서는 그렇지 못하고 있다. 교회와 목회의 건강뿐만 아니라 그리스도인 개인의 통전적 인격 형성을 위해 그리고 대 사회적 공헌을 위해 에큐메니즘과 복음주의 노선의 통합은 절실한 과제다. 일치의 실현이 현실적으로 요원하다면 한 사회 내에 공존하면서 상호협력 관계가 가능할 수 있는 길을 모색해야 한다.

그리고 교회 행위의 다섯 기둥과 관련해서 볼 때도 목회자와 성도의 관심에 따라 어느 한쪽으로 치우치는 경우를 흔히 볼 수 있다. 교회에 따라 예배, 교육, 교제, 봉사, 선교에 대한 강조점이 달라지는 건 흔히 볼 수 있고 서로 분리되어 활성화되어 있지만, 이 모든 것을 유기체에 맞게 통합적으로 끌고 가는 경우는 드물다. 달리 말하면 통전적이지 못하다. 이것은 다양한 수요를 가진 교인들이 불만을 터뜨리는 요인이다. 인간의 몸은 다른 영양분이 아무리 풍부해도 필수영양소(지방, 단백질, 탄수화물, 비타민, 무기질) 가운데 하나만 부족해도 건강을 잃는다. 마찬가지로 교회가 건강을 유지하기 위해선 교역자의 인격과 윤리 그리고 영성 이외에도 교회의 다섯 기둥으로 알려진 기능들이 유기적으로 작동해야 한다. 교회는 예수님의 사역이 이 땅에서 계속 이어지게 하도록 부름을 받은 사람들의 모임이기 때문이고, 다섯 기능은 예수 그리스도의 사역을 반영하기 때문이다. 이것은 개인에게도 마찬가지로 적용된다. 곧 교역자의 인격과 윤리와 영성도 다섯 기능이 통전적으로 회복함에 따라 달라진다. 개인이 회복되면 교역자와 교인의 관계도 회복된다. 그리스도인의 변화는 하나님 앞에 설 때 곧 말씀에 순종할 때 비로소 일어나기 때문이다. 변화가 먼저 있고 순종하는 것이 아니라 순종과 더불어 변화가 일어난다. 그러니 잘못을 지적만 하기보다는 순종할 능력을 기르는 것이 관건이다.

• 중심에서 두 초점으로

교회와 목회를 편향되게 하여 교회의 구조적인 문제를 유발하는 요인 중 하나는 세상 속에 있는 교회의 행위를 지나치게 '중심'을 지향하도록 하는 태도다. 하나님 중심, 예수 중심, 말씀 중심, 신앙 중심, 교회 일치 중심, 에큐메니즘 중심, 복음 중심, 인간 중심, 환경 중심 등이다. 이런 요구는 사실 하등의 문제가 없어 보이고 오히려 세상에 삶의 터전을 두고 살아가지만, 하나님 나라를 목적으로 삼는 그리스도인에게 마땅히 가야 할 방향을 제시한다.

그러나 이것이 개인과 교회를 향한 엄격한 비판의 잣대가 되면 오히려 문제가 된다. 포용하고 관용하는 태도보다 배타적인 태도를 양산하고 죄인으로서 살 수밖에 없는 현실에서 교회와 개인 모두가 온전하게 따를 수 없는 기준이기 때문이다. 서로를 돕기보다는 서로를 비난하고, 서로를 세우기보다는 서로 경쟁하는 구조를 양산하는 주요인이다. 세상 속 교회와 개인의 온전함을 기대하는 건 그야말로 기대 지평일 뿐이다. 그것이 현실이 되어야 한다는 요구는 목회를 절망케 할 뿐이다. 교회는 하나의 중심을 갖는 원형궤도가 아니라 두 초점 사이에서 일정한 거리를 유지하며 도는 타원궤도 위에 있다. 에큐메니즘과 복음주의도 큰 틀에서 볼 때 두 초점을 형성한다. 관건은 두 초점 사이의 거리가 어느 한쪽으로 기울지 않고 일정하게 유지되도록 노력하는 것이다. 두 초점이 일치되어 중심을 갖는 시기는 종말이다.[56]

• 예방을 위한 제안

한편, 구조적인 문제가 발생하기 전에 미리 예방할 수는 없는 걸까? 이런 문제는 불가피할까? 아니면 피할 수는 있으나 마땅히 인지해야 할 것들을 제대로 인지하지 못했기 때문에 발생한 결과일까? 목회에 대한 바른 인식이 부재하거나 부정적인 현상을 직면해서 문제를 인지하지 못하면 해결책을 모색하는 건 불가능하다. 이것은 신학교에서 제공하는 커리큘럼만으로는 학습하기 어렵다.

목회의 다양성을 말하는 단계를 넘어 비신학적이고 비성경적인 목회가 횡행하는 현실에서 교역자가 목회의 본질 곧 하나님의 목회에 충실하고 분별력을 갖고 목회할 수 있도록 도울 뿐 아니라 교인이 목회를 바르게 이해하여 하나님 나라가 든든하게 세워져 가는 일에서 교역자와 협력할 수 있는 길을 모색할 수는 없을까? 한층 더 나아가 바른 교회를 세울 수 있는 길은 없을까?

목회에 대한 교역자의 잘못된 인식도 문제이지만 일반 교인들의 목회적 책임을 등한시하는 것과 교회에 대한 무지도 결코 작다고 볼 수 없는 문제다. 목회를 교역자와 교인 모두가 짊어질 공동 혹은 연대책임으로 이해할 때, 교인은 올바른 영적 지도를 기대할 수 있으며 신앙생활의 본질과 윤곽을 온전하게 파악할 수 있다. 잘못된 영적 지도를 제대로 인지하지 못하고 무조건 신앙생활에 헌신하면 결국에는 예수 그리스도의 제자로서 살기보다는 특정 교역자의 종 혹은 교역자의

---

56 다음을 참조: 최성수, "탈 교회 시대에 목회 비평의 필요에 관한 연구", 「장신논단」 52/5(2020.12), 261-287.

이념에 맞춰진 추종자로 전락할 뿐이다. 그렇지 않으면 교역자를 비판의 대상으로만 보는 자가 된다.

목회 비평은 목회의 기초가 되는 예수 그리스도의 인격과 사역에 비추어서 현재의 목회 현실을 평가하는 것이다. 그리고 다양한 목회가 실천되는 현실에서 일치를 위한 절대적인 기준을 제시하기보다는 오히려 다양함 속에서도 일치를 지향할 수 있는 공동의 토대를 탐색한다. 이를 통해 건강한 목회를 위해 무엇이 보강되어야 할 것인지를 밝힌다.

이런 의미에서 첫째, 목회의 본질을 밝히고, 다양한 목회의 가능성을 인지하고, 바른 목회의 실천이 가능할 수 있도록 돕는 목회 비평은 무분별한 목회가 확산하지 않기 위해서 그리고 분별력 없는 목회 실습을 막기 위해서라도 현직 교역자의 계속 교육이나 신학생들의 교육에서 반드시 학습해야 할 주제 중 하나이다.

둘째, 목회에 대한 전방위적인 비판에 직면해서 그 비판의 신학적 적합성을 검토하는 일도 필요하다. 여기서 말하는 비평은 목회에 대한 실제적인 비판을 그것의 신학적 적합성과 관련해서 평가하는 것이다. 이 두 방향의 목회 비평은 조직신학과 목회신학이 유기적 상호관계를 고려해서 서로 협력한다는 의미에서 통전적 신학함(wholistic doing-theology)을 위해 필요한 학습 과정이라 말할 수 있다.

그리고 끝으로 교회의 속성이 간과되고 또 교회의 기둥에 해당하는 것들에 문제가 생기는 경우, 하나님의 집인 교회에서 어떤 일이 일어나는지를 임상병리학적인 관점에서 관찰할 것이다. 진단하여 대책을 내놓을 수 있는 정도까지 될지는 모르지만, 지면이 허락하는 데까지는 가볼 생각이다.

목회 비평의 이해와 실천을 위해서는 먼저 목회 비평의 필요성은 물론이고 그것에 대한 신학적인 정당성을 밝혀야 한다. 이것은 다음에 이어지는 글에서 다뤄질 것이다. 그 후에는 실행된 목회를 구체적으로 들여다볼 수 있는 도구를 개발해야 한다. 이를 위해 구체적인 목회 비평을 들여다볼 수 있는 틀로 교회의 다섯 행위(두 가지 표식을 포함하여)를 목회적 관점에서 설명하려 한다. 동시에 텍스트(성경)와 컨텍스트(상황), 교회와 세상, 믿음과 행위, 복음과 율법, 하나님과 인간, 에큐메니즘과 복음주의 등 흔히 갈등 구조로 이해되는 교회의 가르침을 오히려 타원을 이루는 두 초점 이론으로 조명하면서 통합의 가능성을 추구하고자 한다.

타원은 평면 위의 두 정점에서 거리의 합이 일정한 점들의 집합으로 만들어지는 곡선이다. 두 초점이 가까울수록 타원은 원에 가까워지며, 두 초점이 일치했을 때의 타원은 원이 된다. 따라서 원은 타원의 특수한 경우라고 생각할 수 있다. 타원의 두 초점을 고려해서 목회를 들여다보면 소위 그리스도 중심 사상이나 교회 중심 사상은 현실 교회가 지향하는 최종 목표 지점은 될 수 있어도 현실에서 완전하게 구현할 순 없는 일임이 밝혀질 것이다. 이것은 실제로 타원의 두 초점 이론을 배제해서는 이해하기 쉽지 않다. 다시 말해서 두 초점과의 관계에서 전개되는 통합과 통전 과정을 거쳐 비로소 그리스도 중심 사상이나 교회 중심 사상이 결실한다.

4. 신학함으로서의 목회 비평

목회 비평의 목적

목회 비평을 통해 얻으려는 것은 교회 본질의 회복이다. 잘못된 관행을 되돌려 본질을 회복하고, 하나님 나라에 합당한 교회를 형성하도록 돕는 것이다. 교회에 대한 불평과 불만을 증폭하고 재생산하고 확산하려는 노력이 아니다. 병리적 현상을 발견하고 치료를 위해 그것을 드러내는 건 필요한 일이지만, 엄밀히 말해서 이것은 목회 비평의 본질과 거리가 멀다. 현상을 넘어 원인을 밝히려는 노력이며, 문제해결 능력에 결함이 있는 교회를 보완하고 보강하려는 것이다. 개교회를 넘어 지역사회의 일원으로 연합교회를 세우려 한다. 표면적으로는 교회의 신뢰를 회복하기 위함이지만, 본질에서는 교회 회복을 위한 노력과 그것의 신학적인 근거를 밝히려는 시도이다. 교회가 과거에만 머물지 않고 또 현재에 과도하게 집착하지도 않고, 오히려 다가오는 하나님 나라를 향해 용기 있게 나아갈 이유를 모색하려는 것이다. 달리 말해서 예수 그리스도를 믿음으로 그리스도 안에 머무름으로써 다가올 미래를 선취하여 현재의 삶으로 용기 있게 살아낼 동기를 찾는 노력이다.

목회 비평의 당위성

목회 비평은 목회자의 윤리와 영성 및 사역, 목회 철학, 그리고 공동체의 영성과 윤리를 신학적 비평의 대상으로 삼는 신학적 판단행위이다. 신학함의 한 방법으로서 목회 비평은 목회의 적합성을 분별하면서 긍정적인 면과 부정적인 면 모두를 방법론적으로 밝힌다. 목회가 존재하는 한 목회 비평은 지속한다. 반드시 그래야 하고 어느 순간에도 멈추어서는 안 된다. 핵심에선 목회의 본질과 목회의 현실이 다르기 때문이지만, 한편으로는 교회 특성의 다양성 때문이고 다른 한편으로는 목회 역시 죄인인 인간을 통해 실행되기 때문이다. 인간의 탐욕으로 하나님나라가 오인되거나 잘못 관리되면 하나님의 이름이 욕을 먹을 뿐 아니라 인간도심하게 왜곡된다. 인간에 대한 폭력이 일어나 인간다움이 침해되고 상실되며, 더욱 나쁜 것은 하나님 나라에 대한 기대 자체가 사라지는 것이다. 이런 일이 발생하지 않기 위해서는 목회를 끊임없이 방법론적으로 관찰하고 적합한 목회를 환기하며 지시하는 일이 반드시 있어야 한다.

한 나라에 삼권분립을 보장하는 제도와 기관이 있어 서로 견제할 때 비로소 정상 국가가 가능하듯이, 교회 역시 인간이 행하는 일이기에 목회에 대한 건전한 비판은 필요하다. 교회는 대개 교역자 회의, 당회(혹은 운영위원회),[57] 제직회 그리고 전

---

57 당회의 전횡을 막기 위해 일부 교회는 목사와 장로 중심의 기구인 당회 대신 성도들의 대표로 구성된 운영위원회를 조직한다.

교인 회의(공동의회) 등의 제도를 통해 상호 견제 기능을 어느 정도 수행한다. 그런데 이것은 다만 재정에 관한 한 그렇고, 교역자 중심으로 생각하는 관습에 익숙한 목회에 관한 한 당회 이외의 통제장치가 전혀 없다. 당회조차도 힘 있는 장로와 목사가 의기투합하여 일방적으로 운영하는 경우가 허다하다. 현실적으로 그렇다. 게다가 많은 교회는 당회에서조차도 -재정지출에 관한 일을 제외하면- 목회를 성역으로 여겨 건드리지 않으려 한다. 이런 관행으로 인해 비록 부적합한 목회라도 교회 성장에 공헌하기만 하면(설령 그렇지 않더라도 하나님이 간섭하실 일이라는 잘못된 믿음 때문에) 아무런 제재도 받지 않았다. 이렇게 된 데에는 잘못된 목회자 이미지가 성도에게 주입되었기 때문이다. 따라서 목회 비평에는 목회자 이미지에 대한 전면적인 검토가 포함되어야 한다.

목회가 성역으로 여겨지던 시대는 지나갔다. 공공신학 개념이 확산하면서 목회는 삶의 현실에서 정체성을 얻는 것을 당연하게 여긴다. 특히 탈 교회 현상이 끊이질 않고 오히려 더 확산하고 있으며, 기독교를 비판하는 목소리가 교회 안팎으로 거세지고 있는 현실에선 더더욱 그렇다. 목회는 투명해야 한다. 무엇보다 말씀에 따라 살지 않고 현실과 적당히 타협하며 사는 그리스도인이 많은 현실에서 책임을 전적으로 교역자나 목회 철학과 목회행위에만 돌릴 수는 없다. 목회 비평의 주요 대상은 목회자와 목회이다. 여기에는 세상에서 살아가는 그리스도인으로서 교인뿐 아니라 또한 교역자의 인격과 영성 그리고 윤리를 포함해서 공동체의 목회 철학과 목회행위가 포함된다.

교회 비평 vs 목회 비평

교회 비평(church criticism)은 가능한가? 이렇게 묻는 이유는 교회는 예수 그리스도의 몸이며 하나님 나라의 모형으로 이해되기 때문이다. 피조물인 인간이 감히 예수 그리스도의 몸, 하나님의 집, 성전 등으로 불리는 교회와 하나님 나라를 비판하는 것은 가당치 않다. 그러나 교회 비평은 가르침과 교회 행위의 적절성 내지는 공공성 등을 고려할 뿐이다. 이런 의미에서 교회 비평은 예수 그리스도의 몸 혹은 성령의 전 혹은 하나님의 집으로 이해되는 보이지 않는 무형 교회(invisible church)가 아니라 다만 사회학적인 관점에서 조명된 교회 곧 제도화된 유형 교회(visible church)와 그 안에서 교역자와 교인의 협력하에 이루어지는 행위를 대상으로 한다. 보이지 않는 교회는 신학적이며 영적이고 오직 하나님만이 보시는 교회이다. 이것은 비평의 대상이 아니라 비평의 원리로 작용한다.

교회 안팎에서 분출하는 무절제한 교회 비평은 파괴적인 힘을 발휘해 오히려 하나님의 이름을 욕먹게 하고 하나님의 영광을 심각하게 침해한다. 심한 경우 교회 무용론으로 이어져 교회의 본질과 실존 자체를 의심하게 한다. 하나님 나라의 존재를 의심하게 한다.

보이는 교회에 대한 비판이 보이지 않는 교회의 존재와 의미마저 침해하는 이유는 보이지 않는 교회가 보이는 교회를 통해 그 존재와 작용을 확인받기 때문이다. 보이지 않는 교회의 구성원 역시 보이는 교회의 구성원을 통해 태어나고 양육을 받는다. 따라서 보이는 교회에 문제가 발생하면 탈 교회의 물결이 거세지고, 기독교 비판이 쇄도할 수밖에 없다. 이 때문에 전도의 길이 막히는 것은 당연하다. 물론 이것을 긍정적으로 수용하여 교회 개혁의 계기로 삼는다면 교회 비평은 교회의 가르침과 각종 제도를 개선하고 교회 행위의 건전성을 확립할 것이다.

그런데 흔히 볼 수 있는 교회 비평은 대부분 교역자의 인격, 영성, 윤리, 구체적인 목회 그리고 교회 행위를 겨냥한다. 목회의 주 행위자로서 교역자와 교회를 운영하고 유지하며 확장하는 일들과 관련되어 있다. 교회의 공공성에 대한 인식이 부각하면서 사회와 국가의 사안에 대한 책임 있는 목회적 반응도 주목한다. 엄밀히 말해서 언어적으로 교회 비평보다는 목회 비평이 더 현실적이고 또한 신학적으로 더 적합하다. 조직신학이나 목회신학에서 회자하는 교회 비평의 내용을 살펴보면 대체로 교역자의 윤리와 도덕, 그의 목회 활동이나 교회 행위 그리고 성도들의 행위에 집중되어 있기 때문이다. 이것은 명백히 목회 비평의 사안이다. 그동안 목회 비평이란 말을 사용하지 않았기 때문에 불가불 교회 비평이란 말을 사용한 것으로 여겨진다.

목회비평가

목회비평가는 목회 비평을 수행하는 사람을 일컫는다. 기본적으로 목회에 깊은 관심과 전문적인 식견을 갖춘 사람일 테니 대체로 교역자와 신학자가 될 것이다. 물론 교인으로서 신학적인 안목을 갖춘 사람들 역시, 만일 방법론적으로 목회를 관찰할 능력을 바탕으로 구체적인 비평행위를 한다면, 목회비평가라 할 수 있다.

그러나 목회 비평은 특정 전문가의 독점물일 수 없다. 물론 그렇다고 아무에게나 비평을 맡길 수는 없다. 신학적으로 훈련된 지성, 인간을 깊이 이해할 수 있는 공감 능력, 보이는 것 이면의 보이지 않는 것을 감지할 영성, 그리고 목회에서 일어나는 것들의 상호관계를 통전적으로 파악하여 유기적으로 관계할 수 있게 하는 능력이 필요하다. 불평과 불만의 수준을 벗어나지 못하는 섣부른 비평은 감정적으로 깊은 상처만을 안겨줄 뿐이고 비평에 영향을 받은 교역자와 교인의 마음에 치명적인 상처를 입혀 신앙을 흔들 수 있기 때문이다. 제대로 된 목회 비평을 위해선 바른 관찰과 분석 그리고 합리적이고 신학적인 진단에 필요한 지식과 목회 경험과 공감적인 판단 능력 그리고 영성은 필수이다. 따라서 이 글은 탈 교회 시대와 기독교 비판 시대에 목회 비평의 필요성을 포함하여 그것의 학문적인 기초를 탐색하면서 목회비평가로서 능력 향상을 위한 기본을 제시한다.

한편, 수많은 평론 활동을 전문가에게만 맡기는 시대는 지났다. 특정 신학교가 신학의 흐름을 좌우하게 해서는 안 되지만, 또한 재정 후원을 통해 그들의 신학을 조정하는 대형교회의 목회가 아무런 정당화 과정 없이 목회 혹은 교회의 모델로 인지되는 관행은 사라져야 한다. 주류 신학자와 대형교회 교역자의 목회패턴을 목회 비평의 기준으로 삼는 걸 당연시하는 시대는 지나가야 한다. 목회를 비평하는 것은 필요한 일이고 그래서 이 글에서 다뤄질 사안이지만, 다른 한편으로는 목회에 대한 비판 자체를 비평하는 안목 곧 메타비평(meta-criticism)이 필요한 시대다. 신학에 대한 비평도 필요하고, 또 목회에 대한 비판을 그 정당성을 두고 비평하는 일도 필요하다. 다원주의 사회에서는 다양한 관점을 넘어 상반된 관점이 동시에 주장되기에 목회를 바라보는 다양한 시각들을 신학적인 적합성과 관련해서 점검해보는 노력은 시대가 요구하는 일이다.

목회 비평의 대상

유형 교회는 매우 광범위한 영역을 포함하고 있다. 만일 개별 교회의 행정이나 행위 혹은 교역자와 교인의 영성과 삶 그리고 신앙 행위를 겨냥하는 비평이라면 교회 비평보다는 목회 비평을 말하는 것이 더 바람직하다. 사회 내 교회의 전반적인 현상 혹은 교회의 이념이나 교회의 이름으로 실천하는 행위만을 겨냥해서 말하는 경우엔 교회 비평이라 말할 수 있다. 이것은 흔히 교회론의 한 영역으로 취급된다.

이에 비해 목회 비평의 대상은 잘못된 목회자 이미지이며 또한 예배, 교육, 교제, 선교, 봉사와 관련한 구체적인 목회행정과 목회행위에 영향을 미치는 인문적/물리적 환경에 대해 보이는 교역자와 교인의 인격적/영적 반응 그리고 구체적인 목회행위를 가능하게 한 배경으로서 신학적인 판단이다. 여기에 더해 목회행위의 기반을 이루면서 신학적인 판단의 기초가 되는 교역자의 영성과 윤리를 신학적으로 관찰하고 분석한다. 그리고 여러 상황에서 실천되는 하나님 말하기(Reden von Gott)[58]의 적합성과 관련해서 오용과 남용의 여부를 점검한다. 교역자의 언어생

---

58 하나님 말하기(Reden von Gott)는 일정한 상황과 관련해서 하나님을 말하는 것을 의미한다. 단순히 신학적인 진술로 이해할 수 없는 건 그것이 옳고 그름으로 판별할 수 있는 성질의 것이 아니기 때문이다. 또 단순히 고백으로 말할 수 없는 건 그것이 갖는 진술적 성격 때문이다. 하나님 말하기는 일정한 상황과 관련해서 이해와 설명을 목적으로 행하는 신앙 행위이다. 옳고 그름이 아니라 하나님을 적합하게 곧 말했는지와 관련해서 그것이 적합한지 그렇지 않은지만을 알 수 있을 뿐이다.

활이 미치는 영향력이 작지 않다는 사실을 염두에 둘 때 언어에 대한 비평은 목회 비평에서 결코 간과할 수 없는 과제이다.[59] 이런 맥락에서 목회 비평은 조직신학과 목회신학의 협업으로 이루어진다. 교회 비평이 범위에서 더 크고 또 교회 비평과 목회 비평 사이에 서로 겹치는 부분이 없지 않으나 뒤섞이는 건 옳지 않다.

참고로 이 둘과 여러 측면에서 겹치면서도 구별되는 신학 비평은 특정 신학 이론과 관련해서 이론 구성과정을 비평하거나 신학 이론을 서술하는 노력에서 학문으로서 신학함의 조건을 제대로 충족했는지를 살핀다. 신학이 목회에 미치는 영향을 무시할 수 없기에 이런 점과 관련해서도 신학의 실효성을 검토한다. 교회 비평과 목회 비평이 기본적으로 신학적인 조건을 충족해야 한다는 점에서 본다면 신학 비평은 교회 비평과 목회 비평을 아우르는 상위개념이라 볼 수 있다.

목회 비평의 두 방법

목회 비평은 교회 내부에서 적용되는 신학적 논리에 근거한 비평(내재적인 비평)과 교회 외부적인 관점(철학, 윤리학, 정치학, 종교학, 사회학, 과학 등)에서 행하는 비평(외부적인 비평)이 있다. 교회 내적인 비평은 목회의 신학적인 적합성과 공공성을 겨냥한다. 교회의 본질과 관련한 논점들에 에너지를 집중하는 비평이다. 특히 예수 그리스도의 인격과 사역, 교회의 네 가지 속성(거룩함, 보편성, 일치, 사도성), 그리고 두 가지 표식(복음을 바르게 선포하고 성례를 올바르게 집행하는 것)은 교회의 각종 행위를 통해 하나님 나라의 현존과 작용을 증언해야 하는 목회를 비평하는 데 있어서 매우 중요한 기준이다. 이에 비해 교회 외적인 비평은 주로 목회의 결과와 교회에 대한 정치 사회학적인 관점을 반영하며 교회의 실천 및 행위의 합리성 그리고 사회에 긍정적으로 영향을 미치는 기능 곧 공적인 기능에 초점을 둔다. 물론 여기서도 교회

---

59   다음의 글은 목회 및 교회 언어 비평의 맥락에서 저술되었다. 최성수, 『의미는 알고나 사용합시다』(서울: 예영, 2019).

의 네 가지 속성과 두 가지 표식은 비중 있는 기준으로 작용한다. 두 비평 방식은 하나님 나라와 땅의 나라 사이에 놓인 교회의 정체성 때문에 요구된다.

한편, 내재적이고 외재적인 비평의 또 다른 의미를 언급할 필요가 있다. 전자를 소위 '생산적인' 비평이라 하고 후자를 '파괴적인' 비평이라 말한다. 생산적이라 말하는 이유는 비평이 교회 재형성를 위해 생산적인 의미가 있기 때문이다. 목회행위를 가능하게 한 신학적 판단을 명료하게 제시하고 또 바로 서도록 도와주면서 더 나은 목회행위를 위한 신학 이론을 제안한다는 의미에서 그렇다. 교역자의 시각에서 목회를 들여다보면서 교역자의 신학적 판단 과정을 점검한다. 이런 의미에서 목회 비평은 목회를 다양하게 볼 수 있는 안목을 갖게 하며 또 잘못된 목회를 인지하여 바른 목회로 방향을 돌릴 수 있도록 돕는다.

이에 반해 파괴적이라 말하는 이유는 공동체와 전혀 다른 관점에서 목회를 들여다봄으로써 교회에 긍정적인 효과를 일으키기보다는 부정적인 치명타를 가하기 때문이다. 달리 말해서 파괴적인 비평은 신학적인 판단과 그에 따른 목회행위를 도우려 하기보다는 비평하는 사람의 주장과 생각과 판단이 옳다고 말할 의도와 목적으로만 목회를 대한다. 넘어진 자를 일으켜 세우기보다는 자신이 일어서기 위해 혹은 자신의 옳음을 주장하기 위해 상대를 디딤돌로 삼는다. 치열한 경쟁 관계에서 흔히 볼 수 있는 현상이다.

목회 비평은 파괴적이어서는 결코 안 된다. 목회는 본질에서 하나님 나라를 관리하면서 섬기는 일이기 때문이다. 동기가 신앙(하나님 사랑과 이웃 사랑)에 근거해야 하며 처음과 나중이 항상 생산적이어야 한다. 무너뜨리고 파괴하기보다는 목회를 회복하고 더 나은 목회를 실천하고 또 더 신중한 신학적인 판단 능력을 형성하도록 돕는 목적을 지향해야 한다. 서로 사랑하고 서로 돕고 서로 세우는 유기적 상호관계가 형성될 조건을 제시해야 한다. 엄밀히 말해서 목회 비평은 현실 속에 임해 있으면서도 드러나 있지 않은 하나님 나라를 발견하는 작업이기도 하다. 이런 의미에서 신학함의 한 방식이다.

목회 비평이 신학적이어야 할 이유

목회 비평이 단순한 불평불만의 표현이거나 파괴적이 아니라 오히려 생산적이고 또 신학적일 수 있기 위해 충족할 조건은 무엇일까? 신학함(doing-theology)이란 하나님을 정당하게 말하려는 모든 언어 행위와 하나님의 말씀과 행위 그리고 속성을 세상 가운데 나타내려는 모든 실천 행위를 말한다. 적합한 언어를 선택해서 그것을 정당하게 사용하는 일이다. 곧 하나님 말하기를 정당하게 실천하는 일은 물론이고 그것의 적합성을 판별하는 일을 포괄한다. 물론 여기에는 잘못된 하나님 말하기를 비판하는 것을 포함한다. 신학함을 이렇게 이해할 때, 목회 비평은 어떤 의미에서 신학함의 하나로 볼 수 있을까?

목회는 기본적으로 공동체가 이 땅에서 하나님의 형상으로서 살아갈 수 있도록 돕는 일이다. 곧 성도가 하나님 나라의 백성이라는 정체성을 회복하고 또 교회와 세상에서 하나님의 부르심에 합당하게 살아갈 수 있도록 돕는다. 공동체 가운데 하나님이 현존하심을 사람들이 인지할 수 있도록 한다. 하나님 나라의 백성으로 살면서 하나님을 신뢰하여 어떤 유혹과 박해가 와도 이겨낼 수 있도록 돕는다. 이 일에서 공동체는 수시로 신학적인 판단을 내린다. 목회는 신학함의 한 방식이다. 의식했든지 그렇지 않았든지 공동체의 판단은 신학적이다. 그 판단의 신학적 성격을 밝히고 또 그 판단이 신학적으로 옳은지 아니면 그른지를 따지는 일이 목회 비평의 사안이다. 이 일에서 관건은 하나님이 누구시고, 하나님 나라는 무엇이며, 그분의 부르심이 무엇이고, 그리고 부르심을 어떻게 순종할 것인지를 아는 것이다.

하나님은 인간이 피조물을 관리하면서 하나님의 통치를 드러낼 뿐 아니라 인간의 상호관계에서 –서로 사랑하고 서로 돕고 서로 세우며– 살면서 하나님의 함께 계심을 나타내고 또한 모든 일에서 하나님의 창조주 되심과 주님 되심을 인정하여 하나님을 영화롭게 하기를 원하신다. 하나님의 부르심은 이것을 목적으로 한다. 하나님 나라의 백성으로서 살도록 부르신다. 이 목적을 위해 하나님은 인간으로 소원을 두게 할 뿐만 아니라 또한 당신의 선한 뜻에 따라 행하도록 하신다. 인간이 전혀 눈치채지 못하도록 하면서 다스리시니 그저 놀라울 뿐이다. 목회 비평은 공동체의 말과 행위가 이것을 바르게 실행하고 있는지를 신학적으로 관찰하고 분석한 후에 기술한다.

목회 비평이 신학함을 실천하는 것이라면 먼저는 목회행위의 신학적 성격을 규정하는 일이 선행해야 하며, 목회행위에 암묵적으로 실천된 신학적인 판단을 명시적으로 드러낼 때 나타나는 신학적 진술과 구조에 대해 정당성을 검증하는 과정 자체가 신학적이어야 한다.

목회 비평이 신학적인 조건을 충족하기 위해선 비평 자체가 학문적인 정당성을 충족해야 하나 무엇보다 학문으로서 신학의 독특성을 배제해서는 안 된다. 신학은 기본적으로 하나님 말하기를 실천하는 일이기에 다른 학문이 검증을 위해 요구하는 객관성을 온전히 충족할 수는 없다.[60] 이것은 학문으로서 신학의 한계이면서 동시에 특성이다. 신학은 성경의 하나님과 그분의 말씀과 행위를 전제하여 하나님 말하기를 실천하고 또 그것의 신학적인 정당성을 합리적으로 논할 뿐이다. 성경 속 하나님의 존재를 과학적인 방식으로 검증하는 일은 신학함의 범위를 벗어난다. 따라서 목회행위를 비평의 대상으로 삼으면서 성경 속 하나님의 존재와 신앙 자체를 문제 삼는다면 그것은 철학적인 접근이지 결코 신학적이라 말할 수 없다.

목회행위에 대한 관찰과 분석을 위해 다양한 매개(철학, 경제, 정치, 사회, 인권, 복지, 환경 등)를 참고할 수는 있다. 그러나 관찰과 분석에 이어서 내려지는 평가는 신학적인 논의 구조에서 수행한다. 신학적인 진술을 얻는 모든 과정을 발견의 맥락(context of discovery)이라 한다면, 목회 비평의 신학적인 정당성을 밝히는 과정 곧 정당성을 두고 논쟁하는 과정은 정당화 맥락(context of justification)이라 한다.

목회 비평이 이미 다양하게 실천되고 있었으나 제대로 인지되지 않고 또한 촌

---

60 다음을 참고: 최성수(편역), 판넨베르크와 자우터, 『신학은 어떤 의미에서 학문인가?』 (한국학술정보, 2010). 판넨베르크는 학문적 객관성을 주장하나, 자우터는 바르트와 마찬가지로 인간의 한계로 인해 객관성을 포기하면서 신학의 학문성을 논한다.

철살인의 비평으로 자리매김하지 못한 이유는 비신학적인 정당화 과정 때문이다. 신학적이고 성경적 관찰을 통해 발견한 사실들에 대해 비신학적인 정당화 과정을 통해 비평한다면, 이것은 신학적인 비평이라 말할 수 없다. 장기를 평가하는 일에서 게임으로서 성격이 유사하다고 하여 바둑의 교범에 따라 평가한다면, 비록 그것이 아무리 그럴듯해 보인다 해도, 그것은 장기에 대한 바른 비평이라 볼 수 없다. 목회 비평 역시 마찬가지다. 신학적이지 못한 비평은 비록 잘못된 목회에 비판적인 관심을 돌리게 하고 때로는 충격을 주어 목회의 방향을 바꾸고 또 목회의 양태를 일시적으로 바꿀 수는 있어도 근본적인 해결책이 되진 못한다. 이렇게 되면 공동체가 자신의 잘못된 목회행위를 하나님과의 관계에서 인지하거나 하나님의 뜻에 따라 바꿀 가능성은 줄어든다. 물론 적어도 하나님과의 관계에서 목회적인 정체성을 생각하는 공동체의 경우엔 그렇다. 그러나 목회행위의 잘못된 관행은 목회의 정체성 자체가 잘못 설정되었기 때문인 경우가 많다. 목회 비평은 목회행위를 공동체의 신학적 판단의 결과로 보고, 목회행위를 관찰하고 분석하면서, 잘못된 목회를 수정할 뿐만 아니라 온전한 목회를 위해 보충할 수 있도록 목회의 본질을 신학적으로 밝혀야 한다. 또한 실천할 구체적인 방법을 제시할 수도 있어야 한다. 신학적 판단행위의 기초가 되는 것이 영성이기에 목회 비평에는, 비록 힘겨운 일이라도, 교역자의 영성을 파악하는 작업을 포함할 수밖에 없다.

5. 목회 비평의 전통

목회 비평의 성서적 기원과 역사

하나님의 말씀인 성경은 목회를 위해 기록한 책이라 볼 만한 내용이 많다. 특히 신약에는 목회하는 사람에게 보내는 편지로 소위 "목회 서신"이라 불리는 것이 있다. 바울이 디모데와 디도에게 각각 보낸 디모데 전서 및 후서 그리고 디도서를 말한다. 물론 그 안에는 공동체 구성원 모두에게 향하는 내용도 있다. 이것은 목회자가 단지 지도자로서 교역자만이 아니라 하나님 나라 복음을 위해 사역하는 공동체 구성원 모두를 가리킨다고 필자가 보는 이유이다.

크게 보자면 목회 비평은 첫째, 목회가 하나님의 말씀대로 행해지고 있는지를 보는 일이고,

둘째, 공동체 특히 교역자가 하나님에게 위임받은 권한을 자신의 유익을 추구하고 자기 생각을 관철하려는 권력으로 남용하지 않도록 예방하는 것이다.

셋째, 목회가 교역자를 포함하여 교인이 오직 하나님만을 신뢰할 수 있는 구조를 지향하는지 그리고 구체적으로 실천하는지를 살펴보면서 실행하도록 돕는 것이다.

넷째, 목회가 하나님의 목회에 충실하도록 돕는 일이다.

그리고 다섯째, 목회를 통해 교회가 세상에 대한 대안 정치를 바르게 실행하도록 돕는 것이다.

이상의 다섯 가지는 성경 전체에서 나타나고 있지만, 이 가운데 대표적인 유형으로 볼 수 있는 몇 가지를 살펴보도록 하겠다.

• 천지창조

천지창조에 대한 기록과 창조신앙은 하나님의 백성이 여호와 이외의 다른 신들을 섬기는 사람들과 섞여 살면서 신앙의 정체성을 상실한 사람들에게 창조주로서 여호와 하나님 신앙을 환기하려는 목적에서 비롯했다. 혼돈으로 가득한 세상에 있으면서 왜 이런 현실을 맞이하게 되었는지, 그리고 어떻게 해야 하나님의 마음에 맞는 세상을 회복할 수 있을지 고민하였을 때, 하나님은 당신의 백성들에게 세상이 하나님의 말씀대로 될 때 곧 하나님이 원하시는 질서가 세워질 때 하나님이 보시기에 좋은 세상이 된다는 사실을 계시하셨다. 이것은 창조신앙으로 결실하였는데, 이

신앙은 말씀에 의한 창조로 말미암아 하나님이 보시기에 좋은 세상이 되었고, 혼돈의 세상이라도 하나님의 말씀대로 된다면 하나님이 보시기에 좋을 것이라는 기대와 소망으로 이어졌다.

이것에서 목회 비평의 기원을 찾아도 과언은 아닐 것이다. 다시 말해서 하나님의 백성으로서 하나님의 질서 안에서 살기 위한 길을 모색하는 사람에게 성경은 창조주 하나님을 고백함으로써 방향을 제시하였는데, 그것은 하나님의 말씀이 현실이 될 때 비로소 가능하다는 것이었다. 창조신앙은 목회의 목표와 방법을 구체적으로 제시하고 또한 세상 정치의 대안으로서 교회가 세상에서 어떤 삶을 실천해야 하는지를 보여준다.

• 에덴동산의 사건

그리고 에덴동산에서 하나님을 대신하여 피조물을 관리하고 다스리도록 아담과 하와에게 위임하신 것과 그들이 하나님의 명령을 어긴 후에 하나님을 피해 숨어 있는 상태에서 받은 하나님의 질문과 평가는 목회 비평을 위한 매우 중요한 단서다. 아담과 하와가 자신에게 맡겨진 일에 최선을 다하지 못하고 동산에서 쫓겨나게 된 원인은 하나님의 명령을 어겼기 때문이다. 선악을 알게 하는 나무의 실과란 전지(全知)의 능력을 가리키며, 또 그 열매를 따 먹었다는 사실은 전지의 능력으로 세상을 판단하려 했음을 의미한다. 이것은 하나님의 주권에 대한 심각한 도전이다. 성도는 선과 악을 아는 지식에 대한 유혹을 끊임없이 받는다. 하나님의 지혜와 세상의 지혜가 팽팽히 맞서는 때, 인간은 각종 형태의 유혹에 이끌려 세상의 지혜를 선택한다. 특히 교역자가 양을 올바른 곳으로 이끌기 위한 사명이 투철하지만, 그 길이 분명치 않을 때 더욱 그렇다. 그러나 하나님은 그런 유혹이 범죄의 요인임을 깨우쳐주셨다. 전지의 능력을 소유해 선과 악을 구분할 줄 아는 것도 중요하지만, 더욱 중요한 사실은 하나님을 신뢰하는 일임을 알려주셨다. 자기 생각과 뜻이 아무리 옳다고 여겨도 하나님을 경외할 때 주어지는 하나님의 지혜에 따라 사는 것이 최선이다.

인간은 하나님의 주권을 탐한 결과, 해서는 안 될 일을 행한 후에 두려움과 수치심에 스스로 숨었다. 자유 가운데 살도록 허락하셨지만, 죄의 권세에 구속된 모습으로 전락한 것이다. 하나님을 피해 숨었던 아담과 하와를 찾아오신 하나님이 물으셨다. 너는 어디에 있느냐? 네가 무엇을 하였느냐?

목회가 숨어 있는 인간으로 다시금 하나님 앞으로 나서도록 돕는 일이라면, 목회 비평은 숨어 있는 인간에게 던지신 하나님의 질문을 목회자에게 던지는 것이다.

하나님 나라를 관리하도록 위임받은 공동체는 지금 어디에 있는지,

예수 그리스도를 통해 하나님의 백성에 대한 책임이 맡겨진 공동체는 지금 어디에 있는지,

교역자와 교인 각자에게 위임한 일을 제대로 실천하였는지,

해선 안 되는 일을 행하진 않았는지,

권력을 탐해 하나님의 주권을 넘보진 않았는지 등.

공동체는 하나님을 피해 숨어서는 안 되는 존재이고, 반드시 이 질문에 합당한 대답을 해야 한다. 이것은 예배 행위다. 다시 말해서 공동체는 하나님 앞에서 사는 실존으로서 하나님의 은혜로 사는 정체성을 가진다. 목회의 성공을 위해 혹은 목회자의 인정 욕구에 사로잡혀 하나님의 주권을 탐해서는 안 된다. 하나님이 행하실 일이지만 은혜로 공동체에 위임하신 일을 공동체는 오직 하나님을 신뢰함으로 충실히 이행하여야 한다. 공동체가 가장 경계하여야 할 일은 세상의 지혜를 탐하는 것이며 또 자신을 하나님의 위치에 놓음으로써 하나님의 주권을 넘보는 것이다. 따라서 목회 비평에서 가장 중요한 일은 하나님 앞에서 사는 삶인지 아니면 세상 앞에서 사는 삶인지를 분별하는 것이고, 또한 교역자와 교인이 각자에게 주어진 힘을 어떻게 사용하는지를 관찰하고 그것의 정당한 사용을 환기하는 것이다.

• 예언자들

이것과 연결해서 볼 수 있는 또 다른 기원은 모세가 바로에게 히브리 민족을 내보내라며 요구한 것과 사무엘이 사울 왕을 비판한 사실을 들 수 있다. 하나님을 대신해서 백성들을 다스리도록 세워진 바로가 하나님의 뜻에 따르지 않았을 때 모세는 각종 이적으로 경고하였고, 사무엘 선지자는 사울 왕을 호되게 꾸짖었다. 신정정치 시대에 하나님을 대신해서 백성들을 돌보는 책임을 지고 있는 왕의 행위 곧 하나님의 말씀을 거스르는 행위를 비판했다는 점에서 모세와 사무엘의 말과 행위는 목회 비평이라 볼 수 있다. 특히 사무엘은 사울에게 기름을 부은 장본인이라고 해서 권위를 행사한 것이 아니었다. 사울 왕이 하나님의 말씀에 따라 행하지 않았다는 사실을 선지자의 자격으로 단호하게 지적한 것이다.

에스겔 선지자의 삯꾼 목자에 대한 비판은 매우 잘 알려진 것으로 목회 비평의 정수다. 특히 주전 8세기 선지자들은 왕은 물론이고 종교 지도자들과 백성들 심지어는 이웃 나라까지도 비판의 대상으로 삼았다. 하나님이 세상의 통치자이심을 전제한 예언이었다. 권력 남용과 정의롭지 않은 왕의 통치 그리고 하나님의 영광보다는 개인의 이익을 추구하는 종교 지도자들의 탐욕을 거침없이 비판하였다. 세상을 돌보시는 하나님의 뜻에 부합하지 않은 행위라면 대상을 가리지 않고 비판한 것이다.

이에 비해 제2 이사야서 저자와 예레미야는 심판 이후 이스라엘의 회복을 위한 메시지를 전했다. 좌절과 절망의 기운이 가득한 현실에서 하나님의 목회에 따른 희망의 목회를 실천한 것이다.

목회 비평은 목회가 하나님을 신뢰하고 있는지 아니면 하나님 이외의 다른 것을 신뢰하는지를 관찰한다. 공동체가 하나님의 약속에 대한 철저한 믿음을 갖고 그것의 성취를 간절히 기대하며 살도록 돕는 데 최선을 다하는 목회인지를 점검한다.

• 성경은 목양을 위한 책

복음서에 기록된 당시 종교 지도자들에 대한 예수님의 비판은 잘못된 목자 이미지를 폭로한다. 외식하는 자로 언급되거나 혹은 양을 지키는 자가 자기 생명을 위해 양을 버리는 목자 이미지는 오히려 참 목자이신 예수 그리스도와 매우 대조적이다.

복음서는 구체적으로 목회행위를 염두에 두고 쓴 글은 아니지만, 두 개의 목적을 생각할 수 있다. 하나는 복음서 기자는 예루살렘 성전이 무너진 후(A.D.70) 그 이유와 의미를 성찰하면서 예수 그리스도와 그의 복음이 구원을 위해 필요한 것임을 깨닫고 이것을 전하려 복음서를 기록하였다. 다른 하나는 개별 공동체에서 반드시 숙지해야 할 예수 그리스도의 복음 곧 그의 인격과 사역을 전할 목적으로 기록하였다. 이런 점에서 복음서에는 목회적 관심이 깊이 반영되어 있다.

참 목자로서 예수 그리스도의 이미지는 목회 비평을 위한 기준이다. 마태복음은 제자 삼는 사역으로 마치고, 요한복음은 십자가 사건이 주는 충격 때문에 크게 실망하여 고향으로 돌아간 베드로에게 예수님이 목양의 사명을 주시는 내용을 명시적으로 전해주고 있다. 특히 산상수훈에 나오는 말씀(마 7:22~23)은 오늘날 목회자를 향한 경고로 들을 수 있다.

> "그 날에 많은 사람이 나더러 이르되 주여 주여 우리가 주의 이름으로 선지자 노릇하며 주의 이름으로 귀신을 쫓아내며 주의 이름으로 많은 권능을 행하지 아니하였나이까 하리니 그때 내가 그들에게 밝히 말하되 내가 너희를 도무지 알지 못하니 불법을 행하는 자들아 내게서 떠나가라 하리라"

그리고 이어지는 사도행전은 예수 그리스도가 육체적으로 안 계시는 현실에서 성령으로 충만한 사도들의 선교와 목양을 통해서도 그의 인격과 사역이 계속 이어지고 있음을 전한다.

사도행전 역시 사도들의 다양한 목회행위(특히 선교)의 결과를 평가하며 전해준다는 점에서 역사적인 가치를 지니는 목회보고서 내지는 성령의 능력에 따라 수행된 사도들의 목회에 대한 긍정적인 비평의 하나로 볼 수 있다.

특히 바울은 여러 서신서와 목회 서신(디모데 전후서, 디도서)을 통해 목회행위에 대한 구체적인 모범을 제안하였다. 이는 한편으로는 당시 교역자로서 사역하는 수신자들에게 바른 목회의 전형을 알려주는 것이지만, 다른 한편으로는 목회 및 교회에 대한 다양한 소식을 들었던 바울이 교회의 현실과 목회행위에 대해 내린 신학적인 평가와 권고이기도 하다.

고린도 교회에 보낸 두 번째 편지에서 바울은 자신을 "하나님과 함께 일하는 자"로 여기면서 자신의 직분이 비방을 받지 않기 위해 노력했다고 밝히고 있는데, 목회 비평에 대한 자각에서 비롯한 것으로 볼 수 있을 것이다.

> "우리가 이 직분이 비방을 받지 않게 하려고 무엇에든지 아무에게도 거리끼지 않게 하고"(고후 6:3)

무엇보다 요한계시록에서 일곱 교회에 보내는 편지는 목회 비평의 대표적 사례로 볼 수 있다. 당시 종교 지도자들의 목회행위에 대한 엄중한 비평과 권고를 담고 있기 때문이다. 각각의 편지들을 살펴보면 교회의 책임자가 무엇을 잘못했는지 그리고 그 결과가 어떻게 나타났는지를 알 수 있다. 목회 비평은 그런 비판적인 상황에 이르게 한 신학적인 판단과 그 근거들을 합리적으로 밝힌다.

이렇게 본다면 성경은 일차적으로는 목양을 위해 기록된 책이라고 말해도 과언은 아닐 것이다. 무엇보다 하나님의 질서를 바로 세우고, 성도가 하나님의 백성으로서 하나님의 말씀에 따라 살도록 도울 목양의 목적으로 기록한 책으로 읽을 수 있기에 성경은 바른 목회를 위한 규범일 뿐 아니라 목회를 비평하는 일에서도 기준이 된다. 달리 말해서 성경은 하나님 목회를 보여줌으로써 인간의 목회가 궁극적으로 누구와 관계하고 있으며, 무엇을 전해야 하고, 무엇을 목표로 하며, 또한 목회는 어떻게 가능한지를 알려주기 위해 기록된 것이다. 물론 그런 목회의 주체이면서 또한 목회의 대상으로서 공동체를 위한 교훈과 가르침도 포함하고 있다(딤후 3:16).

> "모든 성경은 하나님의 감동으로 된 것으로 교훈과 책망과 바르게 함과 의로 교육하기에 유익하니 이는 하나님의 사람으로 온전하게 하며 모든 선한 일을 행할 능력을 갖추게 하려 함이라"(딤후 3:16~17)

• 교회사

속사도 시대나 교부 시대에도 교회와 교회 행위 및 목회에 대한 비판적인 성찰은 계속 이어졌다. '디다케(12사도의 교훈집, 120년경)', '바나바의 편지(130년경)', '헤르마스의 목자서(140년경)', 요한 크리소스톰의 '성직론(380년경)', 어거스틴의 '그리스도교 교양(426년)' 등은 당시 교회를 바로 세우고 또한 교역자들의 바른 목회행위와 성경해석을 돕기 위한 것이지만, 잘못된 목회를 신학적 관점에서 비판하는 내용도 많다. 경고 가운데는 교회의 분열을 조장하는 잘못된 가르침에 대한 것이 가장 많다. 그밖에 교회가 마땅히 알아야 할 내용과 행해야 할 구체적인 행위들을 설명하는 내용도 포함하고 있다.

16세기 종교개혁은 구체적으로 면죄부를 판매하는 교회 행위에 대한 비판에서 비롯한 것이었다. 물론 그 이전에도 중세 가톨릭 안에 만연해 있는 잘못된 관행들에 대한 사람들의 불만과 불평이 가득했고, 또 마르틴 루터에게 있어선 하나님의 의에 대한 신학적인 깨달음이 우선이었지만, 종교개혁의 발단은 면죄부 판매 행위의 정당성에 대한 의문이었다. 당시 가톨릭교회의 목회행위 및 그것의 신학적인 근거에 대한 비판적인 성찰 없인 가능하지 않은 사건이다. 장 칼뱅(John Calvin)은 가톨릭의 비성경적인 목회에 대한 반발로 성경에 근거를 둔 목회를 위해 노력했는데, 특히 하나님께 영광을 돌리기 위한 삶(soil Deo gloriam)의 가능성을 하나님 앞에서의 삶(vita coram Deo)으로 보고 이를 가르치고 또 실천하기 위해 도움이 되는 책『기독교 강요』를 저술했다. 이 책은 성경을 이해하고 성경에 근거를 둔 목회를 위해 필요한 교리를 체계화할 필요에 따라 저술한 결과물이다.

하나님의 말씀에 대한 확신이 커지면서도 동시에 그것이 가져오는 부조리도 함께 커졌다. 이것에 대한 반발로 이성의 의미와 기능이 새롭게 인식되었는데, 근대(계몽주의)에는 이성적인 사고에 의해 교회 행위의 비합리성에 대한 비판이 유행처럼 일어났다. 교회 내적인 비판과 계몽사상가들에 의한 외적인 비판이 혹독하게 제기되었다. 교회 행위가 합리적이어야 한다는 주장은 무엇보다 먼저는 말씀을 이해하는 방식에서 나타난 획기적인 전환에서 비롯했다. 성경해석에 역사비평 방법이 도입됨으로써 성경은 더는 성령의 영감에 의해 기록된 하나님의 말씀이기보다는 인간의 기록물로 여겨졌고, 성경 이해에서 합리성에 대한 요청이 강하게 대두되었다. 이것은 목회자 이해와 목회 철학 그리고 목회행위에도 지대한 영향을 미쳐 교사로서 목사 이미지, 합리적인 설교, 합리적인 교리, 심지어 기독교 교리 없는 교회 이론(Adolf von Harnack)이 등장했다. 역사적인 사실에 근거한 성경 및 신앙이해가 시대적인 키워드로 자리매김하였다. 신학적 자유주의는 당시 성경을 합리적으로 이해하라는 시대의 요청에 따른 역사비평과 합리적 목회 곧 교회의 가르침과 행위의 비합리성에 대한 반발과 비판으로부터 태동한 것이었다.

카를 바르트(Karl Barth)의 등장은 자유주의 신학의 성경 이해 방식에 대한 비판과 함께 이뤄졌다. 당시 주류였던 역사비평 해석이 아닌 신학적 비평을 바탕으로 저술한 로마서 강해는 그 대표적인 결과물이다. 그런데 바르트의 로마서 강해는 블룸하르트(Blumhardt) 부자(父子)의 영향에서 결코 자유로울 수 없다. 왜냐하면 그들의 카리스마적인 목회 현장을 방문하여 관찰하고 경험한 충격적인 결과를 신학적으로 특히 종말론적으로 성찰한 결과였기 때문이다. 곧 블룸하르트 부자의 목회는 '예수는 승리자(Jesus ist der Sieger)'라는 신앙에 근거하는데, 바르트는 그의 목회행위로부터 깨달은 바에 따라 하나님 나라는 인간에 의해 건설되는 것이 아니라 오히려 세상을 심판하시면서 임한다는 생각을 굳혔다. 이는 당시 세상을 인간의 윤리적이고 도덕적인 노력을 통해 하나님 나라로 변화시키려는 자유주의 신학에 근거한 목회적인 노력을 비판하는 것이면서 동시에 그러한 목회의 기반인 자유주의 신학의 근간을 흔드는 폭탄이었다. 하나님 나라는 인간에 의해 세워지는 곳이 아니라 소망 가운데 기다리는 나라이다. 목회와 하나님 나라의 상관관계를 바르트는 누구보다 힘 있게 강조하였다. 목회는 이 땅에 임하는 하나님 나라가 왕성해지도록 섬기는 일이다. 소위 '교회를 위한 신학'은 교회 밖의 일에 관심을 두지 않는다는 뜻이 아니다. 오히려 신학이 하나님 나라는 물론이고 그 안에서 하나님 나라 백성으로서 사는 일 그리고 세상 정치에 대한 대안 정치와 불가분의 관계에 있다는 사실에 대한 개념적 표현이다.

목회 비평의 선지자적 성격

앞서 목회 비평의 기원과 관련해서 언급했지만, 교역자의 철학과 목회행위를 하나님의 말씀과 뜻에 비추어 조명한다는 점에서 목회 비평은 -비록 목회자와 선지자를 동일시할 수는 없어도- 선지자적 사명을 인지한다.[61] 과거 선지자들은 정치 및 종교 지도자와 백성들을 향해 하나님의 말씀을 전했는데, 그 내용은 올바른 통치행위를 돕는 것은 물론이고 정치 및 종교 지도자의 생각과 삶뿐 아니라 그들에게 전권이 위임된 통치행위에 대한 비판을 포함했다. 사무엘과 사울, 나단과 다윗, 엘리야와 아합, 이사야와 히스기야, 예레미야와 시드기야, 아모스와 북이스라엘, 호세아와 이스라엘, 세례요한과 헤롯의 경우에서 볼 수 있듯이(모세와 바로 왕의 관계도 여기에 포함해도 좋을 것이다) 왕의 통치와 제사장들의 제사 행위에 대한 선지자들의 비판은 널리 알려진 사실이다. 또한 같은 선지자라 하더라도 하나님에게서

---

61   예언자의 성격에 관해서는 다음을 참조: Abraham Joshua Heschel, The Prophets, 이현주 옮김, 『예언자들』(새물결출판사, 2018).

비롯하지 않은 것을 '하나님의 말씀'이라며 전하는 선지자들의 거짓된 예언에 대해서도 날카로운 비판을 서슴지 않았다(렘 23:25~32, 겔 13:3~7, 17).

목회 비평의 선지자적인 성격은 무엇보다 목회 비평이 신학적이어야 할 대표적인 이유다. 하나님에게서 비롯하지 않았거나 하나님과의 관계에서 이해할 수 없는 목회 비평은 받아들일 수 없다. 거짓 선지자에 대한 성경의 엄중한 경고는 목회 비평의 잘못된 사례에 대한 고발이라 볼 수 있다.

한편, 목회 비평이 선지자적 성격을 갖는다면, 그것은 하나님의 말씀을 전하는 일인가, 아니면 인간의 합리적인 생각을 전하는 일인가? 앞서 나는 목회 비평을 메타비평이라고 했다. 다시 말해서 목회 비평은 우선 교역자 이미지를 포함해서 영성과 윤리와 철학 그리고 목회행위를 겨냥하지만, 그 이외에도 목회를 말하는 잘못된 언어 행위를 비판의 대상으로 삼는다. 그 후에 교역자의 목회행위를 가능하게 한 신학적 판단을 고려한다. 이런 점에서 목회 비평이 선지자적인 성격을 가졌다는 의미일 뿐이다. 목회 비평이 선지자의 자격으로 행하는 일은 결코 아니다. 목회비평가를 자처하는 사람은 이것을 간과해서는 안 된다. 합리적인 신학함의 하나로서 목회 비평은 비평의 타당성과 관련해서 언제든지 논쟁이 가능한 일로 여겨야 하며 또한 모든 비평은 신학적 합리성에 따라 정당화되어야 한다. 시대의 흐름에 따라 그 적합성과 관련해서 얼마든지 수정이 가능한 일이다.

6. 목회 비평의 두 초점

신앙의 두 초점 이론

– 의인이며 동시에 죄인(simul justus et peccator)

어떤 신학 이론이든지 그것은 보편성을 지향하고(비록 제한적이라도), 사도 전통에서 벗어나지 않으며(비록 지역적인 성격이 있더라도), 같은 주제를 두고 서로 다른 견해를 보이는 사상과 최소한 의미에서 서로 통하는 정합성을 갖는다(그래서 주장은 달라도 고백은 얼마든지 일치할 수 있다). 마땅히 그래야 하고 또 이 세 기준은 특히 목회와 관련해서 매우 중요하게 다뤄져야 한다. 왜냐면 목회는 하나님의 말씀이 세상에서 현실이 되도록 하는 데 역점을 두기 때문이다. 보편적인 하나님의 말씀은 지역과 사람에 따라 다르게 수용될 수는 있어도, 그 말씀은 성령 충만한 사도들의 전파에 근거하며, 그리고 사도적 전승에 근거한 교회에서 행해지는 일은 말씀을 통해 드러나는 하나님의 뜻을 지향할 수밖에 없다.

• 원형과 타원형

타원은 평면 위의 두 정점, 곧 두 초점으로부터 거리의 합이 일정한 점들의 집합으로 만들어지는 곡선이다. 만일 두 정점의 거리가 일치하면 그때는 원형이다. 원형은 타원형의 특수한 경우다. 모든 행성은 타원궤도로 공전한다. 모든 행성 사이에 인력이 작용할 뿐 아니라 또한 행성이 공전할 때 원심력이 작용하기 때문이다.

• 교회의 두 측면

두 초점을 갖는 타원에 대한 비유는 교회와 그리스도인을 생각할 때 매우 중요한 통찰을 준다. 다시 말해서 이 땅에 임하는 하나님 나라는 언제나 두 초점을 갖는다. 두 초점 중 하나는 지상의 교회이며 다른 하나의 초점은 세상이다. 하나님 나라가 온전히 임하기까지 교회와 세상은 두 초점을 형성하면서 서로에 대해 일정한 거리(관계)를 유지하며 하나님의 다스림과 돌봄을 받는다. 종말에 하나님 나라가 온전한 형태로 임하면 둘 사이의 거리가 일치하여 하나의 초점을 갖는다.

세상에 존재하는 모든 것에는 인력이 작용하듯이, 모든 존재는 서로가 서로에 대해 어느 정도 영향을 주고받는다. 양자 역학으로 인해 모든 존재가 상호 영향을 받는다는 사실은 더욱 분명해졌다. 하나님 이외의 그 무엇도 독립적으로 존재하지 않는다. 창조 후 하나님은 피조물의 영향을 주권적 의지에 따라 받아들이신다. 교회는 세상을 벗어나서 존재하지 않고, 세상 역시 교회 없이는 자기를 제대로 알지 못한다. 보이는 교회가 없을 때라도 성령의 역사에 따라 보이지 않는 교회는 존재한다. 엘리야가 자신만 홀로 남았다며 한탄하고 원망할 때 하나님은 바알 앞에 무릎을 꿇지 않은 70명의 사람을 언급하셨다. 남은 자는 비록 보이지는 않아도 반드시 존재한다. 교회의 보편성을 말하는 것은 바로 이것으로 인해 가능하다. 비록 예수 그리스도에 대한 믿음이 없어도 창조주 여호와 하나님의 다스림을 받는다는 사실은 어디에서나 유효하기 때문이다. 상호 영향으로 인해 모든 것은 하나로 수렴되지 않으며, 설령 하나로 수렴되는 것처럼 보여도 일시적인 현상일 뿐이다. 반대되는 것은 또 다른 초점이 되어 다른 초점에서 일정한 거리를 유지하며 상호 작용한다. 두 초점이 일치하는 때는 마지막 때이며, 그때 하나님 나라는 하나님 중심이 된다.

지상의 교회는 하나님 나라와 동일시할 수 없으며, 세상이라고 해서 하나님 나라와 전혀 무관하진 않다. 지상의 교회는 하나님 나라를 온전히 수용하지도 또 드러내지도 못한다. 교회는 언제나 세상과의 관계에서 긴장과 화해의 과정을 거친다. 이는 본질에서 죄인과 의인의 두 초점을 갖는 그리스도인이 세상과 교회 사이를 진자의 추처럼 왕복하기에 발생한다. 그리스도인은 의인으로 인정받으나 세상에선 여전히 죄인이고, 거룩한 자로 부름을 받았으나 여전히 세속적이다. 그리스도를 믿는다고 해서 죄인이 아니라고 말할 수 없고, 죄를 짓는다고 해서 의인이 아니라고 말할 수도 없다. 의는 예수 그리스도에 대한 우리의 믿음을 보시고 하나님이 은혜로 주시는 선물이다(엡 2:8).

• **하나님 나라의 두 초점**

하나님 나라는 현실에서 언제나 타원형 궤도를 갖는다. 교회와 세상, 의인과 죄인, 하늘과 땅, 일치와 다양성, 보편과 특수, 거룩함과 세속, 사도성과 비사도성, 영과 육, 복음과 율법, 생명과 죽음, 희망과 절망, 믿음과 의심, 영과 문자, 에큐메니즘과 복음주의, 교회 정치와 세상 정치 등 두 초점을 사이에 두고 일정한 거리를 유지하며 나타난다. 이것을 이원론으로 혹은 서로 나뉘어 독립해 있는 현실로 이해해서는 안 될 것이며, 오히려 마지막 때에 온전해지는 하나님 나라를 지향하는 상호관계로 이해해야 한다. 상호관계가 적대적 대립 관계로 바뀌는 건 인간의 탐욕 때문이며 또한 이분법적 사고 때문이다. 그러나 항구적인 대립 관계로 바뀌지 않는 건 하나님의 섭리가 작용하기 때문이다. 예수 그리스도가 하나님께 바친 순종처럼 온전한 순종이 이루어지는 곳에선 비록 일시적이고 부분적이긴 해도 하나님 나라가 현실로 나타난다. 종말에는 교회와 세상을 포함한 대립하는 모든 것의 구분이 사라지며 온 세상이 하나님의 다스림을 받는 하나님 나라가 된다.

> "성안에서 내가 성전을 보지 못하였으니 이는 주 하나님 곧 전능하신 이와 및 어린 양이 그 성전이심이라"(계 21:22)

• 왜 타원궤도를 유지할까

온전한 순종을 통해 드러나는 하나님 나라가 종말이 오기까지 타원궤도를 유지하는 이유는 무엇일까? 이것은 왜 아직도 하나님 나라는 이 땅에 온전히 임하지 않는 것인지를 묻는 것과 전혀 다르지 않다. 하나님의 나라가 임하는 때는 오직 하나님만 아시니 하나님의 섭리에 의지하고 그의 약속을 신뢰하여 기대할 수밖에 없다. 그러함에도 불구하고 생각해볼 수 있는 우선적인 것은 하나님 나라의 타원궤도가 여전히 육체에 매인 인간에게 자유를 허락한다는 사실이다. 만일 그리스도인이 철저하게 거룩함을 지켜야 한다면, 의인은 하나도 없다는 바울의 말에 비추어 볼 때, 감당할 수 있는 사람은 아마 하나도 없을 것이다. 비록 욕망에 매여 하나님의 뜻을 거역함으로 하나님을 근심하게 하지만, 그러함에도 불구하고 하나님은 죄를 용서하시고 관용하신다. 다시 말해서 어느 하나가 배제하지 않고 타원궤도 안에서 두 초점 가운데 하나로 기능하는 건 온 세상의 구원을 위한 하나님의 섭리에 따른 배려다. 세상이 온전한 구원을 만나기까지 하나님은 인간에게 자유를 주셨으며 자유 안에서 하나님을 신뢰하며 살기를 원하신다. 지상의 삶은 구원을 위한 하나님의 은혜와 용서와 사랑을 세상 가운데 드러내는 데 의미가 있다.

• 두 초점의 관계

두 초점은 서로 어떤 관계로 말할 수 있을까? 이중성은 분명 아니다. 두 측면은 하나가 다른 하나를 감추고 자신을 드러내 종종 이중적으로 보인다. 그러나 두 측면은 하나는 결코 아니다. 동시에 서로 다른 모습으로 존재한다. 그렇다고 서로에 대해 독립적이지 않다. 대립적이긴 해도 이원론적인 구조를 갖지 않는다. 두 측면은 겹치기도 하고 분리되기도 한다. 만일 어느 한 편에 있다고 말하면서 다른 면의 모습을 보인다면 이것은 이중적이다. 그리고 어느 한쪽으로 기울어지거나 혹은 한쪽의 영향력이 커 다른 쪽을 압도하는 경우 다른 한쪽이 사라진 듯이 보일 수도 있다. 소위 대세를 이루어 시대정신을 각인한다. 종말이 오기까지 이런 현상은 늘 일시적이다.

두 측면은 이원론적 구조를 갖지 않지만 서로 확연히 구분된다. 그렇다고 하나가 둘로 분열된 것은 아니다. 마땅히 있어야 할 것이 없을 때나 부족할 때 발생한다. 그렇다고 실체가 없는 현상이 아니라 현실이다. 힘이 작용하고 유기적인 관계가 전개되고 이를 통해 어떤 형태든 결과가 일어난다.

그렇다면 두 측면은 서로 어떤 관계일까? 앞서 두 측면의 관계에 관해 변증법적 관계를 언급했다. 서로 긴장 가운데 상관하면서 지향한다고 했다. 예컨대 교회와 세상은 하나님 나라와 관련해서 때로는 서로 긴장하면서 대립하고 때로는 서로를 향해 자신의 사명을 불태운다. 교회는 세상으로 가서 복음이 현실이 되도록 하고, 세상은 오히려 세속의 가치를 교회 안에 침투시켜 교회와 세상의 구분이 사라지도록 한다.

두 측면은 어느 한쪽이 없으면 온전하지 않을 정도로 서로의 존재와 가치를 부각하면서도 서로의 작용을 노골적으로 방해한다. 교회는 세속의 가치가 결실하여 확산하지 않도록 저지하고, 세상은 교회가 세속에서 벗어나 참 교회로 거듭나지 않도록 방해한다. 이런 의미에서 두 측면은 적대적이다. 두 측면은 하나님 나라가 온전히 임할 때 비로소 긴장 관계나 대립 관계를 청산한다. 두 초점의 거리는 좁혀지고 일치되어 하나의 중심점을 갖게 되고, 타원형은 원형으로 바뀐다. 하나님 나라가 온전히 임하기 전까지 두 측면은 드러내고 감추는(혹은 왜곡하고 변질시키는) 모습을 반복한다. 세상에서 사는 동안 누구도 두 측면을 온전히 벗어나 실존할 수 없다.

• 문제해결의 실마리

이런 딜레마에서 문제해결의 실마리는 하나님의 다스림에 있으나, 현실적인 키는 두 측면 사이를 진자의 추처럼 왕복하며 사는 그리스도인에게 달려 있다. 죄인이며 동시에 의인인 그리스도인의 실존 구조에서 비롯하는 두 측면은 그리스도인이 하나님의 뜻을 자기에게 일어나도록 하고 또 자신을 통해 일어나도록 할 때 일시적으로 지양된다. 관건은 교회가 이 땅에 임한 하나님 나라가 건강하게 지속할 수 있도록 책임을 지고 섬기며 관리하는 일이다. 이 일을 위해 하나님은 그리스도인을 부르셨다. 이 일을 가리켜 목회라 한다면, 교회는 그리스도인이 목회적 능력을 갖추어 이 땅에 임한 하나님 나라를 섬기기(책임 있게 관리할 권한을 위임받아) 위해 세워졌다고 볼 수 있다. 이를 통해 세상이 하나님 나라의 실상을 알고 예수 그리스도를 믿고 그 나라 백성의 신분을 받아들이도록 한다.

마지막 때가 오기까지 두 초점은 어느 하나가 다른 하나를 폐기하지 않은 채 타원궤도를 유지하며 다양한 관계 안에서 서로의 실존을 주장한다. 교회가 항상 개혁적이어야 할 이유는 바로 여기에 있다. 교회 개혁에 대한 요구는 외부에서 오기보다는 오히려 교회 내부에서 제기된다. 곧 교회가 하나님 나라를 드러내면서도 세상과의 관계에서 피할 수 없는 상관성을 갖기 때문이다.

신학과 인문학

성경에서 비롯한 목회 비평의 전통을 이어간다고 할 때, 우리가 확인할 수 있는 건 하나님을 믿는 백성과 지도자에 대한 비판이 신학적이었다는 사실이다. 하나님의 뜻과 말씀, 그리고 그분의 통치 방식에 맞지 않는 것에 대해 혹독하게 비판했다. 많은 경우 도덕과 윤리적인 규범과 관련해 있지만, 때로는 인간으로서 이해하기가 쉽지 않은 것도 있었다.

이와 관련해서 우리가 직면하는 질문은 이렇다. 교회의 목회행위를 정당화하는 신학은 무엇인가? 이런 질문을 접할 때마다 솔직히 인정하지 않을 수 없는 사실이 있다. 목회 현실과 신학이 너무 다양하고 복잡해서 사상적 배경을 파악하기 쉽지 않은 것이다. 한 가지 이론만으로는 갖가지 현실을 모두 설명할 수 없다. 상반된 것이 동시에 주장되기까지 하는 현실이다. 세상이 너무 세분해 있다. 주류가 없이 지류로만 가득하다. 어쩌면 이런 까닭에 널리 회자하듯이 신학 없는 목회가 하나의 경향으로 나타나고 또 그것이 많은 교역자에게 받아들여지면서 일상이 되었는지도 모른다. 그러면서도 삶에 아무런 지장을 받지 않고 살아간다는 게 놀라울 뿐이다.

그러나 이것은 다원화된 현실을 고려할 때 지극히 당연한 결과다. 다시 말해서 포스트모더니즘이 지배적인 현대는 과거와 비교할 수 없을 정도로 복잡하고 또 다원화되어 있어 목회행위와 신학을 특정 이론에 근거하여 일관되게 설명하는 일이 불가능하다. 과거엔 거대 담론이 지배하여 하나의 흐름으로 파악할 수 있었다.

사태가 이 정도 되면 새로운 경향이 나타나는데, 어느 정도 단순화시켜 평균치를 웃도는 공통 분모를 찾아 그것을 바탕으로 대략 조망할 수 있는 관점을 얻으려 한다. 현대적인 관점에서 볼 때 그것은 삶(생명)과 지속적인 번영과 윤리이다. 달리 말한다면 인권, 생태계, 경제, 그리고 윤리다. 목회 전체를 규정하고 있지는 않아도 목회는 점점 더 인권 문제와 지속할 수 있는 생태 환경에 중점을 두고 경제 논리를 따르며, 그리고 점점 더 윤리적인 경향을 띠고 있다. 이런 현상들 가운데서도 공통분모를 찾는다면 그것은 '인간'이다. 심리학과 철학과 사회학 그리고 뇌 과학에서 제시하는 인간에 대한 이해는 신학적인 성찰에서 매우 중요하게 여겨지고 있다. 인간다움이 문제의 중심에 있고 또한 인간의 번영과 행복이 지향점의 중심에 있을 때, 사람들은 아무리 신학적 배경이 달라도 대체로 일치하는 경향을 보인다. 목회행위와 신학이 인간다움을 돌보는 일로 전환하고(목회상담과 정치) 또한 인간을 인문학적/신학적으로 이해하려는 방향으로 선회하는 것은 다양성 가운데 공통점을 찾으려는 노력의 결과다. 무엇을 말해도 인간으로 주제가 수렴할 때 관심을 끌게 되고 지지를 얻기 때문이다. 인간이라는 주제에서 벗어난 말은 다양성을 유발하여 동의와 지지를 받기가 쉽지 않다. 신을 말하는 것도 결국 인간을 말할 때 비로소 사람들의 주목을 받는다. 적어도 오늘날에는 그렇다. 현대의 목회 현장에서 그리고 신학에서 인문학이 중요하게 여겨지는 이유이다.

그러므로 필자의 소견으로 오늘날 목회와 신학의 주요 흐름을 말한다면, '인간'과 '인간다움'에 중심을 둔 목회와 신학이라고 말할 수 있다. 인간학적 전환(anthropological turn)이라고 말할 수 있을 정도로 인간이란 주제는 모든 학문 분야에서 대세다. 이것을 부정할 이유는 사실 없다. 목회라는 것이 결국 인간 없이는 가능하지 않기 때문이다. 신학이 원래 하나님을 말하는 일이지만 인간과 아무 상관이 없다면, 그것은 형이상학적인 사변일 뿐이다. 인간의 현실과 문제를 외면한 목회는 공허하고, 인간에 관해 말하지 않는 신학은 사변에 불과하다. 적어도 그렇게 판단된다.

그러나 인간을 궁극적인 목적으로 삼는 일은 결단코 없어야 한다. 인간의 욕망을 자극해 탐욕으로 발전하고 결국엔 인간에 대한 범죄로 이어지기 때문이다. 오직 인간에게만 초점을 두는 목회는 필연적으로 자유주의 신학으로 경도되고 대체로 정치와 결합한다. 과거 19세기 자유주의 신학의 태동이 그러했는데, 이는 사람의 관계와 사람 사는 세상을 개선하기 위해 행하는 분야가 정치이기 때문이다. 목회와 신학이 오직 인간에게만 집중하면, 비록 정치로 변질하지 않아도, 자유주의 신학이나 인간다움을 주제로 삼는 인문학으로 흡수될 가능성이 크다. 현상적으로는 신학적인 비판과 변혁적인 모델을 추구하는 것처럼 보여도 결국에는 정치적인 이해관계에 휘말려 신학적인 정체성이 크게 흔들릴 수밖에 없다. 왜냐하면 인간다움의 문제는 블랙홀처럼 주변의 모든 것들을 흡수할 것이기 때문이다. 신학이 인간에게만 초점을 두는 경우 신학과 인문학과의 경계는 모호해진다. 과거 포이에르바흐(Ludwig Feurerbach)나 불트만(Rudolf Bultmann)에게 볼 수 있었듯이, 경우에 따라선 신학을 인간학으로 환원하려는 대형 사고가 일어난다.

목회는 두 개의 초점을 가진다. 인간과 하나님(의 말씀과 행위)이다. 하나님이 행하시는 일을 위임받은 자가 순종하며 행하는 목회는 기본에서 인간을 상대로 하고 하나님의 영광을 나타내는 것을 목적으로 한다. 그러므로 인간과 하나님 중 어느 하나를 배제해서는 안 되지만 또한 어느 한쪽으로 기울어져서도 안 된다. 목회가 교회와 세상의 관계에서 균형을 잡아야 하듯이 인간과 하나님은 목회에서 두 초점을 형성한다. 만일 우선순위를 말한다면 하나님을 아는 일이겠지만, 인간을 아는 것으로부터 시작한다고 해서 잘못은 아니다. 칼뱅도 『기독교 강요』에서 두 지식 중 어느 것 하나로 시작해도 결국에는 같은 결론에 이른다고 말했다. 하나님을 아는 일로부터 인간을 알 수 있으며, 또한 인간을 아는 일로부터 하나님을 알 수 있다고 했다. 선택은 신학함의 방식에서 나타나는 차이다. 전자는 연역적이고 후자는 귀납적이다. 무엇을 우선으로 선택하든 어느 것 하나에 집중하는 건 바람직하지 않다.

만일 하나님을 초점으로 하는 목회라면, 먼저 하나님이 누구인지를 알도록 하고, 하나님의 속성에 부합한 삶을 살도록 하고 또 하나님의 말씀에 순종하도록 한다. 창조신앙에 따르면 모든 만물은 하나님의 말씀대로 될 때 하나님 보시기에 좋은/아름다운 세상이 되고 동시에 하나님이 원하시는 질서가 세워지기 때문이다. 이 일을 위해 부름을 받고 행하는 목회는 성도가 하나님이 행하시는 일들이 자기에게 일어나도록 하고 또 자신을 통해 이루어지도록 순종하는 일을 돕는 것이다.

교역자는 하나님의 행위와 하나님의 속성이 부름을 받고 헌신하는 성도들을 통해 현실이 되고 또한 이런 현실이 이웃에게 인지되도록 교육하고 훈련한다. 하나님과 인간의 두 초점이 일치하게 되는 중심에는 하나님 나라가 있다. 곧 인간의 목회는 하나님 나라가 온전히 현실이 되는 때에 그리고 그렇게 되는 곳에서 멈춘다.

이에 비해 만일 인간을 초점으로 하는 목회라면, 인간이 누구인지, 무엇을 행하는지, 그것이 하나님 앞에서 어떻게 평가되는지 등을 밝힌다. 또한 성도가 다양한 인간관계에서 하나님을 세상 가운데 나타내도록 돕는 목회를 실천하는 것을 과제로 삼는다. 목회는 비록 세상에서 살지만 단지 인간으로서가 아니라 하나님의 백성으로서 살도록 돕는 일이다.

교회와 세상

여기에 덧붙여 교회의 한 흐름을 형성하고 있는 것으로 비판적으로 보아야 할 건 '교회 이데올로기'다. 교회가 의미의 준거가 되어 교회의 이름으로 행하면 옳고 그름을 묻지도 않고 따르는 모습을 말한다.

시대정신이 국가를 통해 구현된다는 주장이 하나의 신조처럼 여겨진 때가 있었다. 이것이 국가 우선주의로 작용하면서 개인의 자유를 제한하는 근거가 되었고, 국가는 '전체'로 기능하여 모든 현상과 사건을 이해하고 해석하는 일에서 항상 전제되었다. 의미의 준거(criteria)가 되었다. 국가의 이름으로 행하면, 그것이 비록 비도덕적이고 비윤리적이라 해도 전체의 유익을 위해 용인되었다. 애국은 강요되었고, 대의를 명분으로 내세워 행해지는 국가 폭력에 아무런 저항도 하지 못했다. 전체국가 혹은 독재국가의 탄생은 이런 국가 이데올로기를 바탕으로 쉽게 정당화되었고, 그것의 비극적인 결국인 제국주의적 전쟁과 마성적(魔性的) 인권침해는 근대사에서 매우 가슴 아픈 흔적으로 남아 있다.

필자는 국가 이데올로기를 내세웠던 시대의 반기독교적인 모습을 종종 교회에서 발견하곤 소스라치게 놀란다. 교회 중심주의 혹은 교회주의라고 말할 수 있는 현상이다.[62] 이것은 하나님과의 관계에서 교회의 의미를 지나치게 중시하는 태도에서 비롯한다. 예컨대, 교회는 하나님이 계시는 곳으로 여겨지며, 그러므로 하나님과의 관계를 원하는 사람은 반드시 교회로 와야 한다고 주장하고 또 설교한다. 전도 현장에서 보면, 믿음의 대상으로서 하나님이나 예수님은 자주 교회로 치환된다. 이렇게 되면 하나님을 교회에 가두는 결과가 되고 또 하나님을 인간의 욕망이 투영된 이미지로 변형시켜 하나님 신앙과 예수 신앙이 오히려 개인 우상숭배로 전락한다.

그런데 엄밀히 말해서 하나님의 자유를 제한하지 않기 위해선 이렇게 말하는 것이 정당하다. 곧, 하나님이 일하시는 곳에 교회가 세워진다. 하나님의 역사가 일어나는 곳이 거룩한 곳이다.[63]

"교회밖에 구원이 없다"라는 말은 북아프리카 카르타고 출신의 키프리아누스(Thascius Caecilius Cyprianus)가 한 말인데, 이것은 기독교 이단에서 베푼 세례의 유효성을 두고 벌어진 논쟁에서 주장된 것이다. 당시 상황과 무관하게 현재까지 가톨릭에서 중요한 교리로 여겨지고 있다.

교회주의자들은 이것을 오해하여 교회를 통해서만 하나님의 역사를 경험할 수 있다는 말로 이해한다. 혹은 하나님이 교회에서만 계시하고 교회를 통해 세상을 다스리신다고 본다. 종교개혁 전통의 교회에서 쉽게 받아들이기 어려운 주장이지만, 긍정적으로 이해한다면, 키프리아누스의 주장은 예수 그리스도를 부정했던 배

---

62 교회 중심주의에 관한 부분은 주제의 연관성 때문에 『언제까지 가짜 신앙을 포장할 것인가?』 (이화, 2019), 55~58을 재술한 것임.

63 참고로, 성지(聖地)로 알려진 곳에서만 하나님의 역사가 나타나는 것은 아니다. '성지순례'가 개신교 언어에서 부적합한 까닭은 '성지'라는 말이 마치 하나님의 살아있는 행위를 과거의 행위에 제한하려는 시도로 오해될 수 있기 때문이다. 개신교인에게 거룩한 곳은 하나님의 행위가 일어나는 곳이다. 과거의 장소는 단지 하나님의 행위를 기억하고 되새기면서 오늘의 삶을 위한 거울로서의 의미만을 가질 뿐이다. 기독교 신앙에서 중요한 것은 삶에서 재현하는 것이지, 과거에 대한 회상이 아니다. 회상도 의미가 있지만, 그것에 지나치게 집착하는 태도는 바람직하지 않다. 소위 성지순례는 비신학적인 개념이며 다만 여행상품에 불과하다.

교자 집단을 염두에 두고 있었던 만큼 하나님의 구원하시는 행위가 일어나는 곳이 교회임을 전제한다. 다시 말해서 하나님의 구원을 인정하지 않는 곳은 구원이 없다는 말로 이해되어야 한다. 그러므로 예수 그리스도의 구속 사역(죽음과 부활과 승천)과 성령의 사역을 자신에게 일어나지 않게 하는 자에겐 구원이 없다. 아무리 몇십 년을 신앙생활 했다고 해도 자신에게 예수 그리스도의 사역(하나님의 다스림과 돌봄을 의미)이 일어나지 않게 하는 한 그 사람에게는 하나님의 구원이 일어나지 않는다. 하나님이 죄인을 용서하시는 사건인 예수 그리스도의 십자가 사역이 일어나지 않는 교회에는 구원이 없다.

교회주의자들은 모든 문제를 교회 안으로 수렴하려고 한다. 교회만이 문제를 해결할 수 있다고 믿기 때문이다. 사회적인 이슈에 담을 쌓는 일이 다반사이지만, 때로는 뜨거운 감자로 여겨지는 사회 문제들조차도 교회 중심적인 관점에서 판단하려고 한다. 교회가 세상을 판단해야 하고 또 마땅히 그래야 하는 존재로 여기기 때문이다.

교회주의자들은 교회를 구원의 방주로 간주한다. 무형의 교회를 말한다면 옳지만, 유형의 교회를 가리켜 그리 말한다면 심각한 오해다. 교회는 구원의 방주가 아니다. 교회에 속해 있다고 해서 모두 구원을 받는 것은 아니지만, 교회가 구원받은 사람만이 머무는 곳도 결코 아니기 때문이다.

교회는 하나님의 사역이 일어나는 곳이다. 하나님 나라의 모형이 아니라 하나님 나라가 어떻게 현실이 되는지 그 과정을 보여주는 모형이다. 하나님의 사역은 죄인과 의인 모두에게 일어난다. 예수 그리스도를 영접하고 그의 십자가 사역을 자신에게 일어나도록 하는 사람이 성도라면, 그런 성도가 곧 교회다. 물론 개인으로서 성도가 아니라 유기적 공동체의 일원으로서 성도를 말한다. 사도 바울이 말한 성도가 곧 교회라는 말은 이런 의미에서 이해되어야 한다. 공동체와 분리된 개인을 교회로 보는 건 오해다. 예수 그리스도의 피로 거룩함을 입은 사람들의 모임에 속한 사람이 성도이며, 이런 의미의 성도는 교회다.

교회주의자는 교회만이 계시의 통로라고 생각한다. 교회를 우선으로 생각하는 가운데 기독교 신앙을 교회 중심주의로 환원하려 한다. 국가 이데올로기에 기초해서 국가를 우선으로 생각했던 것과 크게 다르지 않다. 교회를 위한 것이라면 부도덕하고 비윤리적인 행위도 불사한다. 개교회 중심주의의 부정적인 현상 가운데 하나는 자기 교회가 가장 좋다고 생각하고, 자기 교회의 이익을 위해서라면 어떠한 불법도 용인하는 것이다. 평소에는 조용하고 얌전했던 성도들이 교회 문제와 관련해서, 특히 타 교회와의 갈등에서 투사로 탈바꿈하는 것은 전형적인 개교회 중심적인 신앙에서 비롯하는 태도다. 이것은 하나님의 사역이 일어나는 곳을 교회로 보지 않는 태도에서 비롯한다. 진정한 교회라면 교회 자체보다는 하나님의 정의와 사랑이 우선되어야 한다.

　　교회주의자는 결국 교권주의로 귀결한다. 프롤레타리아 독재를 주장했던 공산주의자나, 전체주의자, 혹은 독재국가의 공통점은 개인 우상화가 이뤄진다는 사실이다. 결국엔 권력이 개인에게 집중되고, 개인이 국가를 대변한다. 개인과 국가가 더는 구분이 되지 않는다. 국가를 가장한 개인이 활개를 치며 온갖 부조리한 일들을 자행하면서도 결국에는 국가라는 이름으로 은폐된다. 마찬가지로 교회주의의 결국은 교역자 중심주의로의 변질이다. 교회주의가 득세하고 있는 교회는 예외 없이 교역자 중심으로 운영된다. 온갖 종류의 비리에 대해 전혀 회개하지 않았음에도 담임목사라는 이유로 여전히 보호받는다. 교회라는 조직을 유지하기 위함이다. 이렇게 되면 교인은 겉으로는 협력자요 동역자로 불리지만, 실상은 교역자의 야망을 뒷받침하는 배경에 불과하다. 교회의 이름으로 행해지기에 사역에 동참하는 교인은 하나님의 동역자로 불리지만, 사실은 교역자의 수족에 불과하다.

　　교회주의는 그 현상이 국가주의와 다르지 않고, 그 결과도 비슷한 모습을 보이기 때문에 교회 이데올로기로 작용한다. 교회 세습은 교회주의의 폐단 중 하나다. 미래의 한국교회가 개혁해야 할 것들 가운데 가장 우선적인 대상이다.

그렇다면 교회주의의 대안은 무엇일까? 이머징 처치(emerging church)의 형태로 많은 대안이 쏟아지고 있다. 그러나 필자는 말씀에 따라 모이고, 말씀의 은혜를 서로 나누며, 그리고 말씀을 삶으로 살아내면서 복음을 전하기 위해 흩어지는 공동체라고 생각한다. 선교적 교회를 가리킨다. 하나님의 말씀이 우선이 되고, 하나님이 하신 말씀이 현실이 되도록 노력하는 곳에 교회주의는 결코 발을 들여놓지 못한다. 교회주의는 하나님의 말씀 이외의 것이 더 중시될 때 나타나는 현상이다. 말씀이 현실이 되는 일보다 성도의 수를 더 중시할 때, 말씀에 의한 신앙의 성숙보다 교회 이름으로 행하는 일들을 더 중시할 때, 말씀이 주는 약속의 능력보다 사람들이 할 수 있는 능력에 더 큰 비중을 둘 때, 성령의 능력보다 자본이나 권력의 힘에 더 의지할 때 여지없이 모습을 드러낸다. 삶으로서의 예배보다 교회의 예배만을 중시할 때도 그렇다. 교회주의를 극복하기 위한 최선의 길은 열린 마음을 갖고 오직 복음으로, 오직 예수 그리스도에게, 오직 하나님에게 돌아가는 것이다.

하나님 나라는 교회만이 아니라 세상에서도 임한다. 교회는 하나님 나라가 어떻게 현실이 되는지 그 과정을 보여주는 모형이다. 하나님의 뜻이 현실이 되는 곳은 어디든지 하나님 나라가 임한다. 교회와 세상은 하나님을 예배하는 방식에서 차이가 있을 뿐, 성도가 하나님의 다스림과 돌봄을 인정하고 나타내야 할 곳이라는 점에서는 큰 차이가 없다. 그리스도인은 교회에서는 예전을 통해 예배하고, 삼위 하나님이 동행하시는 세상에서는 말씀을 현실로 옮기는 노력을 통해 곧 복음을 살아냄으로써 예배한다.[64] 이런 의미에서 교회와 세상은 이 땅에 임하는 하나님 나라를 식별하는 두 초점이다. 교회주의만으로도 부족하고 세속주의만으로도 부족하다. 교회와 세상이 두 초점으로 작용할 때 교회주의도 극복하고 세속주의도 극복한다. 교회와 세상이라는 두 초점이 일치할 때, 그리고 그렇게 되는 곳에는

---

64 예전을 통한 교회 예배와 성품을 통한 삶으로서의 예배에 관해서는 다음을 참고: 최성수, 『언제까지 가짜 신앙을 포장할 것인가?』, 위의 같은 책.

영과 진리로 하나님을 예배하는 일이 일어나며 하나님 나라가 현실이 된다.

Text와 Context

목회는 무엇보다 하나님의 목회에 관한 내용을 담고 있는 텍스트인 성경을 기반으로 하며 또 성경이 말하는 목회 원리에 따라 성경을 사람들에게 교육하고 또 몸에 익히도록 훈련해 삶에서 실천하도록 돕는 일이다. 그러나 사람들이 살아가고 있는 환경과 상황을 무시하고 성경만을 전하는 것은 바람직하지 않다. 성경을 알고 또 그 말씀대로 사는 일이 중요하지만, 삶의 환경과 상황을 간과하면 성경 이해와 삶의 실천에서 현실감각이 떨어질 뿐만 아니라 세상에서 그리스도인으로서 살도록 돕는 일에도 턱없이 부족해진다. 현실에 잘 적응할 수 있고 또 최소한 세상의 물결에 휩쓸리지 않을 수는 있어도 현실을 변혁하는 힘을 얻기에는 부족하다. 결과적으로 교회 안에만 머물거나 그리스도인과만 교제하는 그리스도인을 양성할 뿐이다.

반대로 삶의 환경과 상황에 매여 성경을 교육하고 또 말씀에 따라 사는 훈련을 소홀히 하면 비록 세상 교육을 통해 교양 있고 깨어 있는 사람이 될 수는 있어도 그리스도인으로서 정체성이 흔들릴 수 있다. 무엇보다 그리스도인으로서 삶을 가능케 하는 성령에 의지하기보다는 자신의 신념과 철학 혹은 시대정신의 흐름에 따르는 삶을 선호하게 된다. 굳이 교회 예전을 통한 예배에 참여하지 않아도 하나님의 자녀로서 살 수 있다는 생각도 서슴지 않는다. 살아계신 하나님 앞에서 살기보다 사회적인 가치를 실현하는 데에 더 큰 의미를 둔다. 아니 그것을 하나님 앞에서의 삶으로 여긴다. 이렇게 되면 교회 예배는 단지 의식(형식)으로 전락한다. 의미가 없진 않아도 부차적일 뿐이다. 나중에는 교회 예배 자체가 무의미하게 여겨지고, 자신이 왜 그리스도인으로 머물러 있는지, 그 이유와 목적을 상실한다.

하나님 나라를 책임 있게 관리하는 목회는 교회 예배와 삶으로서 예배 모두를 겨냥한다. 두 예배가 원활하게 이루어지기 위해선 한편으로는 예배에 관해 교육하고 또 성경을 교육하고 말씀을 실천하는 능력을 갖추도록 훈련하는 것이 중요하다. 그러나 다른 한편으로는 교육과 훈련에서 성도와 교회가 처한 환경과 상황도 충분히 고려해야 한다. 이에 반해 성도의 말과 행위를 이해하는 일에서 지나치게 환경과 상황에만 매이는 것 역시 문제다. 삶의 상황과 환경은 반드시 하나님을 예배하는 일과 관련해서 그리고 하나님의 말씀과의 관계에서 고려해야 한다.

텍스트와 컨텍스트라는 두 초점이 일치하는 곳에는 하나님의 이야기와 나의 이야기, 과거와 현재, 예수 그리스도의 이야기와 교회 이야기가 하나가 된다. 성경대로 순종하는 일이 일어난다. 성도가 참으로 순종할 때 하나님 나라는 현실이 된다.

나와 우리

목회에서 나와 우리의 관계는 상호적이며 역동적이고 결코 어느 한쪽으로 기울어져서는 안 된다. 목회는 나와 우리, 개인주의와 공동체주의, 자기 중심주의와 타자 중심주의 사이를 움직인다. 예컨대 목회에서 나는 우리를 위해 사라지지 않는다. 그래서도 안 된다. 희생은 나를 전제하지 않고는 불가능하다. 십자가를 진다고 해서 내가 사라지는 건 아니다. 내 안의 그리스도가 살아있게 한다는 말이고 또 이 말은 그리스도를 우선의 위치에 놓는다는 의미이지 내가 사라진다는 말은 아니다. 만일 그럴 수 있다고 믿는다면 목회는, 한편으로는 대개 위선으로 전락하고 다른 한편으로는 착지할 곳을 마련하지도 않은 채 공중에 부양해 있는 상태와 같다. 불안정하다.

바울은 성도 개인을 두고 교회라 말한다. 이런 의미에서 모든 성도는 스스로 하나님 앞에 서야 한다. 앞서 말했듯이, 성도를 교회로 말한다고 해서 공동체 없는 개인을 염두에 둔 표현은 아니다. 공동체와의 관계를 유지하면서 삶의 현장에서 홀로 있는(아니 하나님이 함께 계시는) 성도를 교회라 말한 것이다. 개인의 신앙 인격은 공동체 안에서 형성되고 또 그렇게 되도록 해야 한다.

덴마크 철학자 키르케고르의 지론에 따르면, 인간은 하나님 앞에서 단독자다.

단독자로서 자신을 인식할 때 비로소 주체성을 회복한다. 공동체와 자신을 동일시해서도 안 되지만, 공동체에 숨어 지내서도 안 된다. 성도는 하나님 앞에서 독립된 개체로 설 수 있어야 하며 자신의 선택과 행위에 책임을 질 수 있는 성숙한 신앙 인격이 필요하다. 그렇다고 해서 공동체로부터 분리되어야 하는 건 아니다. 공동체를 거부하는 개인이 신앙을 가졌다고 해서 그것을 두고 교회라고 말할 수는 없다. 신앙 훈련과 성숙은 공동체 안에서 이루어진다. 하나님 나라는 공동체를 구성하며 개인을 공동체 안으로 불러들인다.

이머징 처치와 관련해서 소비자 지향의 목회가 유행인데, 그동안 교역자 중심의 교회를 지양하는 의미에서 신선하고 충격적인 느낌을 주는 건 사실이지만, 엄밀히 말해서 이것은 자본주의가 교회를 오염시켜 놓은 것 가운데 하나다. 개인의 욕망을 극대화한 결과라는 점에서 그렇다. 회개 없는 설교자와 회개를 외치지 않는 설교 그리고 간소화된 예배를 낳는 주범이다. 이에 비해 공동체 혹은 타자 중심적인 목회는 인간의 이타적인 본성에 따른 것이지만, 그렇다고 공동체 혹은 타자의 요구 뒤에 나를 숨겨놓는 건 옳지 않다. 교역자의 신학적 판단에 따른 목회가 아니라 시대의 흐름에 끌려가는 목회가 되기 때문이다. 교역자의 자아정체성(self-identity) 없는 목회는 공허할 뿐이며, 심하면 자기 자신과 가족에게 심각한 문제가 된다.

그렇다고 해서 목회가 나를 위해 우리를 소비하는 것도 아니다. 이기적이고 독선적인 목회는 나를 위해 우리를 사용한다. 소위 자기 소명과 꿈의 실현을 위해 공동체가 탈진하여 쓰러질 때까지 공동체에 헌신을 요구한다. 공동체가 나를 위해 존재하고 교역자의 꿈과 소명을 위한 도구로만 여겨질 때, 심지어 이것을 당연시하는 목회는 퇴행의 과정에서 매우 심각한 상태에 있다. 하루속히 극복하든가, 만일 그럴 의지가 없다면, 이런 목회는 마치 미친 버스 운전기사가 운전하는 버스가 빠른 속도로 달리는 것과 같기에 강제적으로라도 멈추어야 한다.

목회는 나와 우리의 두 초점을 두고 순환하는 타원형을 이루어야 한다. 어느 한쪽으로 치우쳐서는 안 되며, 어느 하나를 위해 다른 하나를 포기하면 안 된다. 기울어짐이 일시적인 현상일 수 있지만, 어느 단계에서든 나와 우리 사이의 간격은 항상성을 유지하여야 하며 통제할 수 있어야 한다. 나와 우리라는 두 초점이 일치하는 중심에는 예수 그리스도가 있다. 두 초점이 일치하는 순간에 나와 우리는 그리스도 안에서 발견된다.

이 밖에 여성과 남성 역시 교회 사역에서 두 초점을 형성한다. 목회는 그동안 남성 우위적인 구조에서 벗어나 여성의 목회적 능력을 인정해야 한다.

이처럼 다양한 영역에서 형성되는 두 초점을 염두에 두어야 하는 목회 현실에서 목회 비평의 과제는 무엇일까? 먼저 목회 비평의 과제를 말하기 전에 지금까지 살펴본 두 초점의 목회와 관련해서 목회를 재정의하여 보자. 목회란 무엇인가?

7. 목회의 재정의

목회의 목표는 온전한 예배

• 하나님의 목회, 인간의 목회

앞에서 하나님의 목회에 관해 말한 부분을 간단하게 소환해보자. 목회를 이 땅에서 하나님의 뜻을 세우고 또 그 뜻을 이루기 위해 부르심을 받아 순종하여 직분을 수행하는 인간의 행위로 이해한다면, 목회의 시작은 인간이 아니라 삼위일체 하나님에게서 비롯한다. 구속의 역사는 삼위 하나님의 경륜적 목회를 기술한다. 이것을 '하나님의 선교'에 빗대어 '하나님의 목회'(ministerium Dei)라고 말해도 무방할 것이다. 사실 '하나님의 선교'의 내용을 들여다보면[65] 그것은 선교에 초점을 둔 목회임을 알 수 있다.

---

65   다음을 참고: 정성한, "하나님의 선교(Missio Dei) 개념의 기원과 형성에 관한 연구", 「신학과 목회」(23), 2005, 153~80.

하나님은 창조 전부터 땅 위에 당신의 뜻을 이루시기 위해 계획하시고 또 예정하셨으며, 창조와 더불어 피조물을 섭리에 따라 다스리셨다. 구체적으로 말하면, 희열의 동산인 에덴동산을 만드시어 그곳에서 인간이 영생을 누리며 기쁨으로 살게 하시고 또 동산 관리를 위임하셨다. 그들이 하나님의 다스림을 거부하고 인간의 주권으로 살려는 의지를 보이면서 죄를 범했을 때, 하나님은 그들을 동산에서 쫓아내었고, 그 후 사사와 제사장과 왕과 선지자를 통해 당신의 백성을 양육하셨다. 당신의 말씀을 듣고 순종하게 하셨고, 속죄를 위해 제사하도록 하셨다. 하나님이 행하시는 일들이 자기들에게 일어나게 하고, 또 자기들을 통해 이루어지도록 하셨다. 모든 일을 은혜와 사랑으로 하셨으나, 때때로 징계하시고 심하면 약속의 땅에서 쫓아내셨다. 무엇을 행하시든 동기는 사랑이고, 목표는 세상의 구원 곧 하나님 나라의 삶이다.

앞서 언급한 목회 이해에 따르면 이것을 '하나님의 목회'라 말할 수 있다. 예수 그리스도는 이것을 분명하게 나타내었다. 따라서 인간의 목회는 무엇보다 먼저 하나님의 목회가 자신에게 일어나게 하는 것으로 시작한다. 하나님의 목회를 알지 못하고 또 그것이 먼저 자신에게 일어나도록 하지 않은 인간의 목회는 진실하지도 않고 또 선할 수도 없다. 하나님의 뜻이 현실이 되게 하는 데에 관심을 두지 않으니 아름답지도 않다. 목회를 올바로 수행하기 위해선 하나님의 목회를 그 목적과 내용과 관련해서 숙지하는 것은 물론이고 하나님의 목회가 자기에게 일어나는 것을 직접 경험하고 또 자기를 통해 일어나도록 순종할 수 있어야 한다.

하나님이 세상을 창조하시면서 궁극적으로 나타내려 한 것은 여호와가 세상의 주권자라는 사실이며, 또한 세상이 생명을 얻되 풍성하게 얻어 하나님을 경외하면서 사랑과 기쁨 가운데 사는 것이다. 그리고 모든 피조물이 하나님의 백성으로서 하나님을 참 하나님으로 인정하길 원하셨다. 곧 세상 모든 일에서 예배와 경배를 받길 원하셨다. 달리 말해서 하나님은, 특별히 인간이 인간을 사랑하고 기쁘게 하며 서로를 돕고 살고 또한 하나님을 참 하나님으로 인정하고 영과 진리로 예배하게 하셨다. 이를 위해 하나님은 땅 위에 동산을 세우시고 관리하게 하셨고, 범죄와 더불어 타락한 후에는 성전을 세우시고 그 안에 거하시어 인간으로 성전을 관리하며 하나님을 예배하게 하셨다. 하나님은 말씀하셨고, 자기 백성이 순종하길 원하셨다. 이 일에서 하나님은 "성령으로 말미암아" 인간에게 목회를 부탁하셨고 또 권한을 위임하셨는데, 그것은 "아름다운 것"이다(딤후 1:14). 따라서 인간의 목회는 예수 그리스도를 통해 계시한 하나님의 위임, 곧 성령을 통한 하나님의 위임으로 시작한다. 위임 자체가 '하나님의 목회'의 일환이다. 관건은 '위임'을 제대로 이해하는 것이며, 그 위임에 따라 순종하는 것이 목회다. 하나님의 목회는 삼위일체 하나님의 경륜에 따라 세상을 대상으로, 세상을 위해, 그리고 세상을 통해 일어나고 종말론적인 지평을 갖는다. 그 이유는 하나님의 뜻이 온전히 세워지는 때는 종말이기 때문이다.

한편, 교회는 하나님이 거하시는 "성전" 혹은 "하나님의 집"(딤전 3:15) 혹은 "하나님의 교회"(딤전 3:15)로 불리며, 흔히 신학적으로는 하나님이 당신의 자녀들과 함께 거하시는 곳이며 또 하나님의 자녀들이 서로 연합하는 곳이란 의미에서 '하나님의 가족'이라고도 불린다. 하나님 나라와 관련해서 말한다면, 교회는 하늘에서 이미 이루어진 하나님 나라를 땅에 있는 사람들이 알아볼 수 있도록 나타내는 모형이다. 그뿐 아니라 이 땅에 임한 하나님 나라가 어떻게 모습을 드러내어 현실이 되는지를 보여주는 곳이기도 하다. 하나님의 목회를 위임받은 사람의 순종을 통해 가시화하는 목회의 현장이다.

• 목회의 목표는 예배

"찬송하리로다 하나님 곧 우리 주 예수 그리스도의 아버지께서 그리스도 안에서 하늘에 속한 모든 신령한 복을 우리에게 주시되 곧 창세 전에 그리스도 안에서 우리를 택하사 우리로 사랑 안에서 그 앞에 거룩하고 흠이 없게 하시려고 그 기쁘신 뜻대로 우리를 예정하사 예수 그리스도로 말미암아 자기의 아들들이 되게 하셨으니 이는 그가 사랑하시는 자 안에서 우리에게 거저 주시는 바 그의 은혜의 영광을 찬송하게 하려는 것이라."(엡 1:3~5)

불신자가 기독교 혹은 교회와 관련해서 제일 먼저 접하는 현실은 교회 공간이다. 경우에 따라선 그리스도인과의 만남일 수 있다. 건물 안으로 들어가든 그리스도인을 만나든 불신자가 교회 공간 안으로 들어가거나 그리스도를 주님으로 고백하는 사람을 인격적으로 만나기까지는 긴 시간이 소요된다. 그리고 그 혹은 그녀가 용기를 내어 교회 안으로 들어가 다른 사람이나 다른 단체에서 경험할 수 없는 것 혹은 교회에서 그리고 그리스도인과의 만남에서 처음으로 겪는 낯선 현실은 예배다. 송영과 예배에로의 부름으로부터 시작해서 축도와 송영으로 마치는 일련의 순서(예전)에 따라 진행하는 예배를 참관하면서 그들은 평소에는 경험하지 못한 일 혹은 매스컴을 통해 간접적으로 접한 이미지의 실체를 직접 경험한다.

이처럼 불신자가 기독교 신앙 현상을 처음으로 경험하는 일은 예배를 참관하는 것(하나님을 알지 못하는 한 예배하는 것이 아니다!)으로 시작한다. 목회는 불신자가 신자가 되고 또 신자로서 참으로 온전히 예배하는 자가 되도록 돕는다. 이렇게 보면 예배를 이해하게 하는 일은 기독교 신앙뿐만 아니라 선교를 위해서도 매우 중요하다. 예배를 바르게 이해하고 또 바르게 예배하는 건 신앙 성숙이나 선교의 결실과 비례 관계에 있다. 신자는 일반적으로 예배에서 하나님을 배우고 경험하며, 예배를 통해 하나님 앞에서 살아가는 방법을 배운다. 그러니 목회자가 예배를 방해하는 요인이 돌출하지 않도록 각별한 신경을 써서 준비하는 건 당연하다. 예전은 물론이고 종교개혁 전통의 교회에서 설교는 특히 중요하다.

기독교는 예배하는 날인 일요일을 -이날에 예수께서 부활하셨기에- 특별하게 여겨 주의 날(主日 Lord's Day)이라 부르고, 이날에 함께 모여 종말론적 공동체의 정체성을 재확인하며, 그리고 교회와 세상에 대한 하나님의 다스림을 인정하는 의미를 담고 있는 예전을 통해 예배한다. 비록 현실에서는 이미지와 다르게 경험되어도 기독교의 정체성은 적어도 예배를 통해 인지된다. 디아스포라 유대인에게 하나님의 백성으로서 정체성을 나타내기 위해 안식일이 중요했다면, 그리스도인에게는 예배가 그 위치를 차지한다. 안식일 없는 유대인을 생각할 수 없듯이, 예배(성례를 포함한) 없는 그리스도인을 생각하는 건 쉽지 않다. 교회에 가는 기본적인 이유는 예배하기 위함이고, 그리스도인은 예배하는 자로서 정체성을 갖는다. 그리스도인 정체성을 스스로 인정하면서도 교회에 나가지 않는 소위 '가나안 성도'는 '삶을 통한 예배'를 강조한다는 점에서 예배와 전혀 무관한 삶을 사는 건 아니다.

여러 교회와 선교 기관이 코로나 19 팬데믹 와중에도 예배를 고집하여 방역 당국과 마찰을 빚고 또 사람들의 비난을 초래한 배경에는 예배를 그리스도인의 정체성을 규정하는 요소로 인지하는 신념이 있다. 그러나 예전을 통한 예배만을 예배로 보는 건 잘못된 믿음과 신학에서 비롯한다.

그런데 사실 기독교가 교회 예배에 특별한 의미를 두는 건 그것이 인간이 존재하는 목적이고 또 예수 그리스도의 오심으로 이 땅에 하나님 나라가 임했다고 믿기 때문이다. 여기에 전 인격적으로 합당하게 반응하는 삶이 예배이다. 그 현상적인 나타남은 개인의 중생을 통해 이루어지는 데 비해, 보이지 않는 하나님 나라가 구체적인 현실을 얻는 건 예배를 통해서다. 달리 말해서 예배에 특별한 의미를 두는 이유는 하나님의 피조물로서 인간의 존재 목적이 예배이고(사 43:21, "이 백성은 내가 나를 위하여 지었나니 나를 찬송하게 하려 함이니라") 또한 복음 때문이다. 복음은 이 땅에 예수 그리스도가 다스리는 하나님 나라가 임했다는 소식이며, 이 땅의 사람들이 중생하면 다른 어떤 것에 의해서 지배받지 않고 오직 천지의 창조주이신 하나님의 아들인 예수 그리스도의 다스림을 받는다는 소식이다. 이는 전제 군주의 통치가 아니라 하나님과의 교제를 말한다. 예배는 영광의 자리로 초대받아 하나님과 교제하는 일이다. 이 소식으로 인해 그리스도를 믿고 받아들인 사람은 기쁨의 찬양과 감사 그리고 경외의 마음으로 예전을 매개로 그리고 삶을 통해 하나님과 교제하며 하나님께 영광을 돌리고 또 하나님의 영광을 누린다.

복음으로 인해 예배(감사와 찬양과 기도와 교제)는 교회 안팎에서 계속 반복할 뿐 아니라 영원히 계속해야 할 신앙 행위로 자리를 굳힌다. 예배는 하나님의 은혜와 다스림이 현실로 나타난 현장이며, 하나님의 은혜와 다스림을 받는 사람이 영광의 하나님에게 구체적으로(찬양과 감사로) 반응하는 삶이다. 이 예배에서 성도는 하나님과 사귐의 은혜를 누린다. 불신자는 회심한 후 하나님을 예배하는 자가 될 때 곧 하나님의 은혜에 반응하는 자가 될 때, 비로소 성도로서 정체성을 갖는다.

따라서 복음에 따른 신앙을 실증적으로 설명하고 또 그것의 신학적인 근거를 적합하게 논증하는 과제를 갖는 기독교 신학은 예배 이해로 시작하는 것이 바람직하다.[66] 사실 신학의 삶의 자리(Leben im Sitz)는 예배이다. 물론 여기서 말하는 예배는 예전을 통한 것과 삶을 통한 것을 포함한다.

예배가 무엇인지, 예배에서 어떤 일이 일어나는지, 예배에서 거행되는 세례와 성찬은 어떤 의미인지, 각각의 예배 순서(예전)는 무엇을 의미하는지, 예배는 무엇에 근거하고 있는지, 예배하는 자는 누구이고 또 예배하는 대상은 누구인지, 왜 예배하는지, 예배는 어떤 기대 지평을 갖는지, 예배 후에 기대되는 삶은 무엇인지, 이웃과 세상은 예배와 어떤 관계가 있는지 등을 학문적으로 설명하는 일을 신학이라 한다면, 이 일을 방법적으로 실천하는 일을 가리켜 목회라 한다. 예배를 실천하는 일이 목회인 만큼 목회의 핵심은 성도의 필요에 부응하기보다 그들이 하나님을 바로 알고 또 하나님의 영광에 합당하게 예배하는 자가 되도록 돕는 것이다.

곧 공동체가 공동체를 세우고 또 공동체의 본질을 회복하기 위해 행하는 일로서 목회는 불신자가 교회에 와서 예배에 참여하고 회심하여 예수 그리스도를 믿고 세례를 받아 공동체의 일원이 되어 예전과 삶을 통해 하나님을 온전하게 예배하는 것을 목표로 삼는다. 여기에 더해 목회는 예배가 인간의 욕망 때문에 방해받지 않게 하고, 하나님이 아닌 다른 것을 섬김으로써 잘못된 예배가 되지 않게 하며, 적극적으로 영과 진리로 예배할 수 있게 한다. 특히 종말론적 관점에서 목회가 지향하는 가장 중요한 일은 하나님이 오실 때 스스로 당신의 백성으로 알아볼 수 있는 사

---

66 기독교 신학의 매트릭스가 예배임을 주장하는 다음의 글을 참고: Geoffrey Wainwright, *Doxology: The Praise of God in Worship, Doctrine, and Life. A Systematic Theology*, New York: Oxford University Press, 1980.

람이 되는 것이며 또 교인을 그런 사람으로 양육하는 것이다. 먼저는 교역자 자신이며, 그다음은 교인, 그리고 마지막은 세상이다. 하나님이 오실 때 우리는 하나님의 백성에 의해 환영받을 뿐만 아니라, 또한 하나님이 자기 백성으로 인정하는 그런 사람이어야 한다. 이를 위해 인간의 목회가 존재한다.

올바르게 예배하며 하나님과 사귐을 갖고 마지막 날 하나님에 의해 인정받기를 목표로 하는 목회가 반드시 갖추어야 할 5대 요소는 하나님의 목회에 관한 지식과 경험, 하나님의 말씀, 교회와 세상, 교인, 그리고 목회자다.

목회는 먼저 하나님의 목회를 알고 경험한 사람이 할 수 있다. 따라서 하나님의 목회를 체계적으로 설명하는 신학적 지식은 필수적이며 지식을 실천에 옮기는 일에 열정을 가질 정도로 하나님의 목회에 대한 경험이 필요하다.

둘째, 목회는 하나님의 말씀에 따르고 또 말씀을 전하는 사역이다. 말씀에 근거하지 않고 또 말씀을 현실로 옮기려 하지 않는 목회는 아무리 겉으로 보아 칭찬받을 만해도 참 교회가 아니다. 오히려 참 교회를 지향하는 목회를 방해할 뿐이기에 속히 무너져야 한다.

셋째, 성령의 감동과 인도함을 받아 하나님의 목회를 경험한 후에 목회를 위임받은 사람에 의해 교회에서 행해지는 사역이다. 그러므로 교회는 하나님의 목회와 그의 나라를 투명하게 비추는 곳이다. 이와 더불어 세상은 교회를 포함하면서도 교회 밖의 영역이다. 세상은 교회가 빛과 소금으로 살아갈 현실이며, 그리고 그리스도인이 복음을 전하는 자로서 교회 밖 삶이 영위되는 공간이다.

넷째, 목회는 교인을 하나님 앞으로 인도하여 하나님에 의해 인정받도록 거룩하게 양육하는 일이다. 목회는 교인을 대상으로(to them) 행하는 일이기보다는 주께서 사랑하시는 교인을 위하여(for them) 곧 그들의 믿음의 진보를 위하여 행하는 일이다. 겉보기에는 전치사 하나 차이일 뿐이지만 그것이 함의하는 차이는 엄청나다. 그리고 끝으로 이 일을 행하는 주체는 하나님의 목회를 위임받은 목회자다. 목회자는 교역자와 직분을 가진 교인을 모두 포함한다. 다만 직분에서 다를 뿐이고 또 안수받은 목회자에게만 특별히 위임된 일이 있을 뿐이다.

정리하여 말하면 이렇다. 목회는 하나님의 목회를 위임받아 행하는 일이며, 성도를 교육하고 훈련하여 하나님의 말씀이 교회와 세상에서 현실이 되도록 하고 또 다른 성도가 그렇게 하도록 돕는 일이다.

• 성도=교역자와 교인=목회자

현실에서 목회자는 주로 목사와 전도사를 가리킨다. 교인과 구별하여 교역자로도 불린다. 그러나 목회자를 하나님의 목회를 실천하는 주체로 이해한다면, 목회의 주체는 목사와 전도사 곧 교역자만이 아니다. 대표적인 이유는 목회가 성령의 도움을 받는 교회 전체 구성원의 협력하에 이뤄지는 일이기 때문이다. 비록 전문적인 신학교육을 받고 소정의 수련 과정을 거쳐 안수받은 사람에게만 허락될 사역과 권한이 있고, 또 그들이 바르게 또 효율적으로 목회할 가능성이 크지만, 그렇다고 그들의 목회가 언제나 옳은 건 아니다. 게다가 엄밀히 말해서 목회가 그들에게만 주어진 특권은 아니다. 세례를 받고 성령의 은사에 따라 부르심을 받고 직분에 임명된 사람은 -이는 대개 교역자에 의한 부탁에 따라(딤후 2:2) 혹은 은사에 따른 직분 임명(딤후 2:20)으로 나타난다- 누구든지 순종함으로 목회에 참여한다. 이것을 토마스 C. 오덴은 교역자가 수행하는 "안수 목회"와 구별하여 "평신도에 의한 일반적인 목회"[67] 혹은 "은사 목회"[68]라고 말했다. 그가 안수받은 목회자에 관해 말한 내용을 보면, 목회는 성령의 은사에 따라 각각 부름을 받은 대로 순종하는 공동체의 일이지 교역자 개인의 사안이 결코 아님을 알 수 있다.

---

67 Thomas C. Oden, *Pastoral Theology*, 이기춘 옮김, 『목회신학』 (한국신학연구소, 1999), 24.

68 Thomas C. Oden, 『목회신학』, 95.

"안수를 받은 사람들은 하나님으로부터 목회의 내적인 소명을 받고 이 내적 소명은 가시적인 교회로부터 외적인 확증을 받아 성서와 전통에 합당한 적절한 방법으로 구체화된 말씀을 공동체에 제공하는 사람들이다."[69]

교역자의 목회와 교인의 목회는 다만 은사와 부름에 따라 주어지는 일과 권한이 다를 뿐이다. 교역자의 부르심에는 성례와 예배 집례와 설교 그리고 목회기도(축도) 등의 권한이 있다. 이에 비해 교인에게는 기본적으로 봉사와 사역을 통한 협력 목회의 권한이 주어진다. 공동체의 요구가 있으면 가르침과 설교 그리고 예배 집례(성례는 제외) 등의 권한도 주어진다. 교인의 사역 역시 세상의 구원을 위한 예수 그리스도의 사역에 동참하는 것이다. 교역자와 교인 양자는 예전을 매개로 한 몸을 이룬다. 정교회 신학자 알렉산더 슈메만(Alexander Schmemann)은 다음과 같이 말했다.

"예전의 의미는 사제가 평신도를 위해 봉사하는 것이나 평신도가 '자신을 위해' 예배에 참여하는 것이 아니라, 회중 전체가 모든 사역에서 서로 복종하는 가운데 그리스도의 사제직을 실현하기 위해 한 몸을 이룬다는 것이다."[70]

이것에 관해서는 이어지는 글에서 좀 더 자세히 살펴보겠지만, 이처럼 만일 목회가 하나님의 부름을 받고 주어진 은사에 따라 순종하는 공동체의 행위로 이해된다면, 오늘날 널리 사용되고 있는 '목회자'란 말을 오직 목사와 전도사에게만 사용하는 건 적합하지 않다. 밴후처는 신학자로서 목회자인 목사의 "특별한 목회"와 달리 목사의 가르침을 받아 세상으로 파송되는 교인을 구분하여 말하면서 "일상의 목회자"[71]란 표현을 사용하였다.

이처럼 '평신도 목회'가 선교 현장이나 제자교육 현장에서 일반적으로 인지되고 있고 또 아무 거부감 없이 사용되는 현실에선 오히려 목사와 전도사에 대해선

---

69   Thomas C. Oden, 『목회신학』, 191.

70   Alexander Schmemann, *The Eucharist*, 김아윤/주종훈 옮김, 『하나님 나라의 성찬』 (새세대, 2011), 129.

71   Kevin J. Vanhoozer/Owen Strachan, 『목회자란 무엇인가』, 276.

'교역자'란 말을 사용하는 것이 더 적합하지 않을지 싶다. '교역자'가 소정의 신학 교육을 받고 또 공동체로부터 위임받은 일을 책임을 지고 수행하는 사람을 의미 한다면, '목회자'보다는 '교역자'가 더 적합하다. 설령 '목회자'란 표현을 사용한다 해도 목사와 전도사에 한정해서 쓰는 것은 바람직하지 않다. 흔히 '성직자'와 대조 적인 의미에서 사용되는 '평신도'란 표현은 사제를 염두에 두고 대조적으로 사용 하는 언어인데, 비록 개신교에서도 습관적으로 사용되긴 해도 엄밀히 말해서 개 혁주의 신앙 전통에 어긋난다. 가능한 한 사용하지 않는 것이 바람직하다.

그렇다고 목사와 전도사의 목회를 교인의 일반 목회와 같게 여겨서는 안 된다. 예외적인 경우가 아니면 일반적으로 성례 집행과 예배 집례는 책임 교역자에게 맡겨지며, 교인은 오직 성례에 참여할 뿐이다. 교역자의 목회를 일반 목회로 축소 해서는 안 되겠지만 그 반대의 경우도 허락되지 않는다.

이에 반해 목회를 교역자에게 고유한 일로 여기면서 수동적으로 임하거나 직 분을 맡은 자로서 교역자와 협력하여 목회하길 포기하는 교인들의 태도도 문제 다. 이것은 소위 성직자 주의(clericalism)를 양산하는 주범이다. 본의 아니게 교회로 본질에서 벗어나게 하는 요인이다. 교인을 섬긴다는 명목으로 교인을 대상으로 목회하면서 제왕적 태도를 보이는 것이나 목회를 교역자에게만 맡기는 교인의 소 극적인 태도는 교회를 병들게 만들고도 그 원인을 깨닫지 못하게 만드는 아주 심 각한 병이다. 이런 교인은 자신이 세속에 속해 사는 현실을 지극히 당연하게 여긴 다. 세상에서 살면서 자신이 맡은 목회적 책임을 전혀 자각하지 못한다. 이런 교 인은 교회 목회뿐만 아니라 하나님 나라를 섬기는 일에서도 책임 있는 태도를 제 대로 보이지 않는다. 설령 있어도 소수다. 경건한 신앙생활은 교역자의 몫일 뿐이 라고 생각한다. 이런 생각을 반영하기라도 하듯이, 교역자의 목회에 협력하는 방법 가운데 하나인 제직회와 공동의회에 참석하는 교인의 숫자는 점점 줄어들고 있다. 물론 저조한 참여는 목회에 만족한다는 의사표시일 수도 있지만, 반대로 교역자의 목회에 대한 기대감 상실의 표현일 수도 있다. 의견을 제시하지도 못하고 질문도 제대로 허용되지 않는 현실이라면 참석 자체가 무의미하다고 생각하기 때문이다. 회의 진행을 이렇게 하는 것도 문제이지만 그렇다고 목회에 책임이 있는 자로서 적극적인 참석을 포기하는 것도 문제다.

목회는 전문 지식을 바탕으로 책임을 지고 목회를 수행하기 위해 부름을 받고 권한을 위임받아 봉사하는 교역자가 공동체의 구성원으로서 성령의 은사에 따라 부름을 받아 직분에 임명된 교인과 상호협력하고 연합하여 하나님의 뜻과 하나님의 다스림을 자신에게 그리고 자신을 통해 세상 가운데 나타내고 실현하기 위해 순종하며 행하는 일이다. 목회에서 중요한 건 상호협력과 연합이다. 교인 역시 전문 지식을 바탕으로 책임을 지고 교회의 일을 수행하는 일이 많은데, 이런 의미에서 교회를 운영하고 관리하는 일로서 목회는 개인의 사안이 아니라 공동체의 행위로 인지해야 한다. 교역자와 교인 사이에 목회를 실천하는 데 있어서 여러 차이가 있고 이 차이는 매우 존중되어야 하지만, 그러함에도 불구하고 그 차이를 근거로 목회를 교역자 고유의 권한으로만 여기는 태도는 옳지 않다. 목회를 교역자와 교인의 상호협력과 연합으로 실천되는 공동체의 행위로 이해하면 담임목사 개인의 카리스마에 의존하는 제왕적 교회 운영은 불가능하다.

반복하여 말한다면, 공동체의 부름을 하나님의 부름으로 받아들여 순종하는 교역자는 성령의 은사에 따라 부름을 받아 직분에 임명된 교인과 연합하고 협력하여 하나님의 가족으로서 공동체의 과제 곧 하나님을 참으로 예배하며 교회(마 16:18) 혹은 성전(고전 3:16) 혹은 하나님의 집(고전 3:9, 딤전 3:15) 혹은 그리스도의 몸(고전 12:27)을 든든히 세우는 일을 수행하는데, 이 일이 목회다.

교회의 현실을 보면 교인의 적극적 신앙생활을 '사역'이란 이름으로 부르면서 목회 전문가[72]로 여기는 목회자와 구별하여 '사역자'란 이름을 붙이는 걸 당연시

---

72 교역자를 목회 전문가라고 부르는 것에 대해서도 이의가 없지는 않다. 쟈크 엘륄은 소명에 따라 행하는 일

하는 분위기다. 분명 은사에 따른 직분을 맡아 일한다는 의미에서 그런 표현을 사용한 것이겠지만, 성경에는 하나님의 일을 맡아 하는 사람의 의미로 사용되었다(시 104:4, 롬 13:4, 고전 3:5, 히 1:7). 직분을 맡은 사람이 사역자면 목사와 전도사는 사역자가 아닌가? 목사와 전도사도 사역자이다. 전임 사역자와 협력 사역자 혹은 사역자를 세우는 사역자로 구분될 수는 있겠지만, 하나님의 일을 맡아 일하는 의미로서 사역자인 점에선 양자가 같다. 전문 신학교육을 받았으나 교역자가 아니라 사역만 하는 교인으로 남아 있는 이들도 많다. 그러므로 목회자와 구별하는 의미에서 교인을 사역자라고 부르는 건 바람직하지 않다.

교역자와 협력하는 의미에서 은사에 적합한 직분을 받아 목회에 참여하는 교인은 목회자로서 정체성을 갖는다. 이렇게 되면 교인은 결코 피동적인 위치에 있을 수 없다. 성도는 부름을 받은 사람이며, 일정한 은사를 통해 목회에 참여한다. 은사는 공동체를 위한 선물이지 개인의 능력을 향상하고 그에 따라 복을 누리며 살도록 주어지진 않았다. 공동체의 유익을 위해 선물로서 은사를 받고 부름을 받았다는 정체성을 의식하는 교인은 하나님 나라의 사안에 있어서 책임을 갖고 동참한다. 교회 내 각 위원회 활동에 주도적으로 참여한다.

앞서 언급한 대로 목회를 교역자가 교인을 대상으로 하는 사역으로 여기는 생각은 어느 정도는 옳으나 목회의 본질에 비추어보면 전혀 적합하지 않다. 특히 믿음의 진보를 보이는 성숙한 교인에 대해서는 목회의 대상이 아니라 협력자로서 인식하는 것이 옳다. 목회의 대상은 개개의 교인이 아니라 공동체다. 목회자에 대한 인식이 바뀌면 교인의 교역자 의존도가 낮아지는 것은 물론이고 교육과 훈련도 궁극적으로는 성도와 성도의 관계에서 이루어질 수 있다. 경우에 따라선 교역자가 전문적 지식을 소유한 성도에게 배울 수도 있다.

을 전문직이라고 일컫는 것에 부정적인 견해를 보인다. Jacques Ellul, "Work and Calling", in *Calling*, by W.D. Campell and J.Y. Hallloway (New York: Paul Press, 1974), 33. 헨리 나우웬 역시 같은 견해다. Henri Nouwen, *Creative Ministry*, 송인설 옮김, 『영성의 씨앗』(그루터기하우스, 2003).

같은 맥락에서 여성들이 안수 목회자로서 목회에 참여하는 걸 배제하는 문제에 관해 생각해보자. 안수 목회자의 자격이 인종과 신분에 따라 제한되지 않음에도 일부 교단에서는 여전히 여성 목사 안수를 제한하고 있는 현실을 말한다. 이것은 본질에서 교회의 직분을 맡아 사역하는 일과 안수를 받아 사역하는 일을 성별에 따라 구분하는 일이다. 교회 행위에 참여하는 성도 가운데 다수가 여성이다. 여성은 직분에 임명되어 교회 행위의 상당 부분을 감당하고 있다. 교역자보다 일의 양에 있어서는 더 많은 경우가 허다하다. 앞서 일반적인 의미에서 목회자에 대한 정의에 비추어보면 여성으로서 직분을 맡아 섬기는 교인 역시 목회자라 볼 수 있다. 그러함에도 불구하고 여성에게 목사 안수를 허용하지 않는 건 직분을 맡은 일반 목회자로서만 여성을 인정하겠다는 의지의 표현이다. 목사 안수를 배제한다 해도 여성 설교자를 -그것도 강대상 아래에서 설교하도록- 허용하는 경우를 종종 볼 수 있는데, 이로 미루어 보면 여성들에 의한 행정적 책임과 성례 그리고 치리의 권한을 제한하는 조치라고 보면 되겠다. 논쟁은 계속 진행 중이지만, 문자적으로 해석하지 않는 한 이것에 대한 성경적으로 합당한 근거를 발견하기란 쉽지 않다. 오히려 그 반대 사례가 더 많다.

> "너희는 유대인이나 헬라인이나 종이나 자유인이나 남자나 여자나 다 그리스도 예수 안에서 하나이니라"(갈 3:28)

여성을 배제하는 듯이 보이는 구절을 문자적으로 보아야 할 것인지 상황에 맞게 해석해야 할 것인지와 관련해서 확실한 동의에 이르지 못하고 있다. 그런데도 여성이라는 이유로 책임과 권한을 제한한다면, 이것은 단순한 사역의 구분을 넘어 성차별은 아닐까? 엄밀히 말해서 은사에 따라 직분을 받고 부르심에 따라 사역하는 일에서 군이 성별을 구분할 이유는 없다. 여성 안수를 허용하지 않는 건 여성에 대한 인식에서 아직 계몽되지 않은 시기의 유물에 불과하다. 여성 교인이 다수를 차지하는 교회에서 여성 안수를 포기하는 건 중요한 인적 자원을 포기하는 것이다. 달란트를 땅에 묻어두는 것과 다르지 않다. 하나님이 행하시는 일의 일부를 보지 못하도록 감추는 일이다. 교회의 건강을 심각하게 훼손하는 일이라고 볼 수 있다.

지금까지 목회의 원천인 하나님의 목회, 교회의 행위로서 목회의 의미, 교역자와 교인의 관계에서 그리고 목회의 궁극적 목표인 참 예배와의 관계에서 목회의 의미를 살펴보았다면, 다음에 이어지는 글에선 목회 자체에 초점을 두고 목회를 재정의하고자 한다.

목회는 현실이다. 목회는 구체적인 대상과 사역이 있기에 실증적이다. 예수 그리스도의 부활과 함께 세워진 교회는 성령 강림을 계기로 더욱 분명하고 또 지역적으로 넓게 가시화되었다. 예수 그리스도의 승천 이후 성령의 인도를 받는 교회는 다시 오실 예수 그리스도를 기대하면서 하나님을 온전히 예배할 방법을 모색하고 실천하는 목회의 실행을 위해 은사에 따라 조직을 갖춘다. 목회는 하나님 나라의 현실과 깊은 관계가 있기에 성도가 있는 곳이면 어디든지 있지만, 특히 교회가 있는 곳이라면 어떤 형태로든 실행되는 공동체 고유의 일이며, 그리스도의 몸으로서 공동체를 전제하지 않는 목회는 없다. 곧 성부 성자 성령 하나님의 친밀한 교제 안으로 초대된 성도가 성령을 통해 서로 연합하여 그리스도의 몸으로 거듭나고 또한 그리스도를 머리로 둔 유기체로서 그리스도의 다스림을 받는 곳이 교회이다. 교회로 부르심은 거룩하고 하나가 되게 하며 복음의 본질에 충실하여 보편적인 존재가 되고, 그리고 사도적 기초와 사역을 충실히 감당하게 하는 데에 있다. 이 일을 위한 부르심에 충실한 교회가 이 땅에서 굳건히 서고 그리스도의 몸으로 자라갈 수 있도록 은사에 따라 봉사하는 사역이 목회다.

교회를 '공동체'로 말하는 핵심 이유는, 단지 마틴 루터가 성경을 독일어로 번역하면서 헬라어 표현 '에클레시아'를 Gemeinde(게마인데, 공동체를 의미하는 독일어)

로 번역했기 때문은 아니다. 오히려 그리스도의 몸으로서 교회에 속한 성도는 같은 믿음 안에서 성령을 통해 같은 목적으로 인도되기 때문이다. 따라서 교회와 공동체는 같은 의미이다.[73] 공동체는 삼위일체 하나님의 상호교제에 근거해서만 생각할 수 있으며 또 이것을 가시적으로 드러내는 매개는 성도의 교제로서 예배이다. 세례와 성찬이 예배 안에서 행해진다는 점을 고려해서 말한다면, 교회는 예배 공동체라 말할 수 있다. 세례는 성도가 세상에 대해 죽어 하나님에게 속하게 됨을 알리면서 실행하는 의식이고, 이에 비해 성도가 물질(포도주와 빵)을 통해 하나님 나라를 미리 맛봄으로써 물질적인 세상이 하나님과 관계하고 있음을 인정하고 또 세상을 거룩하게 구별하여 하나님에게 돌려드리는 행위를 구체화한 의식이 성찬이다. 성찬은 성령을 통한 그리스도와의 연합과 성도의 교통(사귐)을 가장 분명하게 주지시키는 신앙 행위이다. 이와 관련해서는 다른 곳에서 좀 더 상세하게 다룰 필요가 있다.

목회의 출발점

• 성경

목회를 말할 때 교회와 교회 행위에 관해 말하는 것에는 익숙해 있으면서도 대부분 간과하는 일이 있는데, 성경이 있다는 사실이다. 성경은 전 세계 그리스도인에게 선물로 주어진 공동유산이다. 비록 언어가 다르고 또 이해의 정도와 방향이 달라도 그리스도인의 공유물이다. 성경을 하나님의 계시로 믿는 한 목회는 성경으로 시작한다. 목회의 원형인 하나님의 목회가 기록되어 있기 때문이다. 어떤 성격의 목회든 성경으로 출발하지 않으면 본질을 상실하든가 아니면 목회의 목표인 하나님을 예배하는 일에 이르지 못한다.

---

73 한스 큉은 교회, 모임, 그리고 공동체가 '에클레시아'에서 번역된 말이기에 같은 의미로 이해해야 한다고 주장한다. Hans Küng, *Die Kirche*, 『교회』 (한들, 2007), 113.

성경은 구원의 진리를 계시하고, 그리고 하나님이 교회와 세상을 다스린다는 사실에 대해 성도가 어떻게 반응하며 살아야 하는지, 그리고 하나님을 예배하고 하나님의 백성으로서 살아가는 일에서 필요한 신앙의 기본을 제시하는 실천 원리를 담고 있다. 성경이 있기에 교회가 있고 또 목회가 있다. 이 사실을 간과해서는 결코 안 된다. 왜냐하면 성경은 당연하게 보이는 현실에서 특별한 의미를 읽어낼 수 있는 근거가 되기 때문이다. 곧 성경이 있다는 사실은, 하나님이 교회에 하실 말씀이 있으며 또한 여전히 말씀하시고, 그리고 말씀이 세대에서 세대로 이어져 전해지길 원하신다는 것이다.

> "주 여호와께서는 자기의 비밀을 그 종 선지자들에게 보이지 아니하시고는 결코 행하심이 없으리라. 사자가 부르짖은즉 누가 두려워하지 아니하겠느냐 주 여호와께서 말씀하신즉 누가 예언하지 아니하겠느냐"(암 3:7~8)

성경이 있기에 가르침이 있고 또 설교가 있다. 이것이 목회의 출발점이다. 곧 목회는 성경에 기초하여 하나님의 뜻과 행위를 공감적으로 전하여 듣는 자들을 깨우치고 실천하도록 하는 일이다. 성경은 바르게 전해져야 하지만, 바르게 받을 수도 있어야 하고, 또 올바른 소통을 위해 성경은 바르게 사용되어야 한다. 성경은 생명을 살리는 말씀이다. 성경을 바르게 사용하지 않고 자기의 이해관계에 따라 사용하면 성경은 오히려 죽이는 말씀이 된다. 성경과 하나님과의 관계를 생각할 때, 성경의 남용과 오용은 하나님의 이름을 망령되이 일컫는 것과 다르지 않다.

그리고 성경은 단지 들려지기만을 원치 않는다. 목회는 성경 말씀을 듣게 할 뿐만 아니라 교회 안팎에서 실행에 옮기려 노력하는 일이다. 하나님의 말씀으로 받아들여지는 한, 성경은 목회를 통해 눈으로 볼 수 있도록 혹은 지각할 수 있도록 현실로 나타나야 한다. 성경적 진술은 믿는 자들에게 구속력을 갖지만, 구속력의 범위는 선교를 통해 온 세상으로 확장된다.

성경을 읽는다는 건 하나님이 내게 말씀하시도록 허락한다는 의미이다. 성경을 읽는 목적은 단지 이해하는 것이 아니라 성경을 통해 하나님이 말씀하시는 내용을 듣고 하나님의 말씀에 전 인격적으로 반응하기 위함이다. 의미를 이해하는 일과 성경을 읽는 중에 주시는 하나님의 말씀을 듣는 일이 종종 일치하긴 하나 항상 그런 것은 아니다. 하나님의 말씀은 이해를 넘어서며 인격적인 결단을 요구한다. 그러므로 목회는 성경을 이해하도록 돕지만, 단순한 의미 이해를 넘어 성경을 통해 주시는 하나님의 말씀을 듣고 그 말씀에 반응할 수 있도록 교육하고 훈련한다.

> "그러나 너는 배우고 확신한 일에 거하라 너는 네가 누구에게서 배운 것을 알며 또 어려서부터 성경을 알았나니 성경은 능히 너로 하여금 그리스도 예수 안에 있는 믿음으로 말미암아 구원에 이르는 지혜가 있게 하느니라 모든 성경은 하나님의 감동으로 된 것으로 교훈과 책망과 바르게 함과 의로 교육하기에 유익하니 이는 하나님의 사람으로 온전하게 하며 모든 선한 일을 행할 능력을 갖추게 하려 함이라"(딤후 3:14~17)

목회에서 성경을 매개로 하는 영성 함양을 위한 교육과 훈련이 얼마나 중요한지 바로 이 점에서 분명해진다.

• 하나님 나라

또 다른 출발점은 하나님 나라는 예수 그리스도의 오심과 함께 이미 이 땅에 현존해 있음을 계시하였고 또한 지금도 그리스도 안에 있는 자에게 성령을 통해 임한다는 사실이다. 비록 온전한 형태는 아니라도 그렇다. 이것이 복음이며, 이것이 기쁜 소식인 까닭은 예수 그리스도가 오시어 그를 믿게 함으로 이방인인 우리가 그와 연합하여 하나님의 백성이 되게 하셨기 때문이다. 하나님과의 계약을 통해 오직 이스라엘에만 허락된 것이 예수 그리스도를 믿는 자에게도 가능해진 것이다. 예수 그리스도 이후 시대인 오늘날 하나님 나라는 성령의 역사로 이곳에 임하며 예수 그리스도에 대한 믿음과 순종을 통해 현실로 경험되고 인지된다. 그러므로 목회는 하나님의 부름을 받고 권한을 위임받은 사람이 이 땅에 현존하고 임하는 하나님 나라를 관리하며 섬기는 일이다. 하나님이 세상을 다스리신다는 사실이 직접 나타나는 곳이 교회이며, 그것을 현실로 경험하는 사람이 믿고 순종하는 자이고, 그리고 그와 연합한 하나님의 백성으로서 세상에서 하나님의 다스림을 나타내고 또 그렇게 되도록 돕는 삶의 방식이 목회다.

• '하나님은 살아 계신다'라는 믿음

이 모든 것보다 더욱 기본이 되는 출발점은 '하나님은 살아 계신다'라는 믿음이다. 아브라함 요수아 헤셸은 『예언자들』에서 주장하길 '하나님이 살아계신다'라는 말을 생물학적 혹은 심리학적인 생명현상으로 받아들여서는 안 된다고 했다. 오히려 예언자들의 고백은 "내가 나 자신의 생명보다 나에 대한 그분의 돌보심을 더욱 소중히 여긴다는 뜻"으로 이해했다.[74] 하나님이 보이지 않으니 살아계심을 합리적으로 증명할 수는 없어도, 성경의 증거, 현실이 하나님의 말씀대로 되는 것, 하나님을 만난 사람들의 전 인격적인 변화, 그리고 예수 그리스도의 부활에서 우리는 하나님은 살아계신 분이고 약속을 반드시 지키시는 분임을 믿는다. 우리의 기도에 대한 응답을 받는 사실도 하나님이 살아계심을 증언한다. 목회는 성도가 하나님이 살아계심을 믿으며, 또 성도로 하나님의 은혜와 사랑에 합당한 반응을 하도록 가르치고 훈련하는 일이다. 하나님 나라의 백성으로서 지금 이곳에서 말씀을 보이게 하고 또 복음을 살아내도록 한다. 예배는 하나님에 대한 인간의 전 인격적인 반응이다. 결국, 예배는 하나님이 살아계신다는 것을 증언하는 신앙 행위이다.

• 그리스도인

안디옥 지역의 교회에 속한 사람들에게 처음으로 붙여진 '그리스도인(Christian)'은 예수를 그리스도로 믿는 사람 그리고 그리스도의 이름으로 불리는 사람을 뜻한다. 당시에는 비난의 의미로 쓰인 것이니 오늘날 '예수쟁이' 정도로 이해될 수

---

74 아브라함 J. 헤셸, 『예언자들』, 앞의 같은 책, 425

있다.

그런데 그리스도의 이름으로 불린다는 사실은 고대 사회의 언어적인 관습에 따르면 크게 두 가지를 의미한다. 하나는 그리스도와 약혼했다는 것이고, 다른 하나는 그리스도를 따르는 사람이라는 것이다. 이런 명칭 사용은 사도 바울의 비유적인 언어사용에도 나타나는데, 그는 그리스도를 신랑, 그리스도인을 신부로 표현하였다. 이 둘은 하나로 연결된다. 그리스도와 약혼한 신부인 그리스도인이 신랑인 그리스도를 따르는 건 당연하기 때문이다. 물론 이것이 낯선 것은 아닌데, 이미 구약에서는 하나님의 백성과 하나님의 관계를 혼인에 빗대어 말하고 있기 때문이다. 그리스도인의 목회는 인간으로 그리스도와 연합하여 그를 따르는 그리스도인을 위한 신앙 행위이다.

• 인간의 죄

목회가 전제하는 인간 이해와 관련해서 핵심은 -창세기에서 인간의 타락 사건에서 알 수 있듯이- 세상에서 살아가는 인간은 피조물임에도 불구하고 하나님의 은혜로 사는 것보다는 자기 뜻과 생각대로 그리고 자기 세계관에 따라 살길 더 좋아한다는 것이다. 하나님의 지혜보다 세상의 지혜를 더 선호하고, 심지어 세상의 지혜로 하나님처럼 되려고 한다. 이것은 죄이다.

목회는 이런 죄인인 인간을 가르치고 훈련해서 먼저는 회개하여 하나님에게 돌아오도록 하여 그리스도인이 되게 하고, 한층 더 나아가 성도로서 오직 하나님의 은혜로만 만족하며 살면서 그 은혜를 전하며 살도록 돕는다. 어떤 경우에서든 하나님을 경외함으로 하나님의 지혜를 얻어 하나님처럼 되려는 욕망에서 벗어나 오로지 피조물인 인간으로서만 살도록 돕는다. 하나님은 창조주이시고 인간은 피조물임을 각인케 한다.

목회란?

• 목회와 교역자

목회는 세상 가운데 현존하나 감추어져 있는 하나님 나라를 책임 있게 관리하는 일이다. 아름답게 가꾸는 일이라 해도 좋다. 기본적으로 성경에 근거하여 하나님이 행하시고 또 행하실 일들이 세상 가운데 드러나도록 하고, 하나님의 바람(뜻과 의지)을 전하는 일이며, 하나님이 찾으시는 사람들을 모으고, 그들이 하나님 나라를 경험하도록 인도하며, 또 그들 가운데 임한 하나님 나라를 관리하면서 그리스도인이 하나님의 백성으로서 복음을 살아내도록 돕는다. 그러므로 우선은 목회자 자신에 대해 목회가 실천되어야 한다. 목회자는 자신의 언행에 책임져야 하며, 사람들이 신뢰할 수 있는 사람이어야 한다. 신뢰 관계는 목회의 생명이라 말할 수 있다. 신뢰가 무너지면 목회는 불가능하다. 목회는 목회자와 교인의 신뢰 관계를 바탕으로 하며, 목회자는 교인이 하나님과의 관계에서 제대로 된 꼴을 먹으며 건강하게 자라서 성숙한 그리스도인이 되도록 돕는다.

목회는 그리스도인을 대상(not to the Christian, but for the Christian)으로 하는데, 그리스도인의 정체성이 확립하도록 도우며, 교인이 건강한 그리스도인으로 성장하고(참다운 인간다움의 회복), 성숙한 그리스도인이 되어 하나님의 부르심에 따라 살 수 있도록 돕고, 세상에서 그리스도인 스스로 하나님을 신뢰하고 하나님을 경외하며 살아갈 능력을 길러준다. 교역자와 연합하고 협력하여 공동체에 위임된 일을 책임 있게 수행하도록 한다. 이 땅에 임한 하나님 나라에서 교역자와 협력하여 하나님의 백성으로 사는 능력을 갖추도록 한다. 이를 위해 교역자는 목회에서 일정한 기대를 품고 하나님의 양을 맡아 기르는 목자의 정체성을 갖고 수행한다.

그뿐 아니라 목회는 신앙이 없는 사람에게 무엇보다 먼저는 복음을 전하여 예수 그리스도를 믿도록 하고, 또 그들이 세상에서 복음적인 가치를 실천할 수 있도록 스스로 노력할 뿐 아니라 또한 다른 사람들과 연대하여 복음적인 삶을 살 수 있도록 고무하고 격려하며, 또한 이 일이 가능하도록 돕는다. 세상에서 교회가 있고 또 그 과제가 있는 것처럼, 비그리스도인이 사는 곳에는 그리스도인이 있고 또한 부르심에 따른 과제가 있다.

목회는 교회 예배 후 하나님의 파송을 받아 세상으로 나아가는 교인이 먼저는 세상 가운데 임하는 하나님 나라를 바르게 인지하고, 또 그 후에 세상을 하나님이 보시기에 좋은 곳으로 변화시키려 노력하도록 교육하고 훈련한다. 교인은 비그리스도인과 연대하여 세상을 하나님의 피조물로 회복시키는 성령의 역사에 참여한다. 이로써 목회는 하나님 이외의 다른 것에 의해 억눌려 지내는 사람들을 약속의 땅인 평화와 자유의 나라로 이끌어 그 안에서 하나님 나라의 백성으로서 살도록 돌본다. 특히 세상 속 그리스도인의 정체성을 갖고 살면서 여호와 하나님이 아닌 다른 통치자를 인정하지 않을 뿐 아니라 두 주인을 섬기지 않도록 한다. 그리고 신앙을 위협하는 외부의 공격과 유혹으로부터 그들을 보호한다. 종말론적인 관점에서 목회는 마지막 날에 오시는 주님에 의해 성도가 하나님 나라의 백성으로 발견될 수 있도록 돕는다.

특히 교역자는 목회로 부름을 받아 신학교육과 훈련을 받고 공동체에 맡겨진 일을 책임 있게 수행하는 사람이다. 신학교육과 영성 훈련을 통해 자격을 갖춘 교역자는 교인과 협력하여 하나님 나라가 스스로 생명력을 발휘할 수 있도록 관리하는 청지기이며, 또 교인으로 하나님이 공동체에 맡겨주신 일을 주체적으로 참여하되 어그러진 길로 가지 않도록 인도하는 목자다. 목회는 교역자가 교인과 협력하여 예수 그리스도와 더불어 이 땅 위에서 하나님이 다스리는 분임을 인정하고 그분에게 합당하게 반응하도록 부름을 받고, 또 부름에 합당하게 사역할 권한을 위임받아 행하는 일이다. 하나님이 세상을 다스리는 일이 교역자를 통해 먼저는 교회에서 현실이 되게 하고, 또 이 현실을 교역자의 청지기 사역을 통해 세상 가운데 나타내는 일이다.

하나님 나라를 가꾸도록 부름을 받고 성령의 기름 부음을 받으며(anointed) 권한을 위임받은(empowered) 청지기로서 교역자는 자신의 직분을 잘 감당해 믿을 만한 사람이 되어 교인이 교회 안팎에서 하나님의 형상으로 살도록 돌본다. 이런 의미에서 교역자는 참 목자 예수 그리스도에게서 권한을 위임받은 양치기다. 자기가 원한다고 해서 될 것이 아니라 부르심에 순종하는 자에게 권한이 주어진다.

달리 말해서 성도가 자신을 하나님 나라의 백성으로 알고 또 그 신분에 합당하게 곧 예수 그리스도 안에서 하나님의 은혜와 사랑으로 살도록 돕는 일이 목회이고, 이 일을 위해 부름을 받고 또 부름을 실행할 권한을 위임받은 사람이 청지기로서 교역자다.[75] 하나님 나라를 임시로 맡아 관리할 권한을 하나님에게서 위임받기 때문에 청지기는 하나님의 눈으로 곧 은혜와 사랑의 관점에서 세상을 보고 판단한다.

보이지 않을 뿐 아니라 때때로 자기를 나타내시면서 동시에 숨기시는 하나님의 뜻과 그분의 나라와 관련한 일이니, 교역자는 오직 믿음과 소망 가운데 성령이 이끄시는 대로 삶의 어둠 속을 걷는다. 보이고 들리는 일에서 최선을 다한다고 해서 될 일이 아니며, 그렇다고 신비의 세계에 빠진다고 해서 될 일도 아니다. 교역자는 깨닫기만 하는 자가 아니다. 깨달은 것이 진리임을 먼저 순종함으로써 인정하고, 그 후에 깨달음을 전하여 성도 역시 그것을 체득하도록 훈련한다. 이 과정에서 교역자는 영적으로 치열한 전쟁을 벌인다. 자기의 욕망에 맞서야 할 뿐만 아니라 또한 하나님 나라를 방해하고 훼방 놓는 악한 세력과 맞서 싸워야 하기 때문이다. 영적 지각 능력으로 보이지 않는 빛을 교인이 볼 수 있게 하고, 때로는 교인이

---

75 이에 비해 정치는 하나님의 질서가 인간의 탐욕에 의해 어그러지지 않도록 노력하는 것이다. 땅의 나라의 체계와 근본을 이루는 백성을 관리하며, 주로 정의의 관점에서 세상을 보고 또 판단한다. 원래 정치 역시 국가라는 제도를 매개로 하나님이 세상을 다스리신다는 사실을 나타내는 일이지만, 오늘날 그것은 처음에서 너무 멀어졌고 또 이제는 인간의 사안이 되어 버렸다. 이와 관련해서 하나님의 다스림을 세상 가운데 나타내는 일인 목회는 넓은 의미에서 국가의 정치를 회복하는 일에도 관여한다. 실제로 이 일은 다양한 방식으로 이루어지는데, 직접적인 정치참여나 민주주의 제도에서 허용된 범위에서 저항을 통해 정의가 바로 서도록 한다.

밝은 길을 갈 수 있도록 스스로 빛이 되어 산화한다. 스스로 어둠을 극복하지 못해 두려워하거나 보이지 않는 빛을 볼 영적 지각 능력이 없거나 영적 투쟁 의지가 없이는 수행하기 쉽지 않다. 스스로 빛이 될 용기가 없어도 마찬가지다. 단지 재능기부가 아니라 마음을 다하고 성품을 다해 행하는 일이라 더욱 그렇다.

목회자는 본질에서 '타자를 위한 존재'다. 이 정체성을 망각하거나 상실하면 목회는 올바르게 수행할 수 없다. 하나님의 목회가 자기에게 그리고 자신을 통해 일어나게 하려면 목회자는 언제든지 타자를 위한 존재로서 정체성을 유지해야 한다. 무엇보다 예수 그리스도가 그랬기 때문이다. 개신교는 가톨릭과 달리 목회자의 결혼을 허용한다. 육신의 가족에 대한 책임 때문에 많은 경우 공동체와 개인의 이해관계에서 갈등이 생긴다. 만일 목회자가 개인의 사정을 앞세워 공동체를 차순위로 놓게 되는 순간, 공동체의 신뢰는 상실하기 시작한다. 아무리 설교를 잘해도 지속하지 못한다.

목회는 외롭고 두려운 길이다. 아무도 걷지 않고 또 걸으려 하지 않는 길을 오직 하나님의 부르심을 받아 순종하며 걷기 때문이다. 교역자와 교인은 부르심에 따라 산다고 해서 사람들의 칭찬을 받지 않으며 오히려 오해받고 심지어 욕을 먹기까지 한다. 인간은 본성에서 하나님 나라를 원치 않기 때문이다. 저항이 있을 수밖에 없고, 거부를 당하고, 심하면 박해받는다. 진리를 원치 않는 사람이 진리에 대한 증거를 제시하는 사람을 멀리하듯이, 세상은 근원에서는 갈망하기는 해도 실상은 이기적인 욕망 때문에 하나님 나라를 원치 않고 또 하나님 나라의 증거를 힘차게 외치는 사람을 좋아하지 않는다. 그래서 고난을 피할 수 없다. 더군다나 타인을 살리고 또 그런 환경이 지속하도록 자신을 내어주는 일이니 더욱 외롭고 힘든 일이다.

> "그리스도를 위하여 너희에게 은혜를 주신 것은 다만 그를 믿을 뿐 아니라 또한 **그를 위하여 고난도 받게 하려 하심이라**"(빌 1:29)

다음에 이어지는 글에서 필자는 목회의 기대와 교역자와 교인의 정체성(청지기와 목자)에 대해서 먼저 살펴보고 그 후에 목회를 다섯 가지로 구분하여 생각해보도록 하겠다.

• 목회의 기대
: 시간과 공간 그리고 사람

시간: 목회는 이 땅에 임한 하나님 나라를 관리하며 섬기는 일이다. 하나님 나라의 현존을 전제하는 것이니 목회는 하나님 나라의 시간에서 행해지는 일이다.[76] 하나님 나라의 시간 경험은 안식(하나님의 말씀대로 되었기에)과 평화(하나님의 뜻이 이루어졌으므로)와 기쁨(약속이 성취될 기대로)이다. 일을 성취하려는 분주함이 들어설 틈이 없다. 하나님의 시간에 있는 모든 사람은 하나님의 안식을 약속받았기 때문이다.

설령 목회가 비록 지금 이곳에서 하나님 나라의 백성으로서 살도록 교육하고 훈련하는 일이라도, 목회가 기대하는 건 결코 현재 상태의 만족에 있지 않다. 물론 하나님의 말씀이 지금 이곳에서 현실이 되어 모두에게 만족을 주도록 수고하고 애쓰는 건 사실이다. 그렇다고 세밀하게 기획된 미래를 형성하기까지 현재를 계속해서 변혁해 나가려는 건 아니다. 목회는 과거의 계획이 실현된 현재 상태로 만족하는 교회를 지향하지 않는다. 목회가 기대하는 건 오히려 약속이 지시하는 미래를 선취하여 현재의 삶으로 살아내는 것이다. 흔히 종말론적인 실존의 삶을 실천한다느니 혹 복음을 살아낸다느니 혹 말씀을 살아낸다느니 하는 표현은 하나님의 약속이 지시하는 미래를 선취하여 오늘 우리의 삶으로 살아낸다는 의미이다. 관건은 이 일이 어떻게 가능한가 하는 것인데, 이것에 대해 좀 더 살펴보자.

---

76 하나님의 시간에 관해서는 다음을 참고: Abraham Joshua Heschel, *The Sabbath*, 김순현 옮김, 『안식』 (복있는사람, 2007). Walter Brueggemann, *Sabbath as Resistance*, 박규태 옮김, 『안식일은 저항이다』 (복있는사람, 2015).

마태복음 제5장의 산상수훈의 내용은 하나님 나라 백성의 삶을 지시한다. 알베르트 슈바이처(Albert Schweitzer)의 해석이 받아들여진 후로 이 본문을 종말론적으로 이해하는 경향이 대세다. 현실에서는 불가능하나 종말론적인 실존 상황에선 반드시 그렇게 살아야 한다는 것이다.

그러나 이런 해석은 오늘의 상황에서 말씀에 철저하게(radical) 순종하는 삶을 살지 못하는 것에 지나칠 정도의 관용을 허락하는데, 이것이 한편으로는 다른 사람을 정죄하지 않고 인내하며 관용하는 태도로 이어져 바람직한 결과를 낳지만, 다른 한편으로는 말씀대로 살지 않는 것을 용납하면서 회개하지 않는 신앙을 묵인하게 하는 원인 중 하나다. 여기에 더해 이 말씀이 유효하게 적용되기 위해선 종말론적인 실존을 강요해야 하는 일이 발생한다.

이런 문제를 피하기 위해선 산상수훈을 살아내는 일을 미래로 미루어선 안 된다. 오히려 오늘날 하나님의 백성들이 살아내야 하는 내용으로 이해해야 하는데, 그 이유는 하나님은 미래로부터 오셔서 오늘 우리를 만나주시기 때문이다.

종말은 하나님의 때가 임하는 것이다. 단순히 시간적인 미래가 아니다. 그러니 하나님의 때가 임하면 성도는 종말론적 실존이 아니라 하나님 나라의 백성으로서 살게 된다. 이에 비해 과거는 한편으로는 오시는 하나님을 지나쳐 버린 삶이며 다른 한편으로는 하나님과 만난 후 남겨진 삶의 흔적이다. 믿는 자의 과거는 우리에게 오시고 우리를 만나주신 하나님 행위의 흔적이다. 이미 지난 것이어서 아무 의미가 없다고 여겨질 일이 아니다. 오시는 하나님을 지나쳤든지 아니면 하나님을 만났든지 끊임없이 미래를 환기하기 때문이다. 그러므로 어떤 과거와 어떤 역사라 해도 그것은 우리에 의해 합리화 내지는 정당화되지 않는다. 하나님이 행하신 일이며 그것을 인정하고 받아들여야 한다. 좋은 것에는 감사하고 또 같은 것을 기대할 이유가 되지만, 좋지 않은 것으로부터는 반드시 돌이켜야 한다. 회개해야 한다는 말이다. 하나님의 때를 아는 사람은 기대와 회개를 통해 현재에 이미 미래의 맛을 느끼며(foretaste) 산다.

그리스도인의 현재는 미래를 선취한 삶이다. 선취하는 믿음 때문에 그리스도인은 하나님의 심판을 늘 염두에 두며 산다. 그리고 하나님의 약속을 신뢰하면서 앞으로 일어날 일이 오늘 우리에게 일어나길 기대하며 순종한다. 세상을 바꾼다거나 개혁을 말하기보다는 하나님이 행하시는 일에 동참하는 것으로 만족한다. 시간과 관련해서 목회가 기대하는 바는 바로 이것이다. 곧 그리스도인의 시간은 미래로부터 시작해 현재를 거쳐 과거로 지나간다. 현재를 살고 있으나 사실은 미래를 앞당겨 사는 것이다. 우리에게 오시는 하나님의 행위로 인정되는 과거를 인간이 판단하여 그것을 굳이 합리화하거나 정당화할 이유는 전혀 없다. 목회에 기대할 수 있는 건 미래를 선취하여 현재를 충실하게 살면서 언제나 감사하며 살 방법을 제시하는 것이다.

예컨대 지금 갈등 관계에 있는 사람이 그것이 하나님 앞에서 옳지 않은 일임을 알고 있음에도 불구하고 회개하지 않고 하나님 앞에서 이런 잘못된 태도를 고집할 것이라는 건 생각하기 어렵다. 순간적으로 잘못을 범할 순 있어도 장차 하나님 앞에 서게 될 것이라는 신앙이 있으면 회개할 수밖에 없다. 주께서 오시면 모든 갈등은 풀어지고 화해가 이루어져 평화가 이루어질 것이다. 현재에 미래를 선취하여 산다는 건 갈등의 순간에 주를 통해 이루어진 화해와 평화가 현실이 될 것을 믿고 기대하면서 현실에서 화해와 평화의 삶을 살아내는 것이다.

공간: 목회에 기대해도 되는 것 가운데 또 다른 하나는 '지금 이곳'의 의미에 대한 변화다. 우리가 사는 곳은 세상이다. 세상은 원래 하나님이 거처로 정하신 곳이다. 이곳에 사는 우리는 목회가 실천되는 곳이 어디든(집, 회사, 학교, 사회, 국가, 세계 등) 그곳에서 하나님 나라의 백성으로 발견되기를 기대한다. 공간으로서 구별되는 곳은 교회이지만, 세상은 그리스도인이 존재함으로 또 하나님이 그리스도인과 함께 계심으로써 다른 공간과 구별된다. 예수 그리스도의 이름으로 하나님의 목회로서 목회가 실행되는 곳은 그곳이 어디든 구별된 공간이다. 목회는 하나님 나라

가 예수 그리스도와 더불어 이 땅 위에 임했음을 전제하고 행해지는 일이라고 했다. 이 땅 위에 임한 하나님 나라를 관리하는 일이기에 목회가 올바르게 실천되면, 그곳은 더는 부와 권력이 지배하지 않고 은혜와 사랑으로 가득한 곳으로 변화한다. 인간과 자연이 조화를 이루며 산다. 정의와 공평이 선포되어 공간은 누군가에 의해 독점되지 않으며 공유된다. 폐쇄적이지 않고 열려있다. 억압과 착취가 사라지고 해방과 자유가 지배적이다. 차별과 배제는 사라지고 관용과 포용이 실천된다. 어제의 공간은 여전하다 해도 하나님의 목회가 실천되면, 그곳은 하나님이 다스리는 공간이 되고, 공동체는 그곳에서 하나님 나라의 백성으로 발견된다. 하나님 나라는 공동체의 순종을 매개로 명백하게 드러난다.

이런 공간이 점점 넓어지기 위해 먼저는 공간에 대한 경험이 달라져야 하고, 그 다음으로는 그런 경험을 공유하는 사람들이 많아져야 한다. 목회가 교회와 교회 밖 곧 지역사회를 염두에 두고 실천되어야 하는 이유다. 목회는 공간의 의미와 공간에 대한 경험의 변화 그리고 같은 공간 경험의 확산을 위해 필요하다. 목회가 바르게 실천되고 있다면, 공간은 전혀 이동하지 않아도 공간의 질이 놀라울 정도로 변한다. 그리스도인이 속한 가정이 변하고, 그리스도인이 속한 직장과 학교가 바뀌며, 교회가 속해 있는 지역사회가 새로운 비전을 갖는다. 이것은 목회가 기대하는 일이면서 또한 사회가 목회에 기대하는 일이기도 하다.

그렇다고 공간의 확장을 위해 교회가 의도적으로 노력해야 하는 건 아니다. 공간의 확장이 공격적인 영토 확장을 의미하지 않는다. 확장은 성도가 각자 삶의 현장에서 하나님의 백성으로서 복음을 살아내면 그 순종을 통해 하나님이 이루실 일이다. 하나님 나라에 대한 비유 중 겨자씨 비유에 잘 나타나 있다. 공간에 관한 잘못된 이해는 식민지 영토 확장 경쟁으로 이어졌고, 제국주의적 야심의 진원지가 되었다.

인간: 목회는 공동체가 공동체를 곧 주 안에서 서로 연합한 인간을 위해(for) 하

는 일이다. 성도가 세상에서 하나님 나라의 백성으로서 살도록 돕는 일이다. 공동체 신앙의 진보를 돌보면서 그들의 인격과 상호관계를 염두에 둔다. 목회는 하나님 나라 백성을 세우고 또 그들로 하나님 나라의 현실을 경험하며 살게 한다. 목회는 자기 생각에 빠져 사는 인간이 하나님의 은혜 안에 머물면서 그 은혜로만 만족하며 사는 인간으로 변화하길 기대한다. 약한 자가 강하게 되고, 상처 입은 자는 위로를 받으며, 없는 자는 풍족함을 누린다. 인간의 상호관계에서 서로 도우며 사는 것에 기쁨을 느끼고, 절망에 빠진 사람은 확실한 소망의 이유를 갖는다. 물론 무엇보다 먼저는 교회 안의 성도를 대상으로 고려하며, 성도를 통해 교회 밖의 사람에게까지 목회의 결실이 나타나도록 한다. 이 일을 기대하며 행하는 일이 목회이니 목회적인 돌봄을 받는 인간이라면 그녀/그에게 이런 변화가 일어나길 기대하는 건 당연하다. 이에 반해 성도가 목회에 기대해도 되는 건 하나님의 백성으로서 살 능력을 목회행위를 통해 주어진다는 것이다. 성도에게 능력을 공급하지 못하는 목회라면, 그것은 교역자 혹은 교인에게 하나님 나라에 대한 확신이 없기 때문이다.

한편, 많은 목회자에게 듣는 말이 있다. 사람이 변하지 않는다는 말이다. 필자가 큰 충격을 받은 공통의 표현이 있었는데, 이 가운데는 몇 분의 은퇴 목사님들이나 이미 고인이 되기 전에 뵈었던 유명 목회자들이 했던 말이었다. 그 밖에 많은 목회자가 했다는 말을 간접적으로 전해 들을 기회도 있었다. 그 가운데 필자가 큰 충격을 받은 공통의 표현이 있었는데, 그건 "사람은 변하지 않는다."라는 말이었다.

이 말은 30년 혹은 40년을 목회하신 분들이 후배 목사들에게 주신 말씀 가운데 하나이다. 한편으로는 어떤 관점으로 그 '변화'를 보느냐에 따라 달라지겠기에 질문하고 싶은 마음이 컸고, 다른 한편으로는 원로들의 경험을 듣기 위한 자리였기에 질문을 억제하다 보니 수없이 일어나는 내면의 갈등으로 인한 고통을 감내해야 했다.

지금까지 원로 목사님들 사이에서 회자하는 이야기를 들으면서, 필자는 말의 공통 구조를 파악할 수 있었다. 목회 경험을 말하는 상황이었고, 그분들이 언급하시는 변화라는 것이 대체로 성품과 기질을 염두에 둔 것이고, 그리고 대체로 성도들이 성경의 가르침대로 살지 않는다는 관찰과 관련되어 있다는 점이다. 간단히 말해서 나쁘게는 곧잘 변해도 선하게는 바뀌지 않는다는 의미이다.

같은 말이라도 전하는 사람마다 표현이 달라지는 건 자연스러운 일인데, 유독 이 말과 관련해서는 똑같은 표현을 선택한 이유는 무엇일까? 어느 정도 직간접적인 소통이 서로 간에 이뤄진 결과라고 생각한다. 그렇다면 누군가 영향력이 있는 분이 먼저 하신 말씀에 공감하신 분들이 그분의 말을 자기 경험으로 삼아 그렇게 말한 건 아닐까? 아니면 우연의 일치였던 것일까? 하여간 누가 먼저 말을 했든 어느 정도는 공감했기에 그런 말을 했을 것이다.

사람은 진정 변하지 않는 걸까? 도대체 하나님은 사람을 변화시킬 능력이 없는 분인가, 아니면 그 일을 사람에게 맡겨주셨는데, 사람이 무능한 것인가? 아니면 진짜 사람은 변하지 않는 존재이고, 생긴 대로 혹은 타고난 기질대로 사는 존재인가?

사실 원로 목사님들 사이에서 회자하는 회의와 자조 섞인 고백들을 접하면서 마음속에 가장 먼저 떠오른 질문은 목회자의 기대 지평이다. 목회자가 목회를 통해서 기대하는 범위나 영역을 말한다. 곧 목회자는 무엇을 기대하며 목회를 시작하고 또 목회자에게 허락된 기대는 어느 정도인가? 목사는 목회에서 대체 무엇을 기대해도 되는가? 이런 질문을 떠올린 까닭은 '사람이 변하지 않는다'라는 말에는 목회자의 기대가 깊이 반영되어 있다고 보았고 또한 그것이 하나님의 시각에서 보고 그렇게 말한 것은 아니라 생각하기 때문이다. 분명 목회자가 기대하는 방향과 양에 미치지 못한 부분을 그렇게 말한 것이리라. 어쩌면 성경을 기준으로 해서 그렇게 말했을 수도 있다. 성경적 인간 이해에 미치지 못했다는 말일 것이다.

사실 예수 믿기 전과 이후를 비교해 보면 목사인 나 역시 변했다고 장담할 수는 없다. 신앙생활을 하며 보낸 긴 시간 동안, 심지어 목회 현장에서 얼마나 많은 실수와 잘못이 반복되었는지 모른다. 그러나 예수 그리스도가 내 삶에서 어떤 의미인지 이것이 분명해졌을 때, 내 삶의 목적과 방식은 바뀌었고, 그것은 지금까지도 계속되고 있다.

그런데 원로 목사님들의 말을 들으면서 그것이 정말 바뀌었다고 말할 수 있는 걸까 하는 의문이 들었고 동시에 내 삶을 비판적으로 돌아보게 되었다. 예수님을 믿지 않았어도 이런 삶은 가능하지 않았을까? 생각해보면 정말 그런 것 같다. 오래전 기억을 소환한다면, 남자는 군대엘 가야 사람이 된다는 통설을 지인에게 말했을 때, 그는 그 기간에 사회생활을 해도 그 정도는 성장할 것이라고 말했던 적이 있었다. 믿고 난 후에 보낸 세월만큼 불신자로서 살았다 해도 지금과 같은(?) 사람이 되어 있었을까? 지금의 내 상황에 대해 자신할 수 없지만 그래도 변했고 성장했다고 여기기에 하는 말이다.

마음 한 곳에서는 예수님을 믿고 사람이 변했다기보다는 그렇게 느껴진 건 아닐까 하는 의문이 들기도 했다. 일요일을 주일로 여기고, 때가 되면 예배의 자리로 나아가고, 교회 활동에 참여하고, 신앙생활이라고 해서 성경을 읽고, 기도하고, 그리고 가끔 전도라는 것을 한다. 기독교 문화를 즐기고, 사람들에게 기독교적인 가치를 전파하려고 애를 쓴다. 신학자로서 신앙생활에서 무조건 말해야 할 것들에 관해 설명하려고 애를 쓰기도 한다. 교회와 세상의 접목을 위한 노력도 한다.

그런데 아무리 이타적이라 해도 결정적인 순간에 이기적인 모습으로 변하는 모습을 볼 때마다 의심이 든다. 내게 손해를 끼치는 일을 겪을 때마다 어느 정도는 참다가도 결국에는 주체할 수 없을 정도로 폭발하는 모습도 그렇다. 아무리 헌신한다고 해도 내 가족을 희생하면서까지 혹은 내 삶을 포기하면서까지 희생하지 못하고 늘 그 앞에서 머뭇거리다가 결국 나의 미래를 선택하는 모습을 보면 참으로 내가 변한 것인가 하는 의심을 떨쳐버릴 수 없다. 이런 점에서 사람이 변하지 않는다는 원로들의 말은 잠언처럼 울린다.

그리스도인의 변화는 흔히 성품의 변화라고 한다. 나의 성품은 변했을까? 예수 믿지 않았을 때와 비교하기가 어려울 정도로 워낙 어릴 때부터 신앙생활을 해 왔으니 성품이 변했는지, 아니면 본래의 성품 그대로인지 알 방법이 없다. 생활 태도에서 변했다면, 청년 때 무절제한 삶을 즐겼지만, 지금은 그렇지 않다는 것이다. 사실 그것도 예수님을 믿었을 때 일어난 일이라 변화를 위한 기준으로 삼기가 애매하다. 신앙생활 중에 타락했다가 돌아온 탕자 정도? 변화라기보다는 그리스도인은 음주를 안 하고 금연한다는 삶의 불문율이 작용한 결과일 뿐이라고 생각한다. 사정이 이렇다 보니 변화를 확인할 만한 기회를 찾을 수 없다. 도대체 원로 목사님들이 말씀하신 변화는 무엇을 염두에 둔 것일까?

예수 그리스도를 만나서 일어난 변화를 의미한다고 생각해보자. 흔히 교회에서 사용되는 표현으로 예수 그리스도를 인격적으로 만나 일어난 변화 말이다. 예수 그리스도를 인격적으로 만나면 일어날 수 있는 변화는 무엇인가? 구약에서는 오직 여호와만을 하나님으로 섬기는 신앙의 변화를 말하고, 하나님의 자비를 나타내고 또 정의로운 삶을 사는 변화를 말한다. 복음서는 예수님을 따르는 제자로의 변화를 말하고, 사도행전은 성령의 임재 후에 일어난 사도들의 변화를 말한다. 게바에서 베드로의 변화와 사울이 바울로의 변화는 대표적이다. 의심 많던 도마는 부활의 흔적을 확인하고 예수님을 '하나님'으로 고백했다. 예수님을 자신의 목적을 갖고 따라다녔던 사람들이 예수 그리스도의 부활에 관한 증인으로 변했다. 능력에 있어서 변화를 말하고 복음의 능력에 대한 증인으로 변했음을 전해준다. 서로 용서하고 또 사랑받기보다는 사랑하는 사람이 되는 것도 큰 변화 가운데 하나다. 자기 능력을 의지하지 않고 예수 그리스도를 통해 주시는 하나님의 은혜로 사는 삶도 성경이 말하는 변화 가운데 하나다. 갈라디아서 5장에서 사도 바울은 성품과 기질의 변화를 언급한다. 야고보서는 믿음과 더불어 행함의 변화, 사회적인 약자들에 대한 삶의 변화를 말한다. 목회 서신과 계시록은 박해받는 상황에서 끝까지 믿음을 지키는 것도 성도의 변화 가운데 하나로 본다. 무엇보다도 성경은 이 모든 것이 성령이 하신다고 고백한다.

원로 목사님들이 말하는 변화는 이것을 말하는 걸까? 신앙생활을 해보았다고 생각하는 사람이라면 아마도 이런 변화는 평생에 걸쳐 일어나는 것이고, 변화했다고 확인할 수 있는 경우는 매우 드물게 나타난다는 것을 인정할 것이다. 목회자도 예외는 아니다. 목사 자신도 사실 이렇게 사는 일이 쉽지 않다. 다시 말해서 사람이 변하지 않는다고 말할 때, 여기서 말하는 사람에는 교인만이 아니라 목사 자신도 포함한다고 볼 수 있다. 그리고 이 말은 -원로 목사님들을 비난하는 뜻에서 하는 말이 아니라- 한 인간으로서 목사의 솔직한 자기 고백이라 생각한다.

그렇다면 목회는 무엇인가? 다만 종교적인 기능을 수행하고 또 성도들로 종교 생활을 잘하도록 돕는 일인가? 교회에 잘 나오고 교회의 의무를 제대로 이행하고 교회가 하는 일에 잘 참여하면 되는 일인가? 욕심을 낸다면, 교회에서 배운 삶의 태도(좋은 태도)가 일터와 집과 이웃과의 관계에서도 계속되기만 하면 괜찮은가? 이것이 목회자의 기대 지평인가? 만일 이것이 목회의 기대 지평이라면, 정말이지 매우 씁쓸하다. 왜냐하면 종교 행위를 제외하고 다른 것들은 굳이 교회에 나가지 않아도 얼마든지 기대할 수 있는 모습이기 때문이다. 교회에서 보낸 세월만큼 세상에서 마음을 공부하며 수양해도 이를 수 있는 경지라고 생각한다.

한편, 성경에서 바람직하다고 말하는 삶을 요약해서 말하면, 하나님의 뜻대로 사는 삶을 말한다. 사람이 자신의 판단을 앞세우기보다 하나님의 판단을 받아들이는 삶이다. 인간의 뜻대로 사는 것이 아니라 하나님의 뜻대로 사는 삶이다. 인간의 의지를 관철하려는 삶이 아니라 하나님의 의지에 복종하는 삶이다. 인간의 말과 생각을 현실로 옮기는 삶이 아니라 하나님의 말씀과 생각을 현실로 옮기기 위해 노력하는 삶이다. 저런 삶에서 이런 삶을 사는 것이 성경이 말하는 변화다. 변화를 통해 일어나는 일은 하나님의 영광이요 하나님의 아름다움이다. 변화는 하나님을 기쁘시게 하고 하나님이 아름답다고 보시는 것이고, 실제로 하나님의 아름다움이 나타난다. 변화의 본질은 바로 이것이다.

따라서 목회의 기대 지평은 목사의 설교에 따라 변화되는 것이 아니다. 목회 프로그램에 성도들이 무조건 따르는 일이 아니다. 목사의 의지에 성도들이 순종하는 것이 아니다. 이것을 요구할 때 변화는 일어나지 않는다. 하나님의 뜻과 말씀과 의지가 변화를 말할 수 있는 핵심이다. 따라서 목회의 기대 지평은 하나님의 뜻대로 사는 성도, 하나님의 의지에 복종하는 성도, 하나님의 말씀에 순종하여 그 말씀이 현실이 되게 하는 성도다.

그런데 가만히 생각해보라. 하나님의 아름다움을 나타내며 또 그것 때문에 즐거워하는 삶은 말은 좋지만 사실 이 일은 평생에 걸쳐 일어나는 일이 아닌가? 이런 일이 일시적으로 일어날 수는 있지만, 얼마 가지 않아 이내 무너지는 것을 얼마나 자주 보아 왔는가? 도대체 무엇이 문제인가? 평생에 걸쳐 일어나는 일을 변화하지 않았다고 판단하는 것이 문제가 아닌가? 하나님이 하실 것을 기대하면서 그저 하루하루 최선을 다하는 것이 목회자의 삶이다. 결국 목회자는 변화를 판단하기보다 다만 사역에 종사할 뿐이다. 평생 일하면서도 결실을 보지 못할 수도 있는 일이 목회다. 목회는 다만 부르심에 순종하여 행하는 일이다. 사는 것은 더는 내가 아니라 내 안에 그리스도라는 바울의 고백을 반복해야 하는 일은 목회자에게 참으로 속 쓰린 일이다. 그러나 어쩌랴, 부름을 받아 세워진 몸임을. 목회의 기대 지평은 하나님이 시작하시고 또 마치실 것이라는 고백이다.

내 기대에 비추어보면 사람이 변하지 않는다고 말할 수 있다. 그러나 내가 변하면 세상이 다 달라 보인다. 화엄경의 핵심 사상인 일체유심조(一切唯心造)를 인용하지 않는다 해도 똑같은 것을 보면서도 마음 상태에 따라 달라진다는 걸 우리는 경험적으로 잘 안다. 변하지 않았다고 보는 건 혹시 내가 변하지 않고 제 자리에 머물러 있기 때문은 아닐까? 사람이 예수 그리스도를 믿은 후에도 혹은 그리스도인으로서 세례를 받은 후에도 비록 자주 실패하고 넘어지는 일이 있어도 믿음을 버리지 않고 하나님께 돌아와 회개한 후 다시금 예배하는 자로 서는 것은 얼마나 놀라운 일인가! 비록 그 일이 자주 반복된다 해도 실망하지 않을 것은 하나님은 무한히 자비하시기 때문이다. 확실히 말할 수 있는 건 이것이다. 사람이 변하지 않는다고 말할 수 있을지 몰라도, 적어도 내가 그리스도 안에 있어 새로운 피조물로 변하면 세상이 다 새롭게 여겨진다. 가만히 머물러 있는 것도, 수시로 변하는 것도, 정처 없이 요동하는 것도 다 의미가 있고 소중한 것들로 다가온다.

• 목회자 이미지

목회자는 수많은 이미지를 갖는다. 목회자의 이미지를 결정하는 요인에는 여러 가지가 있으나, 대체로 시대적인 상황에 대처하는 교회 행위의 필요와 특성에 따라 형성된다. 대중문화는 대중이 요구하는 목회자 이미지에 큰 영향을 미친다. 심지어 대중문화에 강한 영향을 받고 목회자 이미지의 파급력을 알고 있는 성도는 교역자에게나 자기 자신에게 특정한 목회자 이미지를 강요한다. 여기에는 바람직한 이미지가 있어서 목회자의 정체성 회복과 향상 그리고 심화에 도움을 주는가 하면, 그렇지 않고 오히려 목회를 세속화하는 요인으로 작용하는 이미지가 있다. 대중문화에 영향을 받아 형성된 이미지일수록 더욱 그렇다. 목회자 이미지 가운데 긍정적 혹은 부정적인 것을 각각 간략하게 살펴보자.

청지기(행정가): 목회와 하나님 나라와의 관계에서 볼 때 성도(교역자와 교인)에게 가장 적합한 이미지는 청지기다. 성도에게는 이 땅에 임한 하나님 나라를 섬기며 관리하도록 권한이 위임되기 때문이다. 청지기의 기본 의미는 관리자다. 자기 것이 아닌 것을 맡아 책임지고 관리하는 사람이다. 청지기로서 성도는 하나님의 다스림을 받으면서 동시에 하나님 나라를 관리하는데, 목적은 하나님의 다스림을 세상 가운데 나타내 보이는 데 있다. 청지기는 주인의 재산과 사람을 관리하도록 권한이 위임된 사람으로 주인의 지시를 받긴 하나, 권한을 위임받아 행하는 직분인 만큼 자신의 의지가 전혀 없는 종과는 확연히 구별된다.

권한이 위임된 만큼 청지기는 어느 정도 독립성과 자율성을 갖는다. 그러함에도 불구하고 청지기는 자기 뜻을 앞세우기보다는 먼저 주인의 뜻을 염두에 두고 산다. 자신에게 맡겨진 재산과 사람과 일을 통해 주인에게 이익이 돌아가도록 하고, 주인이 원하는 일이 제대로 실행되도록 한다. 어떤 경우에도 자기에게 맡겨진 것을 자기 것으로 여기지 않아야 한다.

일반적인 의미에서 인간이 청지기로서 하나님에게 위임받은 것에는 무엇이 있을까? 창조 이야기에서 하나님은 하늘과 땅을 만드시고 인간에게 생육하고 번성하며 땅에 충만하고 땅을 다스리라 명령하셨다. 축복과 함께 인간에게 권한을 위임하셨다.

여기에는 생육과 번성은 물론이고 하나님의 형상으로서 인간이 땅에 충만할 수 있게 하는 것 그리고 세상이 하나님의 질서 가운데 유지되도록 관리하는 것, 하나님의 말씀을 전하고 그것을 지키게 하는 것 등이 포함된다. 구체적으로 말해서 하나님의 말씀, 피조물, 인간 및 자연과의 관계, 몸, 재능, 재물 및 모든 종류의 다른 물질적 선물, 그리고 영적인 질서를 포함한다. 이 가운데 특히 청지기로서 교역자는 교회(공동체)가 위임한 모든 것에 대한 책임을 진다. 교회가 교역자에게 위임한 것은 엄밀히 말해서 교회의 목적 곧 하나님의 다스림을 나타내 보이는 모든 일이다. 곧 교인이 하나님의 백성으로서 건강하게 살게 하고, 온전한 예배를 통해 세상이 하나님의 다스림과 돌봄을 인정하고 받아들일 수 있도록 하는 일이다.

한편, 청지기로서의 성도가 일반적인 의미의 청지기와 다른 점은 주인이 하나님이라는 사실이다. 사람을 주인으로 삼지 않기에 모든 성도는 하나님 앞에서 책임을 진다. 담임 교역자와 부 교역자 그리고 교인 모두는 하나님을 주인으로 삼은 청지기로서 동등한 존재다. 부 교역자를 담임 교역자의 청지기로 여기는 일이나 종으로 취급하는 일은 있을 수 없다. 교역자가 교인을 그렇게 생각하거나 취급해서도 안 된다. 일하는 과정에서 역할의 구분과 차이는 있을 수 있고, 책임의 비중에서 어느 정도는 구분되며, 담임목사의 일을 부 교역자가 위임받아 행하긴 하지만, 성도의 상호관계에서 자신을 청지기로 여기는 일은 결단코 없어야 한다.

이것은 교회 내 직분에 대해서도 마찬가지다. 교회 내 모든 직분은 하나님을 주인으로 섬기는 청지기이다. 담임목사를 주인으로 착각하지 않아야 한다. 법인의 대표는 될 수 있어도 자기 자신을 교회의 주인 혹은 위계적인 목회자로 여겨서는 안 된다.

부름을 받은 자로서 합당하게 살고 또 위임받은 권한을 남용하지 말고 성실히 수행하는 청지기로서의 성도가 자기 직분을 감당하기 위해 요구되는 몇 가지 덕목이 있다. 그중에 가장 중요한 덕목으로 꼽을 수 있는 건 충성과 겸손과 정직이다.[77]

성품으로서 충성은 올바른 믿음을 바탕으로 하나님의 말씀이 현실이 되도록 쏟는 정성을 말한다. 주인의 뜻을 바로 알아 그 뜻이 이루어지는 일에 최선을 다하는 것이다. 관건은 어떤 상황에서도 마음과 태도가 변치 않을 수 있도록 훈련하는 것이다. "죽도록 충성하라"라는 것이 성경의 기본정신이다. 충성은 하나님과의 관계에서 나타나는 덕목이나 실제로 구체적인 삶의 현실에서는 다양한 모습을 띤다. 곧 보이지 않는 하나님을 충성되게 섬기는 것은 본질에서 하나님의 뜻의 성취에 있어서 함께 부름을 받은 청지기와 협력하는 일을 포함한다. 인간은 결핍된 존재이기 때문에 혼자 감당할 수 없는 일이 허다하다. 자기가 옳다고 여기는 일에서 너무 고집부리지 않아야 한다. 하나님의 뜻을 위해선 -교회의 유기적 관계가 활성화하기 위해선- 심지어 나와 뜻이 맞지 않는 사람과도 협력할 필요가 있다. 자기와 뜻이 맞지 않는다고 하나님의 일을 앞두고 포기하는 건 청지기로서 바람직하지 않다. 청지기로서 자존심을 내세우는 건 하나님의 뜻보다 자기의 뜻을 더 앞세우는 일이다.

또 청지기로서 반드시 염두에 두어야 할 일은 주인의 감사가 있을 것이라는 사실이다. 종말론적인 의식을 말한다. 청지기의 말과 행동은 하나님의 판단을 받는

---

77 성품으로서 충성과 겸손과 정직에 대해 좀 더 상세한 내용은 다음을 참고: 최성수, 『언제까지 가짜 신앙을 포장할 것인가?』 (이화, 2019), 313~8, 370~4, 391~7.

다. 종말론적인 의식과 관련해서 청지기가 갖추어야 할 또 다른 덕목은 정직이다. 정직은 성품 중 하나로 바르고 곧은 태도 내지는 꾸밈이 없이 명예를 걸고 지키는 태도를 가리켜 말한다. 어떤 일을 행하거나 말할 때 행동과 동기가 투명하다는 말이다. 행동의 동기와 모양이 서로 다르면 정직하지 않다고 한다. 이것을 외식 혹은 위선이라고 한다. 위선 혹은 외식은 마음을 다른 곳에 두고 있음에도 행동은 전혀 그렇지 않은 것처럼 보이는 것이다. 정직은 위선과 외식의 대척점에 있는 가치이며 표리부동하지 않은 태도를 말한다. 하나님은 정직한 자를 좋아하신다(대상 29:17, 잠 15:8). 이에 반해 위선은 예수님이 가장 싫어하는 태도로 소개되고 있다.

겸손은 우선 하나님의 뜻이 자신에게 이루어지도록 순종하는 태도이며 또한 적극적으로 남을 인정하고 높이는 태도이다. 겸손은 성도가 하나님의 종으로서, 복음의 종으로서, 말씀의 종으로서 삶을 적극적으로 그리고 끝까지 사는 태도이다. 어느 정도까지냐고 묻는다면, 하나님의 뜻이 이루어지기까지이다. 말씀이 자신에게 이루어지도록 하고, 하나님의 성품이 자신을 통해 나타나도록 하고, 복음이 자신을 통해 결실하도록 하는 삶, 그것이 겸손한 청지기로서의 삶이다. 예수님은 죽음으로 하나님의 뜻이 이루어지는 상황에 직면했을 때 피하지 않으셨고 죽기까지 하나님의 뜻에 순종하여 그 뜻이 이루어지게 했다(빌 2:8).

성경은 겸손을 높이 평가하는 데에 매우 적극적이다. 솔로몬은 잠언 제11장 2절에서 "교만이 오면 욕도 오거니와 겸손한 자에게는 지혜가 있느니라"라고 말했다. 겸손한 자에게 지혜가 있다는 말은, 겸손이 지혜의 근원인 여호와를 경외하는 일과 깊은 관계가 있음을 암시한다. 잠언 15:33에서 겸손은 "존귀의 길잡이"라고 표현되었다. 존귀와 영광을 얻기 위해서는 겸손한 삶을 살아야 한다는 말이다. 겸손은 보상으로 "재물과 영광과 생명"(잠 22:4)을 얻는다. 수고에 따라 상을 주는 표현인 '보상'이라는 말을 사용한 것에서 알 수 있듯이, 겸손은 쉬운 일이 아니다. 많은 수고가 필요하며, 심지어 고난의 길이다. 그러나 거기에는 보상이 주어진다. 재물과 영광과 생명이다. 보상을 바라고 겸손의 태도를 보이는 건 다분히 구약의 측면이 강하긴 해도 전혀 무의미하다고 볼 수는 없다. 구약엔 신약의 관점에서 볼 수 있는 측면도 많이 있다. 예컨대 하나님이 함께하시는 사람은 마음이 겸손한 사람이라고 했다(사 57:15). 하나님이 사람에게 요구하는 것도 겸손하게 하나님과 함께 행하는 일(미 6:8)이다. 하나님이 함께하는 삶의 방식 혹은 하나님 앞에서 취하는 태도가 바로 겸손이다. 비록 사람과의 관계가 없어도 하나님과의 관계에서 필요한 덕목이다.

신약에서 겸손의 의미는 구약에서 말하는 내용을 가감 없이 수용하고 있다. 다른 점이 있다면, 우선 예수 그리스도를 지칭하는 데에 사용된 것이다. 스가랴 9:9를 인용하여 고난받으시기 위해 예루살렘에 입성하실 때의 모습을 묘사한 것이 대표적이다. 사도 바울은 빌립보서 2:3에서 겸손한 마음을 가질 것을 권고하고 있는데 이는 예수 그리스도의 마음을 본받는 일이라고 말한다. 다시 말해서 6~8절에 기록된 대로 예수님은 하나님과 본체이심에도 불구하고 동등 됨을 취할 것으로 여기지 않으셨고 오히려 자기를 비워 종의 형체를 가져 사람들과 같이 되었으며, 자기를 낮추시고 죽기까지 복종하셨다. 그러니까 종으로 오시어 종으로서 사시다가 종으로서 죽으셨다는 말이다. 하나님의 말씀에 죽기까지 복종하고, 하나님의 뜻이 이뤄지기 위해 십자가의 고난을 피하지 않으셨다. 하나님의 계획을 피하기보다는 자신에게 일어나도록 하고 또 자신을 통해 이루어지도록 했다. 이것이 예수 그리스도를 겸손의 왕이라 일컫는 이유이다. 겸손의 삶을 살았기에 하나님에게서 존귀와 영광을 얻을 수 있었다.

겸손한 청지기는 하나님의 보호와 인도하심을 기대한다. 그래서 하나님을 갈망한다. 남을 높인다고 해도 자신이 낮아질 것을 염려하지 않는다. 이에 비해 겸손하지 못한 청지기는 자기 자신을 스스로 보호하려고 한다. 생존 문제와 직결된 것은 물론이지만, 인정욕구와 자신의 비전과 관련해서도 마찬가지다. 하나님께 매달리는 일을 불필요하게 여긴다. 불필요하게 여기진 않아도 소홀히 한다.

겸손은 결국 내가 나를 지키고 보호하고 주장하고 내세우기보다 나를 비우고 오직 하나님의 보호와 인도하심에 나를 맡기고, 하나님이 인정해주시길 기대할 때 가능해진다. 결과적으로 겸손의 문제는 우리를 다음의 질문 앞에 세워 놓는다.

나는 누구의 보호와 인도하심을 바라며 살길 원할까? 나 자신인가 아니면 하나님일까?

청지기로서 교역자는 다양한 가능성이 있는 현실에서 오직 하나님의 보호와 인도하심을 바라며 살도록 부름을 받는다. 그것이 하나님의 다스림을 온전히 나타내는 길이기 때문이다.

목자: (제자 양육) 하나님 나라를 관리하며 섬기는 교역자와 교인의 관계는 흔히 목자와 양의 관계로 비유된다. 그러나 이것을 정형화하는 일은 바람직하지 않다. 목회자 정체성을 가진 모든 성도가 목자이기 때문이다. 목자가 양을 좋은 풀이 있는 곳으로 인도하듯, 목회자는 하나님 나라가 임할 때 하나님에 의해 발견되는 성도가 되도록 교육하고 훈련하며 인도한다.

교회에서 회자하는 목자의 삶은 제자 양육에서 흔히 듣는 말이다. 제자교육은 양을 양육하여 목자로 세우고, 또 그들로 다른 양을 양육하게 하는 구조로 이뤄졌기 때문이다. 누군가를 가르치고 돌보는 삶을 위해 교육과 훈련을 하는 것, 이것을 두고 흔히 제자 양육이라 한다. 그러나 교인 역시 제자 삼는 일을 수행한다는 점에서 목자 이미지는 교역자에게만 한정되지 않는다.

제자 양육에서 핵심은 예수님의 제자가 되는 것이나, 무엇보다 하나님 나라의 백성이 되게 하는 것이다. 예수님의 가르침을 숙지하여 그분이 사셨던 방식을 따르면서 하나님 나라에 합당한 사람으로 살도록 한다. 제자 양육은 가르침으로만 그치지 않고 배운 대로 지켜 행할 뿐만 아니라, 또한 다른 사람을 제자로 삼는 노력으로 이어지는 일련의 과정이다. 이 과정에서 제자로 양육받는 사람은 목자의 삶을 배우고 또 제자 양육을 받으면서 목자로서의 정체성을 확립한다. 간단히 말해서 모든 성도는 스스로 예수님의 제자로 살면서 동시에 다른 사람들이 예수님의 가르침에 귀 기울이는 사람이 되도록 양육하는 일로 부름을 받는다. 이것은 선택이 아니라 필수인데, 왜냐하면 예수님이 제자들에게 '모든 족속으로 제자를 삼으라'(마 28:19) 명령하셨고, 또한 제자 베드로에게 '내 양을 먹이라, 내 양을 치라'(요 21:15~17)라고 말씀하셨기 때문이다. 이 말씀은 오늘날의 제자교육에도 유효하게 작용한다. 이런 의미에서 모든 성도는 목자로 부름을 받는다. 교역자에게 한정된 표현이 아니다.

십자가 앞에서 생존을 선택해 도망친 후 이전 삶의 자리로 돌아간 베드로를 예수님은 찾아오셨다. 부활한 예수님이 자신에게 다가오는 모습을 보았을 때부터 제정신이 아니었겠지만, "네가 나를 사랑하느냐?"라고 반복하여 물으셨을 때, 베드로는 아마 십자가 앞에서 도망친 자신을 돌아보았을 것이다. 세 번 반복된 질문과 대답을 통해 예수님은 베드로에게서 무엇을 원하셨던 걸까? 예수님이 하신 말씀의 요지는 자신이 더는 육체적으로 이 땅에 없는 동안에 "내 양을 치라"라는 위임이었다. 베드로는 이 말을 어떻게 이해했을지 궁금하다.

성경에서 하나님을 "목자"로 표현한 곳은 많다(창 49:24, 시 23:1; 80:1, 사 40:11, 렘 31:10). 예수님은 "목자장"이다(벧전 5:4). 예수님이 사용하신 "내 양"이라는 표현은 하나님을 목자로 여기는 전통에 비추어 볼 때 예수님을 자기들을 돌보는 목자로 여긴 양들이 있었다는 사실을 전제한다. 그 양은 예수님의 말씀을 들으며 따라다녔던 사람들이다. 예수님의 치료와 돌봄과 양육을 받던 사람들이다. 아니 예수님이 돌보시고 사랑하시기를 포기하지 않은 사람들이라고 보는 것이 옳다. 아무리 제 길을 가기 바쁜 사람들이라 해도 그렇다. 예수님이 사랑하시는 사람들이 양이다.

성경에서 이들은 때로는 무리로 표현되고 때로는 십자가 앞에서 죽이라고 외치는 사람들로 모습을 나타내고 때로는 제자라는 이름으로 따라다녔지만, 결국엔 십자가 앞에서 각각 생존의 길을 찾아 흩어졌다. 이들을 예수님을 사랑하는 마음으로 돌보아야 한다는 말은 베드로에게 얼마나 큰 부담이었을까? 또 여기서 돌본다는 말의 의미는 무엇일까?

성경 창세기 4장엔 예수와 베드로의 만남과 대화에서 베드로의 심정을 상상할 만한 장면이 나온다. 동생 아벨을 돌로 쳐 죽인 가인을 찾아오신 하나님은 "네 아우 아벨이 어디 있느냐?"라고 물으셨다. 가인은 오히려 반문하길 "내가 내 아우를 지키는 자니이까?"라고 말한다. 가인의 대답은 목자 이미지를 떠올리게 한다. 다시 말해서 "내가 목자입니까?"라는 의미로 독해할 수 있다. 이 대답은 가인과 아벨의 관계를 다시 생각해보게 한다. 곧, 하나님은 가인에게 목자의 삶을 요구했는데, 가인은 목자의 삶을 원치 않았다는 말이다. 동생을 죽인 행위는 어쩌면 목자의 삶을 거부한 결과가 아니었을까? 우리가 목자의 삶을 살지 않으면 언제든지 이웃을 심지어 형제자매라도 미움의 대상이 될 수 있다는 의미는 아닐까?

여기서 문제의 핵심은 하나님이 찾으실 때 발견할 수 없었다는 것이고, 목자의 과제인 돌본다는 것은 하나님이 오실 때 하나님이 당신의 양으로 알아보시도록 양들을 양육한다는 것이다. 하나님의 음성을 듣고 또 하나님에 의해 발견되는 것이 관건이다. 단지 먹이고 입히는 문제만이 전부가 아니다.

예수님은 베드로를 찾아가셨다. 십자가 앞에서 자기 생명을 위해 도망쳤던 베드로였다. 비록 내 양이 어디 있느냐 묻진 않으셨지만, 네가 나를 사랑하느냐는 질문에는 예수와의 인격적인 관계뿐만 아니라 예수님이 하실 일들과의 관계를 재정립하는 의미가 있다. 다시 말해서 네가 나와 인격적으로(형식적인 관계가 아니라!) 관계를 갖는 자라면, 마땅히 내 양을 치라는 말이다. 예수님의 인격과 사역을 나타내도록 부름을 받는 장면이다. 창세기에서 상실했던 인간과 인간의 관계(협력 관계)가 예수님을 통해 회복되는 순간이다. 십자가 앞에서 도망친 자신을 찾아오신 예수에게서 "내 양을 치라"라는 말을 들었을 때, 베드로는 구체적으로 누구를 떠올렸을까? 또 그들에게 예수님의 인격과 사역을 나타낸다는 건 무엇을 의미할까? 양은 예수님이 다시 오실 때 예수님의 음성을 듣고, 또 예수님이 자기 양으로 발견할 수 있는 존재를 의미한다. 비록 아흔아홉 마리가 있더라도 발견하지 못하는 한 마리 양이 없도록 돌보아야 한다는 말이다.

(목자와 양은 서로 돕는 관계) 인간은 하나님의 형상으로서 서로서로 돕는 관계에서 살도록 만들어졌다. 인간이 다른 피조물과 자연에 대해서는 다스리고 관리하도록 하셨지만, 인간관계에서만은 서로를 돕는 관계로 있길 원하셨다. 그것이 하나님의 형상에 따라 사는 가장 적합한 방법이라는 말이다. 구체적으로 말하면, 서로가 서로에 대해 목자와 양의 관계에서 사는 것이다. 누구는 돌보기만 하고 누구는 돌봄을 받기만 하는 관계가 아니다. 돌봄을 받은 자는 또다시 다른 사람을 돌보는 위치에서 살아가는 가운데, 전체적으로 서로를 돌보는 관계가 하나님이 인간에게 기대하는 삶의 모습이다.

돌봄이 필요한 모든 사람은 예수님의 양이며, 그리스도인으로 부름을 받은 사람들은 어느 정도의 시기까지는 돌봄을 받으며 살다가도 어느 순간에는 돌보는 자로서 살아야 한다. 그때가 언제인가? 바로 하나님의 목회를 받아들인 때다. 예수님을 인격적으로 만나는 순간이다. 곧 인품과 삶의 태도와 방식에서 변화가 동반할 때다. 예수님을 믿고 그분을 내 안에 모시게 될 때, 우리는 돌봄을 받는 존재로서만이 아니라 예수님의 양을 돌보는 목자로 부름을 받는다. 더는 사랑받기 위해 태어난 존재가 아니라 사랑하기 위해 살아가는 존재로 바뀐다. 이와 관련해서 성경이 증거로 제시하는 대표적인 사람은 베드로와 사도 바울이다. 두 사람 모두 예수님을 인격적으로 만난 후에 회개와 회복의 과정을 통해 목자로 부름을 받았고 순교에 이르기까지 목자로서 최선을 다했다.

창세기 4장에 나오는 가인과 아벨의 이야기는 아담과 하와의 이야기같이 다분히 비유적인 의미가 있다. 다시 말해서 인간이 자기 일에만 몰두하고 서로를 돌보는 관계에 있지 않은 때에 일어날 수 있는 불행한 역사를 환기한다. 서로를 돌보는 관계에 이르지 못했을 때, 혹은 이런 관계를 간과할 때, 인간은 경쟁 관계, 의도적인 무관심, 시기와 질투, 대적 관계, 그리고 미움의 관계를 피할 수 없다. 더욱 나쁜 결과는 하나님이 오실 때 양으로서 발견할 수 없게 만드는 것이다. 잃어버린 양을 방치하는 태도이다. 아벨에 대한 가인의 태도는 바로 이것을 폭로하는 것이라 볼 수 있다.

예수 그리스도를 통해서 새롭게 하나님의 자녀로 부르심을 받은 우리가 진심으로 회복해야 할 인간관계는 경쟁 원리를 따르지 않는 것이다. 생존을 위한 본능을 충족시켜가면서 서로를 대하는 것도 아니다. 오히려 서로를 돌보는 관계다. 이것은 창조원리 곧 '돕는 배필' 개념에 부합한다. 그러므로 '네 형제자매가 어디 있느냐?'라고 물으셨을 때, '내가 형제자매를 지키는 자입니까?'라고 반문하는 일이 있어서는 안 될 것이다. 그리고 동물들에게 이름을 부여함으로써 다스리는 자의 위치를 확인했던 아담은 타락 후에 여자의 이름을 '하와'라 부르며 자기 안에서 이미 왜곡된 관계를 드러낸다. 돕는 관계가 아니라 다스리며 통제하는 관계로 바뀐 것이다. 고대 근동지역 사회에서 당시 누구에게 이름을 짓는 건 주종관계를 상징하기 때문이다(하나님이 성경 인물의 이름을 지어 주시거나 야곱처럼 개명하신 것이나 요셉이 바로에게 새 이름을 받은 것이나 다니엘과 세 친구가 바벨론 포로로 끌려가 새 이름을 받는 것 등). 예수님을 인격적으로 만났다면, 누구든지 예수님의 양을 돌보는 목자로서 책임을 갖고 살아야 한다. 부름을 받았다는 사실에는 언제나 인격적인 만남이 전제되기 때문이다. 그렇지 않으면 인격적인 만남이 아직 이뤄지지 않은 것이며, 목자로서 양을 돌보는 '신앙생활'이 아니라 단지 종교 행위를 수행하는 사람이 될 뿐이다.

신학자: 목회자는 신학자이다. 신학자 역시 목회자다.[78/79] 신학은 하나님을 말하

---

78   필자는 이에 관해 다음의 책에서 중점적으로 다루었다. 최성수, 『신학과 목회, 그 뗄 수 없는 관계』(씨엠, 2000), 63~85. 다음에 이어지는 글은 이 부분을 정리하고 보충이 필요한 부분을 첨가한 것이다.

79   밴후저는 양자의 분리가 교회 문제를 일으키는 핵심 이유 가운데 하나로 보고 다음의 책에서 공적 신학자로

는 일이다. 모든 그리스도인은 하나님 말하기를 실천하기에 신학자라 말할 수 있다. 물론 적합하게 말한다면 바른 신학이고, 그릇되게 말하거나 자기 이익을 얻기 위해, 자기 의견을 관철하기 위해 남용하는 건 바르지 않은 신학이다. 신학자는 안수받은 목사로서 교회 현장이 아니라 학교에서 사역을 감당하는 목회자다. 목회자는 신학교육을 받은 목사로서 학교가 아니라 교회나 기관에서 사역을 감당하는 신학자다.

사정이 이러함에도 불구하고 목회자는 자신이 학문적인 활동을 하지 않는다는 의미에서 신학자 정체성을 인정하지 않으려 하고, 신학자는 학문연구에 전념한다는 의미에서 목회자 정체성을 받아들이려 하지 않는다. 신학과 목회가 서로 분리된 정도와 비례해서 신학자와 목회자는 각각 자기 자신에게서 타자의 모습을 인정하지 않으려 한다. 이것은 목회의 문제를 유발하는 요인 중 하나다. 신학이 현장성을 상실하는 이유이기도 하다.

신학자가 목회자 정체성을 실천하지 않은 결과 신학자는 연구의 공적 책임을 간과하고, 학생들을 책임지고 지도하며, 그들을 지도하려고만 할 뿐 협력하여 연구하는 관행을 정착시키지 못한다. 목회자 역시 마찬가지다. 목회자가 신학자 정체성을 실천하지 않음으로써 목회는 공적 책임을 무시하고 또 비신학적 요인에 의해 쉽게 휘둘린다. 곧 경제적, 사회적, 정치적, 문화적 요인들이 신학적으로 걸러지지 않은 채 교회 안으로 침투해 들어와 교회를 어지럽힌다.

문제는 신학자가 목회자 정체성을 인정하지 않고, 또 목회자가 신학자 정체성을 인정하지 않는 것이다. 목회자는 학위가 없다는 이유로 자신을 신학자로 인식하기를 꺼린다. 신학자는 교회 목회를 하지 않는다는 이유로 목회자로 인식하기를 꺼린다. 목회는 교회 행위와 신앙에 관심을 두고 신학은 이성과 학문에 관심을

서 목회자 상을 회복하고자 했다. 목회자의 신학적 정체성을 매우 강조하고 있다. Kevin J. Vanhoozer/Owen Strachan, *The Pastor as Public Theologian*, 박세혁 옮김, 『목회자란 무엇인가』.

둔다는 이유로도 목회자와 신학자는 자기를 각각 신학자로 혹은 목회자로 인식하기를 주저한다. 교인은 신학과 무관한 삶을 산다는 이유로 신학자도 또 목회자도 아니라고 생각한다.

심지어 신학과 목회가 서로를 비신학적인 목회 혹은 목회와 무관한 신학이라고 비난함으로써 갈등의 불씨를 키우기도 한다. 이것은 신학과 목회에 관한 잘못된 인식이 가져온 결과다. 목회는 성도의 사역이며 헌신이고, 신학함(doing-theology)은 성도가 하나님을 적합하게 말하기를 실천하는 것이다. 현상을 진단하여 그에 적합하게 하나님을 말하고, 하나님 말하기를 비평하고, 하나님 말하기를 해석한다. 목회자는 목회 현실에서 성도가 교회와 세상에서 하나님을 적합하게 말하도록 양육한다는 점에서 모두 신학자이며, 신학자 역시 하나님을 적합하게 말하는 이유와 근거를 탐구하고 제시하면서 하나님을 적합하게 말하기를 실천할 뿐만 아니라 또한 그렇게 하도록 성도를 돕는다는 점에서 목회자다.

지금까지 말한 부분에서 분명해졌겠지만, 신학과 목회는 상호보완 및 협력 관계에 있다. 특히 교회와 교회가 처한 상황에 관심을 두고 문제를 해결하려는 노력을 기울이다 보면 양자의 상호보완 관계는 더욱 분명해진다. 오늘날 생명공학, 세계 기후, 생태계, 인권과 경제민주화 등의 문제를 인식하는 것과 문제를 해결하려는 노력에 교계와 학계가 보이는 공통의 관심은 상호보완의 관계가 얼마나 절실한지를 잘 말해준다. 관건은 문제를 공동으로 인지한 후에 문제해결을 위해 서로 만나 대화를 나누면서 공동의 노력을 기울이는 것이다.

목회자가 신학의 가치를 제대로 인정하지 않고 현장의 관심만 좇으면 기독교적 정체성이 의심받는 상황에 직면한다. 모습은 교회이지만 실상은 일반 사회단체와 사회운동으로 전락할 위험이 적지 않다. 실천하는 목회를 빌미로 신학 연구의 의미가 사장하는 경우는 없어야 할 것이다. 여기에 덧붙여 목회가 현장에 필요한 도구 곧 개발이론이나 성장이론 혹은 심리학 이론에만 관심을 기울이고 교회 행위에 대한 신학적 근거들에 무관심함으로 목회의 신학적 정체성을 상실하면 안

될 것이다. 오늘날 교회의 문제는 교회가 '기독교 본질'을 다시 회복할 때 해결될 수 있다. 이를 위해 교회 행위는 하나님의 행위에 근거해야 한다. 그렇지 않으면 경건의 모양은 있으나 경건의 능력이 결여한 교회로 전락한다. 뿌리를 제대로 내리지 못한 나무에서 생명력을 기대하는 건 무리다.

목회와 신학의 상호보완 관계를 좀 더 구체적으로 살펴보자. 신학자와 목회자의 관계는 어떠해야 할까? 서론에서 전방 군인과 후방 군인의 관계로 목회자와 신학자의 관계를 언급했는데, 이것을 염두에 두면 좋겠다. 먼저 목회자는 하나님의 행위를 선포하고 또 하나님의 행위를 인식하기 위한 소재인 하나님 경험을 현장으로부터 신학자에게 제공하면서 기존 인식의 틀을 넘어서는 경험 곧 하나님의 새로운 행위에 따른 경험을 신학자들이 관찰하고 인지하게 한다. 이것은 지금까지와는 다르게 역사하시는 하나님의 행위에 따른 결과라는 점에서 신학적 인식의 새로운 지평을 열기도 하고, 그래서 때로는 신학 자체를 바꾸는 결과로 이어진다.

그다음으로 신학자는 하나님을 새롭게 경험할 계기인 하나님의 행위를 목회자들의 현장 경험으로부터 전해 받고 그것을 정확하게 기술하면서 분석하며 그것의 신학적 적합성을 검토한다. 관찰된 하나님의 행위가 기존의 방식으로 설명할 수 없다면 다방면에 걸친 발견의 과정을 통해서 새로운 패러다임으로 기술하고 그 후에 신학적인 근거를 확립하기 위해 논의한다. 이로써 신학의 새로운 지평이 열린다. 신학적 근거는 목회자로 목회를 확신하게 하고, 하나님을 바르게 말할 수 있게 한다. 바로 이런 의미에서 신학과 목회는 상호보완 관계를 반드시 유지해야 한다.

목회와 신학의 상호보완 및 협력 관계가 어떤 모습인지 분명해졌다면, 이제는 상호보완 및 협력이 대체 왜 필요한지를 살펴보자.

상호보완 및 상호협력이 필요한 이유는 무엇보다 하나님이 주권적인 자유에 따라 행하시기 때문이다. 하나님은 당신이 원하시는 대로 당신이 원하시는 방법에 따라서 그리고 당신이 원하시는 때에 당신을 나타내신다. 하나님에 대한 인식은 오직 그의 말씀과 행위에 좌우되지만, 그것에 대한 인간의 인식은 인식능력의 한계 때문에 지극히 단편적일 수밖에 없다. 신학자들의 신학적 진술 속에 담긴 하나님에 대한 인식이나 목회자들의 목회 경험으로부터 얻는 하나님에 대한 인식은 그 자체로 완전할 수 없다. 하나님 인식의 정당성을 얻으려는 개인의 노력은 온전할 수 없다. 도대체 만물 위에 계시는 하나님을 만물 가운데 하나에 불과한 인간이 홀로 어떻게 인식할 수 있겠는가? 하나님의 주권적 자유로 인해 인간의 인식은 부분적이고 제한적이다. 그것은 다만 유기적 상호관계를 통해 한계를 조금이라도 극복하는 것으로 만족할 뿐이다. 비록 온전하지는 않아도 통전적 인식 혹은 인식의 통합을 위해 신학자와 목회자는 서로 힘을 합칠 수밖에 없다. 집단지성이 전능을 보장하지 않고 또 전지를 확보하진 못해도 독단적이고 배타적인 태도는 피할 수 있게 한다.

상호보완 및 상호협력이 필요한 두 번째 이유는 종말이 오기까지는 이 땅에 임한 하나님 나라에 대한 공격이 끊이지 않기 때문이다. 마귀는 미혹과 유혹과 고난 그리고 육체적 안락함 같은 화려한 영광을 통해 하나님 나라를 방해하고 무너뜨리려 한다. 예수 그리스도를 믿음으로 이미 이곳에서 경험할 수 있는 것을 누리지 못하도록 방해한다. 복음을 살아내는 의지를 무력화시키는 것에는 감각적인 것뿐만 아니라 또한 지적인 미혹 곧 이단이 있다. 굳이 이단이 아니라도 복음과 사도 전통의 가르침을 축소하거나 왜곡하거나 변질해 하나님 나라의 복음에서 멀어지게 만든다. 이것들을 분별하여 예수 그리스도의 복음과 사도 전통의 가르침에 머무르게 하는 역할이 신학이다. 신학은 영적 세력들과 맞서 싸우는 노력이며, 싸움터이고, 그리고 동시에 무기다. 목회자가 신학자에게 자문하지 않고, 또 신학자가 목회자로부터 교회 현장에서 일어나는 일들에 귀를 기울이지 않으면 교회는 각종 이단과 잘못된 가르침의 공격으로부터 속수무책으로 당할 수밖에 없다. 이렇게 되면 피해는 교회와 교인에게 돌아갈 뿐이다. 교회가 신학적 가르침을 소홀히 하거나 교역자가 아무런 신학 연구도 없이 오직 성경만을 읽고 자신의 소위 영적인 이해와 해석을 바탕으로 하는 설교와 신학적 성찰이 없는 목회, 그리고 아무리 탁월한 신학함의 능력과 성경 이해 능력이 있어도 실천이 없는 신앙으로 인해 부정적인 영향을 받아 길을 잃고 헤매는 교인이 많다.

세 번째 이유는 밴후처가 강조하여 말한 사항이다. 곧 교회가 공적인 책임을 감당하기 위해서 목회자는 공적 신학자여야 한다.[80] 하나님은 말씀하심으로써 당신의 뜻이 현실이 되게 한다. 말씀에는 권능이 있다. 하나님 나라의 현실은 세상 모든 것이 만족해 있는 상태이다(시 34:9-10). 하나님이 다스리시며, 이것이 진심으로 인정되는 곳에는 누구도 다른 누구에 의해 불의를 당하지 않으며 억울한 일을 겪지 않는다. 따라서 신학은 하나님이 누구이시고, 하나님의 뜻이 무엇이며, 하나님의 경륜을 살핌으로써 목회에 실천의 방향과 내용을 제공한다. 이것은 신학 자체가 공적인 이유이다.

이뿐 아니라 신학자 역시 공적 목회자여야 한다. 학계와 교계에서 신학자가 돌보아야 할 대상은 있다. 신학생이 올바른 신학적 판단 능력을 형성하기까지 목회적 마음으로 돌보아야 하고, 각종 대중강연이나 세미나에서 소통이 가능한 언어와 방식으로 신학을 전수할 수 있어야 한다. 그리고 신학적 가르침에서 수월성을 나타내 보일 뿐만 아니라 목회자로부터 목회 현실의 실상을 정확하고도 신학적으로 들을 수 있어야 한다.

잘못된 목회자 이미지: (CEO) 적어도 한국의 경우 최고경영관리자(CEO)로서 목회자 이미지는 교회의 대형화와 더불어 나타났다. 교회가 대형화되면서 한 명의 담임 목회자가 교회의 모든 면을 관리한다는 건 불가능한 일이 되었다. 다수의 부 교역자를 둘 수밖에 없고, 교회의 구조는 복잡해졌고, 건물관리, 재정관리, 업무

---

80 Kevin J. Vanhoozer/Owen Strachan, *The Pastor as Public Theologian*, 박세혁 옮김, 『목회자란 무엇인가』.

(사역)관리, 그리고 인사관리는 더욱 세분화하였다. 기업 구조와 다르지 않다. 책임 있는 교회 관계자는 담임목사에게서 기업의 CEO 역할을 기대할 수밖에 없었다. 70~90년대 초까지 경영 능력이 있는 사람이 담임목사로 환영받았다.

그러나 이런 이미지는 교회의 대형화와 기업화 추세에 따라 요청된 것이기에 교회론 관점에서 처음부터 잘못이라고 볼 수 있다. 목사는 교회의 소유주가 결코 아니며, 교인과 부 교역자에게 지시하는 제왕적 목회는 어떤 경우에도 허락될 수 없다. 잘못된 이미지는 목회를 그르칠 뿐이다.

최근에는 일각에서 담임 교역자와 부 교역자의 구분을 철폐하려는 노력이 있는데, 향후 교회 직제와 관련해서 심도 있게 고려해야 할 과제인 건 분명하다.

(전문행정가): 전문행정가 역시 CEO와 다르지 않은 이미지다. 경제에서 행정으로 바뀌었을 뿐이다. 최고 행정가로서 목회자 이미지의 부상 역시 교회 대형화와 밀접한 관련이 있으나 사실 전문행정가로서 목회자 이미지는 이미 오래전부터 사용되었다. 목회는 교인 수와 무관하게 교회라는 조직체를 원활하게 운영할 행정 능력이 절대적으로 필요하다. 교회 행정이 잘못되면 교회 행위는 거듭 갈등과 마찰의 굴레에서 벗어나지 못한다. 교회 행정은 수많은 다양한 목소리가 쏟아지는 교회에서 교회의 행위가 원활하고도 은혜롭게 진행하는 데에 꼭 필요한 일이다. 행정을 잘하면 정의가 바로 서고, 행정이 올바르지 못하면 불평과 불만이 가득해진다. 전문행정가란 다른 말로 하면 교회 정치에 능한 사람 정도로 이해할 수 있다.

그러나 전문행정가로서 목회자는 옳지 않다. 실제로 행정은 중요하고 또 행정이 잘못되면 교회 문제가 발생하는 건 사실이다. 그래도 그것은 목회에서 부수적인 일이다. 행정 능력을 간과해서는 안 되지만 말씀을 선포하고 성례를 바르게 집례할 수 있는 능력을 기르는 것을 간과해서도 안 된다. 그런데 이것을 차순위로 두고 정치를 통해 목회를 잘하려고 하면 목회는 본질에서 벗어난다. 세상과의 관계에서나 교회 내 세속적인 것과 관계에서 정치가 필요한 일이긴 해도 목회를 정치로 환원해서는 안 된다.

(활동가): 목회자가 각종 사회적 이슈에 관심을 기울이고 적극적으로 참여하는 활동가로서 정체성을 주장하는 건 일종의 교회 중심주의에 대한 반작용이다. 지나치게 교회의 일에만 관심을 기울이는 태도에서 교회가 공적 책임을 자각하여 정의 실현과 평화구현 그리고 인권 옹호 및 신장을 위한 노력의 복음적 가치를 깨달은 결과다. 목회와 신학의 공공성을 회복하고 실현하는 의미에서 매우 중요한 것이 목회자 정체성이다.

"공의와 정의를 행하는 것은 제사 드리는 것보다 여호와께서 기쁘게 여기시느니라."(잠 21:3, 참고: 삼상 15:2, 호 6:6)

문제는 상대적으로 복음 선포와 예전을 통한 예배 등에 소홀히 하는 것이다. 이미 두 초점 이론과 관련해서 언급했지만, 목회자는 교회와 세상, 예전을 통한 예배와 삶으로서 예배 사이에서 균형을 잡을 수 있어야 한다. 그렇지 않고 한쪽으로 기울면 복음의 본질을 잃는다. 처음에는 잘 드러나지 않아도 나중에는 걷잡을 수 없는 상태로 전락한다. 일상 예배로서 공적 책임을 인지하는 것 못지않게 교회 예배를 중시해야 한다.

(도덕 및 윤리 교사): 유교 문화가 짙게 배어 있는 한국에서 목회자에게 높은 수준의 도덕과 윤리를 기대하는 건 매우 자연스럽다. 사실 일반 성도가 하지 못하는 것을 교역자가 행해 주기를 바라는 대리만족의 심리가 발동하는 면이 없지 않지만, 엄밀한 의미에서는 하나님이 받으시기에 합당한 사람으로서 목회자가 모범을 보여주어야 한다고 생각한 결과이다. 성경에서도 도덕적으로나 윤리적으로 높은 수준의 삶을 요구하고 있다.

그러나 목회자에게 요구되는 도덕과 윤리 그리고 성품을 단지 도덕과 윤리의 차원으로 환원해서는 안 된다. 동참하는 삶이 아니라 모범으로 요구되면 복음이 율법으로 전락한다. 성경이 말하는 도덕과 윤리는 예수 그리스도를 믿음으로 예수 그리스도 안에서 성령을 통해 변화된 삶이기 때문이다. 인간의 노력으로 얻을 수 있는 것이 아니라 하나님의 뜻에 순종함으로써 성령의 역사로 일어나는 변화다. 하나님 나라가 우리 가운데 임할 때, 특히 개인에게 일어나도록 했을 때 성품의 변화는 일어난다. 이런 변화를 통해 윤리적이고 도덕적인 인간이 되는 것이지, 단지 인간의 의지적인 노력을 통해 이뤄지는 건 아니다. 비현실적인 목회자 이미지에 대한 확신은 목회에 대해 전방위적으로 불평을 말하게 할 뿐만 아니라 또한 온갖 불만을 품게 해 목회 자체를 불가능하게 한다.

(웅변가 혹은 강해 설교자): 목회자를 웅변가로 보는 건 설득력 있는 설교에 대한 기대 때문이다. 뛰어난 스토리텔러 혹은 감동적인 연설가, 심지어 강해 설교자도 마찬가지다. 강해 설교자는 사실 많은 목회자가 원하는 이미지다. 강해 설교자는 성경을 바르게 독해할 수 있고 또 그것을 설득력 있게 전달하는 능력이 있는 목회자를 말한다. 모든 목회자가 이런 이미지를 원한다고 말할 수 있을 정도로 매우 강력하게 요구되는 이미지다.

그런데 모든 목회자가 웅변가가 될 수 없으며, 또한 공감을 주는 강해 설교자가 될 수 없다. 아무리 능력을 길러도 스토리텔링에서 약점을 노출하는 목회자가 있는가 하면, 적은 능력으로도 화려한 수사학적인 기술을 사용해 훌륭한 설교자 이미지를 얻을 수 있다. 무엇보다 설교를 위해 정직하게 노력하는 것이 중요하지만, 설교의 결과와 관련해서 청중에게서 항상 좋은 이미지를 얻는 건 아니다.

목회자는 설교자이지만, 그렇다고 강해 설교자나 웅변가나 뛰어난 스토리텔러라는 이미지에 대한 욕심은 삼가야 한다. 최선의 노력을 기울이면서 또 기도하며 설교를 준비하고 하나님을 사랑하고 이웃을 사랑할 수 있는 사람이길 바라는 마음으로 설교한다면 그 진정성이 인정받을 것이다. 경우에 따라선 독해 능력과 무관하게 불필요한 말투나 몸짓으로 인해 청중이 설교를 듣는 데 방해받을 수 있다.

이를 위해 설교에 대한 모니터링은 필수다. 설교 내용은 물론이고 어투, 억양, 태도, 표정, 제스처 등을 살펴야 한다.

(부흥사): 담임목사 청빙과 관련해서나 일반적으로 교회가 목사를 청빙할 때 내심 기대하는 건 교회 부흥이다. 물론 여기서 말하는 부흥은 질적 성장을 포함한 양적 성장이다. 잠자는 영성을 깨우고 신앙생활에 활력을 주어 교회가 양적으로 성장시킬 능력이 있는 사람을 원한다. 그러나 대개는 양적 성장을 염두에 둔다. 부흥사로서 목회자 이미지는 목회자를 가장 크게 압박하고 심리적으로 위축시키는 것이다.

교회는 정말 성경적 의미에서 부흥을 원하는 걸까? 아니면 단지 과거에 대한 향수일까? 아니면 대형교회의 교인으로서 인정받길 원하는 욕망의 표현일까?

목회자들이 절망하는 때는 성경적 부흥을 위한 헌신은 준비되어 있지도 않고 또 실제로 그것을 원하지도 않으면서 -왜냐하면 자기가 변하길 원하지 않기 때문에- 교회의 부흥을 요구하는 성도를 만날 때이다. 성경적 부흥은 하나님과의 관계가 온전히 회복되어 친밀한 교제를 갖게 되고 세상을 향해 빛과 소금으로서 역할을 감당할 수 있는 사람으로 변화되는 데 있다. 성도에게서 온전한 예배가 회복하는 것이다. 그러나 이 일을 위해 교육받고 훈련받는 일에는 소홀히 하면서 부흥을 원하고, 또 그 일을 해야만 하는 사람으로 목회자를 생각하는 건 목회자를 탈진케 하고 절망케 하는 주범이다.

목회자는 부흥사가 아니다. 부흥은 하나님의 뜻에 순종하는 자에게 주어지는 하나님의 선물일 뿐이다. 목회자는 단지 부르심에 따라 최선을 다할 뿐이며, 부흥은 목사 혼자 열심을 낸다고 해서 일어나는 일이 아니다. 성도 모두가 협력하여 하나님의 목회에 순종할 때 하나님이 성령을 통해 선물로 주시는 결과다.

• 목회란?

성도가 하나님의 형상을 회복하도록 돕는 일: 목자의 정체성을 갖고 또 하나님 나라의 기대 지평을 갖고 실천하는 목회란 성도가 교회와 세상에서 하나님의 형상으로서 정체성을 갖고 살아갈 수 있도록 돕는 일이다. 반복해서 말했듯이, 하나님 나라의 백성으로서 살도록 돕는 일이다. 하나님은 인간을 당신의 형상에 따라 만드셨다. 이것은 인간의 존재론적인 요소를 가리켜 말하기보다는 피조물인 인간이 하나님 앞에서 어떤 존재이고, 어떻게 살아가야 하며, 또 어떤 목적을 갖고 살아야 할 것인지를 환기하는 의미로써 이해하는 것이 더 적합하다. 곧 하나님의 형상은 그 본질에서 하나님을 닮은 존재로 만들어졌다는 사실을 말한다. 이는 하나님의 권한이 위임되는 근거이고 또한 세상에서 살면서 하나님의 대리인으로서 하나님을 나타내며 살라는 부르심이다. 다른 관점에서 보면 인간이 서로에게서 하나님을 인지할 수 있는 삶을 살라는 소명이기도 하다. 이 소명에 따르면 모든 인간은 하나님을 나타내며 살 뿐 아니라 서로가 서로에게서 하나님을 인지할 수 있도록 서로 돕는 삶을 살아야 한다. 하나님의 형상으로 살지 못해 타인으로 하나님의 형상을 인지하지 못하게 하는 것도 문제이지만, 자기 안에 갇혀 타인에게서 하나님의 형상됨을 보지 못하는 것도 문제다.

이런 부름에 근거하여 인간은 하나님의 능력인 복을 받게 되며 이 능력으로 세상에서 하나님 나라를 관리할 권한을 행사할 수 있다. 모든 인간이 하나님의 형상으로 창조되어 같은 부르심을 받았으나 그리스도인은 이것을 인정하고 받아들인 사람이며, 믿지 않는 자는 이 사실을 알지 못하거나 이것을 인정하지 않고 또 받아들이지 않는 사람이다.

이런 맥락에서 목회는 성도를 포함해서 불신자가 성경의 하나님을 알 수 있도록 돕고 또 하나님과의 관계에서 자신이 어떤 존재임을 확인시켜 준다. 그들을 하나님 앞에 서게 하며, 하나님이 어떤 일들(특히 죄 용서와 자녀로 받아들임)을 행하셨는지를 알게 한다. 끊임없이 은혜를 베풀어주시는 하나님을 어떻게 예배해야 하는지를 가르치며, 창조로부터 시작된 하나님의 부르심을 듣고 인정하며 받아들이도록 하고 또 하나님의 은혜와 부르심에 적합하게 반응할 수 있도록 돕는 일이다. 이 일을 위해 목회는 복음을 선포하고 예수 그리스도를 알게 하고 그리스도인으로 자라도록 훈련한다.

부르심에 합당하게 살도록 돕는 일: 목회란 성도가 세상에서 하나님의 부르심에 합당하게 살아갈 수 있도록 돕는 일이다. 달리 표현한다면, 성도가 참으로 예배하도록 돕는 일이다.

성경에 따르면 태초에 세상이 하나님의 말씀대로 되었을 때, 하나님은 세상을 보시고 좋다/아름답다고 말씀하셨다. 하나님의 말씀대로 된 것에 대해 좋다 혹은 아름답다고 보는 것이 성경의 고백이다. 달리 말해서 기독교 창조신앙이 지향하는 건 우주의 기원을 밝히는 것이 아니라, 여호와 하나님이 모든 것들의 시작임을 고백하고, 또한 세상이 하나님의 말씀대로 변화되는 것이 하나님의 뜻임을 선포하는 것이다. 창조신앙은 세상의 원리에 따른 질서가 하나님의 말씀에 따른 질서로 변화하는 것에 최우선의 가치를 둔다. 이 일을 이루시기 위해 하나님은 인간을 부르시며, 성도는 그중에 먼저 부름을 받은 자다. 그러므로 세상을 변화시키기 전에 성도가 먼저 -물이 포도주로 바뀌었듯이 그렇게- 하나님의 말씀이 현실이 되는 과정에 동참하는 건 당연하다.

목회는 성도가 성도에게 하나님과 그분의 말씀을 가르칠 뿐 아니라 말씀대로 살 수 있는 능력을 길러주고, 하나님의 말씀에 따라 새로운 질서 안으로 편입된 변화된 모습으로(단순한 그리스도인이 아니라 새롭게 변화된 모습으로!) 세상에서 빛과 소금으로 살 수 있도록 교육하고 훈련한다. 물론 그 이전에 빛과 소금으로서 정체성을 각인시켜 주는 일이 필요할 것이다.

목회의 우선적인 과제는 교회에 출석하는 성도 곧 하나님의 부르심에 응답하여 예배하는 성도들을 하나님의 말씀에 따라 교육하고 훈련하는 데에 있다. 물론 여기에는 초대받아 온 불신자들을 포함한다. 그러나 관건은 교회에 출석하는 자를 먼저 고려한다. 성도는 하나님의 영광으로 초대되어 하나님을 예배하면서 하나님의 영광을 은혜로 누린다. 이어서 축도와 함께 성도는 삼위 하나님과 함께 세상으로 나간다.

목회는 세상으로 파송되는 성도가 세상에서도 살아계신 하나님이 임재하심을 믿고 하나님께 영광을 돌리는 삶 곧 선한 행실을 실천할 수 있도록 돕는다. 교회의 공공성은 지역사회 구석구석으로 파견되는 성도의 깨어 있는 삶을 통해 실천되는 것이지 목회의 영역을 교회 밖으로까지 확장한다고 해서 이루어질 일이 아니다. 물론 아직 충분히 훈련되지 않은 선교 현장에서는 목회 영역이 불가피하게 교회 밖으로 확장한다. 소위 평신도 목회자(제자교육을 통해 훈련된 성도)는 교회에서 교역자와 협력하는 교인을 일컫는 말이지만, 또한 교회 밖에서 소명을 갖고 사는 교인을 의미하기도 한다. 사실 후자의 관점에서 이해해야 한다. 만일 교육받고 훈련받은 성도들을 통해서가 아니라 교회가 직접 나서면 다양한 이해관계로 인해 반대하는 사람들에 의해 이익집단으로 오인할 소지가 크다. 목회의 과제와 한계를 바로 인식하지 않고 교회의 공공성을 내세워 사회적인 이슈와 관련한 입장을 섣불리 제시하면, 목회는 각종 이슈에 휘말려 사회 활동이나 정치적인 행위로 오인될 수 있으며, 이로 말미암아 오히려 복음을 무의미하게 만드는 결과를 초래할 수 있다. 복음을 들으려는 귀를 닫게 만들기 때문이다.

목회는 성도를 교육하고 훈련하여 교회 안팎에서 하나님의 말씀이 현실이 되도록 헌신하는 예수 그리스도의 제자가 되도록 돕는 일이다. 예배 교육(예배의 의미와 예배에서 일어나는 일 혹은 예전의 의미를 숙지하는 교육)부터 시작해서 온전한 예배를 위해 교회 예배와 일상 예배가 유기적으로 연결되도록 훈련하는 건 목회의 최상 과제다.

삶에서 하나님을 예배하는 일은 삶의 현장에서 따로 예배의 시간을 갖는다는 것을 의미하지 않는다. 예컨대 점심시간에 식사 시간을 아껴서 예배하는 시간으로 활용한다는 의미는 아니다. 그것도 의미 있는 일이지만, 이것보다는 오히려 하나님의 부르심에 응답하여 삶의 현장으로 나가 현장에서 일어나는 모든 일과 관련해서 하나님의 다스림을 나타내고, 하나님의 말씀대로 살려고 노력하면서 특히 어려움 가운데 있는 사람들의 구원을 위해 하나님의 도우심을 구하는 기도를 드리는 것, 그리고 사람들의 말과 행위를 사용하여 말씀하시는 하나님의 말씀에 귀를 기울이면서 이웃과 친밀한 사귐을 통해 예수 그리스도의 향기를 발하는 삶을 사는 것이다.[81]

교육과 훈련을 통해 목회는 성도가 하나님과 그분의 말씀을 알고, 하나님이 행하시는 일을 분별할 수 있으며, 하나님의 행위가 자신에게 일어날 뿐 아니라 자신을 통해 이루어지도록 적극적으로 받아들일 수 있게 하고, 기도하도록 함으로써 항상 하나님을 신뢰하고 의지하며 기대와 소망 가운데 살 수 있도록 돕는다. 달리 말하면 하나님과 올바른 관계를 맺고 살 수 있도록 성도의 영성을 길러줌으로써 하나님과의 관계를 회복할 뿐 아니라 이웃과의 관계가 바로 서도록 돕는다.

인간답게 살도록 돕는 일: 목회란 인간이 하나님의 형상으로서 인간다움을 회복하고 실현할 수 있도록 돕는 일이다. 기독교에서 말하는 인간다움은 철저하게 하나님과의 관계에서 고려된다. 기본에서는 성경의 가르침을 지향한다. 기독교에서 지향하는 인간의 본질은 '하나님의 형상' 곧 '하나님 앞에서 사는 인간'에서 찾는다. 하나님의 형상으로 만들어졌기 때문이다. '하나님의 형상'을 말하면서 성경이 의도한 바는 무엇인지, 이에 관한 신학적 견해는 분분하다. 다만 어떤 의미로 해석하든 공통적인 것은 인간이 하나님을 닮은 존재로 만들어졌다는 것이다. 이것은 먼저는 인간이 하나님을 닮은 존재로 회복하고 그다음에는 인간이 인간에게서 하나님을 인지할 수 있게 하라는 과제를 제시한다. 타인에게서 하나님을 볼 수 있는 안목을 갖추고 있을 뿐 아니라 타인이 내게서 하나님을 볼 수 있도록 하라는 의미이다. 그러나 그것이 구체적으로 어떤 모습일지는 하나님 안에 감추어져 있다.

"사랑하는 자들아 우리가 지금은 하나님의 자녀라 장래에 어떻게 될지는 아직 나타나지

---

81   이에 관한 구체적인 사례들은 다음을 참고: 셰인 클레어본/크리스 호, 『대통령 예수』, 앞의 같은 글.

아니하였으나 그가 나타나시면 우리가 그와 같을 줄을 아는 것은 그의 참모습 그대로 볼 것이기 때문이니"(요일 3:2).

목회는 하나님 형상으로의 회복과 하나님의 형상과 관련해서 인지능력을 개발하고 또한 상호관계에서 하나님의 형상을 나타내 보여줄 수 있도록 교육하고 훈련하는 일이다. 그러니까 관건은 하나님을 아는 것이다. 따라서 기독교 인간 이해는 신학적인 기초를 가질 수밖에 없다.

성경에 나타난 하나님을 아는 방법은 여럿이나 가장 기본이 되는 건 이름을 통해 아는 것이다. 대개 고대 근동지역의 신명은 하나님의 본질을 반영하기 때문이다.[82]

하나님의 이름은 '하야(영어 be 동사)' 동사의 미완료형(문맥에 따라 현재나 미래로 이해되는 시제)인 네 개의 자음 곧 사성문자(四聖文字)로 표기해 왔으나 하나님의 이름을 함부로 부르기를 삼가는 경향에 따라 '아도나이(나의 주님)'란 표현으로 대체하여 불렀다. 그 결과 모음이 없는 자음으로만 구성된 하나님의 이름 자체를 부르는 방법을 잊어버렸다.

다수의 학자가 밝힌 바에 따르면, '야웨(혹은 야훼)'가 가장 근접한 이름이라고 하나 그 뜻과 관련해선 의견이 나뉜다. 헬라어 번역본인 70인 역본은 미완료 동사로 된 이름의 뜻을 현재시제로 보고 그것을 그리스어로 번역해 '나는 스스로 있는 자' 곧 '자존자(自存者)'의 의미로 이해하였다. 그리고 각종 번역본은 이것을 바탕으로 번역한 것이다. 이는 다신 사상의 배경에서 성경의 여호와 하나님이 참 하나님이며 최고 하나님이라는 신앙을 드러내는 번역이다. 일종의 그리스 문화와 철학 배경에 따라 번역한 것이며 그 시대에 적합한 신앙고백이었다.

그러나 마르틴 루터를 비롯하여 유대교 철학자인 마틴 부버(Martin Buber)와 일부 구약학자들은 히브리 관습에 따르면 미래형으로 번역해야 한다고 주장한

---

82   Choi Sung Soo, "Das dritte Gebot und die Frage nach dem richtigen Reden von Gott", *Korea Journal of Systematic Theology*, Vol. 3, 1999, 283-298.

다. 현재형의 의미가 전혀 없거나 그런 번역이 잘못이라기보다는 히브리어 관습에 따르면 미래형의 의미가 더 적합하다는 것이다. 미래형으로 이해하면 'I will be there.(존재할 것이다)'가 된다. 이름이 불리는 그곳에 있을 것이라는 의미이다. 특히 독일 본(Bonn) 대학 은퇴 교수인 구약학자 슈미트(W. H. Schmidt)는 이 말을 'Helper(돕는 자)'의 의미로 이해했다. "우리의 도움은 천지를 지으신 여호와의 이름에 있도다"(시 124:8). 필자의 관찰에 따르면 이 의미로 이해할 수 있는 단서는 성경 곳곳에서, 특히 시편에서 매우 자주 나타난다. 도움(시 27:9, 28:7, 33:20, 40:17, 46:1, 94:17, 121:2 etc.), 돕는 자(시 30:10, 54:4, 118:7) 등. 이와 관련해서는 하나님 이해에 따른 교육을 말할 때 자세히 언급할 것이다.

하나님의 이름의 의미와 관련해서 볼 때, 목회는 돕는 일이다. 주장하거나 자신을 내세우는 것이 아니라 타자를 돕는 일을 주 사역으로 삼는 것이다. 자기가 하고 싶거나 할 수 있는 여건이 되어서가 아니라 사람들이 하나님의 은혜를 받도록 그리고 사람들이 목회를 통해 하나님을 인지하고 예배할 수 있기 위해 순종하며 행하는 일이다.

하나님의 은혜와 인간다움의 실현: 목회란 본질에서 자신의 가치관과 세계관에 따라 혹은 세상의 지혜에 근거하여 세상을 판단하며 자신을 스스로 통제하며 살려는 인간을 하나님의 말씀대로 살고 또한 하나님의 은혜 안에 머물며 오직 하나님의 은혜로 만족하며 살면서(하나님을 경외하며 살면서) 하나님의 판단에 자신을 드러내고 또 하나님의 통치 받기를 주저하지 않는 인간이 되도록 돕는 일이다. 먼저는 자신이 그런 사람이 돼야 하고 그다음에 성도의 변화를 돕는다. 이렇게 말할 수 있는 이유가 있다.

창세기 3장엔 인간의 타락 사건이 나온다. 인간은 '환희(희열)의 동산'이라는 뜻을 가진 에덴에 머물면서 세상에 대한 하나님의 통치를 위임받았다. 한 가지 명령만 지키면 모든 일에서 자유로운 삶을 누릴 수 있었다. 선과 악을 알게 하는 나무의 실과를 따 먹지 않는 것이다. 그곳엔 영생 곧 하나님의 생명을 누릴 수 있게 하는 생명 나무도 있었는데, 있다는 사실 외에 그것이 어떤 나무인지 또 어디에 있는지를 설명하는 말이 기록되어 있지 않다. 관찰자 시점에서 기술되어 있을 뿐 실제로 인간이 숙지하고 있었는지는 모르는 일이다. 생명 나무의 실과는 그것을 따먹으면 영생을 누릴 수 있다는 점과 구약시대에 영생을 누리기 위해선 완전한 의인이어야 한다고 생각한 점을 종합하여 생각한다면, 다만 하나님의 은혜 안에 머물면서 자유를 누리며 사는 일상을 비유하는 표현이지 싶다. 곧 하나님의 은혜로 보장된 자유를 누리며 사는 삶, 곧 하나님을 경외할 때 얻는 지혜로 사는 삶, 그것이 하나님의 생명이며 영생이다.

이에 반해 인간은 자유로운 삶인 영생 대신에 선과 악을 알게 하는 나무의 열매를 따 먹었다. 물론 유혹을 따라 일어난 일이었지만, 이 사건은 인간이 하나님 안에서 누리는 자유와 하나님의 생명을 누리며 사는 것보다 자신의 가치관과 세계관에 따라 세상을 판단하며 자기를 통제하며 사는 것을 더욱 좋아한다는 사실을 폭로한다. 인간의 본질을 폭로하는 것이다. 비록 하나님의 통치를 위임받았다 해도 관리하는 일에 국한할 뿐 세상을 판단하고 자기를 통제하는 일은 오직 하나님에게 있었다. 인간은 금단의 열매를 따 먹음으로써 세상과 자기를 다스리려 하였고 이로써 하나님처럼 되려는 의지를 드러내었다. 결과적으로 하나님처럼 눈이 밝아지리라는 유혹자의 말처럼 되었다.

인간의 타락 사건을 통해 드러난 인간의 본질을 목회와 관련해서 생각하면, 목회는 자신의 가치관과 세계관에 따라 세상을 판단하고 자신을 스스로 통제하며 살려는 인간이 하나님의 은혜 안에 머물고 그 은혜로 만족하면서 하나님의 다스림을 받고 또 하나님의 지혜와 말씀에 근거한 자유의 삶을 살도록 돕는 일이다.

그러나 인간의 본질을 성찰하거나 인류의 역사를 일별해 보면 이런 일은 거의 불가능에 가깝다는 사실을 깨닫는다. 지금까지 누구도 이 일에 온전히 성공한 사람이 없다고 말할 정도다. 그러니 교회 안에서 사람은 변하지 않는다는 말이 끊이지 않는 것이다. 변화된 자로서 흉내를 낼 뿐 본질에서는 결코 변한 것이 아니라는 말을 오랜 목회 경험을 가진 원로 교역자들에게 어렵지 않게 들을 수 있다. 목회가 인간을 대상으로 하는 것이긴 하나 결국 목표라는 것이 처음부터 불가능한 일이기에 목회는 사실 헛발질하는 건 아닐지 싶다. 이게 사실이라면 이런 비극이 어디 있는가? 그래도 하나님이 위임하셨다는 사실을 믿는다면, 목회는 결코 포기할 수 없는 일이며, 또한 이 일을 위해 하나님은 계속해서 성도를 부르신다. 죄로 물든 인간의 본성을 생각할 때 헛발질에 불과할 수 있는 일임에도 하나님은 왜 인간을 성도로 부르시는 걸까?

이와 관련해서 예수님을 생각해보자. 예수님은 목자로서 정체성을 갖고 사셨다. 예수님의 인격과 사역은 목회와 목회자의 본질을 이해하는 데 매우 중요한 단서를 제공한다. 비록 같은 수준은 아니라도 목회의 전형을 예수에게서 찾아볼 수 있기 때문이다. 하나님처럼 되려 함으로써 오히려 육체에 매여 사는 자들을 구원하시기 원하는 하나님의 뜻에 따라 예수님은 오히려 하나님으로서 인간이 되셨다. 이로써 인간이 굳이 하나님처럼 되려고 하지 않아도 하나님의 은혜 안에서 하나님의 생명을 살 수 있음을 계시하셨다. 예수 그리스도는 하나님의 뜻이 자신에게 그리고 자신을 통해 이뤄질 뿐 아니라 이 땅이 하나님이 보시기에 좋은 곳이 될 수 있기 위해 평생을 하나님의 말씀대로 사신 분이었다. 스스로 말씀대로 사셨을 뿐 아니라 현실이 하나님의 말씀대로 되도록 하셨으며, 모든 일에서 하나님의 말씀이 진리임을 보이셨다. 자신을 하나님의 말씀에 조율하며 사셨다. 이로써 예수님은 인간의 몸을 입고 아버지 하나님을 세상 가운데 온전히 나타내 보이셨다(요 제17장).

목자로 부름을 받아 행하는 목회는 하나님의 말씀이 현실이 되도록 하는 일이며, 이 일에서 인간이 순종할 수 있도록 돕는 일이다. 하나님 나라를 관리하면서 성도로 하나님 나라의 백성으로서 살도록 교육하고 훈련하는 과정에서 목회는 언제나 다양한 형태의 방해를 받는다. 인간관계에서 부딪히는 갈등과 같은 인격적인 방해가 있는가 하면, 하나님의 뜻에 순종하는 것을 방해하는 사탄의 공격도 받는다. 따라서 목회는 하나님 나라를 침노하는 자들과 맞서 싸우는 영적 투쟁의 양상을 띤다. 그것은 자기와의 싸움이기도 하고 악의 세력을 상대로 하는 싸움이기도 하다. 그러니까 인간을 어떤 가치관이나 세계관에 따라 변화시키는 일이 목회가 아니라 하나님과 그분의 뜻에 헌신하신 예수님의 삶을 살면서 사람들로 같은 목적을 갖고 생각하고 순종하는 삶으로 초대하는 일이다. 스스로 세상을 판단하며 살기보다 자기를 하나님의 판단 앞에 세우고, 또 자신을 스스로 통제하며 살기보다 하나님이 자신을 다스리도록 내어드리는 사람이 되도록 초대한다. 결과적으로 목회는 목회자인 성도 자신에 대한 채찍질이며, 이런 삶이 하나님의 은혜 안에 있는 사람에게 당연하고 또 구원받은 사람으로서 마땅한 일임을 나타내 보이는 일이다.

목회가 왜 자주 윤리와 도덕의 문제로 인지되는지 그리고 왜 성도 개인의 문제로 여겨지고 또 평가받는지는 바로 이런 이유에서 이해할 수 있다. 목회는 먼저 목회자 자신의 변화를 위한 사역이며, 그 후 변화된 인격과 삶을 통해 실증된 가르침과 삶의 방식을 매개로 다른 성도 역시 같은 목적을 갖고 살도록 격려하고 용기를 주면서 돕는 사역이다. 목회가 먼저 교역자 자신을 대상으로 하지 않고 오직 교인을 대상으로만 하는 사역이 될 때, 그것은 경건의 모양만 있고 경건의 능력은 없는 종교인만 양산할 뿐이다. 목회의 우선적인 과제는 성도 특히 교역자 자신에 대한 목회이다.

성도 자신이 하나님 나라의 백성으로서 깨닫지 못하거나 실제 그런 삶을 살지 못하면서 어떻게 다른 성도를 인도할 수 있겠는가? 목회는 성도 혹은 목회자 자신에 대한 목회를 전제한다. 교역자의 경우 대체로 신학교육을 이수했거나 특별한 목회 경험을 했다고 해서 이런 전제를 충족했다고 생각하면 오산이다. 목회자 자신에 대한 목회는 평생 이루어진다.

그렇다면 변화되지 않은 사람은 목회에 부적격한 걸까? 베드로의 경우는 어떻게 생각할 것인가? 예수님을 세 번이나 부인했던 베드로에게 예수님은 어찌해서 목양을 맡기셨을까? 인간적으로 생각할 때 이해하기 쉽지 않은 일이다. 굳이 이유를 찾는다면, 인간이 아니라 하나님이 하시는 일이기 때문이며, 예수 그리스도는 오순절 날 성령 강림의 사건을 염두에 두셨기 때문이다. 예수와 동행하는 제자로서 삶에서도 변화되지 않았던 베드로는 성령의 역사를 체험한 후 그리고 성령의 능력에 의지하여 복음을 전하는 삶으로 바뀌었다. 사도 바울 역시 성령의 역사에 따른 변화를 지향하는 목표를 바라보면서 목회하였다.

다시 말해서 성도가 아직 변화된 삶을 살지 못한다 해도 성령에 사로잡혔다면 목회의 자격이 있으나, 만일 그렇지 않았다면 목회할 자격이 부족한 사람이다. 성령으로 충만하거나 성령에 사로잡혔다는 건 육체의 욕심에서 벗어났다는 말이 아니라 육체의 욕망을 충분히 인지하고 있고 또 비록 육체의 욕망이 현저한 현실에서 자주 넘어진다 해도 다시 일어나 성령의 인도하심에 기꺼이 복종한다는 뜻이다. 유혹을 이기고 말씀대로 살려는 힘은 성령에 사로잡힐 때 솟아난다. 회개하였다 해도 세상에서는 여전히 죄인으로 살 수밖에 없는 존재가 인간이다. 목회를 위한 성도의 헌신은 먼저 성도 자신의 한계로 인한 절망과 성령 하나님을 통한 회복으로부터 시작한다.

하나님이 성도를 부르시는 이유는 성도를 통해 무엇을 이루시기보다 먼저 그들 자신을 거룩하게 하시고 당신의 백성으로 삼으시려는 것이다. 하나님 안에서 안식하고 환희를 느끼며 평안 가운데 살게 하시려는 것이다. 곧 성도는 목회의 본질 곧 하나님의 형상으로서 하나님을 세상 가운데 나타내며, 다른 성도로 부르심에 합당하게 살도록 돕고 또한 하나님의 은혜 안에서 그 은혜로만 만족하며 살도록 부름을 받는다. 그리고 이런 구체적인 삶을 목회를 통해 드러내라는 부르심을 받는다. 이것은 레위기를 통해 가장 분명하게 확인할 수 있다. 하나님께 제사를 집례하는 제사장은 먼저 하나님 앞에서 거룩함을 입어야 하며, 인격과 삶 그리고 제사 집례를 통해 하나님의 거룩함을 나타내야 했다. 그러므로 목회는 먼저 목회의 주체인 성도 자신이 하나님의 은혜 안에 머물고 하나님의 은혜로만 만족하며 살 수 있는 것을 과제로 삼는다. 목회자 자신이 목회의 우선적인 대상인 것이다. 죄를 깨닫지 못하거나 인정하려고 하지 않는 자나 회개할 줄 모르는 자는 목회의 과제를 맡은 성도로서 적합하지 않다. 먼저 자기가 하나님의 은혜 안에 머물고 또 은혜로 만족하는 자로 살 때 -의도적으로 모범을 보이려고 하지 않을 때- 성도는 하나님을 세상 가운데 나타낼 수 있으며, 다른 성도가 같은 일을 행할 수 있도록 도울 수 있다.

8. 목회의 세 유형

목회는 리더십과 지역적 특성 그리고 영성에 따라 다르게 실천된다. 목회를 연구하는 사람마다 혹은 목회자마다 각각 자기 특성에 맞는 다른 목회 유형을 제안한다. 필자가 파악한 목회 유형을 나열해보면 이렇다.

전통 목회, 도시 목회, 농어촌 목회, 마을 목회, 상담 목회, 교육 목회, 셀 목회, 평화 목회, 영성 목회, 문화 목회, 예술 목회, 선교 목회, 에큐메니즘 목회, 심방 목회, 예배 목회, 이중직 목회, 통전적 목회, 별세 목회, 제자 목회, 큐티 목회, 웰빙 목회, 웰다잉 목회, 소그룹 목회, 대형교회 목회, 작은 교회 목회, 패러다임 목회, 이민 목회, 선교지 한인 목회, 선교지 원주민 목회 등, 그 수를 다 헤아리기 어려울 정도로 많다.

다양한 유형의 목회를 파악하여 이곳에서 모두 설명한다는 건 불가능하다. 다만 목회 유형들에 공통으로 적용할 수 있는 세 가지 유형을 소개하고자 한다. 십자가 신학에 따른 그림자 목회, 창조신앙에 따른 진/선/미 목회, 그리고 삼위일체 신학에 근거한 목회 곧 통전의 원리에 따른 목회다.

십자가의 신학에 따른 그림자 목회

• 하나님 나라를 지시하는 일

이런 질문을 해보자. 책임 있게 목회를 수행하는 성도는 예수 그리스도와의 관계에서 무엇일까? 스위스 출신으로 독일에서 활동했던 신학자 카를 바르트(Karl Barth)는 15세기 화가 마티아스 그뤼네발트(Mathias Grünewald)가 그린 아젠하임의 제단화 중에서 십자가 처형 부분을 통해 자기 신학의 정체성을 설명했다. 이 그림에는 십자가에 달린 예수 그리스도와 그 옆에서 손가락으로 예수 그리스도를 지시하는 세례요한의 모습이 있다. 이는 예수 그리스도와 세례요한의 관계를 그뤼네발트가 나름대로 해석하여 표현한 것이다. 바르트는 이 그림이 특히 목회자(신학자)의 이미지를 가장 잘 표현한 것으로 여기고는 십자가에 달린 예수 그리스도를 증언하는 자로서 세례요한의 모습에 빗대어 목회자(신학자)를 '지시하는 자' '증언하는 자'로 보았다.

실제로 세례요한은 예수 그리스도와 관련해서 자신을 '광야에서 외치는 자의 소리'에 불과하며 '그분의 신발 끈을 풀기에도 부적합한 사람'으로 여겼다. 그분을 증언하는 '소리'에 불과하다는 것이며, 그러함에도 불구하고 그분의 종으로 일할 자격조차 갖추지 못했다는 말이다. 영광을 얻어야 할 분은 예수 그리스도이고, 자신은 오히려 망해야 한다고까지 말했다. 세례요한은 예수 그리스도와 자신의 이런 관계를 -옥에 갇혀 지낼 때는 조금 의심하였지만, 결국- 순교할 때까지 유지했다. 살아있는 동안에는 자기 제자들이 예수님을 따르는 것을 막지 않았고 그것에 대해 불만을 품지도 않았다. 그는 세상에서 영광을 얻기를 포기하고 오직 권능으로 오시어 성령으로 세례를 베풀 메시아를 증언하는 일에 전념하다 결국에는 순교했다. 자신을 드러내지 않고 오직 예수 그리스도를 하나님의 어린 양으로 세상 가운데 드러내는 일에 최선을 다했다.

교역자는 교인 앞에서 예수 그리스도와 그의 사역을 증언하도록 부름을 받는다. 말씀과 삶으로써 하나님의 말씀이 진리임을 나타내 보이고 교인들을 같은 목표로 이끌어 준다. 증인은 누가 뭐라 해도 자신이 보고 들은 것이 진실임을 말하도록 부름을 받는다. 자신의 유익을 위해 거짓을 말하지 않고 신변의 위협이 현존한다 해도 위증하지 않는다. 신변의 위협 때문에 사실을 말하지 않을 수 있으나 그건 증인으로서 올바른 자세는 아니다. 증인은 다툼의 여지가 있는 상황에서 사람들에게 진리를 알리기 위해 존재한다. 때로는 증인 때문에 진실이 입증되지만 때로는 잘못된 증인으로 인해 진실이 묻히기도 한다. 증인으로서 확실한 정체성을 갖기 위해선 증언해야 할 내용(하나님의 말씀과 행위)을 숙지하고 있어야 하고 또 그것과 자신의 관계가 확실해야 한다. 자기도 알지 못하고 또 알고는 있어도 진리로 믿지 않으면서 증인으로서 역할을 담당하는 건 있을 수 없다.

• 십자가의 신학과 영광의 신학

예수 그리스도와의 관계에 있는 세례요한의 이미지를 잘 설명할 뿐 아니라 종교개혁자 마르틴 루터를 말할 때마다 빠지지 않는 것 중에 '십자가의 신학(theologia crucis)'이 있다. '영광의 신학(theologia gloriae)'과 반대되는 의미의 개념이다. '영광의 신학'이라 함은 예수 그리스도가 부활 후에 얻은 영광을 추구하는 신학을 말한다. 하나님의 권능과 영광의 현실은 세상에서 인식 및 실현 가능하다고 보고 그것을 추구한다. 따라서 영광의 신학은 세상에서 성공과 번영을 통해 영광을 얻는 것을 신앙의 목표로 삼도록 한다. 하나님의 구원은 왕으로서 권능을 가진 자를 통해 이뤄진다고 본다.

예수 당시 사람들은 메시아를 기다리면서 그가 왕으로 오실 것을 기대했고, 자신의 현실 문제를 해결해주길 기대했다. 로마의 식민지 상태에서 해방하여 줄 것을 기대했으며, 나라와 민족이 권능을 통해 회복할 것을 열망했다. 그들은 예수와 그의 십자가를 통해서는 결코 자신들의 기대가 충족될 수 없음을 알았다. 오히려 십자가에 달린 예수님을 향해 말하길 십자가에서 내려오면 왕으로 인정하겠다는 식의 말을 했다. 왕의 자리에 오를 줄 알고 따라다녔던 사람들이 십자가에 매달리는 모습에 실망하여 그를 떠났던 것처럼 작은 것, 연약함, 부족함 등에서 하나님의 현존을 인정하지 않는다.

이것이 바로 영광의 신학이요 또한 세상의 영광을 추구하는 신앙을 뒷받침한다. 이런 신학의 특징은 자기 안에서 하나님이 일하시도록 하고, 먼저 자신에게 하나님의 뜻이 일어나도록 하며, 그리고 자신을 통해 하나님의 뜻이 이루어지도록 하는 그런 길은 가지 않는 것이다. 순종할 때 겪는 고난의 삶을 통해 하나님이 일하시어 그의 뜻을 이루시길 바라기보다는 오직 영광에만 관심을 기울이고 그 영광을 현실에서 누리기를 원한다. 말은 하나님의 영광을 위한다 해도 실제로는 하나님보다 자신과 자기 욕망을 더 앞세운다.

이에 비해 '십자가의 신학'은 하나님을 '숨어 계신 분'으로 인정한다. 비록 보이지 않아도 고난이 따르는 순종을 통해 하나님이 일하심을 믿는다. 무엇보다 하나님의 구원은 예수 그리스도의 고난을 통해서 일어나는 것을 믿는다. 영광을 위해선 반드시 고난이 있음을 인정한다(no glory without the cross).

> "이르시되 인자가 많은 고난을 받고 장로들과 대제사장들과 서기관들에게 버린 바 되어 죽임을 당하고 제3일에 살아나야 하리라 하시고"(눅 9:22)

하나님은 비록 숨어 계시나 당신의 뜻을 이루시는 일에서는 성실하시다. 십자가의 신학은 자기 안에서 하나님이 일하시도록 하며, 하나님의 뜻이 비록 수용하기 어렵더라도 세상의 구원을 위해 먼저 자신에게 일어나길 거부하지 않고, 고난을 피하지 않으며, 오히려 인내함으로 그분의 뜻이 자신의 순종을 통해 결실하도록 한다. 자신을 하나님 안에 숨겨놓고 오직 하나님만을 세상 가운데 드러내려 한다. 세례요한은 자기에게 몰려드는 사람들이 세상의 죄를 지고 가는 하나님의 어린 양을 주목하도록 함으로써 십자가의 신학을 설교하고 또 실천하였다.

목회하는 성도로서 정체성을 갖고 십자가의 신학을 듣는다면, 아마도 다음의 질문은 피할 수 없을 것이다. '그렇다면 십자가의 신학에 합당한 목회는 어떤 모습일까?' 십자가의 신학에 적합한 목회 이미지를 얻기 위한 중간 단계로 그림자 이미지에 대해 생각해보자.

• 그림자에 대한 다양한 이미지

그림자는 빛과 물체가 만나 형성된다. 철학자 플라톤은 실체와 현상을 구분하여 말하면서 빛과 그림자의 관계에 비유했는데, 그림자는 실체와 진리가 아닌 현상의 세계를 가리킨다. 플라톤은 동굴 속에서 빛을 등지고 있는 사람이 벽에 비친 그림자를 보는 이미지를 사용하였다. 이는 인간이 감각적으로 경험하는 현상의 세계는 실체가 아니라 그림자를 보는 것과 같다는 뜻이다. 그림자는 실체가 아니라 이미지에 불과하기에 그것을 아는 것으로 만족해서는 안 되며, 그것을 계기로 이성을 통해 실체를 인식하는 데까지 나아가도록 노력해야 한다. 그림자는 실체의 존재에 대한 단서에 불과하다.

그림자는 '그늘'로도 불린다. 그늘은 빛을 받은 물체 뒷면에 생기는 것으로 사람들이 뜨거운 한낮의 빛을 피해 쉴 수 있는 공간이 되지만, 인생의 어두운 면을 말할 때도 종종 사용된다. 그래서 그늘 속에 있다는 건 아직 세상으로부터 인정받지 못한 상태에 있거나, 누군가의 보호를 받으며 사는 인생, 혹은 아직 자기의 뜻을 이루지 못한 인생을 의미한다.[83]

---

83 가수 서유석의 노래 '그림자'는 해가 떨어지면 밝아지는 가로등이나 각종 불빛이 환하게 밝히는 밤거리를 헤매고 다니는 자신을 그림자로 빗대어 부른 노래다.
"그림자 내 모습은 거리를 헤매인다/그림자 내 영혼은 허공에 흩어지네/어둠이 내리는 길목에 서성이며/불 켜진 창들을 바라보면서/아아아아 외로운 맘 달랠 길 없네/그림자 내 이름은 하얀 그림자"
여기서 그림자는 한편으로는 빛이 사라진 세상에서 살아가는 자신을 통해 박정희 유신 시대의 어두운 정치 현실을 비꼬는 듯이 보이기도 하고, 다른 한편으로는 존재감이 사라진 자신의 모습을 비유하는 내용으로도 이해할 수 있다. 특이한 점은 그림자는 늘 검은색임에도 '하얀 그림자'라고 말한 것이다. 비록 세상이 어두워도 자신마저 그것에 동조하지는 말아야 한다는 자의식을 표현한 것은 아닌지 싶다. 노래는 그림자라도 얼마든지 자기 정체성을 나타낼 수 있음을 말한다.

무엇보다 그림자는 물체가 빛을 만나 생기는 현상이기에 실체와 떼려야 뗄 수 없는 관계에 있다. 실체 없는 그림자란 존재하지 않는다. 그림자가 있다면 반드시 그것의 원본에 해당하는 실체가 존재한다. 그래서 '그림자처럼 따라다닌다'라는 표현에서 볼 수 있듯이, 그림자는 누군가와 매우 밀착된 관계, 떨어지지 않는 관계를 표현한다.

'그림자 목회'는 실체이신 예수 그리스도와 떨어지지 않는 관계를 비유한다. 성도는 사나 죽으나 예수 그리스도의 그림자다. 성도의 존재는 예수 그리스도의 존재를 반영한다. 현 존재(Dasein)를 통해 존재자(Sein)가 드러난다는 하이데거(Martin Heidegger)의 주장에 빗대어 말한다면, 하나님은 성도를 통해 당신의 모습이 나타나길 원하신다. 성도는 자신이 그림자가 아니라 스스로 실체이길 바라서는 안 되며, 성도 자신이 하나님의 나타나심을 방해하는 요인이 되어서도 안 된다. 인간이 하나님이 되려고 할 때 문제가 생긴다. 이것은 인간의 근원적인 죄다. 이것의 심각한 결과를 일깨우고 또 죄의 문제를 근본적으로 해결하려고 하나님은 인간이 되셨다. 인간이 되심으로써 인간으로서 어떻게 하나님의 부르심에 충실하게 살며 하나님을 예배할 수 있는지 모범을 보이셨다. 인간은 하나님이 되려고 해서는 결코 안 된다. 전혀 그럴 필요가 없음을 예수님은 인간으로 오심으로써 곧 성육신을 통해 직접 보이셨다.

밴후처가 목회자에 관해 말한 다음의 내용은 그림자 목회에 많은 통찰을 준다.

> "목회자는 … 자신을 아무것도 아닌 존재로 만들고, 자신에게 관심이 모이지 않고 오히려 자신에게 관심이 멀어지도록 말해야 하는 공적 인물이다. 목회자는 사람들을 자신의 사고방식이 아니라 하나님의 길로 이끌기 위해 진리 주장을 해야 한다. 목회자는 자신의 사회적 지위를 확대함으로써가 아니라, 필요하다면 그것을 축소함으로써 성공을 거둔다."[84]

이런 목회자 상을 실천하기 위한 제안으로 그는 (위 인용 글의 각주에서) 고독한 목

---

84   Kevin J. Vanhoozer/Owen Strachan, *The Pastor as Public Theologian*, 박세혁 옮김, 『목회자란 무엇인가』, 35.

회자의 모습을 제안하면서 연구하고 기도하는 삶을 바람직하다고 보았다.

한편, 그림자 비유를 통해 말하려는 의미를 올바르게 포착해야지, 그렇지 않으면 교만한 늑대가 될 수 있다. 그림자 목회에서 주의할 점은 교만한 늑대처럼 그림자의 크기로 자기를 평가하지 않는 것이다. 에드워드 윌슨의 글에서 다음의 우화를 읽을 수 있었다.

> "어느 날 저녁 늑대가 식욕이 동해서 의기양양하게 굴을 나섰다. 총총 달려가는데, 저무는 해에 땅에 그림자가 길게 드리웠다. 그러자 늑대의 몸집이 실제보다 100배는 더 커 보였다. 늑대는 거만하게 외쳤다. '내가 이 정도로 크다니! 저 조그만 사자에게서 왜 달아나야 하지? 나와 사자 중에서 누가 왕인지 보여주겠어.' 바로 그때 엄청난 그림자가 늑대를 완전히 가렸고, 곧이어 사자가 단번에 늑대를 쓰러뜨렸다."[85]

• 선악과의 유혹

다시 처음의 질문으로 돌아가 보자. 십자가의 신학에 맞는 목회의 유형은 무엇일까? 십자가를 지시하는 자는 십자가에 근접해 있어야 한다. 그래야 지시하는 것을 사람들이 볼 수 있기 때문이다. 설령 근접해 있지 않아도 십자가에 달리신 예수 그리스도를 정확히 인지할 수 있도록 자기 삶을 통해 보여야 한다.

오늘날 교회의 가장 큰 문제는 십자가의 신학을 말하지 않는 것이다. 물론 십자가 사건은 이미 오래전의 일이라 결코 근접할 수 없다. 게다가 예수 그리스도는 승천 후 더는 육체적으로 세상에 존재하지 않는다. 영으로서 오직 성령을 통해 우리 가운데 현존하시고 또 일하신다. 그렇기에 십자가를 지시하는 사람, 예수 그리스도를 증언하는 사람, 곧 성령 안에서 목회를 수행하는 성도의 역할은 클 수밖에 없다. 성도의 말과 행위를 통해 십자가가 보이기도 하고 때로는 감춰지기도 하며 때로는 심각하게 변형하거나 훼손된다.

십자가와 성도의 관계는 불가분의 관계라는 점에서 실체와 그림자의 관계와

---

85 Edward Wilson, *The Origin of Creativity*, 이한음 옮김, 『창의성의 기원』(사이언스북스, 2020), 70-71.

같다고 앞서 말했다. 예수 그리스도가 실상이라면 성도는 그림자다. 서로 떼려야 뗄 수 없는 관계에 있다. 그림자가 빛 앞으로 나설 수 없듯이, 세상 가운데 드러나야 하는 건 하나님의 형상(the image, 고후 4:4, 골 1:15, 히 1:3)인 예수 그리스도다. 이 관계는 본질에서 뒤바뀌지 않으며 그렇게 시도해서도 안 된다. 만일 바꾸려 할 경우엔 신학적으로나 윤리적으로 심각한 문제가 생긴다. 세상으로부터 영광을 얻는 자는 예수 그리스도가 아니라 성도가 되기 때문이다.

오늘날 한국교회의 문제 가운데 하나는 '십자가의 신학'이 상실한 데 있다. 한국교회에는 경제적으로 풍요롭고, 사회적으로 유명하며, 정치적으로 높은 자리에 있는 성도(목회자와 교인)가 많다. 사명을 갖고 사는 성도도 얼마든지 세상의 영광을 누릴 수 있다. 그러나 그것을 하나님의 복으로 여겨 당연히 누릴 것으로 여기면서, 가난한 자, 낮은 자리에 있는 자, 어려운 상황 가운데 있는 자에 대한 아무런 책임감을 느끼지 않고 사는 것은 문제다. 만일 목회가 고난의 현장임을 알고 또 실제로 성도가 고난의 삶을 살 수밖에 없는 현실을 안다면, 교회 안에 가난한 자가 어떻게 그렇게 많고 또 사회적 불의로 고통을 겪는 사람이 어떻게 그렇게 많을 수 있는가? 복 받은 그리스도인이 많은 사회가 여전히 구태의연하고, 기독교가 욕을 먹는 일이 허다하게 일어나는 건 어떻게 설명할 수 있을까?

사실 성도가 예수 그리스도의 뒤에서 그림자로 남아 있지 않고 세상에서 영광을 얻는 일은 대단히 매혹적이라 교역자에게 거부할 수 없는 큰 유혹으로 다가온다. 물론 이것은 모든 사람에게 인정욕구가 있기에 발생하는 일이다. 마귀가 예수님을 시험할 때도(마 4:1-11) 자기에게 절을 하면 세상의 모든 영광을 다 주겠다고 속삭였을 정도다(마 4:9). 사람의 인정욕구를 자극하는 일은 매우 은밀하고 또 치명적인데, 유혹을 받는 자는 대체로 그 심각성을 모른다. 넘어졌을 때 비로소 깨닫는다. 넘어지기 전까지는 세상의 영광을 추구하고 또 그것을 얻어 누리는 것에 빠져 있어 실상이 무엇인지를 깊이 인지하지 못한다.

에덴동산에서 하와가 뱀의 유혹을 받았을 때 그녀에게 일어난 변화를 보라. 하나님의 말씀을 어길 때 일어나는 '죽음'의 경고에 대한 의식은 순식간에 사라지고, 지금보다 더 풍성한 삶과 더 뛰어난 능력과 더 큰 지혜를 얻을 수 있다는 말에 매혹되었다. 성경은 이것을 먹음직도 하고, 보암직도 하고, 지혜롭게 할 만큼 탐스럽게 보였다는 표현을 사용했다(창 3:6).

목회자가 세상의 영광을 추구하는 것이 꼭 그렇다. 자신의 목회를 통해 성도들의 감각을 더 만족시켜주고, 그들의 삶을 더욱 풍성하게 해줄 것처럼 보인다. 성도들을 더욱 행복하게 해줄 것 같다. 하나님을 아는 지식이 깊어져 자신의 가르침을 받으면 더 지혜로워질 것 같다. 그러나 바로 그 순간에 십자가의 신학을 잊는다면, 결국엔 자신의 이름이 드러날 뿐이며 결국 목회의 타락은 당연한 결과이다. 하나님이 목회자에게 기대하는 삶에서 벗어나 사탄이 깔아놓은 양탄자 위를 걷게 된다.

에덴동산에서 아담의 타락으로 사망의 문이 열리고 생명의 문이 닫혔다면, 예수 그리스도가 유혹에서 승리한 것으로 사망의 문은 닫히고 생명의 문도 열렸다. 목회자는 자기를 생명의 문으로 여겨서는 안 될 것이다. 오히려 예수 그리스도의 십자가와 부활을 통해 열린 생명의 문으로 성도를 인도해야 한다. 성도가 유혹을 극복할 수 있도록 학습하고 훈련해야 한다.

• 그림자 목회

십자가의 신학과 관련해서 목회 사역을 말할 때 흔히 서번트 리더십(servant leadership) 혹은 서번트 목회(servant ministry)라고 한다. 목회자가 예수 그리스도의 종일 뿐 아니라 성도들을 섬기는 종의 역할을 한다는 말이다. 하나님의 종으로서 교역자가 교인을 섬긴다는 것은 도대체 무엇인가?

기독교적인 의미에서 '섬긴다'라는 말은 하나님의 일을 맡아 수행하는 사람이 그 일을 잘하도록 돕거나 협력하는 것을 말한다. 설교와 교육과 심방은 교역자로서 부름을 받은 자가 마땅히 해야 할 책임을 수행하는 것이지 섬기는 것이 아니다. 목회를 통해 성도들을 섬긴다고 말할 수 있다면 구체적으로 성도들이 하나님과의 관계에서 바로 설 수 있도록 돕는 것이어야 한다. 성도를 위한 사역이 없는데도 그를 섬긴다고 말하는 건, 겸손으로 포장하여 자기를 나타내려는 전략이다.

그런데 종이 상전보다 더 나을 수 없음에도 불구하고 오히려 교회와 교인의 섬김을 받는 교역자로서의 모습은 전혀 바뀌지 않고 있다. 현실이 그렇다. 서번트 목회는 화려한 말 잔치에 불과하다. 비록 군림하고 전횡하는 교역자는 아닐지라도 섬김을 받는 교역자로 남는 경우가 대부분이다. 한국교회의 현실이 그렇고, 교인이 교역자를 대하는 의식과 태도가 그렇다. 교역자를 섬기는 것을 하나님에 대한 신앙의 표현으로 여기기 때문이다. 하나님을 염두에 두고 교역자를 존중하는 것은 바람직하지만 교역자를 섬기는 걸 하나님에 대한 신앙으로 여기는 건 왜곡된 신앙이다. 이런 교인의 잘못을 깨우쳐주지 않는 교역자가 문제다. 교역자를 섬기는 일의 의미를 제대로 깨우쳐주지 못했고, 또한 다른 교인을 섬길 것을 지도하지 못했기 때문이다. 게다가 또 다른 문제는 교인이 교역자를 섬기는 만큼 교역자는 교인을 섬기지 않는 것이다. 목회는 자신의 목회 철학을 실현하는 기회일 뿐 교인이 하나님과 바른 관계에 있도록 돕거나 협력하는 것으로 여기지 않는다. 서번트 목회 이미지와 서번트 리더십은 의미는 좋아도 현실은 전혀 다른 모습이다.

이에 비해 나는 십자가의 신학에 적합한 목회 사역을 '**그림자 목회**'에서 본다. 어둠 속에 있다는 말이 아니라 예수 그리스도와의 관계에서 언제나 그림자로 남아 있다는 의미이다. 그분과 자기를 결코 분리할 수 없다는 의미에서나, 오직 그분만이 세상 가운데 드러나 영광을 얻고 자신은 언제나 숨겨져 있도록 한다는 점에서 그렇다.

물론 이것 역시 왜곡될 가능성이 있다. 성도가 그림자로 남지 않고 스스로 빛으로 여겨 영광을 얻으려 할 때, 자신은 물론이고 때로는 다른 성도와 교회에 매우 좋게 보일 수 있다. 그렇게 함으로써 교회가 더 좋아 보이고, 성도가 더 행복해 보일 수 있기 때문이다. 현대와 같이 브랜드를 중시하는 시대의 사람들은 어떤 교회에 다니고 또 어떤 교역자의 지도를 받느냐에 따라 신앙의 만족도와 행복을 느끼는 정도가 달라진다고 생각하기 때문이다. 그러나 예수 그리스도와 그분의 말씀 때문이 아니라 교회 이미지와 특정 교역자나 성도 때문에 더 나은 행복과 기쁨을 줄 것으로 생각한다면, 그것은 지금보다 더 나아질 것을 약속하는 마귀의 유혹일 뿐이며 결국엔 영적인 타락이 있을 뿐이다.

성도가 예수 그리스도를 나타내려 하지 않고 오히려 자신을 브랜드로 삼을 때, 다시 말해서 예수 그리스도의 그림자로 남지 않고 예수 그리스도의 영광을 자신이 얻기를 추구할 때 교회는 타락하기 시작한다. 이 일은 은밀히 일어나기 때문에 성도는 예수 그리스도가 받아야 할 영광을 자신이 얻기 위해 노력한다는 것을 전혀 의식하지 못한다. 다만 자신에게 더 나아 보이고, 사람들에게 더 유능해 보이고, 다른 성도에게 더 행복해 보이기에 행할 뿐이라고 말한다.

그러나 세상 가운데 드러나야 할 분은 오직 예수 그리스도다. 성도 개인은 결코 브랜드가 될 수 없다. 현실적으로 교역자 때문에 교회가 살기도 하고 죽기도 하지만, 교회가 하나님의 말씀이 아니라 교역자 혹은 교인을 브랜드로 삼으려 한다면, 또 세상에서 교회가 하나의 브랜드로 여겨진다면 그것은 더는 십자가의 신학에 합당한 목회가 아니며 또한 그림자 목회에 합당하지도 않다.

관건은 브랜드가 아니라 사람들이 성도와 교회 그리고 그들의 행위를 보고 소망의 이유를 묻도록 하는 의미에서 사람들의 주목을 받도록 하는 것이다. 그러나 이것은 결코 화려한 영광이나 성도의 뛰어난 능력 때문이라기보다는 오히려 고난의 삶에서도 전혀 굴하지 않으면서 오히려 의연한 모습으로 진리의 삶을 사는 모습 때문이 아닐지 싶다. 그리고 불의한 세상에서 정의가 살아있게 하고, 모두가 불안해하는 시대에 교회가 약속의 말씀을 통해 안정과 평안을 누릴 수 있도록 하는 곳이 될 때, 소망할 분명한 이유가 넘치는 교회가 될 때, 사람들은 교회와 성도에게 그리고 교역자에게 그 이유를 물어오지 않을지 싶다. 어떻게 이 일이 가능할 수 있는지 십자가의 신학과 그림자 목회가 아니면 도대체 무엇을 통해 이런 모습을 가질 수 있을지 나는 결코 알지 못한다.

창조신앙에 따른 진/선/미 목회

진/선/미는 인간의 인지 기능이 지향하는 궁극적 가치이다. 보통은 인간의 지/정/의에 상응하는 가치로 알려져 있다. 여기서 진과 선은 신학에서 비교적 꾸준하게 연구된 주제(교의학과 윤리학)였지만, 미는 오랫동안 잊힌 주제였다. 폰 발타살(Hans Urs von Balthasar)의 신학적 미학 연구로 관심이 부각하고, 특히 21세기 들어서 예술의 시대가 도래하고 동시에 통전적 신학에 관한 관심이 늘어나면서 기독교 미학 혹은 신학적 미학에 관한 연구가 많아지고 있다. 진/선/미 모두가 교회 안팎에서 큰 관심을 받는 건 매우 고무적인 일이다.

문제는 진과 선과 미에 대한 일반적인 이해로 접근하면 진/선/미의 근원으로서 하나님을 이해하기 쉽지 않다는 것이다. 개인적 생각으로는 신학적인 의미에서 진과 선과 미는 창조신앙의 맥락에서 이해할 때 가장 적합하다.

• 창조신앙과 진/선/미의 신학적 의미

진/선/미의 신학적 의미와 관련해서 창조 기사는 매우 독보적인 단서를 제공한다. 창조신앙의 포인트는 과학적 우주론이나 신화적 우주론을 밝히는 데에 있지 않다. 오히려 매우 단순한 신앙고백에 있다. 곧 세상은 하나님의 말씀대로 될 때 하나님이 보시기에 좋을 것이라는 신학적 판단에 따른 기대이다. 그리고 이것은 나라가 멸망하여 혼돈으로 가득하고 황폐해진 땅을 새롭게 건설하려는 시기에 하나님의 백성이 오직 여호와만을 참 하나님으로 섬기겠다는 결단을 이끈 신앙고백이다. 한계와 절망을 넘어 소망으로 가득한 고백이 아닐 수 없다.

하나님이 만물의 시작을 여시고 만물을 다스리신다는 것을 전제하는 이 신앙고백에서 포인트는 '하나님이 말씀하시니 그대로 되었다는 것'과 그리고 '그것을 보시고 좋았더라(히브리어 토브는 '좋다' '아름답다'라는 뜻이 있다. 이 말은 목적한 바가 이루어졌을 때 사용되었다)는 판단'이다. 그다음 포인트는 이 두 가지를 이루기 위해 '하나님이 인간을 당신의 형상을 따라 만드시고 당신의 말씀에 따라 살 것을 명령하신 것'이다.

하나님의 행위를 표현한 것이지만, 인간의 지각 능력의 한계 때문에 각각 진/선/미로 구분될 뿐이다. 세 가지 의미는 관점에 따라 달라질 뿐 사실은 서로 중첩되어 있어 엄밀하게 구분하기 쉽지 않다.

하나님이 말씀하시니 그대로 되었다는 사실은 진리의 기독교적 의미의 기원이다. 이 관점에서 볼 때 하나님의 말씀은 참이다. 하나님은 진리이시기 때문에 말씀하시는 것이 무엇이든 그대로 행하시고 또 그 말씀에 따라 그대로 되신다. 하나님은 말씀과 분리되지 않는다. 말씀이신 예수께서 '나는 진리'라고 말씀하셨을 때, 이것의 의미는 이렇다. 곧 예수님은 하나님의 말씀으로서 말씀대로 되신 분이고 또 그 말씀에 따라 행하심으로 하나님이 되신다는 의미이다.

하나님이 보시기에 좋았더라 혹은 아름다웠더라는 의미는 하나님의 말씀대로 된 세상을 두고 하나님이 그렇게 보시리라는 기대이다. 이런 기대에 따르면, 아름다움은 인간의 미적 가치에 근거를 두지 않고 오히려 하나님의 말씀대로 되었느냐의 여부에 따라 가치 평가된다. 하나님의 말씀대로 되어 하나님이 보시기에 좋은 것이 아름다운 것이다. 이것이 신학적 미학이 추구하는 것이다. 말씀하신 그대로 된 것이 ―신학적 미학의 관점에서 볼 때― 아름답다. 그래서 십자가는 비록 인간이 보기에 추한 것이라도 하나님에게는 하나님의 뜻을 이루는 일이기에 아름다운 것이며 그리고 구원을 고대하는 사람에겐 복음이 되어 아름다운 것이다(딤후 1:14).

진과 미의 기준이 인간이 아니라 하나님의 말씀과 그 말씀대로 되었느냐의 여부에서 찾은 후에 성경은 이제 선에 관해 말하기를 하나님은 선하시며(시 25:8, 100:5, 135:3) 또한 선한 분은 오직 한 분 하나님이라고 고백한다(막 10:18). 그리고 히브리서 기자는 "오직 선을 행함과 서로 나누어 주기를 잊지 말라 하나님은 이같은 제사를 기뻐하시느니라"(히 13:16)라고 말한다. 하나님이 선하시다는 고백과 선을 행하라는 명령 사이를 연결하는 건 하나님의 부르심이다. 여기서 인간이 하나님의 형상으로 창조되었다는 사실은 매우 중요한 역할을 한다.

'하나님의 형상'은 하나님을 닮았다는 의미에 기반을 둔다. 하나님을 닮은 존재로 만들어졌다는 표현은 사실 인간을 향한 하나님의 부르심을 가리킨다. 곧 인간은 하나님을 나타내며 살도록 부름을 받은 것이다. "하나님의 백성은 그리스도가 기억되고 기념되고 탐구되고 전시되는 공적 공간이다."[86] 이것을 하나님의 선하심과 연결하여 말한다면, 인간이 하나님이 원하시는 것을 행하고 또 궁극적으로 하나님을 나타내 보이면서 하나님의 영광을 드러내는 것, 그것이 선이다.

미가 선지자(미 6:8)는 하나님이 나타내 보이신 선한 것을 다음과 같이 말했다.

> "사람아 주께서 선한 것이 무엇임을 네게 보이셨나니 여호와께서 네게 구하시는 것은 오직 정의를 행하며 인자를 사랑하며 겸손하게 네 하나님과 함께 행하는 것이 아니냐"

예수님은 산상수훈(마 5:16)에서 이렇게 말씀하셨다.

> "이같이 너희 빛이 사람 앞에 비치게 하여 그들로 너희 착한 행실을 보고 하늘에 계신 너희 아버지께 영광을 돌리게 하라"

선은 하나님의 말씀에 따라 행함으로 하나님께 영광을 돌리는 일이다. 곧 인간이 세상으로 하나님이 세상에서 참 하나님임을 인정하게 하는 일이 선이다. 말씀

---

86 Kevin J. Vanhoozer/Owen Strachan, 『목회자란 무엇인가』, 48.

에 따라 행한다고 다 선이 아니고, 하나님께 영광을 돌릴 목적으로 행한다고 해서 다 선이 아니다. 둘은 분리되어서는 안 된다. 하나님의 말씀에 따라 행하고 그 결과 하나님께 영광을 돌리는 일 곧 하나님의 주님 되심이 인정받는 일이 함께 일어나야 하나님이 원하시는 선이라 말할 수 있다.

창조신앙은 이미 그 안에 새로운 창조를 포함하고 있다. 어떻게 하면 새로운 세상이 될 것인지 또 어떻게 하면 새로운 존재가 될 것인지를 묻는 사람에게 성경은 창조신앙을 통해 대답한다. 다시 말해서 새로운 창조는 지금 상태가 어떠하든 하나님의 말씀이 자기에게 일어나게 하고, 하나님의 말씀대로 되고, 그리고 하나님의 말씀에 따라 살면서 하나님께 영광을 돌리는 삶을 통해 가능하다는 것이다. 신약에 따르면, 이것의 모범은 예수 그리스도이고, 또 이런 새로운 창조는 예수 그리스도 안에 있을 때 아버지의 뜻에 따라 역사하시는 성령을 통해서 가능하다.

• 진/선/미 목회

진/선/미 목회란 성도가 하나님의 진리와 선하심과 아름다움을 교회에서 그리고 삶에서 구현할 수 있도록 돕는 일을 말한다. 성도로 하나님의 말씀이 자기에게 일어나도록 복종할 용기를 북돋고, 하나님의 말씀이 현실이 되는 삶을 회복하게 하며, 하나님의 말씀에 따라 살면서, 하나님께 영광을 돌리게 하는 일이다. 목회자는 성도에게 이 일이 가능하도록 돕는다.

무엇보다 교리와 윤리 그리고 실천이 서로 나뉘어 통합을 이루지 못하고, 인간의 지성과 감성과 영성 역시 통전적으로 작용하지 못하는 현실에서 진/선/미 목회는 인간의 지/정/의에 대응하는 가치로서 진/선/미가 목회에 통전적으로 공헌할 수 있도록 한다.

한국에서 진/선/미를 목회에 적용한 사례를 든다면 1930년 한국감리교회가 채택하고 미국연합감리교회에서도 즐겨 사용한 "교리적 선언"이라 말할 수 있다 (KCM 한국컴퓨터선교회).

"우리는 만물의 창조자시오, 섭리자시며 온 인류의 아버지시오, **모든 선과 미와 애와 진의 근원**이 되시는 오직 하나이신 하나님을 믿으며"

진/선/미와 사랑(애)의 근원으로서 하나님에 대한 신앙고백을 첫 번째 조항에 담은 건 매우 의미심장하다. 그만큼 신앙에서 중요한 의미와 가치가 있음을 인정한 것이기 때문이다. 물론 1997년 감리회 신앙고백은 진/선/미와 애 대신에 거룩함과 자비를 삽입하였다.

"우리는 우주 만물을 창조하시고 섭리하시며 주관하시는 거룩하시고 자비하시며 오직 한 분이신 아버지 하나님을 믿습니다."

교리적 선언과 별개의 신앙고백인지 분명치 않다. 그래서 일단 자구가 변한 이유가 궁금하지만, 아마도 당시 한국교회의 정치 사회 문화적 환경보다는 더는 절대적 가치를 인정하지 않는 포스트모더니즘의 영향과 무관하지 않을 것이다.

진/선/미/애가 하나님에게 기원을 둔다는 고백은 하나님은 진리이시고, 하나님은 선이시며, 하나님은 아름다움이시고, 그리고 하나님은 사랑이라는 고백이다. 이 고백은 신학적으로 구성된 것이 아니라 성경의 증거에 따른 것이다.

(**진을 위한 목회**) 진/선/미 목회는 먼저 하나님을 바르게 알고 그의 말씀을 올바르게 숙지할 뿐 아니라 그 말씀이 자신에게 일어나도록 복종할 용기를 북돋는다. 관건은 하나님을 바르게 하는 일에 열심을 품게 하고 불안과 염려와 두려움을 극복하는 것이다.

하나님의 말씀을 아는 일이 얼마나 중요한지를 알고 있는 교회는 거의 예외 없이 교육을 강조한다. 비록 구체적인 교육 과정이 없어도 가르침과 배움은 어느 정도 예배와 설교를 통해 일어난다.

하나님과 그의 말씀을 아는 일이 교육을 통해 쉽게 이루어질 것 같아도 실제로는 그렇지 않다. 직장에서 높은 성과를 요구받고 물질적인 풍요로움을 추구하는 현대인은 깊은 피로감에 사로잡혀 있다. 현대인은 하나님의 말씀을 배우려고 하기보다는 위로받고 스트레스를 풀려고만 한다. 자기의 인정욕구를 충족하려고 혈안이 되어있다. 배운다고 해도 대부분은 자기 욕망을 채우기 위한 것이라는 말이다.

말씀을 전해도 듣는 자가 없고, 양질의 교육이 있어도 배우는 자가 없는 현실이다. 모두가 자기의 소견에 옳은 대로 살려고 한다. 그러니 하나님을 바르게 알고 또 하나님의 말씀을 듣는 성도를 위한 목회는 아무리 강조해도 부족하지 않다. 당위성만을 부르짖기보다 하나님 말씀에 귀를 기울이게 할 방법을 찾아야 한다. 구원의 복음이 들려지기 위해 진리는 어떻게 해서든 소통되어야 하기 때문이다.

한편, 하나님과 깊은 교제를 나누면서 하나님의 말씀이 자기에게 일어나도록 복종하는 일은 다른 어떤 사역보다 힘들다. 한 마디로 십자가를 지는 일이기 때문이다. 자기를 쳐서 복종시키는 일이며 반드시 고난이 뒤따른다.

(선을 위한 목회) 진/선/미 목회는 하나님의 말씀이 삶의 실천을 통해 현실이 되게 하는 일이다. 교회와 세상에서 일어나야 한다. 앞서 말했듯이, 먼저는 목회자 자신에게 일어나도록 해야 하지만, 그다음은 자기를 통해 교회와 세상에서 일어나게 해야 한다. 고난을 염두에 두지 않고는 쉽게 행할 일이 아니다.

특히 주의할 일이 있다. 선을 위한 목회는 하나님의 말씀을 듣는 자가 단지 의미를 깨닫는 것만으로 만족하지 않는다. 그것이 자신을 통해 현실이 되도록 복종할 결단은 물론이고 그것을 교회와 세상에서 실천하도록 격려하고 지도해야 한다. 목회자가 아무리 많은 것을 알고 있어도, 만일 스스로 말씀대로 되려고 노력하지 않는다면, 그것은 아무 유익이 없기 때문이다. 예술적인 능력을 통해서든 지적인 능력을 통해서든 아니면 의지적인 노력으로든 하나님의 뜻과 말씀이 자신을 통해 현실이 되도록 순종하는 삶을 살게 하는 것이 선을 위한 목회다.

인성과 영성 그리고 지성과 감성에서 먼저 훈련받은 목회자는 성도가 각자의 재능을 발견하고 개발하도록 돕고 격려하며, 또 재능을 발휘할 기회를 마련한다. 이를 위해선 먼저 부르심을 듣게 하는 것이 중요하다. 재능은 부름에 합당한 삶을 위해 주어지는 선물이기 때문이다. 부르심을 인정하지 않는 재능은 인정욕구를 충족하기 위한 도구에 불과하다. 물론 부르심에만 머물지 않고 하나님의 파송에 관한 생각으로까지 이어지게 해야 한다. 교회와 세상 어디든 자기를 필요로 하는 곳에서 재능을 발휘할 수 있도록 한다.

경제적 신자유주의와 금융자본주의의 결과로 양극화가 극대화한 오늘날 교회는 부의 분배와 사회 정의에 특별한 관심을 기울일 필요가 있다. 특히 오늘날 우리 사회가 정치, 경제, 사회, 교육, 복지 차원에서 정의의 실천을 강하게 요구하고 있기에 더욱 그렇다. 특히 윤리적인 이슈와 관련해서 인권이 지나치게 강조되어 하나님의 말씀이 종종 무시되는 경향이 있어 우려되지만, 사실 이런 정의에 대한 요구는 하나님의 말씀에서 그렇게 멀지 않다. 교회에서도 그렇고 세상에서도 정의의 실천을 요구하는 목소리는 점점 커지고 있는데, 이것을 사회적 약자들의 불평불만으로만 듣지 않아야 한다. 그 이유는 그만큼 우리 사회가 정의에서 멀어져 있음을 입증하기 때문이다.

개인적 가치로서 선은 착한 행실을 말하는데, 이것이 윤리학에서는 공동체의 가치로서 정의와 관련해서 이해된다. 선의 공동체적 가치는 정의이고, 정의의 개인적 가치는 선이다. 건강한 공동체는 개인이 추구하는 선과 공동체가 추구하는 가치가 조화를 이루지만, 그렇지 않은 공동체에서는 개인의 가치와 공동체의 가치가 일치하지 않아 상당한 갈등을 겪는다.

기독교에서는 개인적 가치가 공동체적 가치와 일치하는 길을 하나님의 영광에서 찾는다. 개인적인 선이든 공동체의 정의이든 하나님께 영광을 돌리기 위한 목적을 추구해야 한다. 하나님의 영광이 나타나는 곳에는 언제나 하나님의 임재하심이 있다. 하나님의 영광을 위한 일은 그것이 개인적이라 해도 혹은 공동체적이라 해도 큰 문제를 일으키지 않는다.

이 모든 일에서 말씀의 의미를 깨닫는 데에만 머물지 말고 말씀이 어떤 삶의 현장에서 어떻게 적용할 것인지를 깊이 고려해야 한다. 각자 받은 은혜와 경험을 공유할 기회가 있으면, 사람의 현장에서 하나님에 대한 신뢰를 높일 뿐만 아니라 다양한 삶의 양태를 알게 되어 말씀의 실천을 가로막는 여러 방해 요소를 미리 숙지하고 또 극복하는 데에 도움을 받는다.

(미를 위한 목회) 앞서 언급했듯이, 신학에서나 목회에서 진과 선 그리고 사랑과 관련해서 기울인 노력에 비해 상대적으로 미(특히 미와 관련한 형상예술)와 관련한 노력은 현저히 적었다. 그동안 기독교는 미를 망각하며 살았다고 말할 수 있을 정도다. 이는 그동안 미의 개념을 오직 예술(특히 음악)과 연관해서만 이해했기 때문인데, 형상 금지를 중시한 기독교에서, 특히 종교개혁 이후 기독교에서 시각적 예술에 관한 신학적 탐구가 소홀했던 주요인이다. 그러나 미를 단지 예술에만 제한해서는 안 된다. 일상이 예술이라는 말도 있지만,[87] 미는 통상적인 예술의 범위를 훨씬 넘어선다. 신학적으로 미는 세상이 하나님의 말씀대로 된 것을 의미한다. 따라서 아름다움은 예술 작품을 말할 때뿐만 아니라 진리와 인간의 행동과의 관계에서도 아름다움을 말할 수 있다.

신학적 미학은 크게 미학적 신학과 신학적 미학으로 구분되는데, 신학적 미학은 궁극적으로는 하나님의 아름다움을 말하는 일이지만, 특히 학문적으로는 미(미적 기준, 미적 가치, 미적 관조 등)에 대한 신학적 성찰을 하는 작업이다. 신학과 미학의 융합을 시도하는 노력이라 볼 수 있다. 이에 비해 미학적 신학은 예술을 통한 신학함의 가능성을 실천하고 또 탐구한다. 하나님의 아름다움을 예술로 말하고 또 신학적으로 적합하게 말하고 표현할 방법들을 예술을 통해 탐구한다는 점에서 예술 신학이라 말할 수 있다.

예술 신학 혹은 미학적 신학은 예술의 신학적 의미와 예술가의 신학적 사상을

---

87 다음을 참고: Eric Booth, *The Everyday Work of Art: Awakening the Extraordinary in Your Daily Life*, 강주헌 옮김, 『일상, 그 매혹적인 예술』 (에코의 서재, 2009).

제1부 탈 교회 시대에서 목회 비평의 필요성   213

탐구하며 또한 예술을 통한 신학함을 실천한다. 특히 예술을 매개로 신학함을 실천하는 건 미를 위한 목회가 관심을 두고 행하는 일이다. 미를 위한 목회는 주로 예술의 신학적 의미를 성찰하고 또 예술을 사용하여 하나님을 말하면서 하나님의 영광을 나타내기 위한 노력이다. 간단히 말하면 예술과 목회의 융합이다.

특히 인간의 행동과 관련해서 말할 때 미는 선 개념과 겹친다. 진/선/미가 원래 한 분 하나님에게서 유래한 가치이기 때문이다. 비록 시선은 달라도 서로는 깊이 연결되어 있다. 그리고 아직 드러나지 않았고 그래서 과학적으로 확인할 수 없는 진리는 미적 표현을 통해 드러나기도 한다. 이런 점에서 미와 진은 서로 겹친다.

끝으로 진/선/미 목회의 관건은 진/선/미의 가치를 통전적으로 드러내는 것이다. 진을 위해 교리에만 집념하지 않으며, 교리가 논쟁적이고 자유를 구속한다고 여기면서 교리 없는 실천만을 강조하지 않고, 또 신앙의 가치를 아름답게 지각할 수 있는 것에만 제한하지 않는다. 진과 선과 미는 구분되지만 나뉘지 않으며 유기적으로 상호관계한다. 앞서 말한 대로 진/선/미 가치는 창조신앙 안에 녹아들어 있다. 그러므로 오늘날 진/선/미 목회는 창조신앙의 의미를 바르게 알고 또 창조신앙에 합당한 그리스도인을 회복하는 방향으로 이루어진다.

삼위일체 신학에 따른 통전적 목회

• 통전 개념 이해

장로회신학대학교 신학의 정체성으로 주장되고 또 연구되는 통전적 신학은 주로 종합 혹은 통합의 의미를 얻기 위한 해석학적 원리 내지는 방법론으로 이해된다.[88] 그러나 통전은 이분법적 사고에 따라 나누거나 구분하여 보지 않고 전체로 보는 관점이며, 또한 이런 관점에 근거하여 만물의 유기적 상호관계를 파악하고

---

88 다음을 참고: 최성수, "통전적 신학에서 '통전' 개념의 의미와 그 기제에 관한 연구", 특히 146~151.

또 만물 사이에서 유기적 상호관계가 이루어지도록 하는 기전(기제 mechanism)이다. 이는 단지 통전적 신학에서 말하는 종합적인 해석이나 켄 윌버(Ken Wilber)가 주장하는 "통합 비전"(integral vision)[89]이 지향하는 것과 다르다. 통전 이해는 종합적인 의미 파악의 단계에서 한 걸음 더 나아가서 이분법적 사고에 의해서 서로 나뉘고 구분된 현실이 서로 유기적으로 상호작용하여 온전한 상태로 이르는 데 공헌하는 일까지도 포함한다. 전자는 통전적 신학함(holistic doing-theology)에 의미를 두지만, 후자는 특히 통전적 목회(holistic ministry)에 의미를 둔다.

• 페리코레시스(perichoresis)

서로 나뉘어 있고 또 구분된 듯이 보이는 것을 전체로 볼 뿐 아니라 서로 유기적으로 관계한다는 사실을 이해할 때 페리코레시스(상호교류 및 상호 내주) 개념은 매우 유용하다. 이는 삼위 하나님이 인격에서 서로 독립해 있으면서도 또 상호 내주(相互內住)의 관계를 설명하기 위해 도입한 개념이다. 전철민은 통전 개념의 신학적인 근거를 제시하면서 페리코레시스를 제안한 바 있다.[90]

페리코레시스는, 성부와 성자와 성령 하나님은 인격적으로 서로 독립해 있으면서도 상호 내주하고 또 하나이듯이, 모든 것은 나뉘어 있고 구별된 것처럼 보이지만, 사실은 하나님의 생명 섭리에 따라 서로에 대해 뿌리가 되고 또 서로 유기적으로 작용하여 온전함을 이루는 데에 함께 공헌한다는 의미이다.

통전 개념은 단지 종합적인 의미를 얻기 위한 해석이나 갈등의 해결을 위한 중

---

89 Ken Wilber, *Integral Vision*, 정창영 옮김,『켄 윌버의 통합 비전』(김영사, 2014).

90 전철민은 다넬 구더의 성경적 어원 연구를 공유하면서 통전적 신학함의 성경적/신학적 근거를 위해 다른 누구보다도 탁월한 연구를 했다. 그는 먼저 통합과 통전 개념의 구분이 제대로 되어있지 않은 채 혼용되는 현실을 비판하면서, 성경에서 사용된 holos(wholeness)와 pas(every)의 용례를 중심으로 통전의 의미를 wholness(전체로서의 모두)와 every(개별로서의 모두)의 상관관계에서 모색하고 그것의 정당성을 삼위일체론을 통해 밝히고자 하였다. (전철민, "학문연구에 있어서 한 통전적 방법론의 원리",「한국조직신학논총」33(2013), 141-75) '통전적(holistic)'이란 말은 헬라어 'holos(전체)'에서 유래한 형용사다. 성경에서는 이 말이 110차례 사용되었다고 한다(145. 이곳에 단어의 용례도 소개되어 있다).

재 혹은 시너지 효과를 위한 융합의 의미로는 그 의미가 다 밝혀지지 않는다. 통전은 몸의 온전한 생명의 상태이고, 온전한 몸을 위한 유기적 상호작용의 기전이며, 그리고 생명 섭리에 따라 세상을 다스리시는 하나님의 위임을 받은 인간이 이 땅에서 하나님 나라의 현존을 보이기 위해 순종해야 할 헌신의 원리이다. 달리 말하면, 우리는 왜 이분법적 사고에서 벗어나야 하고 무엇을 통해 가능한지, 왜 단편적이고 서로 나뉜 생명에서 벗어나 온전한 생명을 갈망해야 하는지, 그리고 왜 인간의 사랑에 만족하지 않고 하나님의 사랑으로 사랑하며 살아야 하는지를 설명한다.

• 통전적 목회

통전의 의미와 배경: 하나님은 사람을 통해서 일하신다는 것을 전제할 때 성령 안에서 하나님의 위임을 받고 중간 역할을 맡아 수행할 사람을 중재자라 한다. 여기서 중재자는 오직 예수 그리스도에게만 해당하는 중보자(the Mediator) 의미는 아니다. 성령 안에서 성령의 도움을 받아 위임된 역할 가운데 특히 성도가 하나님과 이웃 그리고 자연환경에 적합하게 반응할 수 있도록 돕는 사람이다. 이처럼 적합하게 반응할 수 있는 자로서 중간 역할을 중시하는 이유와 배경은 중재자의 신학적 함의에 대한 통찰에 있다. 물론 여기에는 하나님과 인간의 관계를 이어준 예수 그리스도의 중보자 사역에 대한 통찰이 선행하였다. 흔히 목회자의 중간자 역할을 특별히 강조한 것이라 볼 수 있다.

이에 중개자의 사명에서 핵심은 먼저 자기가 말씀 교육과 훈련을 통해 성령 안에서 회복하는 것이고, 그 후에 성도가 하나님의 말씀과 행위에 합당한 반응을 하도록 하고, 또 이웃에 대해 적합한 반응을 하도록 돕는 것이다. 특히 대립과 갈등의 국면을 극복하고 화해를 이루는 사역을 지향한다.

통전적 목회의 성격: 온전한 구원 혹은 몸의 온전한 생명 상태는 오직 예수 그리스도 안에서 역사하는 성령을 통해서만 가능하다. 성령 안에서 순종하는 인간에게 관건은 몸의 유기적 상호관계가 원활하게 이루어지도록 매개의 역할을 감당

하는 것이다. 인간이 영에 속한 삶을 사느냐 아니면 육에 속한 삶을 사느냐는 지/정/의 형태로 존재를 드러내는 속사람에 달렸다. 속사람이 성령을 따라 살면 영에 속한 삶을 살고, 육체가 원하는 바에 따라 살면 육에 속한 삶을 살게 된다. 믿는다고 하면서도 육에 속한 삶을 살아 마침내 최후의 심판을 통해 멸망하지 않기 위해선 성도는 성령을 따라 살아야 한다. 영에 속한 삶을 위해 성도가 해야 할 일은, 자기 몸을 쳐 복종하게 했던 바울처럼(고전 9:27), 자기 몸(속사람)을 쳐서 말씀에 복종케 하는 것이다.

따라서 영과 혼과 육 모두에 영향을 미칠 수 있는 통전적(입체적) 교육과 훈련이 관건이다. 지성 능력과 감성 능력과 의지력 그리고 영성(하나님의 행위를 인지하는 능력, 하나님의 뜻과 행위를 수용하는 능력, 그것에 순종하는 능력, 그것을 말과 행위로 표현하는 능력, 그리고 기도의 능력)을 함양하기 위한 교육과 훈련을 의미한다. 성령을 따르는 삶을 위해 성도는 하나님 말씀을 알고 바르게 이해하며, 그리고 말씀이 자기에게 일어나도록 하고 또 자기를 통해 현실이 되도록 순종하는 훈련을 멈추지 않아야 한다.

통전적 목회의 목표: 그렇다면 통전적 목회에서 교육과 훈련은 구체적으로 무엇을 지향하는가? 앞서 언급한 대로 통전적 목회에서 관건은 신앙 양심을 깨우고 회복하여 하나님과 이웃에 적합한 반응을 하며 살 수 있도록 지성과 감성과 의지력 그리고 영성을 함양하는 것이다.

목회 현실에서 흔히 볼 수 있는 각종 이해관계와 생각의 차이에서 비롯하는 갈등과 대립의 현장(화목의 사역), 서로에 대해 익명으로 남아 있는 관계(친밀한 교제 사역), 하나님의 말씀을 이해하고 또 실천하는 데 큰 도움이 못 되는 교육(입체적 교육 사역), 하나님의 말씀과 행위에 합당한 반응을 하지 못하는 성도(예전을 통한 예배 사역)와 이웃과 사회와 자연에 적합한 반응을 하지 못하는 성도(일상의 예배 사역) 등을 생각할 때 설교, 예배, 교제, 봉사, 상담, 선교 등의 현실에서 통전적 목회는 절실하게 요청된다.

9. 목회 비평의 실제

목회 비평의 과제

목회 비평의 과제는 목회의 본질을 이해함에 따라 자연스럽게 드러난다. 곧 목회 비평은 목회가 그 본질에 충실하게 실천되고 있는지를 신학적으로 비평하는 일이다.

목회를 통전적으로 관찰하고,

신학적으로 인지할 수 있도록 기술하고,

신학적으로 정당화된 방법에 따라 분석하며,

그리고 신학적으로 평가한다.

목회의 본질에 따른 목회 비평은 무엇보다 목회자의 영성을 대상으로 한다. 영성은 신학과 신앙 그리고 인격의 기반을 이룬다. 목회자의 영성을 파악하려면 목회행위를 그 신학적인 배경을 포함하여 전반적으로 살펴보아야 하는데, 쉬운 일이 아니다. 특히 교역자의 영성에 관해서는 대체로 설교와 겉으로 드러나는 삶 그리고 목회행위에 제한할 수밖에 없다. 특히 다음과 같은 점을 살펴보아야 한다.

목회에서 하나님을 적합하게 말하고 있는가?

일상의 사건에서 하나님의 행위를 바르게 인지하고 또 표현하고 있는가?

설교와 삶은 일치하는가? 혹은 설교에는 신앙 경험에 바탕을 둔 적용이 있는가?

교역자가 회개의 열매를 맺고 있는지 그리고 회개한 후 성령에 이끌려 살고 있는가?

청지기와 목자의 직분에 충실한가?

그림자 목회로서 하나님을 나타내는 목회 곧 하나님의 영광을 지향하는 목회인가, 아니면 자신을 빛과 브랜드로 삼는 목회인가?

목회 사역에서 상호관계는 원활하게 이루어지고 있는가?

이념의 대립과 관계의 갈등을 중재하는가, 아니면 대립과 갈등의 중심에 있는가?

공동체의 영성을 회복하고 강화하는 목회인가?

목회행위가 인간의 가치관과 세계관에 따라 사는 것을 지향하는가, 아니면 하나님의 말씀에 따라 살도록 돕는 삶을 지향하는가?

목회가 세상과의 관계에서 정화 능력을 발휘하는가? 사회통합 능력은 있는가?

목회에 대한 정확한 관찰과 분석을 위해 목회 비평은 인간학을 포함하여 인간을 둘러싸고 있는 인문환경, 사회환경 그리고 자연환경을 고려한다. 목회는 인간과 인간 행동 그리고 인간의 상호소통에 대한 이해와 밀접한 관련이 있기 때문이다. 따라서 목회 비평은 철학을 포함하여 종교학, 정치/사회/경제/문화/교육에 관한 이론들을 참조한다.

그러나 이것들은 신학적인 비평을 위한 보조적인 의미일 뿐이다. 달리 말하면 신학적 목회 비평을 위한 발견의 맥락이다. 복잡한 성격의 목회를 단지 몇 개의 성경 구절을 인용하며 비평하는 것은 바람직하지 않다. 현대 목회의 복잡하고 다양한 측면을 파악하기 위해서는 먼저 목회를 전 방위적으로 그리고 통전적으로 이해하는 일이 필요하다. 비신학적 학문을 매개로 이루어지는 탐구에 해당하는 '발견의 맥락'은 인간으로서 성도와 성도의 신학적/신앙적 행위로서 목회를 이해하는 데에 큰 도움을 준다.

그러나 목회의 복잡하고 다양한 측면을 이해하는 것이 목회 비평의 전부는 아니다. 목회 비평이 단지 불평불만으로 끝나지 않고 신학적인 정당성을 얻기 위해서는 목회를 관찰하는 틀과 비평을 위한 근거가 철저히 신학적이어야 한다. 철학 정치 경제 경영 사회 문화 그리고 과학적인 영역에서 가져온 틀과 논리를 가지고 목회를 들여다보고 판단하는 건 어느 정도 의미는 있을 수 있으나, 만일 거기에만 머물러 있으면서 자신의 비평행위를 목회 비평이라 말한다면 비신학적이란 비난을 면치 못한다. 신학함의 일종인 목회행위를 단순히 인문학적인 관심에 따라 주제가 유사하다고 해서 비신학적으로 평가하는 건 장기 게임을 바둑 게임의 규칙을 가지고 들여다보는 것과 다르지 않다. 게임의 규칙을 무시하면 아무리 좋은 의미의 비평이라도 과녁에서 벗어날 수밖에 없다. 학문으로서 신학함의 조건을 충족하지 못하기 때문이다. 목회 자체는 신학적 행위이기에 목회 비평을 위한 발견의 과정이 아무리 공감적이고 또 합리적이라 해도 혹은 설령 관찰과 분석을 위해 비신학적인 연구의 도움을 받아도 그건 단지 현상을 이해하고, 문제를 신학적으로 제기하고, 주제를 신학적으로 파악하기 위한 것일 뿐이다. 신학적 논의의 전 단계이다. 최종적으로 판단하는 일인 목회 비평의 정당화 과정으로서의 논의는 철저하게 신학적이어야 한다. 목회 비평을 위한 질문과 문제 설정과 주제 인식 그리고 비평은 신학적인 질문과 신학적인 문제 그리고 신학적인 주제의 범위에서 신학적인 개념을 사용하여 합리적인 논의 과정을 거친다. 자기 생각과 다르고 또 자기 마음에 들지 않는다는 식의 비평은 개인의 생각에 그칠 뿐이며 설득력을 얻지 못한다. 설득력이 있기 위해 목회 비평은 철저히 신학적 학문적인 조건을 충족해야 한다. 목회 역시 신학함의 한 부분이고 목회 비평 역시 신학함의 한 부분이기에 정당한 비평을 위해 목회 비평은 반드시 신학적으로 정당화되어야 한다. 곧 목회 행위에 작용한 교역자의 신학적인 판단을 비평의 대상으로 삼고, 목회적 판단과 그 결과의 신학적인 적합성을 두고 따져보아야 한다. 신학적으로 정당화한다는 건 신학적 판단과 그 결과를 관찰하고 분석하여 기술한 것을 신학적 주제 안에서 논의하여 신학적으로 합리적인 결론을 도출한다는 말이다. 단지 부족함과 다름을 지적하기 위함이 아니라 하나님을 함께 고백하기 위한 신학적 발견을 지향한다.

교역자의 의도와 행위는 종종 '하나님의 영광을 위한 사역'이라는 미명으로 겹겹이 포장되어 있어서 목회의 진정성을 분별하기가 쉽지 않지만, 엄밀히 말해서 이것들에 대한 분별력을 기르는 것이 신학교육이다. 신학은 단지 윤리적이고 도덕적인 판단 능력이 아니라 신학적인 판단 능력을 형성하는 것을 목표로 한다. 신학적이란 말은 하나님의 말씀과 행위와 직간접적으로 관련된 진술 및 행위를 일 컫는다. 종종 특정 신학자의 견해를 '신학적'이라 말하는 경우가 있으나, 만일 특 정 신학자의 사상이 신학적이란 평가를 받는다면 신학자의 견해가 하나님의 말씀 과 행위와의 관련성을 입증해 보였을 때다. 하나님의 말씀과 행위와 전혀 관련되 어 있지 않다면 혹은 그 연결고리가 지나치게 희미하면 아무리 유명한 신학자의 사상이라 해도 신학적이라 말할 수 없다. 그러함에도 불구하고 이것을 신학적이 라 말한다면 그렇게 말하는 사람이 스스로 신학적인 관련성을 밝혀야 한다.

목회를 관찰하고 분석하기 위한 틀

목회를 관찰하고 분석하는 틀로 흔히 언급되는 건 (특정인의) 신학 논리, 성경적 논리, 성장 및 번영 논리, 경영 논리, 리더십 논리, 공공성 논리(개인 및 사회윤리), 에 큐메니즘(교회 일치) 논리, 복음주의적 논리, 사회통합 논리, 인권 및 복지 논리, 민 주화(정의 평등 자유 등) 논리, 미래학적 논리, 목회데이터 분석 논리, 성도의 만족을 지향하는 논리, 그리고 영적 논리 등이 있다. 최근에는 생성형 A.I.에 따른 논리가 조금씩 사용되고 있다. chatGPT의 평가에 관심을 기울이는 경향을 말한다. 이 모 든 것들은 어느 정도는 서로 겹치면서 각각의 개별적인 특징을 갖는다.

• 논리들

성장 및 번영 그리고 경영 논리는 교회 성장과 양적인 팽창에 초점을 두고 목회 를 평가하는 것이다. 물질적인 풍요와 마음의 여유를 참 교회 됨의 기준으로 여긴 다. 교회도 하나의 유기체이기에 성장하는 건 당연하다.

문제는 교회가 성장하고 번영하면 목회의 정당성을 묻지도 않고 자동으로 입 증해주는 경향이다. 한국 교계에서 지금까지도 통용되고 있는 논리라고 말할 수 있다. 훌륭한 경영 능력을 바탕으로 혹은 수단과 방법을 가리지 않고 교회를 양적 으로 성장시키면 교역자의 자질은 훌륭하게 평가되고, 목회는 모범적이란 평가를 받는다. 목회의 모델로 부상한다. 일부 대형교회는 교회가 주체가 되어 다른 성도들에게 목회의 비결을 전수하는 프로그램을 적극적으로 운용하여 목회 패러다임을 확산하는 노력을 기울이기도 한다.

그러나 경제 논리와 다르지 않은 성장과 번영의 논리를 갖고 목회 자체를 평가하는 건 바람직하지 않다. 대체로 성장과 번영 논리에는 자본주의 논리와 물신숭배 사상이 작용한다. 이런 평가에서 목회와 비즈니스의 구분은 쉽지 않다.

개인 및 사회윤리는 성도 개인의 인격과 삶 그리고 공적 행위에 중점을 두고 목회를 평가하게 한다. 그뿐 아니라 교회가 사회적인 이슈에 어떤 관심과 열정으로 대하느냐에 따라 목회를 평가한다. 교회가 비록 작아도 성도의 삶에 흠이 없고 또한 교회가 사회적인 이슈에 민감하게 또 올바르게 반응하면 바른 목회로 평가받는다. 이에 비해 교회가 사회적인 이슈에 무관심하든가 혹은 성도 특히 교역자 개인의 흠이 노출되면 목회는 혹독하게 비판받는다. 윤리적인 관점은 에큐메니즘과 공공신학의 집중적 지원에 시대의 흐름을 결정하고 있다.

그러나 윤리적 관점에서 목회를 비평하는 것 역시 경우에 따라선 비신학적이라는 비판을 면치 못한다. 이와 관련해서 신학적인 측면에서 **공공신학**(public theology)의 출현은 매우 중요한 관점을 제공한다. 교회가 공적 사안에 관한 이슈에 윤리적으로 민감하게 반응하고 적극적으로 참여하되 그것이 공공신학적인 근거를 얻는다면, 목회는 긍정적으로 평가받는다. 기독교 윤리는 보통 말씀을 실천적으로 살아내는 원리로 이해된다. 사회윤리를 기반으로 하는 공공신학은 하나님의 형상으로서 인간다움을 실현하려 한다. 그러므로 여기에서 벗어나는 목회는 저평가되는데, 이런 논리는 특히 교회 비판과 탈 교회 현상이 특징인 현대사회에서 큰 설득력을 입증한다. 윤리는 하나님 나라의 백성에게 합당한 가치를 숙지케 하고 또한 그것에 합당한 삶과 행동 양식을 갖추게 한다.

목회가 시대의 흐름과 무관할 수 없는 현실에서 이와 같은 논리들은 나름대로 의미가 있다. 특히 교회가 세상을 변화시키는 주체가 되지 못하고 오히려 세상의 비판을 받는 현실에서 그리고 교인들마저도 교회를 떠나는 현실에서 사회적인 공공성을 강조하는 윤리적인 관점은 결코 간과할 수 없다. 중시되어야 마땅하며 모든 목회 비평에서 반드시 고려해야 할 관점이다. 그렇다고 해서 윤리적인 관점으로 일관하여 목회를 비평하는 건 바람직하지 않다. 목회 자체가 신학적인 판단에 근거하고 있기에 -만일 비신학적인 목회였다면 어찌해서 비신학적인 목회인지를 밝히는 작업이 선행돼야 한다는 의미에서 신학적으로 조명되기에- 여기에 덧붙여서 신학적인 관점이 반드시 반영돼야 한다. 윤리적인 시각에서 벗어나 신학적으로 보는 관점은 목회를 단지 합리적인 이유에 근거해서만 판단하기 어려운 이유이다. 겉으로 불합리하게 보인다 해도 하나님의 행위와 말씀에 근거하여 보면 전혀 달리 평가될 수 있으며, 때로는 하나님의 이름으로 목회를 포장하여 남용과 오용에 빠져 신학적으로 심각한 문제를 일으킬 수도 있다. 형식 뒤에 숨어 있는 가짜 신앙은 반드시 폭로되어야 한다.

독자 중심의 비평이 일반화하면서 목회 역시 종종 교인의 만족도와 연결해서 비평받기도 한다. 앙케이트 조사를 통해 교인의 반응을 통계적으로 살펴 목회를 비평하는 것이다. 목회가 성도를 교육하고 훈련하는 행위인 만큼 교인의 반응을 살피는 것은 중요하고 또 필요한 일이다. 하나님 나라의 백성으로서 느끼는 만족도는 목회에서 반드시 고려해야 한다.

그러나 목회를 성도의 반응이나 통계의 수치에 따라서만 평가하는 것은 바람직하지 못하다. 목회는 죄인으로서 인간을 전제한다. 인간을 하나님 앞으로 인도하여 하나님 앞에 세워놓는 일이다. 이것은 본질에서 인간의 욕망에 반하는 일이어서 성도의 만족도와 항상 일치하지 않는다. 경우에 따라선 목회행위와 갈등한다. 따라서 인간의 반응에 따라서만 목회를 평가하는 것은 항상 옳은 결과로 이어지진 않는다. 목회는 신학적 인간 이해에 근거하여 평가되어야 한다.

신학적인 논리는 목회의 신학적인 정당성을 두고 평가하는 것이다. 주로 실천적 교회론 측면에서 접근이 이루어진다. 특히 교회의 본질과 속성에 비추어 목회를 관찰하고 평가한다. 그러나 교회의 사회적인 측면을 무시하고 신학적인 측면에서만 바라보는 건 두 초점 모델에 비추어볼 때 바람직하지 않다. 교회는 사회학적이고 신학적인 측면에서 이해되는 만큼 목회 비평 역시 양 측면을 고려해야 한다.

미래학적 논리는 교회의 미래를 염두에 두고 목회를 평가한다. 미래학적인 관점에서 분석하고 예측하여 미래의 전망이 없는 목회를 비판하며 미래의 전망이 있는 목회를 추구한다. 희망의 목회를 위한 토대를 마련한다. 그러나 본질을 보지 않고 시대의 흐름에 편승하는 목회를 지향한다는 점에서 비판받기도 한다.

예전적 논리는 올바른 예배의 회복을 목회의 중심에 놓으려는 시도다. 예배 비평과 겹친다. 예전적 논리에서 관건은 예배가 교회 안에 제한되거나 교회 밖의 삶에 치중하지 않도록 하는 것이다. 공감할 수 있는 예전을 위한 교육도 중시한다. 교회 예배는 물론이고 일상의 예배를 강조하고 또 양자의 유기적 관계를 갖게 하는 목회를 높이 평가한다.

병리학적 논리는 소위 목회진단이라는 이름으로 교회의 비정상성을 비평한다. 교회 혹은 개인 신앙에 문제가 발생했을 때 목회에서 무엇이 잘못되었는지를 분석하고 판단한다. 진단을 위해서는 매우 엄밀한 평가 기준을 마련해야 하는데, 이를 위해 병리학적 현상에 주목해서 주로 앙케이트 조사를 사용한다. 교회 미래학 분야에서 즐겨 사용하는 논리이다.

• 목회의 본질과 교회사적 전통과의 연관성

목회를 관찰하기 위한 틀로서 지금까지 소개한 논리들이 간과되어서는 안 된다. 그러나 어느 것을 채택하든 목회 비평이 신학적인 조건을 갖추려면 반드시 신학적인 성찰과 정당화의 과정을 거쳐야 한다. 이를 위해서는 목회행위를 들여다보는 일에서 목회의 본질과 교회사적인 전통을 고려해야 한다.

목회는 본질에서 '하나님의 목회'를 위임받아 '이 땅에 임한 하나님 나라를 관리하는 일'이다. 하나님 나라의 모형으로서 교회가 부르심에 합당할 뿐만 아니라 부르심에 합당한 일을 순종으로 감당하는 일이다. 하나님에게 권한을 위임받아 행하는 일이기에 책임이 막중하다. 목회는 교역자만의 일이 아니며 교인과 협력하여 하나님의 뜻에 순종하여 하나님 나라를 관리하는 일이다.

그런데 하나님 나라를 관리한다는 건 구체적으로 무엇을 의미하는가? 무엇보다 하나님 나라를 이 땅 위에 세우거나 이루려는 노력이 아님을 명심하는 것이 좋겠다. 하나님 나라에 대한 약속은 인간에 의해 성취되지 않으며 또 인간의 힘으로도 세워지지 않는다. 하나님 나라는 하나님이 다스리는 나라로 하나님의 주권에 따라 임한다. 약속을 성취하시는 분은 하나님이다. 그러므로 목회는 성도가 다만 이 땅 위에 임하는 하나님 나라를 인식할 수 있고, 또 그 나라의 의를 자기 안으로 받아들일 수 있으며, 그 나라의 백성으로 살 수 있도록 돕는 일이다. 하나님에게 속한 백성들이 하나님의 뜻에 따라 임한 하나님 나라를 인지하지 못하고 지나치거나 그 나라에 머물다가도 순종의 삶을 살지 못해 쫓겨나는 일이 없도록 노력해야 한다. 물론 하나님 나라를 관리한다는 건 세상에 속해 있던 사람들이 교회로 와서 자기를 하나님 나라의 백성으로 인지하고 죄를 고백하고 회개하면서 하나님 나라에 합당한 사람이 되도록 하는 것도 포함한다(마 28:18~20).

교회사적 전통에 기반을 두고 살펴보면 목회를 통합적으로 들여다보기 위한 틀은 교회의 다섯 가지 기능이다: 예배(leiturgia), 교육(didache), 봉사(diakonia), 교제(koinonia), 선교(missio). 물론 여기에 더해 현대에 중요하게 부각하면서 보혜사(Parakletos) 성령의 사역을 수행하는 행위로 인지되는 상담이나 하나님의 통치행위를 반영하는 행정(administare) 혹은 경영(management)을[91] 포함해 여섯 혹은 일곱 가지 기능을 말할 수 있으나 전통적인 측면을 고려해서 다섯 가지로 제한할 것이다. 그러나 심리적인 돌봄을 받지 못하거나 부실한 교회 행정 때문에 발생하는 문제들과 그로 인해 교회에서 발생하는 부정적인 결과를 생각한다면 상담과 행정은 반드시 별도로 고려할 주제이다. 사실 상담은 교회 자체보다는 개인에게 집중되는 경향이 있고(물론 집단상담이라는 측면에서 교회 행위로 이해할 수도 있다), 행정은 다섯 영역 모두에 걸쳐 있으며 다섯 가지 행위를 가능하게 하는 동력이다. 다섯 가지 기능을 다룰 때 상담 및 행정의 문제는 어떤 방식으로든 등장할 것이다.

목회는 본질에서 하나님 나라가 땅에서 번영하도록 관리하는 일이기에 교회와 세상에서 하나님을 영과 진리로 예배하는 삶을 살도록 하는 일은 가장 중요한 목표이다. 교회 안팎에서 예배하는 자로서 사람을 세울 목적으로 행해져야 할 일은 교육과 교제와 봉사 그리고 선교다. 달리 말해서 목회가 건강해지기 위해서는 무엇보다 다섯 기능을 매개로 사람을 세우고 하나님 앞에서 다섯 기능을 건강하게 수행할 수 있는 능력을 기르는 것이 우선이어야 한다. 이 기능들은 궁극적으로 예배로 수렴하는데, 보통은 교회를 지탱하는 기둥 이미지로 표현된다. 건축에서 기초 다음으로 중요한 부분이 기둥임을 생각한다면, 다섯 기둥으로 표현한 까닭은 그만큼 중요하기 때문임을 알 수 있다. 교회의 기초가 예수 그리스도와 그분에 대한 믿음 그리고 신앙고백이라면, 성도를 참으로 예배하는 자로 그리고 참 그리스도인

---

91 조직으로서 교회를 경영학적 관점에서 조명한 다음의 글을 참고: 배종석/양혁승/류지성,『건강한 교회, 이렇게 세운다』(IVP, 2008). 10년 후에 같은 저자들이 쓴 것으로 공동체로서 교회에 관한 자료를 얻기 위해 180여 개 교회를 대상으로 설문조사와 8개 교회의 지도자들과의 심층 인터뷰를 바탕으로 쓴 다음의 책도 참고할 수 있다. 배종석/양혁승/류지성『무엇이 교회를 건강하게 하는가』(IVP, 2018).

으로 세우는 일은 교회의 기둥을 세우는 것과 같기에 다섯 가지 중 어느 것 하나도 소홀히 다뤄져서는 안 된다. 어느 것 하나라도 결핍하면 설령 다른 것이 풍부하다 해도 결핍한 한 가지로 인해 교회는 치명적인 해를 입기 때문이다.

그러므로 목회를 신학적으로 들여다보는 틀을 나는 앞서 언급한 '두 초점'과 '교회를 건강하게 지탱하는 다섯 기둥'이라고 말하고자 한다. 목회는 대체로 '두 초점'을 고려하며 다섯 기둥을 든든하게 세우는 방향으로 실천되기에 목회를 다섯 기둥에 따라 세부적으로 살펴보면 목회가 올바르게 행해지고 있는지 그리고 교회가 얼마나 건강한지를 확인할 수 있기 때문이다. 제2부에서는 왜 다섯 기둥에 따라 목회가 관찰되고 분석해야 하는지는 각 주제를 다루면서 설명하도록 하겠다.

• 목회 비평의 기준

올바른 비평을 위해 관찰의 틀과 함께 요구되는 건 목회 비평의 기준이다. 틀은 목회를 들여다보는 얼개이고 또 비평이 실제로 이루어지는 공간이라 볼 수 있지만, 기준은 비평의 적합성을 따지는 잣대이다. 장기를 바둑의 규칙을 갖고 평가할 수 없듯이 목회 역시 그 분야에 적합한 규칙으로 평가해야 한다. 아무리 그럴듯한 미사여구로 가득하다 해도 촌철살인의 평가가 아니라면 올바른 비평으로 받아들여지지 않고 외면당할 뿐이다. 그렇다고 정답 및 오답 처리하는 방식으로 목회 비평의 기준을 생각하면 안 된다.

목회행위의 적합성과 효율성을 평가하기 위해 요구되는 기준은 무엇일까? 목회 비평을 위한 기준은 어디서 길어오는 것이 바람직할까? 이에 따라 목회 비평의 구체적인 기준을 원칙적인 측면에서 언급하면 다음과 같다.

비평에서 가장 우선적인 기준은 하나님과 그분의 뜻과 행위와 인격에 얼마나 부합하느냐에 있다. 달리 말하면, 예수 그리스도와의 관계이다. 그 안에 있어야 생명이 있고, 그에게 붙어 있어야 풍성한 열매를 맺으며(요 15:5), 그와의 교제를 통해 기쁨이 충만하게 된다(요일 1:1-4)고 성경은 말하고 있기 때문이다. 그리고 그를 따르는 삶을 통해 그가 하나님의 아들로서 세상의 구주임을 세상 가운데 전할 뿐만 아니라 또한 그를 따르는 자가 그의 제자로 인정받는다. 예수 그리스도 자신과 그의 사역은 오늘날의 목회가 가능한 근거이다.

비평의 또 다른 기준은 사도적 전통이다. 사도는 예수 그리스도를 직접 경험하였고, 고난과 부활의 증인이기 때문이다. 오늘날 목회가 가능한 것은 사도들에 의한 목회가 있었기 때문이다. 그들의 증거와 가르침 그리고 섬기는 목양의 모습은 목회가 지향해야 할 모범이면서 비평을 위한 근거이다.

마지막으로 비평의 기준은 교회의 역사다. 목회는 아무리 혁신적이라도 교회 전통과 무관하지 않아야 한다. 설령 과거를 비판한다 해도 그렇다. 교회의 역사는 단지 과거가 아니라 하나님 역사의 흔적이기 때문이다. 인간이 거두어들일 수 없는 일이며, 다만 하나님이 일하신 결과를 기다릴 수 있을 뿐이다. 목회가 본질에서 하나님의 목회를 반영하는 한 교회의 역사는 목회가 반드시 고려해야 할 자료이다. 목회 역시 영원하지 않고 일시적이라는 사실, 그래서 스스로 가변성을 인정하여 유연해야 한다는 원칙은 목회의 역사성을 확인한다.

이상의 세 가지 기본 기준에 더해서 두 초점 이론에 근거한 기준을 다섯 가지로 제시하면 다음과 같다.

첫째, 목회 비평의 기준은 신학적이고 또 사회학적이어야 한다. 지금까지 시종일관 나는 목회 비평이 신학적이어야 함을 강조했다. 신학적이란 하나님의 말씀과 행위와 관련한 합리적이고 검증할 수 있는 진술이라는 의미이다. 목회가 하나님의 목회를 위임받아 수행하는 것이니만큼 신학적이어야 한다는 사실은 지극히 당연하다. 그러나 하나님과 관련해 있다고 해서 진술이 비합리적이라고 여기는 건 문제다. 인간의 언어 행위로서 신학적 진술은 신학적 판단 기준에 따라 옳고 그름을 판단할 수 있어야 한다. 따라서 목회를 평가하는 기준은 철저히 신학적이어야 한다. 성경의 언어를 나열한다고 해서 목회 비평을 위한 바른 기준으로 받아들여지지는 않는다. 관건은 신학적으로 적합하고 합리적이며 또 검증할 수 있는 진술이어야 한다는 것이다.

이와 함께 목회 비평은 사회적인 측면에서 교회의 존재 이유와 기능을 염두에 두어야 한다. 교회가 아무리 성장한다 해도 성도로 빛과 소금으로 살게 하거나 교회가 직접 공적인 책임을 인지하고 실천하면서 사회에 공헌하는 바가 없다면 올바른 목회라 볼 수 없다. 이런 의미에서 목회는 정치의 일면을 갖고 있다.

둘째, 목회 비평의 기준은 한편으로는 하나님의 말씀에서 비롯하지만, 다른 한편으로는 사회적 공감으로부터 온다. 성경은 바른 목회를 위해 하나님의 감동하심으로 기록한 책이다. 하나님의 말씀은 현실이 되게 하는 힘이 있고 또 그것을 목적으로 한다. 아무런 결실 없이 공허하게 메아리치는 법은 없다(사 55:9-10). 창조를 기술한 내용에서 확인할 수 있는 것은, 창조 기사는 하나님이 말씀하시면 그대로 되었다는 사실을 고백하는 내용이라는 것이다. 이로써 성경은 하나님의 말씀에 대한 가장 적합한 태도가 순종이며 그리고 순종을 통해 말씀대로 현실이 되게 하는 삶임을 명백히 밝힌다. 하나님의 말씀에 따라 그대로 되는 것이 순종이고, 그 순종을 통해 실제로 말씀이 현실이 되었을 때, 그 현실을 보고 하나님은 선하다 혹은 아름답다고 판단하신다. 이것을 진술의 맥락에서 본다면 옳다고 판단하시는 것이라 볼 수 있다.

한편, 성경에 보면 거짓 선지자 현상이 있다. 하나님에게서 받은 말씀이 아니라 자신의 확신과 생각을 전하는 사람 혹은 왕의 이익을 대변하는 사람을 가리킨다. 이에 반해 하나님의 말씀을 전하는 예언자는 하나님에게서 말씀을 받아 전한다. 비록 전해야 할 말씀이 자신의 맘에 들지 않고, 또 말씀을 전함으로 자기에게 해를 가져오는 것일지라도 전해야만 했고 또 그것에 순종했다. 이것이 가능한 이유는 하나님이 살아계시며 세상을 다스리는 분이고 또 자기에게 말씀하신 여호와 하나님은 항상 옳으신 분임을 믿고 신뢰했기 때문이다.

하나님의 말씀이 옳다는 확신과 신뢰는 하나님이 약속을 지키시는 분임을 스스로 입증하셨기 때문이다. 다시 말해서 조상들의 신앙고백은 미래의 삶을 이끄는 기준이었다. 이 말은 목회를 비평하는 일이 하나님 말씀에 비추어봄으로써 이루어진다는 것을 의미한다. 여기서 오직 여호와만이 참 하나님이시며 그분만을 예배해야 한다는 신앙고백이 나오는데, 목회는 바로 이런 신앙고백을 반복하게 하면서 또한 오직 하나님만을 신뢰하며 살도록 돕는 일이다.

한편, 목회는 공적인 측면에서 지역사회에 공헌한다고 했다. 세상에서 빛과 소금의 역할을 감당하도록 부름을 받았기 때문이다. 목회는 교회 안에서 행해지면서 또한 공적 이슈에 반응한다. 만일 이점을 진지하게 생각한다면, 목회는 교회가 지역사회와 공감하는 정도에 따라 달라질 수밖에 없다. 그러므로 목회 비평의 기준은 하나님의 말씀은 물론이고 또한 사회적으로 공감하는 내용에서도 얻을 수 있다.

셋째, 목회 비평의 기준은 십계명 중 처음 세 계명에서 찾아볼 수 있다. 서언을 포함해서 첫 번째와 두 번째 계명은 하나님의 자기소개를 담고 있으며 또한 오직 여호와만을 하나님으로 섬기고 다른 신을 섬기지 말아야 할 뿐만 아니라 또한 하나님을 나타내기 위한 형상을 만들지 말라는 의미이다. 사실 하나님을 경험한 사람들이 목자, 아버지, 어머니, 남편, 재판관, 변호인 등 하나님을 이미지로 표현하는 건 성경에서 흔히 볼 수 있는 일이지만, 문제는 그것에 집착하여 하나님 이해의 또 다른 가능성을 배제하는 것이다. 교회가 특정 이미지에 고정되어서는 안 된다는 뜻이다.

보통은 서언에서 두 번째 계명까지는 같은 맥락에서 다뤄진다. 요약하면 오직 여호와만을 참 하나님으로 섬기라는 것이다. 하나님 나라를 관리하는 일로서의 목회는 하나님이 오직 한 분이시며 그분이 하늘과 땅의 창조주로서 세상을 다스리는 분임을 드러낼 뿐만 아니라, 또한 사람들이 하나님의 통치를 인정하고 받아들일 수 있게 하는 일이다. 목회가 이 일을 놓쳐 다른 신을 섬기게 한다거나 하나

님 이외의 다른 것들이 하나님 나라를 통치하는 것으로 여기게 한다면 그것은 대단히 잘못된 것이다.[92]

세 번째 계명은 하나님의 이름을 쓸데없는 곳에 사용하지 않아야 한다는 의미다.[93] 다시 말해서 목회는 하나님을 적합하게 말하는 일이며 또한 하나님의 이름을 적합하게 말하도록 가르치고 훈련하는 일이다. 또한, 이것은 하나님의 영광을 지향하지 않고 오히려 자기 이름과 영광을 추구하는 목회를 폭로하며 비판한다. 가난한 자와 연약한 자를 무시하고 강자와 부자를 존중히 여기는 태도를 심판한다. 하나님을 예배하지 않고 하나님 이외의 다른 신을 예배하는 태도를 비판한다.

그리고 하나님의 이름을 쓸데없는 곳에 사용하지 않아야 한다는 말에는 하나님의 이름을 합당하게 사용해야 한다는 뜻을 포함한다. 다시 말해서 한편으로는 기도하기 위해서 사용하라는 의미이며 다른 한편으로는 하나님의 이름에 합당한 삶, 곧 다른 사람을 도우며 살면서 하나님을 나타내며 살아야 한다는 의미다. 자신의 이익을 추구하기 위해 하나님의 이름을 사용하지 말고, 하나님의 이름으로 나아가는 사람은 누구든지 자신을 통해 하나님의 도우심이 드러나는 삶을 살아야 한다.

넷째, 목회 비평의 기준은 앞서 말한 두 초점에서 벗어나지 않는다. 하나님 중심적인 사고만으로도 안 되며, 교회 중심적인 사고만으로도 부족하고, 하나님 나라 중심적인 사고와 삶만으로도 충분하지 못하다. 적어도 종말이 이르기까지는 그렇다. 마지막 때에 온전한 것이 오기 전까지는 하나님과 인간, 교회와 세상, 하나님 나라와 땅의 나라, 복음과 율법, 믿음과 행위, 텍스트와 컨텍스트, 신학과 인문학 등. 그동안 이분법적으로 구분되던 것들은 타원궤도를 형성하는 두 초점으로 수용되어야 한다. 이 점을 고려한다면 통전적 사고와 중재자 역할이 목회 비평

---

92 다음을 참고: Karl Barth, "Das erste Gebot als theologisches Axiom", Zwischen den Zeiten, 11, 297-314.

93 Choi Sung Soo, "Das dritte Gebot und die Frage nach dem richtigen Reden von Gott", *Korea Journal of Systematic Theology*, Vol. 3, 1999, 283-298. 그리고 최성수, 『계명은 복음이다』 (한남대 출판부 글누리, 2008).

에서 어떤 의미가 있는지 가늠할 수 있을 것이다.

　마지막 다섯째, 하나님 나라를 관리하는 목회는 다섯 기둥을 든든히 세우는 과정을 통해 이루어지며, 이와 관련해서 실천하는 목회를 비평하는 작업을 위한 기준은 교회의 두 가지 표식(말씀과 성례)과 네 가지 본질적 속성(ecclesia una, universalia, apostolica, sancta)이다. 하나님의 말씀이 바르게 선포되고 있는지, 그리고 성례는 바르게 집행되고 있는지를 살펴보는 건 목회를 비평하는 과제에서 핵심이다. 그밖에 하나의 보편적, 사도적, 그리고 거룩한 교회는 목회를 통해 교회와 세상이 하나님의 말씀에 따라 그대로 되었는지를 판가름하는 포괄적인 기준이다. 교의적 사고와 윤리적 사고 그리고 미적 사고를 종합적으로 아우르는 기준이다. 마지막 다섯 번째 기준과 관련해서는 제2부에서 상세하게 다룰 것이다.

제2부

교회를 건강하게
지탱하는 다섯 기둥

왜 다섯 기둥인가?

"예수께서 온 갈릴리에 두루 다니사 그들의 회당에서 가르치시며
천국 복음을 전파하시며 백성 중의 모든 병과 모든 약한 것을 고치시니"(마 4:23)

이 땅에 오신 예수님은 두루 다니시면서 하나님 나라를 비유로 가르쳤고, 그 나라
가 가까이 있음을 선포하며 회개하라 외쳤고, 가르치고, 병을 고치셨다. 영이신 하나
님을 참으로 예배하라고 말씀하셨고, 마지막 순간에는 제자들에게 모든 민족을 제자
로 삼고(마 28:19) 또 세상 끝까지 복음의 도를 전하라(행 1:8) 명하셨다. 이것이 예수님
이 이 땅에서 하나님의 목회를 위임받아 행하신 일들이다.

예수님의 인격과 사역은 하나님을 온전히 나타내는 데에 조율되어 있었고, 이
를 통해 하나님이 맡기신 일들이 온전히 이루어졌다. 이로써 하나님 아들의 나라
가 세워졌다. 아들이 성령을 통해 다스리는 나라를 의미한다. 그 후 그리스도의
몸(고전 12:27)으로 혹은 하나님의 집(고전 3:9, 딤전 3:15, 히 3:6, 벧전 4:17)으로 세워
진 교회는 예수 그리스도의 사역을 이어받았다. 하나님을 나타내고 또 교회를 공
동체로, 하나님의 가족으로 건강하게 유지하는 노력을 통해 교회의 행위 혹은 기
능이 자리를 잡았는데, 이 가운데 교부 시대부터 강조되어 온 대표적인 다섯 가지
는 예배(leiturgia), 교육(didache), 봉사(diakonia), 교제(koinonia), 그리고 선교(missio)다.

필자는 특히 '하나님의 집' 이미지를 염두에 두고 이 다섯 가지를 "교회를 건강하게 지탱하는 다섯 기둥"이라 말하고자 한다.[1] 이것들은 기초(예수 그리스도의 인격과 사역 그리고 그에 대한 신앙고백) 위에 든든하게 세워져 있어서 교회가 넘어지지 않도록 지탱할 뿐만 아니라, 또한 건강하게 자라도록 해 세상에서 제 역할을 다하는 데 중요한 기능을 수행하기 때문이다. 이것들은 무엇보다 하나님의 집인 교회가 든든하게 세워지게 하며, 예수 그리스도와 그의 사역을 세상에 널리 전파하고, 교회가 하나님 나라를 위한 교회와 타자를 위한 교회의 본질을 실현하도록 하는 데에 크게 공헌한다 (벧전 2:5 "너희도 산 돌같이 신령한 집으로 세워지고 예수 그리스도로 말미암아 하나님이 기쁘게 받으실 신령한 제사를 드릴 거룩한 제사장이 될지니라"). 이것들이 교회의 건강을 위해 중요한 이유는, 만일 이 가운데 하나라도 부족하면 공동체의 온전함에 부정적인 영향을 미치기 때문이다. 기둥이 부실하면 기초가 아무리 견고해도 집은 무너질 수밖에 없다.

비유하여 말한다면, 교회의 다섯 기둥은 마치 '영양결핍의 원리'처럼 작용한다. 아무리 많은 영양분을 공급받아도, 만일 필수영양소(탄수화물, 지방, 단백질, 비타민, 무기질)가 하나라도 부족하면, 그것 때문에 우리의 신체에는 문제가 발생한다. 관건은 많이 먹느냐가 아니라 균형 있게 먹는 것이다.

이와 마찬가지로 다섯 가지 교회 행위 중 어느 것 하나라도 부족하면 교회를 지탱하고 유지하는 힘인 하나님의 은혜가 아무리 넘친다 해도 취약한 부분을 통해 조금씩 빠져나가 교회는 동력을 잃고 개인은 신앙의 건강을 잃는다. 개인의 신앙 건강이 부실해지면 결국엔 교회가 침체한다.

예컨대 교회 예배가 아무리 중요하다고 하나 다른 것들이 결핍하면 오히려 지나친 예배 때문에 교회의 건강이 상한다. 하나님의 은혜가 온전하지 않아서가 아니라 하나님의 은혜(Gabe)에 따른 마땅한 책임(Aufgabe)을 감당하지 않아 발생하는

---

1   현대사회에서 행정(관리와 경영)의 중요성이 강조되는 현실을 고려할 때, 다섯 가지에 행정을 더해 여섯 기둥을 말해야 하지 않을지 싶다.

일이다. 따라서 다섯 가지는 건강한 교회를 위해 필요한 요소라 생각하면 되겠다.

한편, 코로나19 팬데믹 시기에 감염의 위험 때문에 대면 모임이 많은 제한을 받았으나 그렇다고 해서 다섯 행위가 소홀히 여겨져서는 안 되었었다. 사회적 거리두기 상태에서도 다섯 행위가 지속할 방법을 모색했어야 했다. 예컨대 이 시기에 교회 전체 모임을 지양하고 소그룹 모임을 통해 다섯 행위를 지속했다. 그 결과 오히려 성장하였다. 반대로 다섯 행위가 중요하다고 해서 감염수칙을 어기면서까지 대면 모임을 고집하는 것은 오히려 역효과만 낳았다. 여러 교회에서의 집단 감염으로 인한 교회에 대한 사회적 이미지의 추락이 얼마나 심각한지를 우리는 뼈저리게 경험했다.

중요하게 생각해야 할 점은, 건강한 교회는 다섯 가지 행위 중 하나라도 부족하면 신속한 반응으로 대처한다는 것이다. 회복탄력성이 크다. 이 다섯 가지는 하나님의 목회에 대한 인간의 반응이기 때문이다. 다섯 가지가 균형 있게 행해지고, 또 이것들이 서로 유기적으로 작용하게 하는 교회 행위가 목회다. 따라서 목회가 바르게 실천되고 있는지 그렇지 않은지는 다섯 가지 기능이 제대로 작동하고 있는지를 살펴보아야 하고 또한 여기에 더해 각 기능이 서로 유기적으로 상호관계를 유지하고 있는지를 살펴봄으로써 확인할 수 있다.

여기서 몇 가지 질문이 제기된다.

무엇보다 먼저는 다섯 교회 행위는 어떤 근거로 '기둥'의 의미로 이해되는 걸까?

둘째, 왜 다섯 가지인가? 추가로 덧붙여질 것은 없는가?

셋째, 왜 한 가지가 결핍되면 교회 전체에 부정적인 결과로 이어지는 건가?

넷째, 모두가 골고루 갖춰지면 교회는 어떤 모습인가?

다섯째, 건강한 목회를 위해 다섯 기둥은 어떻게 세워지고 관리되어야 하는가?

필자는 이 질문들에 대한 대답을 찾는 과정에서 목회적인 필요성을 절감하였다. 또 관련 주제와 관련해서 강의를 들은 학생들과 성도들의 요청에 따라 교회의 핵심 기능만을 다룬 글이 필요함을 느꼈다. 그동안 목회적 관심에 따라 쓴 관련 주제의 강연과 글들을 한곳에 모으는 것은 목회를 종합적으로 조망할 시야를 열어줄 안내서가 될 수 있겠다고 생각했다. 그러나 목회 비평에 필요한 통전적 시각을 갖추기 위해서는 일관된 주제 의식이 먼저는 나 자신에게 필요하다는 판단에 따라 각각의 주제를 새로 집필했다.

이 글에서 나는 전통적으로 교회의 다섯 기능으로 알려진 교회 행위들을 '교회의 기둥'으로 보고, 이것의 신학적인 의미를 특히 '타원의 두 초점 교회론'의 관점에서 살펴본 후에 오늘의 관점에서 그 의미를 새롭게 조명해보려고 한다. 다시 말해서 오늘날 교회란 무엇이고, 교회는 무엇을 하는가? 라는 질문과 관련해서 두 초점 이론에 따라 다섯 가지 교회 행위의 기둥으로서 의미를 살펴보고자 한다. 그리고 이걸 목회를 비평적으로 관찰하고 분석하는 주요 틀로 자리매김할 것이다.

먼저 왜 다섯 가지이고 그 이상은 아닌지를 생각해보자. 교회 행위는 하나님이 세상의 지속과 보존 그리고 구원을 위해 세상에서 행하시는 사역을 순종함으로써 재현한다. 하나님은 이 땅에 임한 하나님 나라를 관리하도록 사람을 부르시고, 또 그들에게 권한을 위임하시면서 당신의 일을 수행케 하신다.

교회 행위가 다섯 가지인 데에는 별다른 이유가 없다. 다만 하나님의 행위에 대한 개별적인 반응을 범주화한 것일 뿐이며, 특히 예수님의 지상 사역에 근거한다. 가르침(교육)과 선교(복음 전파)는 성경에 명령으로 명시되어 있으니 아무런 이의가 없을 것이다. 구약에서 가난한 자와 과부와 고아 그리고 병든 자 등 사회적인 약자를 긍휼히 여기라는 하나님의 지시는 신약에 와서 예수님의 자비로운 행위에 근거하여 봉사(섬김)라는 이름을 얻었다. 교제(사귐)는 예수님이 자신과 하나님의 하나임과 친밀함을 강조하면서 동시에 제자들도 서로 하나가 될 뿐 아니라 서로 사랑하라 명령하신 말씀에 근거한다. 성도의 교제는 특히 삼위일체 신앙에 근거를 두는데, 곧 삼위일체 하나님의 친밀한 사귐과 그 사귐을 바탕으로 우리를 위한 사역을 협력하여 행하시지만 모든 일에서 일치하신다는 사실에 근거한다.

끝으로 다섯 가지 중에 네 가지가 비교적 당연하게 여겨지는 데 비해 예배(특히 예전을 통한 예배)에 대해서는 많은 이견이 제시되었다. 이는 한편으로는 교회와 예배의 상관관계가 그만큼 깊다는 사실을 반영하지만, 다른 한편으로는 오히려 깊은 관계로 인해 예배와 관련한 문제가 불거졌기 때문이다. 특히 성경에 예수님이 일정한 형식에 따라 예배했다는 구체적인 언급이 없다는 이유로 교회가 예배에 지나친 비중을 두는 것에 불만을 보이는 사람들이 있다. 사실 교회 예배에 집중하는 신앙행태로 인해 교회가 오랜 기간 대 사회적인 책임을 간과한 것은 부정할 수 없는 사실이다. 그리고 그런 현상은 지금까지도 대세로 계속되고 있어서 탈 교회 현상을 유발하고 또 교회가 사회로부터 비난과 비판을 받는 이유이다. 이를 공감하면서도 대응할 필요에 부응하여 필자는 세 종의 책과 논문을 통해 대안을 제시했다.[2] 최근에는 과거와 달리 사회적인 책임을 이유로 정치적인 이슈에 보수라는 이름으로 교인들을 동원하여 기도회와 광장예배를 통해 자신들의 정치적인 의견을 개진하는 교역자들이 있어 교계를 불편하게 만드는 일이 잦다. 기독교의 사회 참여가 너무 무분별하고 또 반이성적이어서 오히려 역효과를 내는 것 같아 안타깝다. 특히 코로나19 팬데믹과 관련해 일부 교회와 선교단체가 대면 예배를 고집하면서 방역 수칙을 어겨 교회를 감염원으로 전락시킨 것은 교회의 공적 역할을 더는 기대할 수 없게 만들었을 정도로 위협적이었다.

그뿐만 아니라 특히 다종교 상황에서 선교하는 사람들 가운데는 예배가 박해의 이유가 되기 때문에 선교의 현장에서 굳이 기독교적으로 예배해야 하는지에 대해 깊이 고민한다. 예전을 통한 예배는 이들로부터 종종 불필요한 행위라고 비

---

2   원래는 한 주제로 쓴 것인데, 책의 분량을 고려해서 세 권으로 나누어 편집하면서 주제의 핵심에 다소 변화를 주었다. 최성수, 『예배와 설교 그리고 교회』(예영, 2018), 『어떻게 하면 설교를 바르게 들을 수 있을까?』(이화, 2018), 『언제까지 가짜 신앙을 포장하며 살 것인가?』(이화, 2019). 논문은 "탈 교회 시대에 목회 비평의 필요에 관한 연구", 『장신논단』 52-5(2020.12), 261-287.

판받는가 하면, 때로는 삶에서 너무 동떨어진 예배 중심의 교회 생활에서 예배가 차지하는 부분이 상당히 축소되어야 한다고 주장되고 있다.

예배와 관련한 이런 주장은 기독교적인 예배로 인해 박해받는 선교지 상황이나, 코로나19 사태에서 볼 수 있었듯이 교회 예배가 전염 경로가 되거나, 한 사회 안에 다종교가 공존하는 상황에서 예배로 사회적 통합을 가로막는 일, 그리고 삶의 실천으로 이어지지 못하는 예배 중심의 신앙을 비판하는 취지를 염두에 둘 때는 충분히 이해할 수 있다. 그러나 다른 한편에서 그것은 분명 예배 특히 교회 예배와 일상 예배의 상관관계에 대한 무지 혹은 오해에서 비롯한다.

예배는 구약의 제사 전통과 회당의 가르침 전통 그리고 1세기 가정교회의 전통에 확고한 뿌리를 두고 있다. 예수님 역시 비록 하나의 통합된 의식을 따라 예배하셨다는 사실에 관한 기록은 없어도 하나님께 기도했으며, 찬양했고, 하나님의 말씀(율법)을 가르쳤고, 두루 다니며 천국 복음을 선포하셨다. 제자들에겐 선교를 강조하셨다. 하나님과의 친밀한 사귐뿐 아니라 제자들과 사귐도 소홀히 하지 않으셨다. 하나님과 이웃에 순전한 마음으로 반응하는 삶에서는 그 누구도 따라올 수 없을 것이다. 특히 성만찬은 기독교 예배 전통의 발원지에 해당한다. 초대교회 성도들은 성만찬을 기념하기 위해 모였기 때문이고, 예배 요소는 만찬의 행위와 그것의 의미를 의식의 형태로 제정한 결과물이다. 오늘날 예배는 이런 전통을 하나의 일치된 의식(예전)으로 구성하여 만들어진 것이다.

어찌 되었든 전통적으로 교회 행위로 혹은 교회 기능으로 알려진 다섯 가지는 교회를 건강하게 유지하기 위한 필요조건이다. 대부분 교회의 목표는 비록 표현에서 다양해도 원리적으로는 다섯 가지를 중심으로 설정되어 있다. 그래서 교회가 건강하게 성장하는 데에 꼭 필요한 것이란 의미에서 기둥(pilar)이란 표현을 사용하였다.[3]

---

3 '다섯 기둥'이란 표현 자체는 실천을 강조하여 신자들의 의무로 규정하고 있는 이슬람의 "다섯 기둥"에 기원을

한편, 비록 예수님의 사역을 직접 반영하고 있지는 않아도(사실 가룟 유다가 돈을 맡은 사람이라는 표현에서 알 수 있듯이, 제자들의 사역도 기능별로 구분되어 있었을 것으로 추측된다) 오늘날 교회 기능과 관련해서 그 중요성에 비추어볼 때 추가의 필요성을 강하게 느끼게 하는 것은 교회 행정(church administration)이다.[4] 행정의 의미는 영어 표현에서 알 수 있듯이(ad+ministration) 돕는 행위라서 많은 부분 봉사(섬김)의 주제와 맞물린다. 목회의 직무를 영어로 표현할 때 ministry를 사용하는 까닭도 목회가 기본에서 섬김의 직분이기 때문이다. 하나님과 하나님의 말씀에 진심으로 반응하고, 하나님을 영과 진리로 예배하며, 그리고 하나님의 말씀에 순종하는 성도가 되도록 도우면서 성도를 섬긴다. 그리고 목회는 이런 섬김을 통해 교회가 하나님을 영화롭게 하며 또한 효율적으로 또 올바르게 유지되도록 노력한다.

그러나 오늘날 행정은 봉사의 의미를 구현하면서도 그것이 갖는 범위를 훨씬 넘어선다. 보기에 따라서 행정은 목회 자체를 의미한다. 정치의 의미로도 사용된다. 곧 행정은 목회자 개인의 성품과 영성과도 깊은 관련이 있을 뿐 아니라 다섯 행위 모두에 걸쳐 있으며 다섯 행위가 유기적인 관계를 갖게 하는 역할을 한다. 다섯 가지 각각은 서로 나뉘어 있으나 행정을 매개로 유기적으로 기능할 수 있게 된다는 말이다. 이를 말할 때 행정학에선 독립성과 상호 연관성이란 개념을 사용한다.

무엇보다 행정을 말할 때 종종 '열린 행정'을 말하는 이유는 행정이 "다스리는 (혹은 관리하는 gubernatio) 은사"(롬 12:8, 보통 카리스마적인 리더십으로 이해된다)에 따라 행하는 일로 공권력의 기본 형태인 명령과 지시와 권력 행위를 동반하기 때문이다. 관리와 통제를 위한 행정이 원활하게 이루어지기 위해선 힘이 필요하며, 또한 행정에 문제가 생기면 다섯 가지 기능이 제대로 돌아가지 않기 때문에 이를 막기 위

둔다. 이슬람에서 무슬림들의 의무로 규정된 다섯 기둥은 신앙고백(샤하다), 기도(살라트), 자선(자카트), 단식(사움), 메카 순례(하즈) 등을 말한다.

4   참고: 이성희, 『교회 행정학』(한국장로교출판부, 1997). 권오서, 『교회 행정과 목회』(KMC, 2008). 박영철, 『유기적 교회 행정』(침례신학대학출판부, 2017).

해서라도 행정에는 권력이 부여된다.

행정을 주제로 쓴 글들을 읽다 보면 행정을 리더십으로 대체하려는 경향을 종종 만난다. 공권력의 이미지에서 벗어나려는 의지를 반영하나, 또한 그만큼 리더십과 밀접한 관계를 갖기 때문이다. 그러나 이건 문제다. 왜냐하면, 행정은 조직을 이끄는 개인의 자질과 능력을 가리키는 말인 리더십으로 환원할 수 없기 때문이다. 게다가 '교역자의 전횡' 등의 표현에서 읽을 수 있듯이 강력한 리더십을 내세워 합리적인 행정을 무시하는 부정적인 사례는 셀 수 없을 정도로 많다.

최근에는 리더십의 위치에 '코칭'이 자주 등장한다. 코칭은 수직적 리더십이 아니라 수평적 리더십 혹은 파트너십을 구현하는 개념이다. 지시보다는 함께 목표 지점으로 나아갈 수 있도록 협력하는 행정 방식이다. 성도의 잠재력을 최대한 개발하여 하나님의 영광을 위해 최선의 노력을 기울일 수 있도록 돕는다.

교회 행정을 위해 교역자는 먼저 충실한 일꾼들을 세워 그들과 협력할 기회를 준다(인사행정). 그리고 교회가 성도의 은사에 따라 혹은 합리적인 의사결정 과정을 통해 교회의 목표를 실현할 수 있도록 노력하는 일도 행정을 통해서 이루어진다(코칭 행정). 그리고 교회의 시설과 재산을 관리하는 일(관리행정)이나 목회의 기능을 원활하게 수행하거나 목회를 위해 다양한 콘텐츠를 마련하여 시행하는 일(목회 행정)도 수행한다. 교회의 비전을 세우고, 구체적인 계획을 실행할 방안을 모색하는 정책 관련 일(정책 행정)도 수행한다. 아무리 강력한 리더십을 발휘하는 교역자라도 법을 위반하는 것을 허용해서는 안 된다.

성경에서 행정의 사례를 찾는다면, 창조하신 후 하나님이 인간에게 피조물을 관리하라고 위임하신 것이다. 그리고 모세가 자신에게 과도하게 집중된 직분 때문에 탈진 상태에 빠졌을 때 장인 이드로의 제안에 따라 자신의 직무와 권한을 백성의 대표들에게 위임한 것(출 18:13~27), 그리고 이스라엘이 사사를 통한 신정정치에서 왕을 통한 신정정치로 옮겨간 것 등이다. 가룟 유다에게 회계의 직분을 맡기신 것에서 알 수 있듯이, 예수님도 제자들의 역할을 나누신 것으로 보인다. 사도들이 가룟 유다를 대신할 사람을 뽑아 사도직을 맡게 하여 제자의 기능을 보충한 것, 그리고 사도 자신은 기도와 말씀을 전하는 일에 전념할 수 있도록 일곱 집사를 세워 구제를 위한 직무를 위임한 것(행 6:1~7) 등도 엄밀히 말해서 행정에 속하는 일이다.

사도행전에서 이방인에게 복음을 전하는 일과 관련해서 예루살렘 회의를 개최한 것은 행정이 가르침과 전혀 무관하지 않음을 알려준다. 안디옥교회가 바울과 바나바를 따로 세워 안수한 후에 선교를 위해 파송한 것도 행정과 선교의 관련성을 시사한다. 물론 행정은 예배와 교제와 봉사와도 관련된다. 이와 관련한 행정에 관한 기록은 신약의 목회 서신서 곳곳에서 찾을 수 있다. 교회 행정이 제자리를 찾기 시작한 시기는 기독교가 로마의 국교로 인정되고부터다. 교회는 로마의 행정 조직을 그대로 이어받아 목회를 실천하였다.

행정으로 목회를 대체할 수 없지만, 행정은 교회의 다섯 행위와 긴밀히 연결되어 있다. 행정은 서로가 서로에 대해 유기적인 관계에 있게 한다. 보기에 따라서 다르겠지만 전체적으로 볼 때, 행정은 다섯 행위가 공동체 안에서 유기적으로 작용할 수 있게 하는 기능으로 볼 수 있다. 유기적인 작용이 원활하게 이뤄지지 않으면 아무리 다섯 가지 행위를 충실히 행한다 해도 교회 자체에 문제가 발생한다. 이는 마치 필수영양소를 모두 섭취했다 해도 그중에 하나라도 몸이 받아들이지 못하는 상태가 되면 몸 전체의 건강을 해치는 것과 같다. 잘못된 행정은 다섯 행위가 유기적으로 작용하는 것을 막는다. 행정이 원활하지 않아 한 기능에라도 문제가 생기면 이로 말미암아 다른 기능에도 문제가 발생한다. 예컨대 인사행정이 옳지 못하거나 시설 운영에 문제가 생기거나 재정 계획과 집행에 문제가 발생한 경우, 혹은 조직구성에 문제가 생기면 다섯 행위는 원활해지지 못한다. 목회를 위한 프로그램이 잘못 설정된 경우에도 원활하게 돌아가지 않는다. 그러므로 바른 행정은 통전의 원리를 실현하는 방식이다. 물론 각 기관이나 각 사람 안에서 일관하게 일하시는 성령의 도우심이 없이는 온전한 유기적 상호관계가 구현되지 않는다는 사실을 명심하자. 몸에 비유한다면, 성령이 신경계라고 할 때 행정은 근육계에 해당한다.

교회 행정의 원칙은 단순히 필요에 따르기보다는 성령의 은사에 따라 교회의 덕을 세우라는 것이지만 "은혜로!"를 빌미로 합리성과 투명성을 간과하면 안 된다. 무엇보다 중요한 원칙은 서로 다른 직분들이 유기적인 관계에 있게 하는 공동체를 구성하고 또 공동체 정신을 실현하도록 유지하는 것이다.

오늘날 교회 행정은 인적 자원과 물적 자원을 바탕으로 교회의 목적을 실현하는 과정에서 교회가 교회의 본질에 합당하게 그리고 합리적으로 운영될 수 있도록 하는 행위를 말한다. 효율성과 기능만을 중시하는 일반 행정과 구분해야 하는 중요한 이유는 교회 행정이 교회 행위의 효율성과 기능성을 고려할 뿐 아니라 또한 성도들의 신앙과 삶과 관련해서 영적 돌봄의 한 방편이기 때문이다. 교회의 정관을 만드는 것부터 각종 조직을 구성하는 일, 합리적인 회의 진행과 효율적인 시설 운영 및 투명한 재정 집행 그리고 선거를 포함한 인사행정(은사를 발견하여 적절한 직분을 맡기는 직분자 임명과 교역자 청빙 및 교회 직원 고용)의 공정성 확보 등에 이르기까지 그 범위는 점점 확장하고 있다. 앞서 언급했듯이 통전의 원리를 실현하는 방식이기 때문에 성령의 도우심은 절대적이다.

교회는 정치제도(장로정치, 감독정치, 회중정치)에 따라 다르겠지만 대체로 교역자와 당회(혹은 운영위원회), 제직회, 그리고 각종 위원회를 통해 운영된다. 정관과 헌법과 각종 규칙에 따라 그리고 교회의 관례를 존중하여 합리적으로 운영되면 별문제가 없으나, 막무가내 '은혜로 하자'거나 교역자나 장로나 권사나 집사 등 특정인이 자신의 주장과 욕심을 지나치게 내세우면, 행정은 언제라도 잘못된다. 교회가 커질수록 합리적이고 투명하며 탈권위적인 행정은 절대적이다. 만일 합리적이지 않고 소위 '은혜로 하자'라는 식의 원리가 지나치게 관철되면, 교회는 비합리적으로 운영되어 결국엔 질서유지의 필요에 밀려 소수에 의해 교회가 좌지우지되는 경우가 발생한다. 어떤 단체에서든 합리적인 의사결정 과정을 거칠 수 없는 부분이 있는 건 사실이지만, 바람직한 행정을 위해 교회는 합리적인 의사결정 과정을 중시해야 한다.

교회가 중대형의 규모로 커지면 행정의 중요성은 다섯 행위 못지않게 부각한다. 어떤 경우에는 가장 중요한 기능이 될 수 있다. 달리 말해서 행정을 어떻게 하느냐에 따라 교역자의 인격이나 설교 그리고 교회의 행위들을 신뢰하는 정도가 결정될 정도다. 행정이 없다고(실제로는 행정이 없는 것 같아도 은연중에 행정을 실천하고 있는 경우가 많다) 교회가 당장 무너지지 않지만 잘못된 행정으로 교회가 분쟁에 휩쓸려 결국 분열하는 경우를 심심찮게 볼 수 있다. 행정은 다섯 행위가 유기적인 관계에서 원활하게 실천되는 일에서 매우 중요한 역할을 감당하기 때문이다.

게다가 '교회 행정'이라는 과목으로 신학교에서도 교육이 이루어지는 현실을 고려할 때, '행정'을 교회의 행위 가운데 하나로 여겨 교회론 연구에 포함해도 무방하지 않을지 싶다. 필자는 이렇게 보아야 한다고 주장하는 바이지만, 이 주제에 대한 상술은 다른 곳에서 다루기로 하고, 이 글에서는 아쉽지만 이렇게 개괄적으로 살펴보는 것으로 만족하길 기대하면서, 일반적으로 받아들여지고 있는 다섯 행위에만 초점을 두고 두 초점 이론에 따라 서술하고자 한다.

참고로 예배와 관련한 주제들을 필자는 『예배와 설교 그리고 교회』(예영, 2018)와 『언제까지 가짜 신앙을 포장하며 살 것인가?』(이화, 2019), 『온전한 예배』(한국학술정보, 2022)에서 다루었기에 이곳에서는 기둥으로서의 의미에 제한했다. 예배의 다양한 주제에 관한 필자의 상세한 견해에 대해서는 위의 세 종의 책을 참고하면 더 깊은 이해를 얻을 수 있을 것이다.

교회의 다섯 기둥

- 예배, 교육, 봉사, 교제, 선교

1. 예배는 왜 교회의 기둥인가?

- 두 예배를 초점으로 갖는 교회

예배는 왜 교회의 기둥인가?

이 질문은 아마도 이렇게 묻는 것이 더 현실적이리라.

사람들은 왜 예배를 교회 행위와 신앙생활에서 필수적이라 생각하는가?

예배가 없으면 교회는 더는 교회가 아닌가?

예배 없는 신앙은 불가능한가?

목회행위의 적합성과 관련해서 예배는 어떤 의미가 있는가?

코로나19 팬데믹 시기에 교회 예배가 불가피하게 온라인으로 대체한 경험을 바탕으로 코로나 이후 시대에 그리스도인과 예배의 상관관계는 물론이고 또한 예배의 참 의미에 관한 성찰은 긴급한 사안이 되었다.

어찌 되었든 당연한 듯이 보이는 일을 질문으로 다가가니 조금은 낯설어 보인다. 그러나 한 번도 의심하지 않은 사실을 의심해 봄으로써 우리는 진실에 조금 더 가까이 다가갈 수 있다.

위의 질문은 교회 및 목회의 본질과 예배의 상관관계를 묻는다. 이것을 몇 개의 질문으로 나누어보면 이렇다.

교회란 무엇인가?

무엇이 교회를 교회로 만드는가?

예배는 무엇인가?

예배는 교회 및 신앙의 본질과 관련해서 어떤 의미가 있는가?

목회에서 예배는 어떤 의미인가?

어떻게 해야 하나님이 기뻐하시는 예배가 될까?

앞서 언급한 대로 혹자는 예수님이 말씀에 따라 살 것을 강조하였지, 예배하라고는 말씀하시지 않았다며 예배 중심적 신앙을 비판적으로 본다. 이것은 예배를 단지 의식을 거행하거나 의식에 참여하는 것으로 여긴 결과다. 의식을 통한 예배에 관해서는 전해지는 바가 사실 없다. 잘 알려진 대로 예수님의 3대 사역 혹은 4대 사역[5] 가운데서도 예배는 없다. 사탄에게 시험을 받으실 때 오직 하나님만 섬길 것을 외치신 것과 요한복음에서 영과 진리로 예배하라는 말씀 이외에 다른 어떤 곳에서도 구체적으로 하나님을 의식에 따라 예배하라 말씀하지 않으셨다. 예수님은 기도를 중시하였고, 말씀에 따라 살고, 하나님 사랑과 이웃 사랑을 실천하며 살라 말씀하셨다. 하나님이 보내신 아들로서 자신을 믿으며, 하나님처럼 되려고 하거나 하나님처럼 전지의 능력을 탐하지 말고, 다만 서로 사랑하며 빛과 소금으로서 살면서 하나님 나라의 복음을 전하라 하셨다. 이를 위해 종교 전통의 한계를 넘어서고 회개할 것을 강조하셨다. 예수님의 사역은 자기를 하나님과 일치시키며, 하나

---

5 사람들은 두루 다니셨던 것을 사역에 포함하지 않는다. 그러나 한곳에 정착하지 않고 두루 다니셨다는 사실은 사역 중 하나로 매우 중요한 의미가 있다. 예수님은 이 마을 저 마을을 옮겨 다니시면서 구원이 필요한 사람들을 만나셨다. 육체적인 현존을 통해 하나님 나라를 나타내시면서 하나님 나라를 전하셨으며, 병든 자와 장애인들을 치료하셨고 또 사람들을 가르치셨다. 두루 다니셨다는 사실은 특히 오늘날 선교와 관련해서 특별한 의미가 있다.

님이 사랑하신 세상의 구원을 위해 온몸을 희생하신 것이다. 예배의 참모습을 보여주신 일들이 한편으로는 일상의 예배를 강조하는 데 비해 오히려 다른 한편으로는 예전을 통한 교회 예배의 불필요성을 지적하는 이유로 오해되기도 한다.

예수님이 오늘날의 의미에서 교회 예배를 말씀하시지 않았다고 해서 불필요한 것이라고 말해도 될까? 비록 명시적인 형태는 아니라도 예수님은 하나님을 찬양하고 기도하고 하나님 나라의 복음을 선포하셨다. 헌금에 관한 예수님의 관심도 성경에는 분명히 나타나 있다. 조상들의 신앙 경험에 관해서도 관심을 보이셨다. 세례요한의 세례를 받으실 정도로 종교적 전통과 질서를 소중히 여기셨다. 비록 후대의 기록이 삽입된 것이라 해도 성경에는 예수님이 교회를 세우실 의도가 있었다는 해석도 있다. 다시 말해서 교회는 예수님의 승천 후 성령을 받은 제자들의 사역을 통해 세워졌고, 또 선교를 통해 널리 확장되었다.

그러나 초대교회 성도들은 그것을 예수님이 원하신 일이라고 고백했다. 비록 가정교회 형태였다고 해도 찬양과 기도와 가르침(설교)과 축도 그리고 성찬 및 세례가 있었다.[6] 초대교회가 왜 그런 순서들을 가졌는지 그 이유를 확실하게 말할 수 없지만, 다분히 전승에 의존한 행위라고 추측할 수 있다. 무엇보다 예수님이 행하신 일들을 의식의 형태로 종합하여 반복했던 일이라고 말해도 과언은 아니다. 그건 예수 그리스도를 통해 나타난 하나님의 은혜와 사랑 그리고 영광에 대한 인간의 반응이었다.

오늘날의 예배는 바로 초대교회(가정교회)에서 행한 것들을 모범으로 삼는다. 예배는 과거 구약시대의 성전 제사 전통에서 유래하여 예수 당시 회당 전통의 의식을 거쳐 성찬을 위해 모인 초대교회의 가정교회로 이어지면서 로마 가톨릭과 종교개혁을 거쳐 오늘날의 예배로 정착했다. 성도가 예배할 때 모이는 장소에 관해 히브리서 기자는 다음과 같이 말했다.

---

6 Robert Banks, *Going to Church in the First Century*, 신현기 옮김, 『1세기 교회 예배 이야기』 (IVP, 2017).

"그러나 너희가 이른 곳은 시온 산과 살아 계신 하나님의 도성인 하늘의 예루살렘과 천만 천사와 하늘에 기록된 장자들의 모임과 교회와 만민의 심판자이신 하나님과 및 온전하게 된 의인의 영들과 새 언약의 중보자이신 예수와 및 아벨의 피보다 더 나은 것을 말하는 뿌린 피니라"(히 12:22-24)

성도가 모여 예배하는 곳은 단지 지역적/시기적 조건에 제한되지 않는다. 성도의 공동체로서 그곳은 이미 구약시대부터 계속된 총회(assembly)였고, 그곳은 예수 그리스도의 보혈로 새로운 모습을 입는다. 여기에 더해 사도 바울이 로마에 있는 교회에 보낸 편지에 썼던 말(롬 12:1, "그러므로 형제들아 하나님의 모든 자비하심으로 너희를 권하노니 너희 몸을 하나님이 기뻐하시는 거룩한 산 제물로 드리라 이는 너희가 드릴 영적 예배니라")과 예언서 전통에서 제사 이외에 선하고 정의로운 삶의 부재에 대한 비판을 고려한다면(미 6:8, "사람아 주께서 선한 것이 무엇임을 네게 보이셨나니 여호와께서 네게 구하시는 것은 오직 정의를 행하며 인자를 사랑하며 겸손하게 네 하나님과 함께 행하는 것이 아니냐"), 하나님의 백성으로서 일상에서 마땅히 해야 할 일도 하나님과의 관계에서 매우 중요하게 여겨졌음을 알 수 있다. 묵시록 전통에서는(사 2:2~4)[7] 모든 피조물이 여호와를 예배할 것이라고 했다. 이렇듯 비록 모양과 형식은 달라도 의식을 통한 예배 및 일상에서 선한 삶으로서의 예배를 통한 '예배의 실천'은 시간의 흐름과 함께 변함 없이 계속되었다.

교회 예배는 개별적으로 행해지던 신앙 행위를 모아 구속사에 따라 만든 의식(예전 liturgy)을 통해 하나님 섬김을 실천하는 사건이다. 예배는 특히 교회의 맥락에서 이해되어야 한다. 교회를 떠난 예배는 생각하기 쉽지 않다. 비록 건물 형태의

---

7   "말일에 여호와의 전의 산이 모든 산꼭대기에 굳게 설 것이요 모든 작은 산 위에 뛰어나리니 만방이 그리로 모여들 것이라 많은 백성이 가며 이르기를 오라 우리가 여호와의 산에 오르며 야곱의 하나님의 전에 이르자 그가 그의 길을 우리에게 가르치실 것이라 우리가 그 길로 행하리라 하리니 이는 율법이 시온에서부터 나올 것이요 여호와의 말씀이 예루살렘에서부터 나올 것이니라 그가 열방 사이에 판단하시며 많은 백성을 판결하시리니 무리가 그들의 칼을 쳐서 보습을 만들고 그들의 창을 쳐서 낫을 만들 것이며 이 나라와 저 나라가 다시는 칼을 들고 서로 치지 아니하며 다시는 전쟁을 연습하지 아니하리라"

교회가 아니고 공동체로서 교회나 개인으로서 교회라 해도 그렇다. 교회에서든 유형 교회를 떠나 세상에 살면서 공동체의 일원으로서의 교회든 예배는 교회와의 관계에서 이해된다. 예배의 '삶의 자리(Sitz im Leben)'는 만찬을 위해 모이는 성도의 모임이다. 교회는 하나님을 예배할 때, 그 모습이 더욱 분명하게 나타나는 하나님 나라의 모형이다. 곧 하나님이 세상을 다스리시고 돌보심을 성도가 인정하고 감사함으로 받아들이며 적극적으로 온몸과 마음으로 반응하는 일이 예배다. 이 예배는 교회에서는 성도가 영광 가운데 초대되어 예전을 통해 하나님을 경배하며, 그리고 일상에서는 성도가 세상으로 파송되어 선한 삶의 실천을 통해 하나님께 영광을 돌리며 일어난다.

교회는 하나님 나라의 모형

교회는 하나님 나라의 모형이다. 하나님 나라는 하늘에 있고, 교회는 땅에 있으나 다만 그것의 그림자로서만 존재하진 않는다. 교회는 하나님의 주권적인 뜻에 따라 이 땅에 임한 하나님 나라의 존재를 나타내 보인다. 교회가 있으므로 사람들은 하나님 나라가 있음을 안다는 말이다. 보이는 교회는 그렇게 하도록 부름을 받은 사람들의 모임이다. 보다 현실적으로 말하면 세상 가운데 하나님 나라를 나타내기 위해 혹은 하나님 나라의 증거가 되기 위해 부름을 받아 세워진 공동체다.

이 공동체가 예수 그리스도의 몸으로 이해되면, 예수 그리스도의 몸인 교회는 성령의 도움을 받아 예수 그리스도의 인격과 사역을 세상 가운데 나타내도록 부름을 받은 사람들이다. 예수님을 구주로 믿어 하나님의 자녀가 된 성도는 그 몸을 구성하는 지체이다.

달리 말해서 교회는 예수 그리스도를 통한 하나님의 다스림이 현실이 되는 곳이며 말씀을 매개로 성령의 역사가 일어나는 곳이다. 그리고 그 나라의 현실을 사는 사람들이 서로 교제하는 곳이며 하나님 나라의 기쁨과 평화를 전하는 곳이다. 이것을 방해하는 악의 세력과 맞서 싸우는 곳이기도 하다. 예수 그리스도는 하나님의 뜻에 죽기까지 복종하시고 부활함으로써 여호와가 참 하나님이시며 세상의 통치자임을 나타내었다. 이 일을 위해 성령은 부름에 순종하는 자에게 복 혹은 은사(부르심에 합당하게 살 수 있는 능력)를 주시며 성도로 사명을 감당하게 하신다.

예수 그리스도의 지상 사역에서 관건은 자신이 세상의 구원을 위해 하나님이 보내신 존재임을 세상으로 믿게 할 뿐 아니라 하나님의 아들로서 자신의 인격과 사역을 통해 세상 가운데 하나님의 영광을 드러내고, 마침내 세상으로부터 존귀와 영광과 찬송을 받는 것이다(빌 2:5-11). 이 모든 것은 하나님이 세상을 창조하시고 다스리시며, 죄인을 용서하시며, 그리고 마지막 날에 믿는 자를 구원하시고 또 믿지 않는 자를 심판하실 것을 알리는 것으로 수렴한다.

교회는 예수 그리스도를 왕으로 삼고 그의 다스림과 돌보심을 받기를 원하는 사람 혹은 다스림과 돌봄을 받을 뿐 아니라 예수 그리스도의 권세에 힘입어 세상을 섬기도록 부름을 받은 사람들의 공동체다. 그러므로 교회에서 마땅히 그리고 우선 이뤄질 일은 세상의 구원을 위해 예수 그리스도를 세상으로 보내신 하나님의 존재를 믿고, 하나님을 참 하나님으로 인정하는 것, 하나님의 행위와 말씀에 적합하게 반응하는 것, 그리고 하나님의 아들로서 예수 그리스도를 통한 그의 다스림과 돌봄이 현실이 되게 하는 것이다.

그렇다면 교회는 무엇을 통해 하나님 나라의 존재를 가장 분명하게 나타낼 수 있을까? 교회 행위 가운데 이 일을 위해 가장 적합한 것은 무엇일까? 예전을 통한 예배 외의 다른 것이 있을까? 예배에서 이루어지는 일이 일상의 삶에서 실천될 때가 아닐까? 교회 예배와 일상의 예배, 두 예배는 세상에 속해 있으면서도 하나님 나라에 속한 이중적 정체성으로 인해 구분되고는 있어도 원래 하나는 아닐까? 여호와 하나님의 참 하나님 되심과 그의 다스림과 돌봄의 현실은 교회에서든 일상에서든 예배를 통해 더욱 명확해지고, 교육을 통해 내면화되고 활성화되며, 성도의 봉사와 교제로 더욱 풍성해지고, 또 선교로 그 범위가 확장한다.

예배란?

관점을 달리해서 살펴보자. 가장 먼저 떠오르는 의문은 이렇다.

예배는 무엇인가?

무엇이 예배를 가능하게 하는가?

예배에서 어떤 일이 일어날까?

교회의 본질과 관련해서 예배는 어떤 의미가 있는가?

목회에서 예배는 어떤 의미인가?

예배는 하나님이 택하신 사람들을 자기 영광 안으로 부르시어 은혜를 베풀어 주실 때, 초대받은 사람인 성도가 하나님께 적합하게 반응하면서 하나님을 경배하는 일이다. 이로써 예배자는 무엇보다 먼저는 자기 자신을 하나님에게 보인다. 예배는 하나님의 영광에 전 인격적으로 반응을 보이는 일이기에 예배의 계기는 하나님의 영광이라 말할 수 있다(사 6, 계 4). 하나님의 영광은 위엄과 공의와 심판만이 아니라 은혜와 자비와 사랑과 구원으로도 나타난다. 하나님의 영광에 대한 인간의 반응이 다양하게 나타나고 또 이것이 반복하면서 예전을 통한 예배가 정착하였다.

예배는 예전을 매개로 혹은 일상의 삶에서 하나님에게 자기 자신을 숨김없이 나타내 보이는 일이다. 달리 말해서 살아계신 하나님 앞에서(coram Deo) 산다는 믿음을 갖고 하나님의 말씀과 행위에 전 인격적으로 반응하는 신앙 행위다. 이것이 예배의 핵심이다.

곧 세상에서 살던 성도는 예배에로의 부름과 함께 거룩하신 하나님의 초대(세상으로부터 부르심)를 받아 하나님의 임재 곧 그의 영광 안으로 들어간다. 죄 용서와 더불어 거룩하게 변화를 받아 찬양과 감사와 기도, 그리고 말씀을 듣고 반응하면서 하나님을 섬김과 동시에 삼위 하나님의 친밀한 사귐을 은혜로 누린다. 그리고 축도(삼위일체 하나님과 함께 세상으로 보내심)와 더불어 세상으로 파송되어 구속의 역사에 동참하면서 하나님을 경외하며 살 뿐만 아니라 삼위 하나님의 돌봄을 받으며 살다가 다시 세상으로부터 하나님의 초대를 받고 예배의 자리로 가는 일을 반복하는 신앙 행위이다.

두 초점을 두고 순환하는 타원형과 같이 성도는 교회(예전을 통한 예배)와 세상(성품이 있는 삶으로서 예배) 두 초점을 두고 순환하는데, 이것이 타원형 형태의 신앙생활이다. 교회와 세상에서의 예배 어느 하나라도 소홀히 해서는 안 된다. 교회에서든 세상에서든 살아계신 하나님께 자기 자신을 나타내 보이며 하나님에게 전 인격적으로 반응하는 삶이 예배다. 교회와 일상에서 하나님의 영광에 반응하는 온전한 예배에서 사람은 신령한 존재임이 확인된다.

> "주는 영이시니 주의 영이 계신 곳에는 자유가 있느니라 우리가 다 수건을 벗은 얼굴로 거울을 보는 것같이 주의 영광을 보매 그와 같은 형상으로 변화하여 영광에서 영광에 이르니 곧 주의 영으로 말미암음이니라"(고후 3:17-18)

그러므로 하나님과 소통하는 역동적 신앙 행위인 예배는 크게 보면 부르심, 은혜 안에 머무름(설교, 찬양, 감사, 기도), 헌신(봉헌), 그리고 파송(목회 권고, 축도)으로 구성된다. 물론 여기에는 파송 후 세상에서 하나님을 섬기는 삶(일상의 예배), 곧 성품을 통한 삶을 포함한다. 일상의 예배는 성품을 통한 삶으로 나타나는데, 삶 가운데 함께 계실 뿐만 아니라 또한 감찰하시는 하나님을 믿고 신뢰하며 경외하는 삶을 의미한다.[8]

교회와 예배

이제 교회와 예배의 관계를 생각해보자. 교회는 이 땅에 임하는 하나님의 나라를 명시적으로 나타내는 곳이며 하나님의 다스림과 돌봄을 현실로 나타내도록 부름을 받은 공동체다. 세상에서는 내외적인 유혹과 다양한 형태의 핍박에 성도들

---

8   성품을 통한 예배에 관해서는 다음을 참고: 최성수, 『언제까지 가짜 신앙을 포장할 것인가』(이화, 2019).

이 넘어짐으로써 하나님의 다스림은 지속해서 방해받는다. 교회와 세상 사이에서 그리스도인은 온전한 예배를 두고 영적인 전쟁을 치른다. 참 예배를 수호하기 위함이다. 이런 영적 전쟁에서 이기지 못하면 하나님은 세상에서 참 하나님으로 인정받지 못하고, 하나님의 다스림과 돌봄은 현실이 되지 못한다.

그런데 교회 예배의 특징은 현실에서 가능하지 않은 일을 종말론적인 맥락에서 예전을 통해 재현(representation)하는 데에 있다. 비록 상징적 의식(예전)을 통한 재현이지만 믿음을 갖고 예배하는 자는 사건으로 경험된다. 하나님이 보시는 방식으로 세상을 보게 되고, 하나님이 느끼시는 방식으로 세상에서 일어나는 각종 일에 대해 느낀다. 그러니까 교회 예배는 현실에서 가능하지 않은 일 곧 종말론적인 현실인 하나님의 다스림과 돌봄을 상징(예전)으로 재현하면서 또한 실행한다. 땅 위에서 일어나는 사건으로서의 예배를 통해 종말론적인 사건인 하나님 나라와 그의 다스림과 돌봄은 명시적으로 재현된다.

그렇다면 예배 없는 교회는 생각할 수 없을까? 영국에는 교회처럼 생긴 공간(대체로 극장)에서 사람들이 모이고 그곳에서 예배와 유사한 의식행위를 하지만, 하나님을 찬양하거나 하나님께 기도하지 않는 단체가 있다. 무신론자의 모임이다. 설교에 해당하는 순서에는 유명 강사가 나와서 삶에 유익이 되는 교훈을 전한다. 인기가 많아 사람들이 많이 모이고 또 규모가 커져 이런 형태의 모임이 미국으로까지 수출되었다고 한다. 자신들의 공간을 교회라 하지 않고 또 자신들의 행위를 예배라고 부르지는 않아도 겉에서 보면 교회 예배와 구별하기 어려울 정도라고 한다. 탈 교회 물결과 더불어 교회를 대체하는 모임으로 자리를 잡아가고 있다. 무신론자를 위한 교회와 무신론자를 위한 예배이다.

믿음 없는 예배와 예배 없는 교회는 정녕 가능할까? 목회자와 신학자들 가운데 일부는 교회 예배에 참여하지 않고 오직 일상의 삶에서 의미 있고 선한 일을 하는 것을 예배로 보고 그것으로 신앙의 도리를 다했다고 생각한다. 심한 경우 마음으로 하나님을 믿고 있는데 굳이 교회에 갈 필요가 있냐고도 말한다. 가기는 가겠지만 매 주일 가는 것을 큰 부담으로 여긴다. 교회 예배에 참여하지 않으면서도 자신을 그리스도인으로 여기는 건 하나님의 다스림과 돌봄이 자신의 선한 행위를 통해 충분히 현실이 된다는 생각에서 비롯한 것인데, 이건 큰 착각이다. 아무리 선한 행위를 한다 해도 그것으로 하나님의 다스림과 돌봄은 온전하게 드러나지 않는다. 이에 비해 예전을 통한 예배에서 하나님의 다스림과 돌봄은 비록 상징적인 방식이긴 하나 온전히 드러난다. 드러날 뿐 아니라 예배에 참여하는 자는 실제로 하나님의 다스림과 돌봄을 경험한다. 물론 그렇지 않은 예배가 많고 또한 이것이 예배하는 동안만 일어나는 일시적인 현상으로 남을 수 있다. 예배 후에 전혀 다른 삶을 사는 사람들에게는 그렇다. 그래도 만일 예배의 의미와 순서의 신학적인 의미를 숙지하고 진정성 있게 참여한다면, 반복적인 예배를 통해 성도에게는 점진적인 성화가 일어난다. 노력을 통한 성화가 아니다. 하나님이 거룩하게 해주시는 은혜로 성화는 일어난다. 하나님의 은혜에 반응하는 삶이 반복함으로써 하나님의 거룩하게 하시는 은혜가 현실이 되는 것이다. 그뿐 아니라 예배의 대상인 하나님은 누구이며, 일상의 삶에서 만나는 하나님에 대해 어떻게 반응하며 또 하나님을 어떻게 예배해야 하는지와 관련해서 교회 예배는 모범을 제시한다. 찬양과 기도와 헌신과 교제 그리고 설교를 통해 하나님과의 관계를 구체적으로 실천하기 때문이다.

소설 속 주인공 로빈슨 크루소가 무인도에서 오랜 기간 살아남을 수 있었던 건 그가 육지에서 배우고 익혔던 것들이 있었기 때문이다. 교회 예배 없는 일상 예배는 키 없는 배가 바다를 항해하는 것과 같다. 비록 바다를 표류한다 해도 항해하는 행위 자체로는 아무 문제가 없어 보일 수 있다. 그러나 마땅히 가야 할 방향으로 가고 있는지는 의문이다.

교회 예배 없이 일상의 예배 곧 사회적이고 윤리적인 삶에서 온전함을 추구하는 사람은 과연 자신이 누구를 예배하고 있는지, 그리고 스스로 예배라고 생각하는 것이 하나님께 합당한 예배인지 비판적으로 돌아보아야 한다. 성경의 예언자들이 당시 지도자들의 하나님께 제사한다는 사실을 앞세우면서 뒤로는 도덕적인 타락과 사회적인 약자들에 무관심한 이중적인 태도에 대해 혹독하게 비판했다는 이유로 오늘날 교회 예배를 소홀히 하고 오히려 교육, 인권, 환경, 윤리, 정치 등 사회적인 문제에 더 깊은 관심을 보이는 것을 당연시하는 건 주객이 전도된 것이다. 많은 경우 교회 예배 없는 일상의 예배는 개인 우상화나 시대적인 사상의 추종자 내지는 이념의 노예로 전락한다. 거룩하고 선하고 의로운 삶으로서의 일상의 예배가 반드시 있어야 하지만, 만일 교회의 예전을 통한 예배가 없다면, 그것은 온전한 예배가 못 된다. 교회 예배만을 예배라고 말하지 않아야겠지만, 또한 일상의 예배만으로 만족해하는 일도 삼가야 한다. 이것도 있어야 하지만, 저것도 소홀히 하지 말아야 한다.

그러나 코로나19 상황에서 예전을 통한 교회 예배에 집착하여 집합 금지에 대한 방역 지침을 거부해 집단 감염 사태가 일어나게 함으로 결과적으로 교회가 감염원으로 비난받는 상황을 초래한 것은 문제다. 예전을 통한 예배가 없어서는 안 되지만 전염병이 창궐하는 상황에서까지 대면 예배를 고집하는 일은 반사회적 일탈 행위이다. 오히려 이런 상황에선 일상 예배의 의미를 부각하여 성도로 일상과 공공 생활에서 하나님과 이웃 그리고 환경에 적합하게 반응하는 기회로 삼았어야 했다. 사실 코로나19로 고통을 호소하는 사람이 얼마나 많았는가! 그들에겐 삶의 위기로 느낀 현실이었지만, 교회에선 하나님의 사랑을 나타내고 또 약한 자와 함께 계시는 하나님을 전할 기회였다. 만일 성도가 일상의 예배와 관련해서 어려움을 느낀다면, 이는 그동안 교회가 예전을 통한 예배의 의미는 물론이고 참 예배의 의미를 간과해온 결과라고 생각하고 자성의 기회로 삼아야 한다.

타원형 모델의 교회

과거에는 소위 교회 중심의 신앙생활을 강조했고, 이런 생활에 익숙한 성도들에게 교회 예배에 참여하는 것은 신앙생활의 전부였다. 세상에서 어떻게 살아도 교회 예배에 참여하고, 교회 행사에 적극적으로 참여하는 것으로 신앙생활을 평가했다. 교회 직분도 교회 예배에 정기적으로 참여했는지를 평가한 후에 임명되었다. 예배 지상주의는 이렇게 모습을 나타내었다. 그러나 이것은 상대적으로 교회 밖 생활을 소홀하게 만든 이유였다. 사람들과 만날 기회가 없으니 전도는 물론이고 그들과 더불어 살고 협력하며 사는 방식을 배우지 못했다. 신앙의 공적 성격과 지역사회에 대한 책임을 제대로 인지하지 못했다. 신앙은 오직 교회 안에서의 봉사와 교제를 통해서만 표현되었고, 선교적 관심 외에 사회적인 문제와 관련해서는 그다지 관심을 보이지 않았다. 오히려 그것을 신앙과 연결하지 않는 것을 바람직하게 여겼다. 오직 교회 예배와 선교로 신앙생활은 충분하다고 생각했다. 이러다 보니 예배는 가짜 신앙을 포장하는 방편으로 사용되었다. 이런 경향은 그리스도인의 이중적인 삶을 가능하게 했고, 결과적으로 교회의 대사회적인 영향력이 급격하게 추락하게 한 원인이 되었다. 여기에 더해 교역자나 교인이나 가릴 것 없이 도덕적 윤리적인 타락으로 급기야 교회가 사회로부터 비난받는 시대가 되었다.

그러나 현재는 그렇지 않다. 앞서 교회 예배는 현실에서 불가능한 것을 예전을 통해 실행하고 또 어느 정도 그런 현실을 경험하게 한다고 했다. 이것이 중요하긴 해도 오늘날 이것을 신앙생활의 전부로 여기는 사람은 그렇게 많지 않다. 성도는 일상에서 하나님 앞에서 산다는 의식을 갖고 하나님의 말씀과 행위에 반응하며 사는 걸 중시한다. 곧 성품에 기반을 둔 선한 행위(하나님의 뜻에 합한 행위)를 통해 하나님께 영광을 돌리면서 하나님의 살아계심과 다스림과 돌봄을 나타낼 것을 요구받고 있다는 사실을 잘 안다.

달리 말해서 성도는 하나님께 자기 자신을 나타내 보이는 삶을 살아야 한다. 사도 바울은 이것을 "거룩한 산 제물(holy and living sacrifice)"(롬 12:2)이라고 말했다. 교회에서만이 아니라 일상에서도 하나님을 예배할 수 있고 또 마땅히 그래야 함을 말하기 위해 그렇게 표현했다. 일상에서의 예배는 하나님 앞에서의 삶을 말하나 구체적으로는 사람과의 관계에서나 자연과의 관계에서 그리고 하나님과의 관계에서도 사람들이 보기에도 선하다고 인정할 수 있는 행위를 통해 하나님께 영광을 돌리는 삶을 가리킨다. 여기서 (혹은 일반적으로 성경에서) 선하다 함은 단지 윤리적인 의미만이 아니라 현실이 하나님의 말씀대로 되게 하는 삶을 말한다.

그렇다고 일상의 예배가 예전을 통한 예배를 대체할 수 있을까? 단언적으로 말해서 일상의 예배와 교회 예배는 서로를 배척하지 않으며 하나를 위해 다른 것을 결단코 희생하지 않는다. 상황과 형편에 따라 다소 한쪽으로 기울어짐은 있을 수 있다. 그렇다고 해서 완전히 기울어지는 일은 없어야 한다. 예수 그리스도를 주님으로 섬기는 그리스도인에게 이러한 양자의 관계는 타원형의 두 초점으로 설명할 수 있다. 곧 일상의 예배와 교회 예배 각각을 초점으로 삼는 타원형을 생각하면 된다. 세상 가운데 있는 교회는 두 예배를 초점으로 삼아 궤도를 그리는 타원형과 같다. 두 초점이 있어도 균형 잡힌 타원궤도에 머물면 중심에는 예수 그리스도가 있음을 알게 된다.

하나님을 창조주로 고백하고 왕으로 높이며 찬양하는 예배는 하나님 나라의 모형 곧 하나님의 다스림을 세상 가운데 나타내는 교회에 없어서는 안 되는 신앙행위이다. 그뿐 아니라 비록 교회 건물이 없어도 예배만으로 교회가 가능하나 예배가 없는 교회는 키 없이 바다를 항해하는 배와 다르지 않다. 이런 의미에서 예배는 교회의 기둥이다.

설령 교회 안에 예배가 있어도 그것이 영과 진리로 예배하는 것이 아니라면, 하나님은 예배를 기쁘게 받으시지 않는다. 오히려 그런 예배는 교회의 문을 닫게 하는 원인이다. 만군의 여호와 하나님은 말라기 1:10에서 헛되이 제사하는 사람들을 향해 이렇게 말씀하셨다.

> "…너희가 내 제단 위에 헛되이 불사르지 못하게 하기 위하여 너희 중에 성전 문을 닫을
> 자가 있었으면 좋겠도다. 내가 너희를 기뻐하지 아니하며 너희가 손으로 드리는 것을 받
> 지도 아니하리라"

예배가 없어서는 안 되지만, 예배한다고 해도, 만일 영과 진리로 예배하지 않고 또 산 제물로 드려지는 예배가 아니라면, 교회는 제 역할을 감당할 수 없고, 오히려 하나님의 심판을 받는 대상으로 전락한다. 이 일이 예배를 통해 일어난다는 사실은 가인과 아벨의 제사에 대한 하나님의 반응을 통해 분명해졌다. 바벨론의 느부갓네살 왕에 의한 나라의 멸망은 이것이 반드시 일어난다는 사실을 경고한다. 오늘날도 마찬가지다. 교회는 세워져 있으나 예배가 온전하지 못하면 하나님은 가장 먼저 교회를 심판하신다. 살았다고 하는 이름만 있고 하나님의 임재와 행위와 말씀에 적합하게 반응하지 않는 예배는 실상은 죽었다고 보시기 때문이다. 교회 건물이 없어도 예배는 가능하다. 그러나 예배가 무너지면 교회 건물은 무의미하며, 교회가 무너지는 건 시간문제다. 예배가 없으면 더는 교회라고 말할 수 없다. 예배하지 않는 그리스도인은 더는 그리스도인이 아니다. 그리스도인으로서 교회와 일상 모두에서 예배하지 않는다면 성경의 하나님을 참 하나님으로 인정한다고 볼 수 없다.

어떻게 예배해야 하는가?

제사가 더는 실천되지 않는 오늘날 바람직한 예배 방식을 위한 규정은 있는가? 예배의 방식은 인간의 정성이 아니라 예배의 대상에 좌우된다. 자고이래로 모든 종교에서 예배하는 방식은 인간의 뜻과 정성에 따라 결정되었으나, 기독교 예배는 하나님이 직접 혹은 선지자나 사도들을 통해 명령하셨다. 여기에는 부정적인 것과 긍정적인 것이 있는데, 가장 분명한 규정으로 성경이 제시하고 있는 건 우상숭배 금지다. 두 번째 계명은 하나님을 예배하는 일에서 하나님의 형상을 만들거나 그 앞에 절하지 말라고 말씀하셨다. 우상은 하나님에 대한 이미지다. 인간이 자기를 위해 형상을 만들어 그것을 하나님으로 여기며 섬길 때 우상숭배라 한다. 하나님이 우상을 금지하신 까닭은 한편으로는 하나님을 이미지와 동일시함으로 하나님의 주권적인 자유가 침해되기 때문이며 다른 한편으로는 그 결과 하나님의 형상인 인간이 우상에 종속되기 때문이다.

이에 반해 긍정적인 것으로 우선적인 건 "하나님이 기뻐하시는 거룩한 산 제물"(롬 12:1)이다. 달리 말해서 '경건함과 두려움으로 사는 삶'이라 말할 수 있다. 히브리서 기자는 믿음의 선조들이 하나님 나라를 소망하는 가운데 믿음을 지킬 수 있었다는 사실을 밝힌 후에 이렇게 말했다.

> "그러므로 우리가 흔들리지 않는 나라를 받았은즉 은혜를 받자 이로 말미암아 경건함과 두려움으로 하나님을 기쁘시게 섬길지니 우리 하나님은 소멸하는 불이심이라"(히 12:28-29)

하나님 나라에서 기쁨과 감사로 예배하기까지 이 땅에서 하나님을 기쁘시게 하는 예배의 바른 태도로 히브리서 기자는 경건함과 두려움을 제시하였다. 이것이 하나님의 뜻에 따른 예배다. 미가 선지자가 말한 "정의를 행하며 인자를 사랑하며 겸손하게 네 하나님과 함께 행하는 것"(미 6:8) 역시 경건함과 두려움의 범주에서 크게 벗어나지 않는다.

그다음으로는 바울이 신앙의 율법과 자유 사이에서 논란이 끊이지 않은 고린도 교회에 보내는 편지에서 언급한 원칙인데, "모든 것을 품위 있게 하고 질서 있게 하라"(고전 14:40)라는 것이다.[9] 이 말은 교회의 덕을 세우는 일과 크게 다르지 않다. 하나님을 예배한다면서 공동체를 유기적으로 바르게 세우는 일을 방해하면 그것은 결단코 바람직하지 않은 예배이다. 바울은 또한 '거룩한 산 제물'로 드릴 것을 말했다. 삶 자체가 하나님이 받으시기에 합당한 제물이어야 한다는 것인데, 이는 삶 자체가 예배하는 신앙 행위라는 뜻이다.

사도 요한은 예수 그리스도의 입을 통해 '영과 진리로 예배할 것'이라고 말했다. 비록 장소에 매이지 않는 예배를 언급하면서 이렇게 말했지만, 엄밀히 말해서 영과 진리로 예배한다는 건 성령 안에서 하나님과 성도의 교통, 성도와 성도의 교

---

9   Edmund P. Clowny, *The Church*, 황성철 옮김, 『교회』(IVP, 1998), 144.

통이 이루어지고, 그리고 그리스도를 통해 계시한 하나님 곧 진리 안에서 하나님께 반응하는 예배를 말한다.

예배하는 방식과 관련해서 예전의 의미에 대한 교육은 매우 중요한 역할을 한다.[10] 예전은 단지 예배 진행을 위한 안내가 아니라 임재하신 하나님의 영광에 반응하는 방식을 이끈다. 예전은 하나님은 누구시며, 하나님 앞에서 인간은 어떤 존재인지를 알려준다. 또 어떻게 하나님에게 자기 자신을 나타내 보일지를 알려준다. 그러므로 예전은 하나님은 어떤 분이시며, 또한 우리가 하나님을 어떻게 예배해야 할 것인지를 분명하게 밝혀준다. 예전의 신학적 의미에 관한 공부가 성도에게도 정말 필요한 이유이다.

예배가 너무 많다?

예배는 시간에 따라 주일 오전 예배, 저녁(혹은 오후) 예배, 수요예배, 금요예배, 새벽예배 등으로 구분되고, 예배하는 주체에 따라 장년 예배, 중고등부 예배, 아동부 예배, 청년 대학부 예배, 노인 예배, 다문화(외국인) 예배 등으로 구분되고, 성격에 따라서는 찬양예배, 헌신예배, 감사예배, 기념예배, 파송예배, 부흥회(사경회), 그리고 특별한 집회와 관련해서 갖는 예배 등으로 구분된다. 이런 예배 가운데 한국 외에 -혹은 한국 선교사의 영향을 받아 세워진 외국 교회 외에- 다른 나라에는 없는 예배로 주일 저녁(혹은 오후) 예배와 새벽예배와 수요예배 그리고 금요예배 혹은 구역예배가 있다. 이것들이 한국에서 독자적으로 만들어진 것인지 아니면 교회사적인 전통에 근거한 것인지에 관해서는 논란이 많다.

---

10 다음을 참고: 최성수, 『설교와 예배 그리고 교회』 (예영, 2019), 71-107; -, 『온전한 예배』 (한국학술정보, 2022); Don E.Saliers, *Worship as Theology*, 김운용 옮김, 『거룩한 예배』 (예배와설교아카데미, 2010); James K.A.Smith, *You Are What You Love*, 박세혁 옮김, 『습관이 영성이다』 (비아토르, 2018); Nicholas P. Wolterstorff, *The God We Worship: An Exploration of Liturgical Theology*, 이민희 · 김동규 · 설요한 옮김, 『우리가 예배하는 하나님: 전례 신학 탐구』 (도서출판100, 2023).

특히 새벽기도회(혹은 새벽예배)는 길선주 목사에 의해 처음 도입된 것이라는 주장이 있다. 기독교인이 되기 전에 유교와 도교와 불교 등 여러 동양 종교를 편력했던 그가 불교의 새벽예불을 모범으로 삼아 새벽기도회를 시작한 것이 오늘날 한국교회의 전통이 되었다는 것에는 별다른 이의가 없는 것 같다. 그러나 성경에도 새벽에 기도했다는 표현이 있고, 수도원에서 아침 일찍 일어나 경건의 시간을 갖는 관습을 보면, 새벽에 기도하는 건 경건한 신앙인들에게서 종종 볼 수 있는 일이다. 일부에서는 새벽기도회를 교회 성장 혹은 신앙 부흥의 동력으로 삼을 정도로 신앙 성장과 교회 성장에 크게 공헌하기에 비록 성도의 참여가 적어 힘겨운 상황에서도 지속하고 있다. 교역자 혼자 자리를 지키는 경우도 허다하다. 최근에는 현대인의 생활 리듬에 맞춰 개인 큐티로 새벽 기도를 대체하기도 하는데, 설령 그렇다고 해도 사람들이 모이면 결국에는 새벽기도회에 모여서 공동으로 큐티를 하는 방식으로 바뀌어 정착하곤 한다.

그러나 그 밖의 예배에 관해서는 논란이 없지 않다. 예컨대 수요(기도회)예배가 한국교회에서 유래한 것이라는 주장에 대해 안식 후 세 번째 되는 날에 의식을 지키는 유대교 전통에 뿌리를 두고 있다는 주장도 있다(민 19:11~13). 필자는 유대교 전통에서 유래된 것으로 보는데, 비록 예수에 관한 기록에는 나오지 않으나 경건한 신앙의 선배들은 유대교 전통(안식 후 제3일)을 이어받아 주일 후 제3일에 모여 사흘간의 삶을 돌아보고 회개하며 오는 주일을 예비하는 시간으로 보냈다. 삼일예배 혹은 수요예배는 바로 이런 전통에 뿌리를 둔 것이라 보아야 한다.

금요기도회(예배)는 안식일 전통과 관련되어 있지 않다. 새벽기도회의 연장이라 보는 사람도 있지만, 오히려 예수 그리스도의 죽음과 관련해서 그의 죽음을 기억하며 기도하면서 부활의 주일을 준비하는 시간이었다고 보는 것이 적합하다. 말하자면 성금요일의 전통으로 보는 것이다. 비록 성경에는 나오지 않으나 교회사에서 어렵지 않게 발견된다. 지금도 유럽의 경건한 가정은 설령 기도회 형태는 아니라도 예수께서 십자가에 달려 돌아가신 날로서 금요일의 의미를 경건하게 되새기는 전통을 지킨다.

예수 그리스도의 죽음을 기억하면서 토요일 침묵의 시간을 보내고 또 부활의 주일을 맞으면 예배의 기쁨과 감격은 더욱 커질 수밖에 없다.[11] 이런 그리스도 생애 주기에 삶을 조율하여 살면서 성도는 단지 기억으로만 그치지 않고 자기 삶의 리듬을 예수 그리스도의 삶에 맞추어 한 주간을 살아갈 수 있다.

구역예배의 유래에 관해서도 이견들이 있다. 여의도 순복음교회 조용기 목사에 의해 도입되었다는 주장도 있고, 감리교 창시자 웨슬리(John Wesley)가 만든 속회(a divisional prayer meeting)를 모범으로 만든 것이라는 주장도 있다. 어디서 유래했든 주일 예배에서 충분히 나누지 못한 성도의 교제를 위한 시간으로 삼은 것은 매우 바람직해 보인다.

그러나 맞벌이 부부로 사는 현대인의 생활 리듬에 맞지 않는 부분도 있어 많은 교회에서 축소 내지는 사라지는 추세다. 한국에 감리교회를 세운 미국의 감리교회에서는 속회가 완전히 사라지고 있다고 하는데, 한국의 구역예배도 점점 같은 전철을 밟는 것처럼 보여 안타깝다. 일부 교회에서는 가정교회를 운영하며 명맥을 이어가고 있다. 주일 오후 예배를 가정교회 모임으로 활용하기도 하지만 금요일 구역예배를 가정교회의 모임으로 발전시키기도 했다.

주일 오후 예배는 사실 주일 저녁 찬양 예배의 시간을 앞당긴 것이다. 주된 이유는 도시화의 추세에 따라 혹은 직장 근처로 이사하여 거주지가 교회로부터 멀어지면서 예배 후 저녁 시간까지 보내는 시간이 많은 성도에게 부담으로 작용했기 때문이다. 결국, 성도들에게 쉼의 기회를 주길 원했기 때문이다. 좋은 취지에서 도입한 변화이지만, 유감스럽게 이것마저 없어지는 경향이다. 사실 찬양 예배는 안식일 전통에서 유래한다. 유대인은 안식일이 시작할 때와 마치는 때에 모였다. 이런 전통을 염두에 두고 한국에 온 선교사들은 주일 오전과 저녁 시간에 예배

---

11   다음을 참고: 박종환, 『예배의 미학』 (동연, 2014), 20-31.

의 시간을 가졌다. 안식일 전통이 사라진 현실에서 굳이 저녁 예배를 고집할 이유는 없다. 시대와 형편에 맞게 시간을 정하면 될 터인데, 아쉬운 점은 예배에 대한 피로감이 쌓여 점차 사라지는 경우가 많은 것이다. 저녁 예배가 아니라 오후 예배라면 오전과는 전혀 다른 포맷의 모임을 권장한다. 예컨대, 주일 오전 예배 설교의 주제와 메시지를 그룹별로 함께 묵상하며 결단하는 시간을 갖는 것이다. 소그룹의 중요성이 강조되고 있는 흐름과도 잘 부합하는 일이다. 오후 예배에 참여하는 성도들을 소그룹으로 나누어 서로 말씀을 되새기면서 자신이 받은 느낌과 말씀을 소통하면서 삶에 적용할 것을 결단하면서 기도의 시간을 갖는 것이다. 모임 후에 몇 개의 그룹으로 발표하는 기회를 주면 교인들이 그룹이나 구역을 넘어 더 넓은 범위에서 서로 소통할 수 있다. 노인이 다수인 교회에서는 어려움을 호소하지만, 필자의 경험에 비추어보면, 노인들 역시 자기가 깨달은 말씀을 나누길 좋아한다. 인도자의 역량에 달려 있겠지만, 말이 한없이 길어지는 것을 잘 통제할 수 있다면, 비록 언어 표현이 세련되어 있지 못해도 소통은 가능하다.

교회 예배 시간을 일요일 11시에 정한 것은 당시 주요 생산 활동이던 농사의 상황을 고려한 결정이었다. 아침 일찍 나가 농사일을 마쳐야 하는 형편에 맞추어 예배 시간을 정한 것이다. 현대인의 사정에 맞추어 시간을 조정하는 것에 반대할 신학적인 이유는 전혀 없다. 아침을 거르는 현대인의 경향을 생각한다면 11시는 가장 허기를 느낄 때다. 오히려 정신이 맑아지는 시간일 수 있지만 심한 공복감으로 예배에 집중하지 못하는 이유가 되기도 한다. 관건은 시간에 절대적인 의미를 두지 않는 것이다. 문화적 상황과 교회 및 교인의 형편에 맞게 조정하는 것이 중요하다.

이 모든 예배는 소위 '공적 예배'라 불리며 세례교인들에게는 참석이 의무로 규정되어 있다. 현실적으로 실효성이 낮은 규정이다. 권고 사항으로 수정하는 것이 바람직하다. 예배는 은혜의 자리이기 때문이다.

'주일 성수'를 율법적으로 적용하기보다 유연하게 접근하는 것은 어떨지 싶다. 다시 말해서 주일 예배의 중요성을 강조하는 건 여전히 유효해도, 만일 성도들이 사정상 주일 예배에 참석하지 못한다면 수요일 예배에 참여하도록 권고하는 것이다. 주일 이후 다음 주일 시기까지 성도의 신앙생활 리듬을 고려한다면 수요 모임은 주일 예배 후 신앙에 대한 중간 점검 및 오는 주일을 예배하는 시간으로 갖는 것이 바람직하다. 교역자가 다음 주일 예배의 주제를 서로 소통하도록 준비하여 제시하면 주일 예배에 대한 성도들의 기대감을 높일 수 있다.

예배가 너무 많아 현대인의 생활 리듬에 맞지 않고 부담감을 안겨준다는 지적이 틀린 말은 아니다. 새벽기도회에 참여하는 건 아침부터 저녁 늦은 시간까지 직장에 머물러 있는 사람들에게는 결코 쉬운 일이 아니다. 이른 아침부터 교통지옥에 시달리고, 직장에서 이리저리 시달리며 힘들게 일한 성도들이 일을 마치고 수요예배나 금요예배에 참여하는 것은 은혜를 받고 새 힘을 얻는 등 예상과 전혀 다른 결과를 얻을 수 있지만, 일반적으로 지치고 피곤한 몸을 이끌고 교회로 온다는 건 웬만한 동기가 부여되지 않는다면 결코 쉬운 일이 아니다. 의무가 아닌 자발적으로 참석할 동기를 가질 수 있도록 수요예배의 성격이나 설교 내용을 조율하는 것이 좋겠다. 예컨대 직장생활과 관련한 주제를 다루거나 자녀 교육과 학부모 교육을 위한 주제를 다루는 것은 매우 바람직하다. 그리고 서로 대화를 나누며 참여할 수 있는 예배를 기획한다면 더욱 좋겠다. 사실 모든 예배에 참석할 것을 의무로 여기게 하기보다는 참 예배를 위해 영과 진리로 참석하도록 권고하고 또 그런 마음으로 참석하도록 훈련을 하는 것이 바람직하다.[12]

문제는 예배가 너무 많은 것이 아니라 일주일에 한 번만 참석하든 아니면 모든 예배에 참석하든 예배의 의미를 찾지 못하는 것이고 또 예배하는 자의 삶에 변화가 나타나지 않는 것이다. 살아 계신 하나님을 제대로 나타내지 못할 뿐만 아니라 또한 하나님에게 적합하게 반응하지 못하기 때문이다. 교회가 비판받는 주된 이유는

---

12   성도의 예배 참여 태도와 관련해서는 다음의 책을 참고: 최성수, 『어떻게 하면 설교를 바르게 들을 수 있을까-청중을 위한 설교학』(대전: 이화, 2018).

-만일 방역 수칙과 같은 사회규범을 위반하는 경우가 아니라면- 예배가 많기 때문이 아니라 주일마다 빠지지 않고 예배하는 사람으로 알려진 사람들의 삶이 오히려 사회로부터 지탄받기 때문이다. 진짜 문제는 예배가 가짜 신앙을 포장하는 방편으로 남용되는 것이다.[13] 예배를 집례하는 편에서도 그렇고 예배에 참석하는 편에서도 그렇다. 그러므로 모든 예배는 단순히 참석 자체에 의의를 두는 것이 아니라 하나님과 이웃과 자연에 적합하게 반응하는 사건이 되고 또 그렇게 반응하길 배우는 시간이 되도록 구성되어야 한다. 이를 위해서라면 예전의 의미를 지키는 범위에서 과감한 변화를 시도하는 것도 권장할 만하다. 예를 들어 수요예배에서는 주일 설교 메시지나 성경 본문에서 얻은 주제를 두고 대화식으로 진행하는 예전을 생각해볼 수 있다. 이 경우 설교자는 대화가 산만해지지 않고 또 주제에서 벗어나지 않도록 해야 할 뿐만 아니라 또한 대화를 통해서라도 누구든 반드시 들어야 하는 메시지가 참여자 각자에게 전달될 수 있도록 해야 한다. 마무리는 받은 말씀대로 살 것을 결단하며 성령의 도움을 구하는 기도로 한다. 능숙한 진행을 위해선 많은 준비와 숙련과정이 필요하지만, 제자교육 과정에서 이뤄지는 질문과 대답의 방식이 조금 확장된 것으로 생각하면 된다.

예배는 교회의 존재 이유

예배는 하나님 나라의 현실을 예전을 통해 재현한다. 교회가 하나님 나라의 모형인 것은 교회의 주된 목적이 예배에 있기 때문이다. 교회에서 무엇을 행하든 혹은 무엇이 일어나든 하나님 나라의 현실과 무관해서는 안 된다. 이것을 의식적으로 나타내는 일이 예배이기 때문에 예배는 교회가 존재하는 이유라 말할 수 있다. 교회는 사람들이 모이는 곳이 아니라 하나님의 부르심에 따라 구별된 하나님의 백성들이 하나님을 예배하기 위해 모이는 곳이다. 예배는 살아계신 하나님의 말씀과 행

---

13   다음을 참고: 최성수, 『언제까지 가짜 신앙을 포장할 것인가』 (대전: 이화, 2019).

위 그리고 이웃에 적극적으로 반응하는 것이다. 예배 없는 교회는 존재 이유가 사라진 것이기에 예배가 소홀히 여겨지는 교회는 아무리 겉모양이 화려하다 해도 기초가 없으니 결국엔 무너질 수밖에 없다. 교회 예배가 바로 서고 또 살아계신 하나님과 진정성 있는 소통을 실천하는 일상의 예배가 회복할 때 교회는 바로 선다. 교역자는 예배가 바로 서기 위해 교인들에게 예배의 신학적 의미를 교육하고, 또 예배가 교회에서와 일상에서 바르게 실천될 수 있도록 교인들을 훈련할 책임이 있다.

목회 비평의 기준으로서 두 초점의 예배

목회의 관건은 교회 예배에서 예전을 통해 실천하고 학습한 신앙 행위 곧 하나님과 그분의 말씀과 행위에 적극적으로 또한 적합하게 반응하는 일이 일상에서도 이어지게 하는 것이다. 이웃과 환경에 반응하도록 하는 것이다.

이것은 어떻게 가능한가? 먼저는 예배가 단지 의식행위가 아니라 하나님의 뜻과 말씀, 그리고 행위에 인격적으로 반응하며 소통하는 일이라는 사실을 숙지케 한다. 예배 순서의 신학적인 의미와 일상 예배의 구체적인 방법에 관한 교육이 반드시 실시되어야 한다. 특히 일과 영성의 관계는 매우 중요한 주제이다. 이어서 이 땅에서 육체를 입고 사는 한 예수 그리스도 중심의 신앙은 반드시 교회와 세상을 두 초점으로 삼는다는 사실을 인지케 해야 한다. 양자는 결단코 분리되지 않기 때문이다. 만일 목회가 양자를 분리하든가 아니면 어느 한쪽으로 편향되든가 아니면 그런 가르침을 실천한다면 목회는 바르게 실천되지 않는 것이다. 마땅히 비판받아야 한다. 목회는 하나님의 부름을 받고 참여한 성도가 축도와 함께 세상으로 파송된 후에는 세상에서 하나님을 예배하는 구체적인 삶을 실천하도록 교육하고 훈련하는 것이다. 이런 삶은 보통 빛과 소금으로 사는 것이며 보통 신앙의 공공성이라는 이름으로 언급된다. 세상에서 하나님을 예배하는 삶의 구체적인 모습은 보통 타자를 위한 삶의 실천으로 나타난다. 이웃과 자연환경에 적합하게 반응하는 것이다. 이런 삶이 성도들의 삶에서 제대로 실천되고 있는지 점검하는 일이 목회에 포함되어야 한다.

주의할 일은 그렇다고 해서 타자와 하나님을 동일시해서는 안 된다. 육체를 입고 오신 예수님은 비록 인간의 모습으로 오셨으나 하나님이셨기 때문이다. 오직 예수 그리스도만이 참으로 하나님이고 참으로 사람이라는 고백은 어떤 인간도 자신을 하나님과 동일화할 수 없다는 의미다. 하나님이 종종 타자의 모습으로 나타나시기에 타자를 위한 삶이 세상에서 하나님을 예배하는 하나의 전형일 수 있으나, 그것이 예전에 따라 하나님을 예배하는 것을 대체하도록 해서는 안 된다.

[점검해야 할 질문들]

1) 예배 참여자는 예배의 의미와 예전의 신학적인 의미를 어느 정도 숙지하고 있는가?

2) 일상 예배의 의미와 구체적인 방법에 대해 얼마나 알고 있는가?

3) 예전이 요구하는 의미에 합당하게 반응하는가?

4) 일상 예배를 점검할 방법은 목회적으로 마련되어 있는가?

---

2. 교육은 왜 교회의 기둥인가?

 - 인간 이해 및 하나님 이해에서 출발하는 교육

가르침과 교회의 기초

교육의 본질과 내용 혹은 방법에 관해 말하기 전에 먼저 이런 질문을 생각해보자.

교육(didache)은 왜 교회의 기둥일까?

교육이 없는 교회는 가능한가?

교회에 교육이 없다면 어떤 일이 일어날까?

교회 교육은 왜 필요한가?

교회 교육의 목표는 무엇인가?

어떤 교회 교육이어야 하는가?

예배와 함께 교회 교육은 성경 안에서 다른 어떤 것보다 가장 명시적이고 확실한 위치를 차지한다. 구약에서는 자녀들에게 부지런히 가르치라 했고(신 6:7), 심지어 노래를 지어 당신이 행하신 일들을 기억하게 하라고 직접 명령하셨다(신 31:19). 그리고 회당에서의 가르침인 교육은 예수님의 중심 사역 중 하나였다. 성경의 기록은 하나님에 관한 가르침의 전승을 위한 것이다(딤후 3:16).

하나님 나라의 현실인 예수님은 사람들을 불러 제자로 삼으신 후에 그들을 가르치셨다. 왜 그랬을까? 그리고 예수님이 가르치신 것은 무엇인가? 예수님의 가르침의 이유와 내용은 서로 겹친다. 예수님은 하나님 나라의 복음을 선포하셨고, 특히 비유를 사용하여 설명하며 가르치셨다. 하나님 나라의 백성으로서 살아가는 방식과 지혜에 대해 가르치셨다. 율법 자체가 아니라 그것의 근본정신을 가르치셨다. 그뿐 아니라 이 땅에서 하나님의 생명을 누리며 사는 영생의 도를 가르치셨다. 그리고 예수님이 제자들을 가르치신 이유는 그들이 하나님의 백성으로서 살고 하나님 나라를 기대하며 살 뿐 아니라(산상수훈과 복음서) 그들도 사람들을 가르쳐 제자로 삼고 또 배운 것들을 지키게 하도록 하기 위함이다(마 28:18~20).

　예수님의 가르침은 내용과 방법에 있어서 당시 랍비들의 것과 확연히 달랐다. 듣는 사람들을 놀라게 할 정도로 권세가 있었다고 했다. 그 핵심 이유는 하나님 나라에 관해서 가르치신 것이 아니라 가르침을 통해 하나님 나라의 권능과 현실을 보여주셨기 때문이다. 복음에 관해 가르치신 것이 아니라, 가르침 자체가 복음이었다. 단지 율법의 내용을 알려주신 것이 아니라, 그것의 근본정신 곧 율법의 의미가 하나님 사랑과 이웃 사랑에 있음을 밝히셨기 때문이다. 다시 말해서 하나님이 세상을 다스리시는 분임을 각종 이적을 통해 보이면서 가르치셨다. 무엇보다 하나님의 말씀이 현실이 되는 삶 곧 하나님을 사랑하고 또 이웃을 사랑하는 삶을 직접 살아내셨다. 그러함에도 불구하고 이해하지 못하는 제자들을 위해선 비유를 들어 설명하셨다. 그의 뜻을 오해하고 곡해하는 사람들은 그를 신성모독의 죄를 범했다면서 분노했다.

　사도들 역시 모일 때마다 예수님이 그리스도이심과 그가 행하신 일들 및 그의 말씀을 구약의 예언과 관련해서 가르쳤다. 제자들의 가르침에서 관건은 다시 오실 예수 그리스도를 소망하고 기대하기 위한 근거를 알게 하고 또 받아들이게 하는 것이었다. 이를 위해 그들은 우선 예수님이 구약에서 예언된 메시아 곧 그리스도라는 사실을 유대인과 이방인이 받아들이도록 각고의 노력을 기울였다. 그 후에는 예수님의 죽음이 무엇을 의미하는지 알리고 또 예수님의 부활을 통해서 하나님은 당신의 약속을 반드시 이루실 것을 확증하신 사실을 전함으로써 성도들이 예수께서 다시 오신다는 약속을 믿고 소망하며 살도록 가르치며 권고하였다. 결과적으로 사도들에게 가르침의 목적은 이미 존재하는 하나님 나라와 아직 온전히 드러나지 않은 하나님 나라 사이에 머무는 그리스도인이 예수 그리스도를 믿음으로써 이 땅에서 소망을 갖고 하나님의 백성으로서 합당하게 살게 하려는 것이었다. 이를 위해 그들은 예수 그리스도가 누구인지, 그가 어떤 일을 하셨는지, 그의 인격과 사역 그리고 그에게 일어난 고난과 죽음과 부활이 성도를 위해 어떤 의미가 있는지를 알게 하고 믿게 하였고 또 소망하게 하였다. 그뿐 아니라 구체적으로 실천하게 해서 그 인격과 신앙이 그리스도의 장성한 분량에 이르기까지 성장하도록 도왔다. 그리스도의 장성한 분량은 하나님의 형상으로서의 인격과 사역을 의미한다(골 1:6, 고후 4:4). 특히 가장 늦게 사도로 부름을 받은 바울은 예수님을 닮는 것을 가장 이상으로 생각해 자신이 예수님의 흔적을 지닌 것을 자랑스럽게 생각했고(갈 6:17), 어느 지역에 가든 가르치는 일에 전념했다. 때로는 밤늦은 시간까지 계속되었다.

왜 그랬을까? 성경은 왜 가르침에 이토록 큰 비중을 두는 걸까? 디모데에게 보내는 편지에서는 성도가 고난받는 상황을 전제하면서 바울은 하나님의 말씀을 "배우고 확신하는 일에 거하라"(딤후 3:14) 권고했다. 고난이 있을 때 믿음을 포기하지 않아야 하기 때문이다.

"성경은 능히 너로 하여금 그리스도 예수 안에 있는 믿음으로 말미암아 구원에 이르는 지혜가 있게 하[기 때문이다]"(딤후 3:15).

성경은 고난을 극복하여 구원에 이르는 지혜를 얻게 한다는 말이다. 여기에 더해서 바울은 "모든 성경은 하나님의 감동으로 된 것으로 교훈과 책망과 바르게 함과 의로 교육하기에 유익하니 이는 하나님의 사람으로 온전하게 하며 모든 선한 일을 행할 능력을 갖추게 하려 함이라"(딤후 3:16~17) 말함으로써 성경이 하나님의 백성으로 살아갈 능력을 공급한다는 사실을 밝혔다.

사실 가정교회 형태의 초대교회에서 선포와 가르침은 쉽게 구분되지 않았을 것으로 보인다. 오늘날 제자교육을 통해 세워지는 가정교회의 모습을 보아도 알수 있다. 1세기 교회의 성도들에게 사도들의 가르침을 받는 것과 가르침을 매개로 서로 교제하는 일은 성도들이 모여 복음을 소통하는 방식이었으며, 또한 그것은 선포이기도 했다.

가르침의 본질은 고난의 현실을 극복하고 구원을 얻게 하며 또한 이 땅에서 하나님 나라의 백성으로서 합당하게 살게 하려는 것이다. 교육은 구원받은 자가 땅에서 하나님의 생명을 살고 또 하나님을 온전하게 -교회와 일상에서- 예배하도록 돕는 일이다. 이것을 몇 가지로 구분하면,

첫째, 진리(하나님과 하나님의 행위 및 말씀)를 전하여 잘못된 가르침(혹은 이단)을 분별하는 능력을 기르는 데 있다. 이것은 종종 사탄과 맞서 싸우는 영적 전쟁을 감당할 능력을 기르는 것으로 나타난다.

둘째, 소망 가운데 인내하며 순종할 수 있는 근거를 알게 해 어떤 상황에서도 하나님을 신뢰하고 하나님 나라를 희망하며 살게 한다.

그리고 셋째, 궁극적으로 교육은 교회에서와 일상에서 하나님을 바르게 예배하는 삶을 실천하길 지향한다.

가르침이 없는 세대는 -사사기에 잘 나타나 있듯이- 자기 소견에 옳은 대로 살기 때문에 하나님의 뜻에서 벗어날 수밖에 없다. 하나님을 예배하는 대신에 우상 숭배가 고개를 든다. 과거에도 그렇지만 온갖 삶의 문제를 해결해줄 것을 보장하는 지식과 삶의 처세술이 범람하는 현대에는 더더욱 그렇다. 물론 훈련이 없는 교육으로 하나님을 알고는 있고 또 교회 예배에 정기적으로 참여하여도 삶에서 실천하지 않는 그리스도인을 양성하는 건 큰 문제다. 그 반대로 삶의 실천만 강조하여 교회 예배를 소홀하게 여기는 태도 역시 문제다.

방금 앞서 언급한 세 가지를 달리 표현하면, 하나님 나라의 백성으로서 합당하게 살게 하기 위한 가르침은 크게 하나님을 바르게 예배하도록 돕는 예배교육과 비록 세상에서 살아간다 해도 빛으로 혹은 소금으로 혹은 하나님 앞에서 바르게 살도록 돕는 신앙교육(교제와 봉사 그리고 선교를 실천할 목적으로 하는 교육과 말씀을 실천할 능력을 향상하기 위한 교육) 그리고 하나님과 인간을 바로 알도록 도우면서 잘못된 가르침을 분별하길 돕는 교리교육이 있다. 세 가지 중 어느 것도 간과해서는 안 된다.

세 가지 교육에서 기본은 단지 개념을 습득하고 이해하고 삶에 적용하기 위함이 아니다. 이것도 필요하나 더욱 중요한 관건은 하나님과 이웃과의 인격적인 관계에서 경이를 경험하고 그것에 적합하게 반응할 수 있는 능력을 기르는 것이다.

이처럼 교육은 교회의 중심이 되는 다섯 가지 사역에 깊이 연관되어 있으며, 이런 맥락에서 교육은 교회의 다섯 기둥 가운데 하나다.

한편, 교회의 기초에 대해 살펴보자. 베드로가 예수님을 가리켜 말하면서 "주는 그리스도시고 살아계신 하나님의 아들"(마 16:16)이라고 고백했을 때, 예수님은 반석 곧 베드로의 고백 위에 교회를 세우시겠다고 말씀하셨다(마 16:18). 이와 더불어 예수님은 이런 고백을 가능케 한 지식이 성령에게서 비롯한 것이라고 말씀하셨다(마 16:17).

이 말씀에 따르면, 성령은 가르침의 주체여서 베드로는 성령의 깨우침을 받았기에 남들이 하지 못하는 고백을 할 수 있었다. 그러니까 교회의 기초는 성령의 가르침을 받은 베드로의 신앙고백 내용인 '살아계신 하나님의 아들이신 예수 그리스도'이다. 베드로가 아니라 베드로의 신앙고백, 좀 더 정확히 말한다면 하나님이 은혜의 선물로 주시는 믿음과 성령의 도우심으로 행하는 믿음의 고백 그리고 하나님 사랑과 이웃 사랑으로 역사하시는 예수 그리스도가 교회의 기초다.

이 사실은 교육이 왜 교회의 기둥으로 여겨지는지를 분명하게 알려준다. 다시 말해서 신앙고백은 성령의 가르침(계시)을 바탕으로 이뤄지며, 교회는 신앙고백을 가능하게 하는 하나님의 행위와 말씀을 기초로 삼아 세워지는데, 하나님의 행위와 말씀은 가르침을 통해 전해지기 때문이다. 하나님을 어떻게 예배해야 하는지, 그리스도인으로서 혹은 하나님의 백성으로서 어떻게 살아야 하는지, 그리고 무엇을 희망하며 살아야 인내하며 살 수 있는지를 가르침을 통해 배운다. 그러므로 가르침이 없는 교회는 있어야 할 기둥이 없이 세워진 건물이다. 무너지는 건 시간문제다.

한편, 가르침을 오직 성령에 의한 가르침에 제한하는 경우를 종종 만난다. 이런 성향의 사람들은 소위 영적 지식을 강조하여 신비주의적인 특성을 서슴지 않는데, 이것은 매우 위험하다. 열광주의나 금욕주의에 빠지게 하는 원인이다.

그렇다면 성령의 가르침인지 아니면 인간의 가르침인지를 어떻게 판별할 수 있을까? 사람들은 소위 영적이라는 기준을 내세우고 있으나, 사실 이것은 하나님의 말씀과 행위에 일치하느냐에 따라 결정된다는 점에서 말씀에 근거하여 이해되어야 한다. 성령의 가르침은 말씀에 근거를 두고 이것은 오늘날 인간의 가르침을 매개로 일어난다고 말할 수 있다. 성령의 감동으로 하나님의 계시가 문자로 기록되었듯이, 오늘 우리는 성경을 읽고 또 인간을 매개로 학습하는 과정에 역사하시는 성령을 통해 하나님을 아는 지식을 얻는다.

그리고 여러 신약성경(특히 편지들)에 언급되어 있듯이, 새로 세워지는 교회를 겨냥한 공격과 유혹은 끊이지 않았다. 대부분은 유대교 배경을 갖는 것이었고 영지주의와 같은 이단적인 것도 있었다. 이런 유혹에 넘어가거나 공격에 무너지면 교회가 무너지는 건 시간문제다. 이렇게 되면 하나님의 다스림과 돌봄을 인정하고 또 전하도록 부름을 받은 사람들이 오히려 세상의 다스림을 받는다. 이 일로 말미암아 하나님의 형상으로서 왕 같은 제사장으로 부름을 받은 사람이 세상의 종으로 전락한다. 이런 일이 일어나지 않기 위해선, 특히 아직 신약성경이 확정되지 않은 시기에, 사도들의 가르침에 근거하여 설교를 듣고 교육을 받는 것은 참으로 중요했다. 진리의 영이신 성령의 조명하심만을 기다리는 건 영적 분별력이 없이는 불가능했다.

그뿐 아니라 가르침은 듣고 순종하는 데서 목적을 달성하는데, 예수님은 가르침을 듣고 지켜 행하지 않으면 모래 위에 집을 짓는 것과 같다고 하셨다(마 7:26-27). 가르침을 듣는 것도 중요하지만 들어서 알게 된 것을 지켜 행하는 것은 더욱 중요하다. 성경을 배우는 일은 단지 의미를 알기 위함만이 아니라 오히려 실천하기 위함이다. 온전한 실천을 위해 의미를 알려고 하는 것이다. 엄밀히 말해서 교회 교육은 훈련까지도 포함한다.

이처럼 교회가 든든하게 세워져 가는 과정에서 곧 하나님 나라의 백성으로서 합당하게 살기 위해 가르침은 매우 중요한 역할을 행한다. 예배가 어느 정도 가르침의 기능을 수행하기 때문에(특히 예전의 의미를 알고 적극적으로 참여함으로써 그리고 설교를 통해) 굳이 가르침의 기회를 따로 마련하지 않아도 교회가 유지되는 경우가 없지 않다. 그러나 엄밀히 말해서 설교는 교육을 위한 시간은 아니다. 교육의 모티브가 전혀 없는 건 아니나 설교는 하나님의 말씀을 전하는 선포(kerygma)로서의 특성을 상실하지 않는다. 선포함으로써 신앙으로 인한 갈등이 해결된다는 점에서 설교에는 상담의 의미도 있다. 따라서 교육은 설교 이외의 시간으로 따로 마련하는 것이 바람직하다. 물론 여기에서 가르침은 아이들을 대상으로 하는 것만이 아니다. 가르침의 대상은 교인 전체이다.

그런데 한국교회에 아동 청소년 청년이 없는 교회가 늘고 있다는 소식이 곳곳에서 들린다. 출생률 감소로 도시 교회조차도 심각하게 여길 정도이며, 특히 주택가에서 떨어져 있는 도시 중심가에 있는 교회나 젊은 사람이 더는 살지 않는 농어촌 교회가 그렇다. 출생률이 낮아진 것이 가장 큰 이유이다. 그러나 그 외의 지역에도 주일학교 학생 수는 현저히 감소했다. 낮은 출생률만의 문제는 아님을 보여주는 지표다. 주일학교의 축소와 학생 수의 감소 그리고 교육의 부재가 미래의 교회를 어떻게 변화시킬지 생각만 해도 두려움이 앞선다.

이렇듯 그 어느 때보다도 교회 및 기독교 교육의 필요성과 갱신을 절실하게 느끼면서도 실상은 구태적인 교육 현실에서 벗어나지 못하고 있다. 열악한 교육 환경에서 교육의 방향도 제대로 잡지 못하고 있으며 필요한 교사를 양육하는 교육도 실행하지 못하는 형편이다. 커리큘럼과 교육 방식에서 혁신이 필요하나 재정적으로나 입시 위주의 교육에 밀려 학생들이 단지 예배에 참여하는 것만으로 만족해하는 실정이다.

교육을 통한 믿음의 형성은 가능한가?

• 믿음의 신학적 측면과 사회적/윤리적인 측면

교회에 교육이 반드시 있어야 한다는 주장과 관련해서 이런 질문이 제기된다. 교육을 통한 믿음의 형성은 가능한가? 이런 질문이 제기되는 이유는 많은 교역자가 교육을 통해 믿음이 형성되길 기대하기 때문이다. 특히 주일학교 담당 교역자와 교사들 그리고 학부모의 기대는 크다. 이 질문에 대한 대답의 관건은 여기서 말하는 믿음이 어떤 의미의 믿음인지를 파악하는 것이다. 일상에서 믿음은 매우 다의적으로 사용되기 때문이다. 우리가 알아야 할 것은 신학적이고 성경적 의미의 믿음이다.

믿음에 대한 설명은 많으나 그중 다수를 차지하는 것은 세 가지(Thomas H. Groome, *Christian Religious Education: Sharing Our Vision*, Harper & Row, 1980)나 네 가지로 (Richard R. Osmer, *Teaching for Faith*, Pilgrim Press, 1992) 이해하는 견해다. 그룸은 믿음을 인지적(believing), 관계적(trusting), 행동적(doing) 의미로 분석하고, 오스머는 인지적 (belief), 관계적(relationship), 실천적(commitment) 그리고 인지의 한계를 넘어선 신비적(mystery) 의미 등 네 가지 요소를 갖는다고 보았다. 바르트(Karl Barth) 역시 세 가지로 이해했는데, 아는 것(Erkennen), 아는 것을 진리로 받아들이는 것(Annehmen der Wahrheit) 그리고 자기의 인격과 말로 진리를 증언하는 것(Zeugen)으로 보았다. 믿음의 현상을 세부적으로 분석해서 얻은 결론들이다.

이런 분류가 분석을 위해서는 필요하겠지만 현실에서는 세 가지 혹은 네 가지가 각각 서로 분리 혹은 편향되어 나타나거나 통합된 상태로 작용한다. 인지적인 측면에 치중하기도 하고, 관계의 측면으로 혹은 행동적 측면으로 기울어지기도 한다. 신비적인 측면에 지나치게 큰 가치와 의미를 두어 현실감각을 상실한 채 신앙생활을 하는 사람도 있다. 어느 한쪽으로 기울지 않고 균형 있는 태도를 견지하는 것이 바람직하다.

통합적으로 보면 믿음의 의미는 크게 두 가지다. 두 의미와 관련해서 균형 잡힌 신앙생활이 성공할 때만이 믿음의 문제에서 겪는 딜레마를 극복할 수 있다. 곧 하나님의 선물인 믿음에는 신학적으로 인지되는 측면과 사회적/윤리적으로 인지되는 측면이 있다. 하나님과의 관계에서 하나님이 선물로 주시는 믿음과 인간의 인격적인 노력(성품)으로 살면서 하나님의 영광을 나타내며 살 수 있게 하는 힘으로서의 믿음을 말한다. 이것은 하나의 교회를 생각하면서 신학적이고 동시에 사회적/윤리적 차원을 염두에 두어야 하는 것과 같다. 전자를 신학적 의미의 믿음으로, 그리고 후자를 사회적이고 윤리적 의미의 믿음이라 말할 수 있다.

이것은 필요에 따라 구분한 것이지만, 원래는 동전의 앞뒷면과 같이 하나의 믿음이다. 현실에서는 대개 균형을 잃어 어느 한쪽으로 기울어져 나타난다. 구원을 위한 믿음을 말할 때는 전자의 믿음이 주제가 되고, 소위 실천적인 행동과 사회적인 구원을 말할 때는 후자의 믿음이 전면에 나선다. 믿음에서 전자에 편중되면 올바른 삶을 위한 노력이 소홀해져도 그것을 바로잡을 만한 이유를 발견하기가 어렵다. 비록 일상에서는 어떻게 살든 믿음으로 구원만 받으면 된다고 생각하기 때문이다. 이에 비해 믿음에서 후자를 지나치게 강조하면 교회 예배가 등한시되고, 잘못된 사례로는 믿음이 공로를 쌓기 위한 도구로 전락한다. 종종 펠라기우스의 입장에 서게 되는데, 평소에는 복병처럼 잠복해 있다가 하나님의 선물로서의 믿음을 간과할 때마다 모습을 드러낸다.

오늘날 믿음의 두 가지 측면은 보수와 진보의 입장으로 구분된다. 그러나 양자는 서로 나뉘지 않으며 적절하게 균형을 유지해야 하고 또 통합적이어야 한다. 두 개의 측면을 고려하면서 필자는 믿음에 대해 이렇게 정의를 내리고자 한다.

> 믿음은 어떤 상황과 환경에서도 하나님과 그의 약속을 신뢰함으로 하나님의 말씀이 먼저 자신에게 일어나게 하고(신학적인 믿음) 그 후에 자신의 순종을 통해 세상에서 현실이 되게 하는 힘(사회적/윤리적인 믿음)이다. 하나님은 이 힘을 우리가 예수 그리스도를 받아들일 때 선물로 주신다.

먼저 목회적 관점에서 앞서 제기한 질문을 생각해보자. 믿음은 기독교/교회 교육을 통해 얻을 수 있는가? 성경 및 신학교육을 통해 믿음은 형성 가능한가?

계몽주의 사상을 신학의 기조로 삼았던 19~20세기 초 독일의 자유주의 신학은 교육을 통해 믿음을 습득할 수 있다고 보았다. 여기서 말하는 믿음은 결코 초월적인 것이 아니며 합리적인 추론에 근거한 신념과 신념을 행동으로 옮기려고 노력하면서 결단코 포기하지 않는, 확고한 의지 정도로 이해할 수 있다. 하나님의 선물임을 믿지 않는 것은 아니지만, 그들의 관심은 상당히 후자로 기울어졌다. 그들은 교육을 통해서 믿음을 갖게 하고 사람을 계몽하여 삶의 태도와 생각을 고쳐 하나님이 원하시는 사람으로 변화할 수 있다고 보았다. 이렇게 함으로써 궁극적으로는 하나님 나라를 지상에 세울 수 있다고 보았다. 이런 생각을 하게 된 이유는 초월의 세계에 대한 이성적인 인식의 가능성을 부정하고 인식의 가능성을 오직 현실에 제한하는 칸트(Immanuel Kant) 철학에 근거해서 하나님 나라를 도덕적으로 완성된 나라라고 생각했기 때문이다. 릿츨(Albrecht Ritschl)에게서 절정을 이룬 이런 생각은 교육을 통해 믿음을 갖게 할 수 있다는 신념을 부추겼고 이런 신념을 현실로 옮기는 데는 사회적/윤리적 믿음이 큰 역할을 했다.

그런데 이런 믿음으로는 한편으로는 하나님 나라가 이 세계에서 도덕과 윤리를 통해 실현 가능하다고 말할 수 있었다. 실제로 유토피아를 꿈꾸고 새로운 시대를 준비하는 공동체 건설을 통해 하나님 나라를 이 땅에 실현하려는 운동도 있었다. 예컨대 독일에서 미국으로 집단 이주하여 조지 래프(George Rapp)에 의해 세워진 Harmonie(하모니)[14]는 그리스도교 윤리와 도덕을 통해, 그리고 이들이 떠난 곳에 세워진 로버트 오웬(Robert Owen)의 공동체(New Harmony)는 사회개혁을 통해 이 땅

---

14 다음을 참고: Eberhard Fritz, "Radikaler Pietismus in Württemberg. Religiöse Ideale im Konflikt mit gesellschaftlichen Realitäten", *Quellen und Forschungen zur württembergischen Kirchengeschichte* Band 18. (Epfendorf, 2003).

에 하나님 나라를 건설하려는 계획에 따라 세워졌다.[15] 그러나 모두 실패로 끝났다.

다른 한편으로 이런 믿음은 과학적이고 합리적인 세계관에 사로잡혀 죽음 이후의 세계를 확신할 수 없었다. 이것은 사는 동안 도덕적인 완성을 이루지 못하고 죽어가는 자들에 대한 목회적인 돌봄을 불가능하게 만들었다. 그뿐 아니라 죽음 이후 삶에 대한 소망을 말할 수 없었다. 그래서 당시의 사람들은 죽음 앞에서 아무 말도 할 수 없는 목사보다 현실에서 도덕적인 변화를 위해 최선의 노력을 기울일 수 있는 교사로 일하길 선호했다. 이로써 19~20세기 교육에 혁신이 일어나고 교육 목회가 실현되었다.

그러나 신앙적인 면에서 볼 때 결과는 바람직하지 않았다. 교육을 통해 계몽은 가능하고 사람을 어느 정도는 변화시킬 수 있었고 또한 이성의 진보는 이룰 수 있었다. 문제는 그것이 하나님과 하나님 나라에 대한 신앙으로 이어지지 않은 것이다. 곧 세계대전에서 드러난 인간의 마성을 극복하지 못했다. 하나님 나라가 과학적인 합리성을 바탕으로 도덕과 윤리적 실천을 통해 이루어진다는 믿음은 천년왕국 특히 후(後) 천년설을 가능하게 했으나(중세에는 교황이 기독교 국가를 통해 천년왕국을 꿈꾸었다) 세계대전을 경험하면서 신학적인 지지기반을 상실했다.

이것의 한계를 깨닫고 성경 연구 및 신학적인 성찰을 통해 문제의 핵심을 새롭게 인식한 카를 바르트(Karl Barth)는 당시의 합리적인 신앙과 신학을 총체적으로 비판하며 하나님 나라는 세상을 심판하며 임하는 것이라고 주장했다. 이로써 자유주의 신학의 거대한 흐름에서 벗어나 신학함의 새로운 물꼬가 트였다. 그는 신앙은 하나님의 선물이라는 성경의 말씀으로 돌아가 이것을 일관되게 주장하였다. 신앙은 교육을 통해 강화할 수 있으나 교육을 통해 획득되는 것은 아니라고 했다. 그에게 있어 가르침과 배움은 믿음을 현실로 나타내 보이는 행위이다.

---

15 다음을 참고: Robert Owen, *A New View of Society*, 하승우 옮김,『사회에 관한 새로운 의견』(지식을만드는지식, 2012).

그러나 아쉽게도 그는 하나님의 선물로서 신앙에 지나치게 경도되어 신학적 의미의 믿음만 주장하였는데, 이로 말미암아 사회적/윤리적 의미의 신앙을 다소 간과한다는 의혹을 불러일으켰다. 물론 그것이 오해에 불과하다는 사실은 그가 히틀러에 반대하는 바르멘 신학 선언(Barmer Theologische Erklärung)의 기초 작업을 했다는 사실에서 분명해졌다. 부조리한 현실에서 박해를 무릅쓰고 하나님을 고백하는 선언을 한 것인데, 그리스도인의 현실 참여와 관련해서 모범적인 사례를 남겼다. 신학적 믿음이 어떻게 사회적/윤리적 믿음으로 기능할 수 있는지를 잘 보여준 사례다. 보다 구체적으로 양자의 균형을 제대로 보여준 신학자는 히틀러 암살모의에 가담했다가 체포되어 안타깝게 종전 직전에 처형당한 본회퍼(Dietrich Bonhoeffer) 목사라고 생각한다. 그의 저술들로부터(특히 윤리학과 옥중 서간) 두 측면이 균형을 이룬 믿음의 모습을 살펴볼 수 있다.

• 균형 잡힌 믿음을 위해

양자의 균형은 어떻게 가능한가?[16] 바르트와 본회퍼에게서 볼 수 있는 균형 있는 믿음에 관해 좀 더 살펴보자.

하나님의 선물로서 믿음은 무엇보다 그리스도인의 삶과 죽음에 대한 하나님의 주권을 강조한다. 믿음은 예수를 그리스도로 믿고 고백하는 자가 성령을 통해 중생하여 그리스도와 연합하는 신비를 가능케 한다. 다만 하나님의 뜻만이 이 땅에서 성취되도록 하고, 특히 그 뜻이 나에게 그리고 나를 통해 이루어지도록 순종하는 가운데 믿음은 구체적인 형태를 갖춘다. 곧 믿음의 진정성을 확인할 방법은 하나님의 뜻에 순종하는지, 하나님의 다스림을 나타내 보이는지를 보는 것이다. 순종하지 않는 자는 믿음이 있어도 행동으로 그것을 부정하는 것이다. 설령 부정하지 않아도 믿음의 능력으로 사는 것이 아니라 환경과 형편에 매여 사는 것이다. 이렇게 사는

---

16 이후에 이어지는 믿음에 관한 글은 필자의 『종교개혁 5대 원리』 (예영, 2017), 51~81의 내용을 조금 관점을 달리해서 새롭게 정리한 것이다.

건 하나님의 다스림과 돌봄이 자신에게 일어나게 하지 않을 뿐 아니라, 또한 지켜보는 사람들이 하나님의 다스림과 돌봄을 인정할 수 없게 한다.

진정으로 믿는 자는 하나님을 신뢰하고 하나님의 사랑과 은혜로 된 모든 것들을 수용하면서 그것이 현실에서 경험될 수 있도록 순종한다. 다시 말해서 믿음은 예수 그리스도를 통해 나타난 하나님의 은혜가 먼저는 내게 부어지도록 하여 내 것이 되게 하며, 그다음에는 하나님의 은혜가 구체적인 삶의 현장에서 현실이 되게 하는 힘이다. 하나님의 은혜가 내 것이 되게 하는 데에는 예수 그리스도에 대한 믿음, 하나님의 선물로서 이해되는 믿음이 필요하다. 예수님을 그리스도(세상의 구원자)요 주님(세상의 통치자)이시며 하나님의 아들(하나님)로 고백하는 건 오직 이 믿음 때문이다. 이것을 인정하지 않고 어떻게 은혜를 내 것으로 삼을 생각을 할 수 있겠는가!

한편, 이 믿음을 갖고 성도로 사는 데에는 신학적인 의미의 믿음만으로는 부족하다. 예수 그리스도를 통해 주시는 하나님의 은혜를 알고 또 그것을 내 것으로 삼았다 해도, 일만 달란트의 빚을 탕감받은 자가 겨우 일백 데나리온 빚진 자를 용서하지 못한 사실로 인해 원래의 채무 상태로 돌아갔듯이(마 18장), 은혜를 은혜로 깨닫지 못하거나, 은혜를 내 것으로만 여기거나 혹은 홀로 즐기면서 일상의 삶에서 복음을 살아내지 못하면, 아무 의미가 없다. 야고보서 기자는 이것을 '죽은 믿음'이라 보았다. 이웃과 자연환경에 적합한 반응을 하지 않는 건 살아계신 하나님에 대해 아무런 반응을 보이지 않는 믿음이다. 신학적 의미의 믿음에 더해질 것은 은혜에 대한 확신과 더불어 그것이 진리임을 확증하기 위해 일상의 삶에서 진리의 실현을 위해 사회적으로/윤리적으로 최선의 노력을 기울이는 일, 이것이 사회적/윤리적 의미에서의 믿음이다. 관건은 양자를 분리하지 않고 적절한 균형을 유지하는 것이지만, 만일 어떤 계기로 분리되거나 어느 한쪽으로 기울어지면 즉각적으로 문제가 드러난다. 오늘날 한국교회가 안고 있는 문제 가운데 다수는 두 믿음의 적절한 균형에서 벗어난 데에서 비롯한다.

두 측면의 믿음이 서로 작용하는 방식은 이렇다. 육체를 가지고 있어 지각에 의

존할 수밖에 없는 인간은 무엇보다 먼저는 인간의 행동과 말을 접한다. 주위의 사람들은 그리스도인인 우리에게 일어나고 또 우리를 통해 나타나는 선한 결과들(사회적/윤리적 믿음)을 보면서 그것의 근거를 묻는다. 이때 우리는 신학적 믿음을 바탕으로 고백하면서 이 고백을 합리적으로 이해할 수 있도록 대답한다. 이것이 베드로전서 3:15~16의 말씀이 의미하고 있는 바다. 고백(신학적 믿음)은 실천(사회적/윤리적 믿음)에 대한 근거로 작용한다.

> "너희 마음에 그리스도를 주로 삼아 거룩하게 하고 너희 속에 있는 소망에 관한 이유를 묻는 자에게 대답할 것을 항상 준비하되 온유와 두려움으로 하고 선한 양심을 가지로 이는 그리스도 안에 있는 너희의 선행을 욕하는 자들로 그 비방하는 일에 부끄러움을 당하게 하려 함이라"

정리하여 말하면, 균형 잡힌 믿음을 위해 어느 한쪽으로 기울지 않아야 한다. 먼저는 예수 그리스도를 통해 나타난 하나님의 사랑 곧 세상을 향한 하나님의 사랑을 인정하고 받아들인다(요 3:16). 받아들인다는 것은 하나님의 사랑의 행위가 먼저 자신에게 일어나도록 하는 것이다. 하나님의 통치로 들어가는 것이다. 이로써 믿는 자는 하나님의 자녀가 되며(요 1:12) 성령을 통해 예수 그리스도와 신비한 연합이 이루어진다(롬 6:5). 이것이 하나님의 말씀과 행위에 대한 적합한 반응과 그 결과로 얻는 은혜다.

그 후 그리스도인은 하나님의 유전자(하나님의 형상)를 가진 자로서 당연히 그리스도의 형상으로 살아가면서 그리스도의 통치를 받으며 그리스도의 인격과 사역을 세상 가운데 나타내어 이 일이 세상에서 분명해지도록 헌신한다. 이런 헌신으로 부름을 받은 사람이 그리스도인이다. 예수 그리스도와 연합한 몸으로서 자신을 통해 하나님의 은혜가 나타나도록 행하지 않는 것은 그동안 익숙해 있던 육체의 욕심에 따른 것인데, 여전히 죄의 영향력 아래 있기 때문이다. 때로는 유혹으로 때로는 위협으로 그리스도인에게 다가오는 이것을 극복하고 믿음의 능력을 나타내기 위해서는 죄의 고백과 회개 이후에도 꾸준하고도 반복적인 훈련이 필요하다. 이를 통해 인간은 하나님을 영화롭게 한다. 이것이 이웃과 자연환경에 대한 적합한 반응과 그 결과이다.

성경은 분명 믿음이 하나님의 선물이라고 했다. 이 말은 인간의 노력으로 얻을 수 있는 건 아니고 예수 그리스도를 믿는 자에게 선물로 주어진다는 의미다. 이런 의미에서 기독교 교육은 신앙을 얻는 방편이 결코 아니다. 아무리 많은 것을 알고 또 배워도 하나님의 아들로서 예수 그리스도에 대한 신앙은 생기지 않는다. 교회에 오래 다녀 성경에 관한 지식이 풍부하다 해도 신앙이 없을 수 있다. 예수 당시 종교 지도자들은 오히려 자신들의 풍부한 율법적인 지식을 예수 그리스도를 배척하는 데에 사용했음을 명심하자.

그렇다면 예수 그리스도가 진정으로 누구인지 알았으면 달라졌을까? 그렇지 않다. 예수님을 그리스도로 안다거나 그분이 하나님의 아들이며 또한 하나님이라는 사실을 안다고 해서 신앙이 생기는 건 아니다. 귀신도 알고 떨며 예수 앞에 굴복했지만, 예수님을 예배하는 신앙으로까지 이어지지는 않았다(막 3:11). 성경 지식이 해박해도 하나님을 예배하지 않은 사람들이 얼마나 많은지 보라. 신앙은 알 뿐 아니라 또한 예배함으로써 비로소 그 진정성을 입증한다. 예배를 통해 진리로 받아들이고 하나님의 행위가 먼저 자신에게 일어나도록 해 오직 물과 성령으로 거듭나 성령을 통해 예수 그리스도와 연합할 때만 신앙은 태어난다. 그리고 신앙 안에서 믿음에 합당한 삶을 통해 그것이 존재함이 드러난다. 믿음과 믿음의 결실은 하나님이 주시는 것이기에 믿음에 관한 한 함부로 말할 수 없다. 그러나 결실이 없다면, 믿음이 없음에도 마치 있는 것처럼 포장하고 있는 것이든가, 힘을 발휘하지 못한 나약한 상태로 있는 것이든가, 아니면 다른 것에 사로잡혀 있어 그럴 의지를 갖지 못한 것이다.[17]

---

17   다음을 참고: 최성수, 『언제까지 가짜 신앙을 포장할 것인가?』(이화, 2019).

물론 교육을 받는 중에 성령의 역사로 신앙이 생기는 경우는 얼마든지 있을 수 있다. 교육 과정에도 복음은 소통되기 때문이다. 그러나 그것은 예외이다. 예외적인 경우를 일상으로 만들면 오류가 발생한다. 교육을 통해 신앙 형성을 기대하는 건 잘못이다. 신앙은 정의되고 또 설명되는 것이 아니라 예배하는 때 하나님의 말씀을 듣는 중에 선물로 주어진다. 신앙은 하나님을 신뢰하는 삶의 결실을 통해서만 자신의 존재를 입증한다. 가르침과 배움 그리고 훈련은 오히려 믿음을 실행하는 한 방식이다. 가르침을 받지 않는 믿음이라면 그것의 진정성을 의심해야 한다.

교육은 믿음이 하나님의 선물임을 알고 또 전 인격적으로 받아들일 준비를 도우며, 또한 반복적인 훈련을 통해 복음을 삶으로 살아낼 수 있도록 도우면서 사회적이고 윤리적 믿음을 실천하도록 한다. 또 무엇이 참신앙이고 무엇이 가짜 신앙인지를 분별하게 하고, 또한 하나님을 신뢰할 수 있도록 도울 뿐이다. 교육은 하나님의 선물인 신앙을 형성하지는 못한다. 교육이 이런 의미에서 신앙 형성을 겨냥하는 건 방향을 잘못 택한 것이다.

균형 잡힌 믿음을 위해 기독교 교육이 자신의 과제로 삼아야 할 일은 무엇보다 피교육자가 삶의 현장에서 일어나는 각종 훈련을 통해 자신이 믿음 안에 있는지를 돌아보게 하고, 예수 그리스도께(to Jesus Christ), 그 안에서(in Jesus Christ), 그리고 그를 통해(through Jesus Christ) 나타난 하나님의 행위를 인지하고 인정할 수 있도록 하며, 그 후에 하나님의 오심과 현존에 대해 학습자가 적합하게 반응하도록 돕는 것이다.

기독교/교회 교육은 왜 필요한가?

교육은 교회가 올바로 서기 위해 요구되는 다섯 행위 가운데 하나임이 당연시되지만, 그래도 이런 질문을 생각해보자. 기독교 교육은 왜 필요할까? 겉보기에 이 질문은 이유와 목적을 묻는 것처럼 들리지만, 따지고 보면 '기독교 교육의 목적' 혹은 '필요성'이라는 말로 다 포괄하지 못하는 부분이 있기에 제기된다. 왜 이 질문이 중요하고 또 반드시 대답해야 하는지를 먼저 알아본 후에 교회의 기둥으로서 교육에 관해 살펴보도록 하자.

세상에는 성도가 하나님을 신뢰하지 않고 예배하지 못하도록 방해하는 것들로 가득하다. 이런 현실을 염두에 두고 기독교 교육은 하나님을 신뢰하고 교회 안팎에서 하나님의 현존을 경험할 수 있고 또 하나님의 행위를 분별하고 그것에 반응할 수 있으며 그리고 경험과 지식을 말과 행위로 표현할 수 있는 그리스도인을 양성하는 것을 목적으로 삼는다. 하나님은 이 일을 명령으로 말씀하셨다(신 6:4~9).

> "이스라엘아, 들으라 우리 하나님 여호와는 오직 유일한 여호와이시니
> 너는 마음을 다하고 뜻을 다하고 힘을 다하여 네 하나님 여호와를 사랑하라
> 오늘 내가 네게 명하는 이 말씀을 너는 마음에 새기고
> 네 자녀에게 부지런히 가르치며 집에 앉았을 때든지 길을 갈 때든지 누워 있을 때든지
> 일어날 때든지 이 말씀을 강론할 것이며
> 너는 또 그것을 네 손목에 매어 기호로 삼으며 네 미간에 붙여 표로 삼고
> 또 네 집 문설주와 바깥 문에 기록할지니라"

무엇보다 기독교/교회 교육은 하나님에 관한 지식이 아니라 하나님을 알게 하는 일이다. 하나님을 안다는 것은 하나님과 깊은 교제를 갖는 것이다. 하나님의 말씀과 행위에 합당하게 반응할 수 있는 능력을 기르는 것 곧 하나님을 예배하도록 하는 것이다. 곧 기독교/교회 교육은 하나님이 말씀하시고 또 행하신 것을 경험하고, 그 경험에 기초하여 하나님과 이웃을 사랑하도록 하는 것이다. 하나님에 관한 지식은 그리스 철학에서나 볼 수 있다. 성경의 저자들은 하나님에 관한 지식이 아니라 하나님 자신과 하나님의 말씀, 그리고 그의 행위에 반응하도록 했고 또한 이것에 대한 사람들의 경험을 기록하였다. 기독교 교육의 관건은 학습자들이 하나님과 그분의 뜻과 행위를 듣고 반응하며, 교회 밖에서도 하나님의 행위를 인지하고 그것에 반응하고, 그리고 하나님 경험이 교회에서만이 아니라 교회 밖에서도 가능하다는 사실을 알 수 있도록 하는 것이다. 스스로 하나님을 알 뿐만 아니라 또

한 그것을 가르쳐 많은 사람이 하나님을 알고 또 인정할 수 있게 하는 것이다. 그럼으로써 세상 사람들로 그리스도인의 삶을 통해 하나님 나라를 볼 수 있게 한다. 신학적일 뿐 아니라 또한 사회적이고 윤리적 의미에서 믿음을 형성한다. 이것을 위해 기독교 교육은 존재한다. 교회에서의 예배와 교제와 봉사의 삶도 중요하나 교회에서보다는 세상에서 더 많은 시간을 보내는 현대인의 현실에 비추어볼 때, 기독교 교육은 교회 안과 교회 밖 모두에서 하나님을 신뢰하고 하나님의 현존을 나타내고 또 하나님을 경험할 수 있고 전 인격적으로(지/정/의/영성) 반응할 수 있도록 돕는 데 심혈을 기울여야 할 것이다. 그래야 성도들의 삶은 복음이 참임을 증언하고 또 하나님이 세상을 다스리신다는 사실에 대한 증거로 작용하기 때문이다.

그런데 현실은 어떤가? 한편으로는 교회에서 교육하고, 교회를 위해 교육하며, 교회를 통해서만 교육하는 것을 이상적으로 생각한다. 교육의 기독교적인 정체성을 성경 '지식'과 교회 활동에 성실히 참여하는 교인 양성으로 규정하는 사람들이 많다. 게다가 성경을 얼마나 많이 알고 있는지를 두고 이걸 믿음의 상태를 평가하는 주요 기준으로 삼기도 한다. 성경을 교육하고 또 기록된 내용에 따라 가정과 교회 그리고 사회에서 그리스도인으로서 살 수 있는 능력을 기르는 것이 기독교 교육이라고 생각한다. 그래서 기독교 교육에서는 지식과 적용의 과정이 마치 도식처럼 되어있다. 지식은 삶에 구체적으로 적용되어야 한다고 생각한다. 여기서 삶에 적용한다는 것은 말씀이 삶 혹은 현실이 되게 한다는 말이다.

이런 관점에선 성경을 많이 알도록 하고 또 알고 있는 것을 실천할 수 있도록 돕는 것이 기독교 교육이다. 그리고 교회의 필요에 응답할 수 있는 능력을 기르는 일, 혹은 하나님의 요구에 순종할 수 있는 능력을 기르는 일이다. 성경을 제대로 알고 또 말씀에 순종하며 실천할 수 있는 능력을 기르는 일은 기독교 교육에서 분명 매우 중요한 학습 목표이다.

그런데 기독교 교육을 이렇게만 말하는 것은 교육의 필요성과 관련해서 볼 때 어딘가 부족하다. 옳은 말임이 분명하고 또 틀린 말은 분명 아니지만, 학습 내용과 실천 방법만으로 기독교 교육의 본질을 규정하는 건 바람직하지 않다. 교회에서 왜 '교육'을 해야 하는지 그리고 왜 굳이 '기독교적' 교육이어야 하는지 이에 대해 알려주는 바가 전혀 없기 때문이다. 그것은 연역적인 방식의 학습 과정으로 이어지고, 또한 당위적인 학습 윤리, 더 나아가서는 율법적인 교육 방법으로 경도될 가능성이 크다. 그리고 일상의 삶에서 하나님을 어떻게 인지하고 반응할 수 있는지를 가르쳐주는 바가 많지 않다.

다른 한편으로는 성경 교육보다 현실을 직접 경험하는 교육을 지향한다. 교육을 사회적인 현실을 알고 경험할 계기로 삼는다. 지역사회를 탐방하여 봉사의 필요성을 주지시키고, 때로는 사회적인 이슈에 그리스도인으로서 적절하게 반응하도록 가르친다. 성경 교육은 삶의 실천 과정을 통해 피교육자가 직접 확인하면서 귀납적으로 이루어진다. 이것은 에큐메니즘 정신에 따른 교육이다. 하나님의 선교(Missio Dei)의 공인과 더불어 에큐메니즘이 교회의 주류를 형성하고 있는데, 만일 교육이 이런 식으로만 이루어진다면, 예전을 통한 예배와 성경의 내용을 학습할 기회가 뒷전으로 밀린다. 교회 안팎에서 하나님을 알고 또 그분에 전 인격적으로 반응할 수 있게 하기 위해서는 두 방향의 교육이 균형 있게 이루어져야 한다.

인간 이해와 기독교 교육

• 인간 이해

교육에 있어서 기독교적 정체성 곧, 기독교 교육의 본질은 오히려 인간에 대한 기독교적인 이해에서 분명해진다. 교육은 인간에 의한 작업이고 또 인간을 직접적인 대상으로 하는 일이기 때문이다. 다시 말해서 기독교 인간학적인 관점에서 출발해야 한다. 이것은 귀납적인 교육 방식을 가능하게 한다. 교육자로서 인간은 누구인지, 피교육자로서 인간은 누구인지, 교육 과정을 통해 교육자나 피교육자가 어떤 인간이 되길 기대하는지에 대한 기독교적인 이해를 통해 교육의 본질이 드러나며 또한 교육 내용과 교육 방법도 구체화된다.

이런 관점에서 볼 때 창세기 1장과 3장은 인간 이해를 바탕으로 하는 기독교 교육에서 매우 큰 의미가 있는 텍스트다. 인간은 하나님의 형상으로 창조되었으나 창조의 목적에 반하는 선택을 실행하였다. 곧 먹도록 허용된 생명나무 실과를 포함하여 각종 나무의 실과를 먹을 수 있었음에도 인간은 하나님이 금하신 선(히브리어 '토브')과 악을 알게 하는 나무의 실과를 따먹었다. 여기서 말하는 선과 악을 아는 지식은 모든 것을 아는 지식을 의미하고, 선은 인간이 보기에 좋은 것(혹은 자기 소견에 옳다)의 의미로 이해하는 것이 좋겠다. 이에 비해 창세기 1장에서 '보기에 좋았더라(히브리어 '토브')'에서 사용된 말은 같은 단어라도 '하나님의 뜻대로 되었다'라는 의미이다. 그러니까 선악을 아는 나무의 실과를 따 먹었다는 건 하나님의 뜻을 위해 창조되었지만 자기 뜻대로 사는 방식을 선택했다는 의미로 이해할 수 있다. 바울의 표현을 빌린다면, 성령을 따라 살기보다 육체의 욕심에 따라 산 것이다.

다시 말해서 인간이 선악과를 따먹었다는 사실이 함축하는 바는 이렇다. 하나님은 당신의 형상에 따라 인간을 지음으로써, 인간이 하나님이 보시기에 좋은 것을 인정할 뿐 아니라 또한 그것이 자신에게 일어나도록 순종하길 원하셨다. 하나님이 다스리시고 돌보신다는 사실을 인정할 뿐 아니라 실제로 그렇게 살길 원하신 것이다. 하나님이 부어주신 생기를 통해 살아있는 존재가 되었다는 사실은 인간의 생명은 하나님과의 관계를 본질로 한다는 것을 가리킨다. 아브라함 J. 헤셸은 생명을 매우 독특하게 "관계"로 이해하면서 특별히 구약의 의미에서 하나님의 돌봄을 받는 관계로 이해했다.[18]

그러나 인간은 하나님의 뜻을 위해 살면서 그의 은혜 안에 머물러 있고 또 그의

---

18 『사람은 혼자가 아니다』(한국기독교연구소, 2019), 165.

다스림과 돌봄을 받기보다 자신들의 지식을 바탕으로(선악을 안다는 말은 판단을 내릴 만한 모든 지식을 갖춘다는 의미로 이해될 수 있다) 자기들이 보기에 좋은 대로 판단을 내리며 사는 것 곧 자기를 통제하며 사는 것(자율적인 삶)을 더 선호했다. 자신이 심판자가 되어 자기는 물론이고 하나님의 피조물인 세상을 판단하며 사는 방법을 택한 것이다. 하나님이 아니라 자기가 세상을 다스리는 자임을 나타내려 했다.

유대교에서 영생은 오직 의인에게만 허락되는 상이며 복이다. 죽음 이후의 삶을 생각하지 못했던 시대에 영생은 자손의 대가 끊어지지 않는 것을 의미했다. 헤셸의 표현을 빌리면 결단코 중단되지 않을 하나님과의 관계로 이해된다. 후기 유대교에는 이생의 삶에 대한 보상을 기대하며 사후의 삶을 생각했는데, 이때 의인은 율법을 철저하게 지킨 사람을 가리킨다. 이것은 결코 쉬운 일이 아니며 성경에서 의인으로 평가된 사람은 매우 소수다. 따라서 영생을 얻게 하는 생명나무의 실과를 따먹지 않고 선악을 알게 하는 나무의 열매를 따 먹었다는 건 자유로운 삶을 살면서 은혜로 누릴 수 있는 영생(하나님과의 관계가 영원히 지속하는 삶, 곧 하나님의 생명으로 사는 삶, 앞서 말한 아브라함 J. 헤셸의 의미에서 본다면 하나님의 돌보심을 영원히 받는 삶)의 기회를 버리고, 오히려 자신의 지식을 바탕으로 형성된 관점에 따라 살고 또 자신의 의지와 분별력을 바탕으로 살겠다는 결심의 표현이다. 자기가 좋다고 여기는 것을 선으로, 그렇지 않은 것을 악으로 여겼다는 것이다. 창조의 과정에서도 드러났듯이 하나님이 보시기에 좋은 것 곧 하나님의 뜻대로 된 것이 선임에도 불구하고, 그리고 세상을 하나님이 보시기에 좋은 것으로 창조하셨지만, 인간은 오히려 자신이 보기에 좋은 것을 선으로, 그렇지 않은 것을 악으로 생각하였다. 선한 창조인 세상을 자기 뜻에 따라 양분하였고, 선과 악을 분별하고 판단하는 분은 오직 하나님이라는 점에서 인간이 하나님처럼 되려고 한 것이다. 그것은 하나님 앞에서 교만한 일이며 또한 말씀을 어긴 결과다.

인간은 쉬운 길 곧 은혜의 길을 놔두고 오히려 힘든 길을 선택했다. 달리 말한다면 인간은 무한한 자유 가운데 열매를 따 먹으며 영생할 수 있는 하나님의 은혜를 누리고 또 그 은혜 안에서 영원히 사는 것보다 오히려 자신의 지식과 판단 능력에 의지하는 삶의 방식을 더욱더 선호했다. 쉬워 보이긴 해도 하나님의 뜻에 반할 뿐 아니라 은혜가 아닌 길을 택했다는 점에서 사실은 어려운 길을 택한 것이다. 복음을 듣고 그것이 자신에게 현실로 나타나도록 한 것이 아니라, 오히려 지식을 얻는 수고를 기울이면서 세상을 판단하며 사는 율법적이고 이분법적인 사고에 바탕을 둔 삶의 방식을 선택한 것이다.

이것이 성경이 말하는 인간의 본질이다. 인간이 하나님 앞에서 어떤 존재인가 하는 것을 성경은 이런 식으로 기술하며 폭로하였다. 곧 인간은 하나님의 은혜에 만족하거나 그 안에서 살아가기보다 오히려 자신의 의지와 생각을 따라 그리고 자신의 지식과 판단 능력에 따라 살길 추구하는 존재다. 하나님의 판단을 받아들이기보다 하나님이 다스리시는 세상을 자신의 주관적인 기준에 따라 판단하며 살기를 더 좋아하는 존재다. 내가 '폭로했다'라는 표현을 사용한 건 겉으로 어떻게 보이든지 본질에서 그렇다는 의미다. 달리 말한다면, 하나님과 이웃과 자연환경에 전 인격적으로 반응하며 살기보다 오직 자기 자신에게만 반응하며 사는 것을 더 좋아하는 존재다. 그럼으로써 인간은 하나님의 자유 안에서 살지 못하고 죄의 노예로 살게 되었다.

성경이 이것을 역사적인 기록이 아니라 설화 형식에 담아 표현한 것은 하나님과 인간의 관계에서 일어난 사건에 보편적인 의미가 있기 때문이다. 어떤 인간도 예외가 없다는 말이다. 계시이며 일종의 폭로다. 자연 상태의 모든 인간은 하나님의 말씀에 순종하면서 값없이 주시는 은혜로 살기보다는 자신의 힘과 의지대로 살려 한다. 자기 소견에 옳다고 여기는 대로 산다. 하나님이 자기를 다스리시게 하기보다 자기를 스스로 통제하려고 한다. 모든 인간이 죄인이라는 것은 여기에서 예외인 인간이 없다는 의미다. 이것이 성경이 보는 보편적인 인간에 대한 이해이며 구약과 신약 전체를 관통하고 있다.

기독교 교육의 필요성은 자기 뜻에 따라 살고, 자기 능력에 의지하여 살며, 그리고 자기 소견에 옳은 대로 살려는 인간을 하나님의 형상으로 회복하는 것에 있다. 하나님의 다스림을 받는 인간으로 회복하는 데에 있다. 사실 이런 인간 이해에서 어린이를 비롯해 그들을 교육하는 교사 역시 예외는 아니다. 이런 인간이 자신과 같은 상황에 놓여 있는 인간을 하나님의 은혜 안에 머물게 하고 또 은혜에 만족하며 기쁨과 감사함으로 살 수 있도록 '교육'을 매개로 돕는 것, 이것이 기독교 교육이며, 또한 이것을 위해 기독교 교육이 있어야 한다.

그렇다면 하나님의 은혜 안에 사는 것, 하나님의 은혜로만 만족하며 사는 것, 영생을 사는 것은 무엇을 의미하는가? 구체적으로 어떤 모습의 삶인가?

분명한 것은 자기 판단에 근거해서 살지 않는 것이고, 자기에게만 반응하며 살지 않는 것이다. 또한 하나님의 말씀대로 되었고 또 하나님이 섭리에 따라 다스리는 세상을 자기 기준에 따라 옳고 그름을 판단하지 않는 것이다. 시편 23편의 내용처럼 하나님과 함께 살면서 부족함을 느끼지 않는 삶이다. 하나님의 인도를 받으며 아무런 두려움을 갖지 않는 삶이다. 이것을 오늘의 관점에서 본다면, 구원받은 자로 사는 것이다. 하나님의 구원을 누리며 사는 삶이며 온전한 구원이며, 아무런 주저와 방해 없이 하나님과 이웃과 자연환경에 전 인격적으로 반응하며 사는 삶이다. 지금 이곳에서 하나님 나라의 삶을 사는 것이다.

타락 후 이 일은 인간의 수고와 노력을 끊임없이 요청하나 인간 자신의 노력으로는 결단코 가능하지 않게 되었다. 인간의 욕망을 폭로하면서 옳은 길을 제시하는 하나님의 말씀(율법)이 필요했고, 하나님과 영원한 관계를 갖는 일 곧 영생은 율법을 준수해서가 아니라 오직 은혜로만 얻을 수 있다는 사실을 보여주기 위해 예수 그리스도(복음)가 필요했다.

성경을 아는 목적은 나 자신을 포함하는 인간을 알고, 그 인간을 다스리시며, 그리고 그 인간과 교제하길 원하시는 하나님을 알기(친밀한 사귐을 갖기) 위함이다. 그리고 하나님의 말씀에 순종하기 위함이다. 하나님의 말씀과 행위에 합당하게 반응하기 위함이다. 간단히 말해서 예수 그리스도를 믿고(신학적인 믿음) 통치하고 돌보시는 하나님의 백성으로서 세상에서 의와 평화를 드러내며 살기 위함이다(사회적이고 윤리적인 믿음).

그러므로 교육은 목회의 한 부분이 아니라 목회의 본질과 맞닿아 있다. 교육이 반드시 있어야 할 이유이면서 또한 교육을 목회의 주요 철학과 방편으로 삼는 '교육 목회(educational ministry)'가 가능한 이유다. 달리 말해서 기독교 교육에서 선행해야 할 일은 교육자가 먼저 하나님을 알고 예수 그리스도를 통해 나타난 하나님의 은혜 안에 머물 뿐 아니라 또한 그 은혜에 따라 살기를 배우고 실천하는 것이다. 가르치기 전에 교사가 먼저 하나님 앞에 거룩함을 입어야 한다. 이것이 선행하지 않는 교육은 일반 교육에서는 가능할지 몰라도 기독교 교육과 교회 교육에서는 불가능하다. 설령 교육이 이뤄진다 해도 참 열매를 얻기 어렵다. 교육자가 먼저 은혜에 따라 살고 그 후에 같은 일이 피교육자에게 일어나도록 돕는 일이 기독교 교육과 교회 교육이다. 이것이 기독교 교육의 인간학적인 기초이고, 이것을 바탕으로 교회는 교육자는 물론이고(각종 성인교육을 통해 그리고 교사 교육을 통해) 피교육자들에게 하나님과 인간에 대한 지식을 습득하게 하고 또 하나님의 선물로 주신 믿음이 두려움과 근심과 염려 그리고 미움에 압도되지 않도록 꾸준히 반복적으로 훈련한다. 알고 있는 것을 전수하는 것만이 아니라 자신에게 일어난 변화(율법적인 삶의 방식에서 복음적인 삶의 방식으로)를 증거로 삼아 전하면서 복음이 학습자의 삶 전체를 규정하도록 돕는다. 교역자는 신학교육을 통해 교육받고 훈련받으며, 그 후 목회 현장에서 교사를 양육하고 훈련하며, 그 후에 아이들을 양육하고 훈련하는 사람이 교사다.

• 기독교 교육의 목적

인간 이해를 바탕으로 할 때 기독교 교육은 구체적으로 어떤 목적을 지향할까? 기독교 교육은 교회에서보다 학교 교육을 위해 월등히 많은 시간을 보내야 하는 학생들을 대상으로 하기에 교육의 목적은 더욱 분명해야 한다.

일반 교육의 목적은 주로 '자아실현'에 두고, 대한민국은 이것을 '홍익인간 재세이화(弘益人間 在世理化)[19]로 인지하였는데, 기독교 교육은 여기서 얼마나 다를까? 앞서 언급하였듯이, 나는 기독교 교육의 목적을 인간이 '하나님의 형상'으로 만들어졌다는 사실에서 찾을 수 있다고 생각한다. 예수 그리스도는 하나님의 형상(골 1:6, 고후 4:4)이기에 더욱 그렇다. 인간은 원래 하나님의 형상에 따라 만들어졌으나, 성경은 타락 후 인간이 자신의 형상을 닮은 자를 낳았다고 표현하고 있다.

> "아담은 백삼십 세에 자기의 모양 곧 자기의 형상과 같은 아들을 낳아 이름을 셋이라 하였고"(창 5:3)

사람의 형상으로 태어났다는 건 아담과 하와에게서 보았던 모습을 후손들에게서도 볼 수 있다는 말이다. 겉모습을 가리켜 말하는 것이겠지만, 그보다는 하나님에게 의존한 존재일 뿐 아니라 죄의 유혹에 연약하고, 또한 예외가 없진 않겠으나 대체로 자기 뜻과 생각에 따라 살기를 고집하는 존재를 가리킨다고 보는 것이 좋겠다.

이처럼 하나님의 형상으로 만들어졌으나 인간의 형상으로 태어나는 인간의 숙명과 관련해서 사도 바울은 교회의 기대이면서 또한 과제로 여길 수 있는 말을 했는데, 고린도전서 15:49에서 다음과 같이 말했다.

> "우리가 흙에 속한 형상을 입은 것같이 또한 하늘에 속한 자의 형상을 입으리라"

지금은 흙에 속한 형상을 입고 있으나 장차 하늘에 속한 자의 형상 곧 그리스도의 형상을 입을 것이라는 말이다. 그렇다면 흙에 속한 형상이란 무엇인가? 흙에 속한 형상은 사람의 형상(창 5:3)을 의미한다. 하나님처럼 되길 원하는 사람, 세상

---

19 삼국유사에 나오는 표현으로 '인간 세상을 널리 이롭게 하며, 존재하는 세상은 이치대로 된다'라는 뜻이다. 대한민국 헌법은 이것을 국가 이념으로 삼고 있다.

이 자기 뜻대로 되기를 원하는 사람, 하나님의 은혜로 만족하기보다 자기의 기준과 가치관에 따라 세상을 판단하며 사는 것을 더 좋아하는 사람, 육체가 원하는 대로 사는 사람, 구원이 필요하면서도 구원을 갈망하지 않는 사람, 자기를 나타내려는 인정욕구에서 쉽게 벗어나지 못하는 사람이다.

기독교 교육은 사람의 형상(아담의 후손)으로 존재하는 자가 예수 그리스도를 믿어 성령을 통해 그와 연합하여 스스로 하나님(그리스도)의 형상임을 인지하고 또한 그런 존재로 살아가도록 가르치면서 하나님에 의해 새롭게 창조되도록 자신을 하나님의 뜻과 행위에 내맡기는 사람 곧 모든 일에서 하나님을 신뢰하는 사람이 되도록 돕는 일이다. 이 땅에 임한 하나님 나라의 백성으로서 정체성을 갖고 또 그렇게 살 능력을 양성하는 일이다.

한편, '하나님의 형상'을 이해할 때 주로 인간과 하나님과의 연결고리를 찾고자 노력했고, 그 결과 신학자들은 이것을 다분히 기능적인 차원에서 규정해왔다. 영혼, 사랑, 이성, 지/정/의, 인격, 관계 등으로 이해하였다. 이것은 죄를 범함으로 파괴 혹은 상실되었으며, 예수 그리스도를 통해 다시 '그리스도의 형상'으로 재구조 혹은 회복되어야 한다고 주장되었다. 그러나 과연 상실한 것인지는 의문이다. 오히려 죄의 권세에 매여 육체의 정욕에 갇힌 건 아닐지 싶다. 골로새서 1:6(참고: 고후 4:4)에서 바울은 예수 그리스도를 "하나님의 형상"이라고 말하는데, 이런 의미에서 그리스도의 형상을 하나님의 형상으로부터 구분하는 것은 의미가 없다. 하나님과 동일 본체이신 그리스도는 하나님의 형상이다. 그러므로 그리스도의 형상은 하나님의 형상과 다르지 않다. 예수 그리스도를 믿음으로 육체의 정욕에 갇힌 하나님의 형상이 해방된다. 하나님의 형상은 상실했다가 다시 생겨나는 것이 아니라 갇혀 있던 것이 해방되는 것이다. 믿는 자는 하나님의 형상인 예수 그리스도를 본받아 살 때, 성령의 도움을 받아 하나님의 형상에 합당한 모습으로 성숙해진다.

• 인간은 하나님을 나타내는 존재

필자가 이해하는 한, 하나님의 형상으로 만들어졌다는 사실은 첫째, 인간이 하나님을 나타내는 존재로 만들어졌다는 의미다. '형상'이라는 말 자체가 갖는 뜻은 '유사하다' '닮았다'이다. 하나님과의 관계에서 공통점과 차이점이 있음을 환기한다. 유사하나 같지 않다. 그러니까 복사가 원본의 존재를 드러내듯이 하나님의 형상으로서 인간은 하나님의 존재를 나타내도록 만들어졌다. 이것이 무엇을 가리켜 말하는 건지는 학자마다 또 시대마다 달리 이해되었는데, 앞서 언급했듯이 대체로 속성과 기능적인 측면에 집중하였다.

그러나 하나님의 형상이라는 말을 단순하게 이해하면, 인간은 하나님을 닮은 자로서 만들어졌다는 의미이다. 곧 인간은 하나님의 DNA를 가지고 있다. 가족이 서로 닮아 있듯이 하나님은 자기를 닮은 인간의 아버지로서 자신을 드러내셨고, 인간은 하나님을 중심으로 서로 가족 유사성을 갖는다. 인간은 피조물을 다스리고 관리하는 권한을 하나님께 위임받은 자로서 다른 인간과 더불어 살고 또 서로 도우면서 서로가 서로에 대해서뿐만 아니라 자연과의 관계에서 하나님이 어떤 분인지 그리고 하나님이 세상을 다스리시는 분임을 나타내도록 부름을 받았다. 따라서 하나님의 형상으로 만들어졌다는 건 무엇을 하든지 인간은 여호와께서 참 하나님이심을 나타내도록 부름을 받았다는 뜻이다. 하나님이 세상을 다스리시는 분임을 나타내도록 부름을 받았다는 의미이다. 예수님이 제자들을 소금과 빛으로 선언하신 것이나, 착한 행실을 통해(하나님의 말씀이 현실이 되는 삶을 통해) 하늘에 계신 하나님 아버지께 영광을 돌리게 하라는 말씀은 특별히 창조의 목적인 선한 삶(성경에서 선한 삶이란 단지 윤리적인 의미만이 아니라 하나님의 말씀에 따른 삶을 의미한다)을 통해 하나님의 선하심을 드러내라는 사명을 명시하신 것이다(엡 2:10). 인간관계는 물론이고 자연과의 관계에서도 그렇다. 모든 것과의 관계에서 인간은 인간 자신이나 공로가 아니라 하나님과 그의 통치를 나타내도록 부름을 받는다.

사도 바울은 고린도 교회에 보내는 편지에서 "먹든지 마시든지 무엇을 하든지

다 하나님의 영광을 위하여 하라(고전 10:31)"라고 말했다. 무엇을 하든지 하나님과의 관계를 밝히는 삶을 통해 사람들로 여호와가 참 하나님이심과 세상을 다스리시는 분임을 인정하고 경배할 수 있게 하라는 뜻이다. 그런 삶을 살 것을 명하신 것이다.

• 인간은 관계적인 존재

둘째, 하나님의 형상으로 만들어졌다는 건 인간은 관계적인 존재임을 말한다. 하나님은 한 분으로서 아버지와 아들과 성령의 관계 안에서 계신다. 성부 성자 성령 하나님 각각은 다른 존재와 관계없이 결코 홀로 존재하시지 않는다. 아우구스티누스(Augustinus)가 말했듯이, 하나님은 아들과의 관계에서 아버지이시며, 아버지와의 관계에서 아들이시고, 또한 아들과 아버지와의 관계에서 성령이시다(immanent trinity 내재적 삼위일체). 홀로 계시는 법이 없고, 독단적으로 사역하지도 않으신다. 하나님은 언제나 삼위로 계시고 모든 일에서 서로 깊은 교제 가운데 교통하신다(페리코레시스). 그리고 자기 자신과의 관계는 물론이고 세상과의 관계에도 헌신하신다(economic trinity 경륜적 삼위일체). 세상을 구원하기 위해 당신의 아들을 보내셨다. 예수께서 승천하여 육체적으로 부재하신 때에는 성령을 보내시어 당신의 백성들을 돌보게 하셨다.

이 관계를 인간에게 적용하면서 과거에는 이것을 개인적인 차원에서만 이해했다. 지/정/의를 두루 갖춘 인간이라는 것이다. 지와 정과 의가 독립적이지 않고 통합적으로 작용하는 것으로 이해했다. 그러나 최근에는 아우구스티누스가 말한 삼위일체의 관계성을 계승하여 인간을 관계 안에서 이해하려는 경향이 두드러지고 있다. 특히 바르트(Karl Barth)와 몰트만(Jürgen Moltmann)은 관계적 삼위일체(social trinity)를 주장하여 주목받고 있다. 인간은 상호관계 속에 존재하고, 관계를 통해 자신의 정체성을 확인한다. 자연에 심취하여 인간관계를 떠나거나, 하나님을 위해 헌신할 뜻에서 인간관계를 떠난다면, 그리고 인간을 위한다는 명목으로 자연을 훼손하거나 인간애를 실천하기 위해 하나님을 떠나는 건 하나님의 형상으로서의 정체성에 합당하지 않은 일이다. 특히 하나님과의 관계와 인간의 상호관계 그리고 자연과의 평화적인 관계는 하나님의 형상으로서 결코 간과해서는 안 된다.

한편, 하나님이 자기의 형상대로, 곧 자기를 닮도록 인간을 만드셨다 함은 가족유사성(family resemblance)을 전제한 표현이다. 이 말을 사용한 배경에는 하나님과의 관계에서 인간이 자기를 생각했을 때 부모와 자녀의 관계를 염두에 두었기 때문이다. 하나님의 보호와 양육을 받는 인간은 하나님과 닮았을 뿐 아니라 또한 하나님의 속성을 드러내도록 부름을 받았다는 거다. 아버지로서 하나님에 대한 고백이 바로 하나님의 형상대로 지어졌다는 표현을 가능하게 한 것이다.

그런데 예수 그리스도를 통해 전혀 새로운 사실이 나타났다. 바로 아들로서 하나님이다. 아버지와의 관계에서 '아들'을 말한 것이다. 그러나 현실적으로 아들 예수 그리스도는 사람의 보호와 양육이 필요한 아기로 태어났다. 하나님이 자기를 사람의 도움이 필요한 존재로 세상 가운데 나타내신 것이다. 이것은 인간을 보호하고 양육하는 아버지로 믿었던 전통적인 하나님 이해를 심각하게 침해하는 일이다. 우려와 혼동을 일으키기 충분한 표현이다. 신성모독으로 여겨질 수도 있다. 아들로서 하나님? 인간의 보호와 양육이 필요한 하나님? 인간에게 하찮게 여겨지는 하나님? 심지어 인간에 의해 죽임을 당하는 하나님? 게다가 이방인인 로마군에 의해 처참한 십자가형을 받은 하나님?

혹시 이것을 인간과의 관계에서 이해할 수는 없을까? 다시 말해서 하나님은 예수 그리스도를 통해 자기를 인간의 도움이 필요한 존재, 인간에 의해 고난을 받으시는 존재로 드러내시면서 인간을 구원하시고 또 그와 새로운 관계를 정초하시려는 건 아니었을까? 보호와 양육을 받는 존재로서만이 아니라 타인을 보호하고 양육해야 하는 인간의 모습을 확인시켜주신 것은 아닐까? 타인에 대한 헌신과 이웃사랑을 그토록 강조하시고, 약자와 자신을 동일시하면서 인간의 돌봄을 받는 존재로 계시하신 것은 바로 이런 이유 때문은 아닐지 싶다. 죄 없이 고난을 받으신 것이 세상에서 이유 없이 고난을 받는 사람들과 함께 계심을 알게 하고 또한 그들의 고통을 위로하시기 위함인 것과 같다.

하나님은 예수 그리스도를 통해 인간의 도움이 필요한 존재로 자신을 나타내셨다. 인간은 서로를 돕고 또한 약자를 도우면서 하나님을 만나며, 인간은 자신이 하나님과의 관계 속에 있다는 사실을 하나님을 사랑(예배)할 뿐 아니라 이웃을 사랑함(도움으로써)으로써 나타낸다. 그뿐 아니라 하나님은 예수 그리스도의 고난과 죽음을 매개로 인간에 의해 고난을 받으셨으나 능력으로 부활하심으로 참 하나님이심을 나타내셨다. 그럼으로써 동시에 인간의 죄를 드러내셨을 뿐 아니라 또한 고통을 겪는 인간의 모습을 보이심으로써 고난이 결코 끝이 아님을 알도록 하셨고 소망을 갖고 살 이유와 목적을 분명히 알려주셨다. 곧 하나님은 약속을 반드시 지키시는 분임을 나타내었다.

• 관계 속 인간에게 주어진 원칙들

셋째, 하나님의 형상으로 만들어진 인간이 서로 관계를 맺고 살아갈 때 지켜야 할 일정한 원칙이 있다. 자연과의 관계에선 피조물을 보호하고 관리하는 것이며, 하나님과의 관계에선 하나님을 예배하는 것이고, 사람과의 관계에선 하나님을 닮은 자로서 좋은 성품을 갖고, 서로 사랑하면서 서로 돕고 서로 세우는 자로 사는 것이다. 그 어느 관계에서도 하나님은 인간에게 자신의 이익을 추구하라고 말씀하지 않으셨다. 지배하라고도 말씀하지 않으셨다. 다스리는 은사를 통해 피조물을 다스리고 또 공동체를 다스릴 것을 말씀하셨지만, 그것은 구체적으로 피조물을 관리하라는 것이며 또한 하나님의 백성을 옳은 대로 이끄는 목자의 삶을 가리키는 것이다. '다스리라'의 뜻은 관계를 온전케 하라는 의미로 이해할 수 있다.

만일 그렇지 않고 하나님과의 관계에 있는 인간이 자신의 이익을 추구할 때는 우상숭배가 횡행하고 또한 하나님의 이름이 망령되이 일컬어지는 일이 발생한다.

하나님의 주권이 심각하게 침해당한다. 자연과의 관계에서 자신의 이익을 추구할 때 피조물은 파괴되고 생태계 교란이 일어나며, 결국 인류 사회에 위기를 초래한다. 이웃과의 관계에서 자신을 주장하고 자신의 이익을 추구하는 것은 결코 사랑하는 것이 아니다. 하나님은 남자와 여자를 창조하셨고 그들이 서로 도우며 살길 원하셨다. 예수님은 제자들에게 서로 사랑하라 하셨고, 사도 바울은 오히려 자기보다 남을 더 낫게 여기라고 말하면서 서로를 세워주며 살라는 인간관계의 원칙과 핵심을 환기하였다. 이것이 잘못되고 왜곡될 때 서로 사랑하고 서로 도우며 서로를 세우며 살도록 만들어진 인간은 오히려 서로를 착취하면서 서로에게 고통을 가하는 비극을 겪는다.

• 기독교 교육은 하나님의 형상으로 살 수 있도록 돕는 일

세상 교육이 인간의 형상으로서 인간답게 살도록 돕는 일이라면, 기독교 교육은 하나님의 형상으로서 그리고 하나님의 백성과 하나님의 자녀로서 세상에서 하나님의 뜻을 따라 인간답게 살도록 돕는 일이다. 이 땅에 임한 하나님 나라에 적합하게 반응하고, 또 그 나라가 왜곡되거나 변질되지 않도록 세상에서 하나님 나라를 바르게 관리할 능력을 기르는 일이다. 이런 까닭에 기독교 교육은 반드시 인간 이해를 전제한다. 이해에서 멈추지 않고 새로운 인간으로의 변화를 추구한다. 다시 말해서 아버지로서 하나님을 신뢰하고, 연약한 이웃이 하나님의 생명으로 살 수 있도록 도우면서 예수 그리스도를 섬기며, 성령의 능력에 힘입어 복음을 전하고 또 바른 품성을 계발하고 또 실천(순종) 능력을 양성하는 것이다. 이에 덧붙여 자연을 관리하고 보호할 수 있는 능력도 고려한다. 교육은 믿음을 형성할 수는 없어도 믿음을 비판적으로 점검하면서 믿음을 올바르게 강화하는 데 공헌할 수는 있다.

달리 말해서 기독교 교육은 한편으로는 인간이 자기가 옳다고 여기는 것을 선으로 생각하는 태도에서 하나님의 뜻대로 된 것을 선으로 여기는 태도로 바꾸고 또한 자신을 의지하는 삶에서 변화되어 하나님을 의지하며 살도록 돕는다. 다른 한편으로는 나와 관계를 맺고 살아가는 사람들이 인간다운 삶을 살 수 있는 환경을 만들어줌으로써 간접적으로 여호와를 참 하나님으로 인정하는 삶을 살 수 있도록 돕는다. 환경과의 관계에서도 창조주이시며 세상을 섭리 가운데 다스리시는 하나님을 나타내기 위해 생태의 기능을 보존하고 파괴된 것들은 회복하도록 한다. 굳이 자아실현을 말하고 싶다면 하나님의 형상으로서 본질을 구현하는 그리스도인을 생각해야 할 것이다. 이렇게 될 때 인간은 교회 안팎에서 예전을 통해서든 일상의 선한 삶을 통해서든 하나님을 예배할 수 있다.

하나님 이해와 기독교 교육

기독교 교육은 교회의 행위에 충실하게 동역할 수 있는 일꾼을 양성한다. 교회에서 올바르게 예배할 수 있으며 또한 신앙생활에서 온전해질 수 있도록 돕는다. 무엇보다 앞서 말한 대로 기독교 교육은 궁극적으로는 교회 밖에서 그리스도인으로서 하나님의 영광을 나타내며 살도록 훈련한다. 하나님의 DNA를 가진 자로서(창 1:27 "하나님이 자기 형상 곧 하나님의 형상대로 사람을 창조하시되 남자와 여자를 창조하시고") 거룩한 성품(벧후 1:4 "…신성한 성품에 참여하는 자가 되게 하려 하셨느니라")을 갖추고 빛과 소금으로서 역할(마 5:13~16)을 감당할 수 있는 성숙한 인격의 소유자로서(딤전 4:15 "이 모든 일에 전심전력하여 너의 성숙함을 모든 사람에게 나타나게 하라") 살 수 있게 한다. 이를 위해 성도를 교육하고 훈련하는 곳이 교회이다.

교육은 믿음을 실행하는 방편이라고 말했는데, 김남준 목사는 성도가 교육받기를 싫어하는 태도를 이단보다 더 불량하다고 평가했다. 이단의 공격은 방어하면 되지만, 교육받지 않은 성도는 교회를 내부적으로 파괴하기 때문이라는 것이다. 교육받지 않음으로써 세상에서 그리스도인으로서 살 수 있는 능력을 갖추지 못하다 보니 오히려 교회에 대한 사회적인 비난을 초래하며 하나님의 영광을 훼손한다. 그렇다고 믿음이 없다고 말하는 건 아니다. 믿음이 있으나 교육이 없으면 경건의 모양만 있고 경건의 능력이 없는 상태로 전락한다. 그만큼 성도가 교육받는 일은 건강한 교회를 세우는 것과 하나님의 영광을 나타내기 위해 중요한 일이다.

다시 한번 타원형의 두 초점 신앙의 모델을 소환하면, 기독교 신앙은 교회와 세상을 두 초점으로 삼아 도는 타원형 궤도를 그리며 움직일 때 삼위일체 하나님을 나타낸다. 매 주일은 신앙의 자전운동에 해당하며, 365일의 주기는 신앙의 공전운동에 해당한다. 교육은 삼위일체 하나님을 중심으로 인간 이해와 하나님 이해를 두 초점으로 삼아 궤도를 그리며 움직인다. 상황에 따라 강조점이 일시적으로 어느 한 쪽으로 기울 수는 있으나 언제나 하나님의 영광을 지향하면서 균형을 이룬다.

그렇다면 어떤 모습의 성도들로 양육하고 또 훈련해야 참다운 자질을 갖출 수 있을까? 아이들을 어떤 사람으로 양육하고 훈련해야 할까? 어떤 모습으로 사는 것이 가장 하나님의 백성다운 삶일까? 하나님의 무엇을 드러내야 하며 또 무엇을 알아야 하는 걸까?

간단히 말해서 교회는 성도가 예수 그리스도를 주로 삼아 믿음의 진보(빌 1:25)를 이루고 건강한 교회로 자라가며 또한 교회 밖에서 착한(하나님의 뜻과 합하는) 행실을 통해 그리스도인으로서 정체성을 드러내면서 하나님께 영광을 돌릴 수 있도록 훈련한다. 이것을 앞에서는 인간이 하나님의 형상으로 만들어졌다는 사실에서 출발하여 인간 이해를 바탕으로 교육의 목표와 내용 및 방식을 말했다면, 이곳에서는 하나님 이해를 바탕으로 앞서 제기되는 질문에 대한 답을 찾아보도록 하자.

• 이름 계시와 하나님의 본질

기독교는 다른 종교와 달리 계시에 기초를 둔다. 기독교의 원천은 하나님의 계시이다. 종교학자들은 인정하려 하지 않지만, 기독교는 하나님이 자기 자신을 나타내 보이셨다는 사실을 전제하고 또한 마지막 날에 세상의 모든 존재가 하나님을 알아보고 인정할 수 있도록 나타내 보이실 것을 기대한다. 계시는 기독교 신앙의 기원이고 근거이며 또한 기독교 신앙을 생동감 있게 유지하는 원동력이다. 계시 없는 기독교는 종교로 전락하고, 계시 없는 교회는 교회 이데올로기에 오염되어 한낱 이익단체로 전락할 뿐이다. 계시를 무시하고 사는 성도는 자기 독단에 사로잡힌다. 계시 없는 신앙은 숙명적으로 우상숭배에 빠진다. 계시는 그리스도인으로 두 초점(세상과 교회)에서 일정한 거리를 유지하며 살면서 일정한 궤도(타원형)에 머물게 한다. 그렇다고 무한 반복의 굴레에 빠지는 건 아니다. 하나님의 영광을 위해 사는 한 하나님의 주권적 자유에 따라 신앙의 모습 역시 날마다 새로워진다. 계시는 종교를 그리스도교로 만들고, 그리스도교를 하나님을 예배하는 백성의 모임으로 만들며, 교회를 예수 그리스도의 공동체를 형성하고, 세상 나라의 모습을 하나님 나라의 모형으로 변화시키고, 무리를 예수 그리스도를 따르는 제자로 변화시킨다. 바울의 변화에서 볼 수 있듯이, 하나님의 계시는 죄인을 회개케 하는 능력이다.

계시란 하나님이 당신 자신을 세상에 나타내 보이는 행위를 말하기도 하고, 그 내용을 가리키기도 한다. 하나님은 자연 만물과 말씀, 그리고 예수 그리스도를 통해 나타나신다. 보통은 전자를 일반 계시라 하고 후자의 두 개를 특별계시라 한다. 계시는 계시하시는 하나님과 계시의 내용 그리고 계시의 방법을 함께 포괄한다. 계시 의존적이란 인간이 하나님의 계시에 적합한 반응을 하게 되어있다는 뜻이다. 곧 계시는 인간이 예배할 수 있도록 한다. 그러므로 계시 의존적 인간은 항상 자기 밖의 존재인 타자(특히 찾아오시는 하나님과 전해지는 말씀, 그리고 세상에서 만나는 이웃)와의 관계에서 자신을 규정 받도록 해야 한다는 의미다.

하나님이 계시하시는 까닭은 세상이 스스로 하나님을 알 수 없기 때문이지만, 무엇보다 하나님이 어떤 분임을 알고 하나님의 사귐 안으로 들어갈 기회를 세상에 주시기 위함이다. 이것이 가장 본질적인 이유이다. 달리 말한다면, 하나님은 세상과 관계를 맺음에 있어서 먼저 세상을 창조하시고, 그 후 당신의 피조물을 보존하시고 치유하시며 구원하시고 돕는 주님이시며 또한 그런 분으로서 세상 가운데 알려지기를 원하신다는 뜻이다. 이 일이 일어나는 사건을 가리켜 계시라 한다. 계시는 인간 스스로는 결코 그 내용을 알 수 없고, 오직 하나님의 뜻에 따라 나타날 때만 경험할 수 있다. 인간은 다만 기대하며 살 수 있는데, 특히 예수 그리스도를 통해서 나타난 하나님을 믿고, 이 믿음에 근거한 성경 읽기를 통해, 그리고 하나님의 말씀을 경청하고 순종하는 가운데 성령의 인도함으로 받으며 세상에서 빛과 소금으로 살 때 비로소 깨달아 알 수 있도록 허락된다.

만일 계시가 있다면, 세상은 예수 그리스도를 통해 나타난 하나님을 받아들이되, 자기의 관점과 신념에 따라 하나님을 알거나 그의 말씀을 이해하지 않아야 하며, 오히려 하나님은 계시한 방식으로 존재하시고 또 계시한 모습을 갖고 있음을 인정해야 한다. 또 무엇으로도 가감하지 않고 그대로 받아들여야 한다. 성경 계시와 다른 하나님을 말한다면, 그것은 예수 그리스도를 통해 나타난 하나님이 아니다. 만일 그것을 여호와 하나님으로 믿고 섬긴다면 우상숭배가 된다. 기독교 신앙은 예수 그리스도를 통한 계시에 근거하며 또 마땅히 그래야 한다.

그뿐 아니라 계시한 하나님은 동시에 이미 알려진 하나님으로 인지할 수 없을 정도로 당신 자신을 은폐하신다. 그러므로 성도는 하나님이 어떤 분인지를 단언할 수 없다. 오직 약속에 근거하여 하나님을 기대하고 소망하며 말씀에 순종하는 가운데 불현듯 경험되는 하나님을 성경의 가르침에 따라 세상에 나타내도록 부름을 받는다. 자기를 은폐하시는 하나님은 한편으로는 성도의 삶에 자유를 주고, 다른 한편으로는 성도의 삶을 당신이 하나님임을 나타낼 기회로 삼는다. 성도는 다만 자신과 타자를 통해 하나님이 스스로 나타나시기만을 기대할 수 있다. 하나님이 특정한 매개를 통해서만 나타나신다고 주장할 수 없고, 때와 장소를 알지도 못하며, 또한 주술의 힘을 빌려 불러들일 수도 없다. 계시와 관련해서 볼 때 성도는 약속을 바탕으로 기대할 뿐이며, 비록 원치 않은 일이라도 하나님을 신뢰하는 가운데 받아들이고 인내할 뿐이다. 종종 고난을 받는다. 그리고 이미 지난 사건들을 돌아보며 하나님이 행하셨음을 감사함으로써 인정할 수 있을 뿐이다.

하나님의 계시 가운데 이름 계시(name revelation)가 있다. 일반적으로 신의 이름은 신의 본질을 반영한다. 당연한 현상이다. 인간은 자신의 욕망에 따라 형상을 만들고 또 욕망을 채울 목적으로 형상에 이름을 붙이기 때문이다. 인간 욕망의 투사(projection)인 신의 이름은 자연스럽게 그 본질을 반영한다.

그런데 히브리 민족이 섬겼던 하나님은 -비록 모세의 요구에 따라 알려주신 것이라도- 모세에게 당신의 이름을 직접 알려주셨다. 모세가 붙인 이름이 아니라 하나님이 알려주셨다는 사실 때문에 "이름 계시"라 한다. '이름을 계시하신 사건'이라는 말이 더 적합하다. 고대 근동지역의 이웃 종교들과는 달리 이스라엘의 하나님은 스스로 이름을 알려주셨고, 그 이름을 통해 하나님이 어떤 분인지를 알려주셨다. 그러므로 하나님을 알기 위한 하나의 방법은 하나님의 이름의 의미를 이해하는 것이다. 하나님은 이름을 알려주심으로써 이스라엘 백성들이 하나님을 어떤 분으로 알고 또 믿어야 할 것인지 그리고 무엇을 기대하며 살아도 되는지를 알게 하셨다.

성경에는 하나님의 이름이 여럿 나온다. 다른 것들은 모두 인간의 하나님 경험을 바탕으로 인간에 의해 붙여진 것이나 직접 알려주신 것으로는 엘 샤다이(אל שדי)와 여호와(יהוה)가 있다. 엘 샤다이는 '전능하신 하나님'으로 번역되고 있으나 이는 어원적으로 두 개의 가능성 중 하나를 선택한 것이다. 하나는 '가슴'이라는 뜻의 '샤드'에서 온 것으로 '나의 가슴'으로 볼 수 있고, 다른 하나는 동사형 '레슈도드(파괴하다/압도하다)'에서 유래한 뜻인 '전능하신 하나님'으로 보는 것이다. 그런데 두 가지를 서로 다르게 보아야만 하는 건 아니다. 어머니는 자기 가슴에 매달린 아이에게 전능한 존재인 것처럼, 그렇게 하나님은 당신을 의지하며 사는 우리에게 자신의 모든 것을 부어주시는 분으로서 전능하시다. 이런 의미에서 '엘 샤다이'는 나중에 살펴볼 '여호와(יהוה)'의 사성문자(四聖文字)의 의미를 어느 정도 공유한다.

계시한 또 다른 이름은 네 개의 자음(יהוה)으로 이뤄졌다. 그래서 사성문자(四聖文字 네 개의 거룩한 문자)라고 한다. 이스라엘은 이름과 존재를 동일시하고 또 이름을 거룩히 여기는 관습에 따라 직접 이름을 읽거나 부르는 대신 '아도나이(Adonai אֲדֹנָי 나의 주님)'로 불렀다. 모음이 없이 자음으로만 되어있어서 나중에는 실제로 어떻게 부르는지조차 잊을 정도였다.

하나님의 이름인 네 개 문자의 어근은 영어 be 동사에 해당하는 '하야(היה)' 동사형의 미 완료형이다. 히브리어 동사의 시제는 완료형과 미 완료형 두 개밖에 없다. 완료형으로는 이미 이뤄진 것 곧 과거와 현재완료 그리고 과거완료까지 표현하고, 그 정확한 의미는 문맥에 따라 이해해야 한다. 지금 진행 중이거나 아직 이뤄지지 않은 것을 표현하는 미 완료형은 현재, 미래, 그리고 진행 중인 행위를 표현한다. 이것의 정확한 의미 역시 문맥에 따라 이해된다.

그런데 출애굽기 3장에서 하나님의 이름 곧 미 완료형으로 된 네 개 문자는 헬라어 번역에서는 "나는 스스로 있는 자(I am who I am)"로 해석되었다. 그러니까 현재형으로 본 것이고, 사람들은 그것을 신학적인 맥락에서 '존재자' 혹은 '자존자' 혹은 '이름이 없는 자' 등의 의미로 해석하였다. 신학적인 해석이다. 이것을 선택한 이유라면 철학적으로 지지를 받는다는 것 외에는 성경에 그렇게 기록되어 있기 때문인데 지금까지도 많은 사람의 지지를 받고 있다.

그러나 이렇게 해석하게 한 본문은 히브리어로 된 것이 아니었다. 헬라어로 번역된 알렉산드리아 정경 혹은 70인 역(셉투아긴타)에서 유래한다. 그러니까 히브리어는 네 개의 문자로 되어 있을 뿐이고, 이것을 헬라어로 번역한 것이 '에고 에이미 호 온(εγω ειμι ὁ ὤν, 나는 있는 자)'이다.

그렇다면 헬라어 번역의 의미와 그 번역에 담긴 의미는 무엇일까? 히브리 본문을 헬라어로 번역할 땐 당연히 헬라의 다신론적인 문화를 고려하지 않을 수 없다. 적어도 헬라어 성경을 읽는 사람이 최고의 신으로서 여호와 하나님을 이해할 수 있어야 했기 때문이다. 그런데 헬라 문화권에서 사는 사람들은 다신(多神) 문화에 익숙해 있었다. 그들에겐 제우스(Zeus)라는 최고의 지위를 차지하는 신은 있었지만, 그렇다고 여호와 하나님을 제우스로 번역할 순 없었다. 그러다 보니 당연히 개

넘을 사용할 수밖에 없었고, 이미 고대 그리스 철학은 이를 위해 매우 적합한 개념을 가지고 있었다. 바로 '자존자(自存者)' 개념이다. 고대 그리스 철학에서 최고신은 '존재'라는 이름 이외에 다른 이름이 붙여져 있지 않아도 자존자로 통했다. 존재에 있어서 자기 외에 다른 어떤 것에도 의존하지 않는 존재, 스스로 존재하는 자가 최고신이다. 바로 이런 맥락에서 하나님의 이름은 '자존자' 혹은 '존재자'의 의미가 있는 말로 번역되었다. 이 표현은 히브리어의 의미라기보다는 네 개의 문자가 헬라어로 번역되면서 파생된 의미, 곧 서로 다른 문화가 융합하는 과정에서 발생한 것이라고 보아야 한다. 히브리 사람들은 존재를 본질에 따라 혹은 개념적으로 이해하기보다 행동이나 사건을 통해 이해하는 데에 익숙하기 때문이다.

한편, 이런 번역은 근자에 들어 여러 구약 연구자에게 의문시되고 있다. 히브리 민족은 결코 개념적으로 사고하지 않았고, 또 주로 행위를 통해 이해하는 방식을 선호한다는 사실을 부정할 수 없기 때문이다. 히브리인들의 언어적 관습에 따르면, '하야' 동사의 미 완료형인 하나님의 이름은 현재형이 아닌 미래형으로 보아야 한다는 것이다. "나는 있을 것이다."라는 의미이다. 루터는 성경을 독일어로 번역하면서 이 말을 미래형으로 번역하였다. "Ich werde sein der ich sein werde(I will be who I will be)." 이 말은 현재 시점에서 볼 때 하나님에 대한 부재(不在) 경험을 포함한다. 곧 지금은 존재하지 않는 것처럼 여겨지는 상황이라도 하나님은 앞으로 당신의 존재를 인정하게 할 일을 행하시면서 모습을 나타내실 것이라는 의미로 이해된다. 바벨론 포로기 유대인의 형편과 처지를 떠올리면 쉽게 이해할 것이다.

이름 계시는 비록 모세의 요구에 따라 이뤄진 것이지만, 이름을 알려주신 후 출애굽기 3:15에서 하나님은 이름을 계시하신 목적을 설명한다. "이는 나의 영원한 이름이요 대대로 기억할 나의 칭호니라" 이 말을 그대로 이해한다면, 하나님의 이름은 사람이 하나님을 기억하기 위해 그리고 이름을 아는 사람들에 의해 불리기 위해 주신 것이다. 곧 이스라엘 백성들에게 기억되고 불리기 위해 계시했다는 말이다. '하나님의 이름을 부른다.' 이 말은 히브리적 관습에 따르면 기본적으로 기도한다는 의미이다. 다시 말해서 하나님의 이름은 기도할 때 사용하라고 주셨다는 말로 이해할 수 있다. 만일 기도가 하나님의 뜻을 인정하고, 하나님의 은혜와 사랑을 구하며, 하나님의 도움을 구하기 위해 행하는 일이라면, 하나님의 이름은 '내가 너를 도울 것이다' 혹은 '나는 너를 돕는 자다' 혹은 '나는 돕는 자'라고 의역할 수 있다. 종교개혁자 마르틴 루터를 포함해서 유대인 철학자 마르틴 부버(Martin Buber)와 독일의 구약학자 베르너 슈미트(Werner. H. Schmidt) 등은 이런 해석을 지지한다.

'자존자' 의미의 '나는 스스로 있는 자'의 의미는 성경 전체를 관통하는 의미이지만, 구체적인 맥락에서 사용되는 경우는 드물게 나타난다. 이에 비해 '돕는 자' 혹은 '도움' 혹은 '도울 자'라는 의미로 사용된 용례는 성경 곳곳에서 발견할 수 있다. 특히 시편에 많이 나타나 있다. 도움, 나의 도움, 나를 돕는 분, 돕는 자 등등.

> "내가 산을 향하여 눈을 들리라 나의 도움이 어디서 올까 천지를 지으신 여호와에게서로다"(시 121:1)

또한 이런 의미의 번역을 지지해주는 것이 있는데, 예수 그리스도의 출생에 대한 예언에서 사용된 '임마누엘'이라는 이름과 예수님이 제자들에게 보혜사 성령을 말씀하시면서 언급한 "또 다른(another) 보혜사"라는 표현이다.

히브리어 임마누엘은 '하나님이 우리와 함께 계시다'라는 뜻으로 하나님의 도우심이 예수 그리스도를 통해 나타나게 될 것을 염두에 두고 붙여진 이름이다. 그리고 예수께서 승천 후에 오실 성령을 가리켜 '또 다른(another)' 보혜사라고 했는데, 이는 예수 그리스도가 '보혜사'이고, '또 다른' 보혜사로서 성령을 보내주시겠다는 의미이다. 요한1서 2:1에 보면 "우리에게 대언자가 있으니 곧 의로우신 예수 그리스도시라"라고 했는데, '대언자'의 헬라어는 요한복음에서 사용된 보혜사(파라클레토스)와 같은 말이다. 예수 그리스도는 보혜사이다. 임마누엘이든 보혜사든 모두 돕거나 돌보는 행위를 염두에 둔 말이다. 물론 '하나님이 우리와 함께 계시다'라는 뜻에는 위로와 도움은 물론이고 사명을 주신다는 의미도 포함한다(마 28:20). 임마누엘의 하나님은 우리를 도우시며 위로하실 뿐 아니라 우리에게 사명을 주시는 분이다.

이렇게 본다면 '돕는 자'란 의미의 '여호와'는 연약한 자가 절대적으로 의존할 분으로서 자신의 모든 것을 부어주시는 하나님 곧 '엘 샤다이'에서 그렇게 멀지 않음을 알 수 있다. 이에 대해서는 앞서 언급했다.

이처럼 성경에 소개된 하나님의 이름을 통해 알 수 있는 사실은 하나님은 우리가 절대적으로 의지해야 할 분으로서 우리를 돕는 분이라는 것이다. 이름을 이렇게 계시하신 까닭은 하나님이 우리와의 관계에서 우리를 돕는 자로 알려지시길 원하셨기 때문이다. 곧 우리가 그리스도인으로 사는 건 하나님의 도움을 받는 자인 우리가 하나님의 도움을 세상에 전하면서 세상으로 하나님을 돕는 분으로 인정할 뿐 아니라 실제로 하나님의 도움에 의지하며 살게 하려는 것이다. 이웃을 사랑하고 세우면서 그들을 돕는 자로 부름을 받은 자가 그리스도인이다.

지금까지 하나님 이해로부터 기독교 교육의 핵심을 파악할 가능성을 알아보았다. 이에 따르면 기독교 교육은 아이로부터 어른에 이르기까지 모든 성도가 교회 안팎에서 돕는 자로 부름을 받은 그리스도인으로서 살 수 있도록 가르친다. 아이들뿐 아니라 교사 역시 돕는 자가 필요하다. 성도가 아직 성숙한 그리스도인이 안 되었다면, 기독교 교육은 성도가 참 인간으로 사는 것을 돕는다. 하나님의 도움을 받아 공동체 안에서 서로 사랑하고 서로 세우며 서로를 도우며 사는 것 곧 타인의 구원과 기쁨과 행복을 돕는 자로 살 수 있도록 돕는 것, 이것이 교육자와 피교육자를 대상으로 하는 기독교 교육이 지향해야 할 부분이다.

이제 관건은 돕는 분으로서 하나님을 말할 때 하나님의 무엇을 또 어떤 행위를 염두에 두어야 할 것인지를 밝히는 일이다. 하나님을 나타내기 위한 삶이 그리스도인의 삶이고, 이를 충실하게 살아내기 위한 길이 기독교 교육 혹은 교회 교육이라면, 대체 교육은 성도로 하나님의 무엇을 또 어떤 행위들을 일상의 삶을 통해 나타내도록 도울 수 있을까? 이런 질문을 염두에 둔다면 기독교 교육이 기본적으로 하나님에 관한 지식을 전제한다는 건 자명한 사실이다. 하나님을 알 때 비로소 하나님을 나타내는 삶을 살 수 있기 때문이다.

부설: "묵시가 없으면 백성이 방자히 행한다"

잠언 29:18에 나오는 말씀의 전반부다. '묵시'에 해당하는 히브리어는 예언자적인 말씀이며 말씀을 통한 계시를 말한다. 방자히 행한다는 말은 더는 통제가 가능하지 않은 행동을 가리킨다. 그러니까 만일 하나님의 말씀을 듣지 않든가 간과하면 백성은 더는 하나님에 의해 통제되지 않는 삶을 살 수밖에 없다는 뜻이다. 사사기 내용을 한 문장으로 요약했다고 볼 수 있다. 하나님을 기억하지 않을 뿐 아니라 그의 말씀에 귀 기울이지 않는 시대에 일어날 수밖에 없는 현실을 아주 정확하게 꼬집고 있다. 18절 나머지 후반부는 "율법을 지키는 자는 복이 있다"이다. 유대인의 글쓰기 관습 중 하나인 대구법에 따라 이해한다면, '묵시가 없으면'과 '율법을 지키는 자' 그리고 '백성이 방자히 행한다'와 '복이 있다' 등의 표현은 서로 대조적으로 이해된다.

율법을 지키는 자가 되기 위해선 묵시, 곧 하나님이 말씀을 통해 자신을 알려주시는 일이 있어야 하고, 그렇지 않으면 방자히 행하는 사람이 많아지는데, 그 결과 하나님의 복을 받지 못한다는 의미다. 율법은 하나님에게서 오며, 율법을 지키는 자는 복이 있는 자라는 사실은 이미 시편 1편에 나오는 생각으로 성경의 핵심 가르침에 해당한다.

그런데 필자가 주목하는 점은 하나님의 묵시가 없다면, 곧 예언자들을 통해 말씀을 주시지 않으면 백성들이 방자히 행한다는 표현이다. 구체적으로 말해서 묵시가 없으면 율법을 지키는 자가 되지 못해 방자히 행하는 자가 되고 결과적으로 하나님의 복에서 배제된다는 의미이다. 방자히 행한다는 건 사람들에 대한 예의가 없고 안하무인의 태도를 보이는 것을 말한다. 이것을 율법과 연결해 생각한다면, 말과 행동에 규범이 없다는 뜻이다.

하나님이 당신을 나타내 보이시지 않으면, 사람과의 관계는 무례해지며, 서로가 서로에게서 받는 상처와 아픔은 더욱 커진다는 의미로 이해할 수 있다. 하고 싶은 말이라면 상대방이 어떻게 생각할 것인지를 전혀 고려하지 않고 말하고, 자신이 행하고 싶은 대로 살기 때문에 사람들에게 어떤 반응이 일어날 것인지를 헤아리지 않고 행동한다. 매사에 독선적이어서 함께 일하는 사람들의 마음을 아프게 한다. 규범이 전혀 없다고 말할 수는 없는데, 왜냐하면 자신을 규범으로 삼고 있기 때문이다. 그러니까 외부의 시선으로부터 자신을 규정하려 하지 않고, 자기를 중심에 놓고 세상을 판단한다. 하나님의 위치에 자신을 놓는 태도의 결과다.

그러므로 인간에게 당신 자신을 알리시는 하나님은 하나님과 인간의 관계에서뿐 아니라 인간 사이의 관계에서도 매우 중요한 의미가 있다. 하나님의 계시(묵시)는 사람과 하나님과의 관계는 물론이고 사람과 사람과의 관계도 바르게 세운다. 따라서 사람과의 관계에서나 하나님과의 관계에서 방자히 행하지 않고, 율법을 지키며, 또한 복이 있는 사람이 되기 위해선 하나님의 계시 의존적인 신앙은 필수적이다.

그런데 실제는 어떠한가? 세상은 하나님 없이도 충분히 잘살 수 있도록 구성되었다. 하나님을 믿는 사람이 오히려 지탄받는 현실이다. 현실에서 하나님 없이 사는 사람이 많고, 하나님의 계시에 의존하지 않고 살아도 방자히 행하지 않으며 또한 세상에서 성공한 사람으로 인정받는다. 하나님의 가르침을 대체할 만한 가치가 있다고 여겨지는 가르침들이 많고, 사회적인 관계를 규제하는 법과 윤리와 도덕들이 있어서 굳이 하나님 없이는 방자히 행하게 될 수밖에 없다고 생각하지 않는다. 그뿐 아니라 복이 없는 사람이 된다는 것에 대해서도 동의하지 않는다. 실제로 세상에는 타인의 모범이 될 만한 사람들이 얼마나 많고, 또 그들의 가르침에 따라 살면서 사람들의 칭송을 받으며 사는 사람들이 많다. 그러니 굳이 하나님 없이도 충분히 살 수 있는 세상임을 부정할 순 없다. 하나님 없이 살면서도 얼마든지 성공할 수 있다고 생각하는 건 무리가 아니다.

　문제는 믿지 않는 사람들이 아니다. 세상 속에 살면서 바로 이런 현상들을 목격하면서 사는 그리스도인이다. 그들 역시 하나님이 없는 듯이 살아도 아무런 문제로 여기지 않는 것이다. 하나님 없이도 규범 있게 살고 또 성공한 듯이 보이는 사람들을 보면서 고민에 빠지지 않을 수 없다. 처음에는 가르침에 충실하게 살다가, 주변에 일어나는 일들을 무심코 지켜보다가, 하나님 없이도 충분히 잘살 수 있는 사람들을 보면서 의문에 휩싸인다. 어떻게 이것이 가능할까? 그런 사례들을 더 많이 접하면 의문의 수준을 넘어 고민에 빠지게 된다. 갈등 국면에 들어선 것이다. 이런 갈등 상황에서 성도들이 갖는 고민이 해결되지 않고 또 의문에 대한 적합한 대답이 주어지지 않는다면, 성경의 말씀이 정말 옳은지, 말씀대로 정말 그렇게 될 것인지에 대해 의심하지 않아도, 굳이 그렇게 살지 않아도 별 큰 문제가 없다는 사실을 경험하면서 겉으로는 가르침을 내세워도 속으로는 받아들이고 은연중에 실천한다. 무시와 회피의 단계에 들어선다. 결과적으로 하나님과 그분의 계시에 의존하며 살긴 해도, 이런 삶이 세상에서의 성공에 방해된다거나 혹은 사람과의 관계에서 거추장스럽게 여겨지면, 하나님 없이 사는 사람의 길을 아무 주저 없이 과감하게 걷는다. 왜냐하면 대부분 사람이 가는 길이고 또한 그렇게 사는 삶이 성공으로 이어지는 사례가 많기 때문이다. 심지어 유명 그리스도인들도 그렇다. 더군다나 그렇게 살아도 잘못이라고 말하는 사람이 없다. 가끔 죄책감을 느끼지만 이런 단계도 잠시, 그 후엔 아무렇지도 않게 여기고, 오히려 그런 삶을 살 수밖에 없는 환경에 주목하며 자기 행동을 정당화한다. 이렇게 하여 위선의 수렁에 빠진다.

이런 이중적인 삶의 모습과 안타까운 그리스도인의 현실을 관찰하면서 이런 질문이 든다. '묵시가 없으면 백성이 방자히 행한다.' 이 말씀은 오늘 우리에게 아무 의미가 없는 걸까? 적어도 오늘의 시대엔 적용되지 않는 말은 아닐까? 아니면 세상에서 회자하는 숱한 가르침들과 교훈을 하나님의 묵시로 받아들여야 할까?

사람들이 성경을 읽지 않는 이유를 말하면서 바빠서 그렇다고 하지만, 어쩌면 세상이 성경대로 되지 않아도 별문제 없이 굴러가고 있고 그것을 경험해왔기 때문은 아닐지 모르겠다. 성경대로 살지 않아도 큰 문제가 없다면, 굳이 바쁜 세상에 성경을 읽을 이유가 무엇이겠는가? 오히려 사람들이 즐겨 읽는 책을 읽으면서 교양을 쌓고, 사람들과의 대화에서 소외되지 않기 위해 유명 서적들을 읽는 것으로 충분하다고 생각하지 않겠는가? 그리스도인으로서 갖춰야 할 교양을 위해 필요한 정도의 양만 읽으면 충분하지 않을까?

문제는 성경대로 살지 않아도 성공할 수 있고, 하나님과 그분의 계시에 의존하지 않아도 무례히 행치 않고 또 사람들에게 해를 끼치며 살지 않으면서 심지어는 세상에서 인정받으며 사는 일에 큰 지장이 없기 때문이다. 하나님은 교양 있는 사람, 혹은 그리스도인이라 불리는 일에서 그야말로 장식에 불과하다. 내 몸을 치장하는 것은 있으나 없으나 나의 가치와는 상관없지만, 있으면 사람들에게 자신을 조금 돋보이게 만들 수 있는 것이다. 필요에 따라 떼었다 붙였다 할 수 있다. 그것 없으면 도저히 생명을 유지할 수 없는 생필품과 장식품은 전혀 다르다. 하나님은 생필품 그 이상으로 생명 그 자체이다. 그런데도 하나님을 의지하지 않고 사는 생명을 살고 있으니, 그런 사람은 엔진이 꺼진 상태에서 관성에 따라 굴러가는 자동차가 아닐까? 관성에 따라 굴러가고 있으니 언젠가 멈춰버릴 것을 전혀 알아차리지 못할 뿐이다. 착각 속에 사는 것, 무지 가운데 사는 것, 자아도취에 취해 사는 모습이 아닐 수 없다.

사실 굳이 성경이 아니라도, 하나님의 계시라고 명시적으로 말할 수 없어도, 세상의 교훈과 가르침은 하나님의 일반 계시 가운데 하나로 여겨진다. 비록 하나님을 언급하고 있지 않아도, 하나님의 가르침에 부합하는 의미가 있기 때문이다. 그러니 성경을 읽지 않아도 세상에서 회자하는 교훈과 가르침을 제대로 알고 실천한다면 방자히 행하는 일은 없을 수 있다. 단언컨대 그렇게 믿어도 좋다.

그러나 세상에서 회자하는 교훈과 가르침에 기독교적인 가치가 있다는 사실을 어떻게 알아서 귀를 기울이고, 그것을 마음 가운데 받아들여 삶에서 실천할 것인가? 성경을 알지 못하면 그것이 성경에 부합한 것인지 그렇지 않은 것인지 어떻게 알 것인가? 사람들과의 관계에서 방자히 행하지 않도록 한다 해서 세상의 교훈과 가르침이 하나님과의 관계에도 똑같이 작용하는 건 아니다. 그러므로 그것이 하나님의 선하시고 기뻐하시고 온전하신 뜻과 일치하는지 알 수 있는 분별력이 필요하다. 일반 계시란 하나님과 그분의 계시를 전제할 때 의미가 있는 것이며, 그 역은 성립하지 않는다.

결과적으로 성경을 제대로 모른 채 세상의 교훈과 가르침에 귀를 기울이는 사람은 사람과의 관계에서는 혹시 방자히 행하지 않을 가능성이 있을지 모르지만, 하나님과의 관계에선 절대 그렇지 않다. 세상의 교훈과 가르침에 귀를 기울이는 사람, 곧 하나님의 계시를 인정하지 않는 사람은 하나님과의 관계에서 방자히 행하며, 또한 하나님의 뜻이 자신에게 일어나길 허락하지 않기 때문에 하나님이 주시는 복을 얻지 못하는 삶을 살 수밖에 없다. 비록 세상이 주는 복이라 할지라도 그것은 결코 하나님이 주시는 건 아니다. 그러므로 그리스도인이 하나님 없는 사람의 번영을 부러워할 이유가 없다.

하나님과 그분의 계시에 의존하는 자는 하나님과의 관계에서 방자히 행하지 않는다. 게다가 이것은 사람과의 관계에도 영향을 미쳐 성령의 열매로 결실한다. 그리스도인은 성공과 번영이 아니라 자기 삶에서 성령의 열매가 맺어지는 것으로 만족하며 사는 사람이다. 칼뱅은 하나님을 깨닫는다는 것을 "그분[하나님]이 모든 선의 근원이시라는 것과 또한 그분 이외에 다른 어느 누구에게서도 아무것도 찾지 말아야 한다는 것을 납득해야만 되는 것"(기독교강요, I.2.3)으로 이해했다. 하나님을 바르게 깨닫기 위해 묵시가 필요하며, 오늘날 우리에게 성경과 성경 교육이 절실하게 필요한 이유이다.

• 하나님의 속성과 행위

삼위일체 하나님: 기독교 교육의 내용과 형식을 파악하기 위해 먼저 알아야 할 하나님에 관한 지식은 삼위일체 하나님이다. 성부 하나님과 성자 하나님 그리고 성령 하나님은 각각 독립하여 사역하시면서도 신성을 공유하시며 한 분 하나님으로서 계신다. 성경의 하나님과 예배의 대상인 하나님에 대한 신앙은 기독교 교육을 통해 형성되리라 기대할 수 없으나 실천된 신앙을 신학적으로 성찰하여 얻은 삼위일체 하나님에 관한 지식(삼위일체론)은 그리스도인이 신앙 공동체 및 일상에서 어떤 삶을 살아야 하고 또 어떻게 사는 것이 부르심에 합당한 것인지를 알 수 있게 한다.

삼위일체 하나님에 관한 지식에서 핵심은 성부 성자 성령 하나님이 서로 친밀한 사귐 가운데 계신다는 것이다(내재적 삼위일체). 서로 개별적으로 독립하여 존재하면서도 서로 친밀한 관계에서 소통하며 심지어 자기를 언제나 타자와의 관계에서 이해한다. 곧 성부는 아들과의 관계에서 아버지이시고, 아들은 아버지와의 관계에서 아들이며, 성령은 아버지와 아들의 관계에서 사랑의 띠로서 성령이시다. 서로 독립하여 존재하고 또 사역하시나 자기 자신을 상호관계 안에서 이해하길 포기하지 않으신다.

또 다른 핵심은 하나님은 스스로 우리의 구원을 위한 존재 방식을 택하시고 또 그런 목적을 위해 비록 개별적으로 사역하신다 해도 항상 일치하신다는 것이다(경륜적 삼위일체). 성부는 성자와 성령과 협력하여 일하시되 일치하시고, 성자는 성부와 성령과 협력하여 일하시되 일치하신다. 성령 역시 성부와 성자와 함께 협력하여 일하시되 일치하신다. 삼위 하나님은 결코 홀로 존재하시지도 않고 홀로 사역하시지도 않는다. 모든 것 가운데 모든 것 되시는 하나님임에도 불구하고 세상의 구원을 위해 스스로 세상과의 관계에서 구주 하나님으로 자리매김하신다. 세상의 구원자, 세상을 돕는 자, 세상을 다스리는 자, 세상 안으로 육체를 입고 오신 자, 세상에 의해 죽임을 당한 자 그리고 동시에 죽음으로부터 부활하신 자, 그리고 세상으로 다시 오실 자 등.

삼위일체 신앙이 오늘 우리에게 의미하는 바는 첫째, 하나님이 당신의 친밀한 사귐 안으로 우리를 부르시고, 우리로 당신의 사귐 안에 머물러 있도록 하신다는 것이다. 둘째, 우리가 믿음으로 삼위일체 하나님을 고백할 때만이 하나님의 친밀한 사귐을 누리는 은혜를 받는다는 것이다. 그리고 셋째, 삼위 하나님의 모든 행위는 우리를 위한 것이라는 사실이다.

기독교 교육은 성도가 삼위일체 하나님의 친밀한 사귐 안에 머무는 동안 하나님에게 합당한 반응(찬양과 경배, 기도, 헌신, 감사, 성도의 교제, 증거)을 하도록 하며, 삼위 하나님이 세상을 위해 협력하는 중에 일하시는 것을 자기의 일로 받아들이도록 하고, 그리고 좋은 성품을 매개로 공동체와 유기적인 협력 관계를 실천하여 세상을 구원하시는 하나님의 뜻이 자신을 통해 이뤄지길 기대하며 순종하도록 훈련하며 돕는다. 하나님의 편지로서, 하나님의 형상으로서, 그리고 하나님의 향기로 살도록 한다.

창조주 하나님: 기독교 교육에서 '하나님이 세상을 창조하셨다'라는 사실을 가르치는 건 하나님이 모든 것을 시작하셨다는 의미에서 창조하셨다는 사실을 알려

주는 것 이외에 크게 세 가지 의미를 더 생각할 수 있다. 하나는 세상의 모든 혼돈 가운데 하나님이 질서를 세우신다는 것이고, 다른 하나는 세상은 하나님의 뜻대로 될 때 하나님이 좋게 혹은 아름답게 보신다는 것이며, 그리고 마지막 하나는 하나님이 천지의 모든 것 곧 보이는 것과 보이지 않는 것, 심지어 신으로 여기는 모든 것을 다스리신다는 것이다.

창조는 무엇보다 하나님이 말씀하신 대로 된 사건이다. 방해하는 세력도 없고 말씀대로 되지 않은 것도 없었다. 말씀하신 것은 세상의 존재를 위해 필요한 모든 것을 충족하는 것이었고, 말씀대로 된 세상은 부족한 것이 없이 충만한 것이었다. 혼돈의 상황에서 질서가 세워져 하늘과 땅, 빛과 어둠, 낮과 밤, 바다와 육지, 생물과 무생물, 남자와 여자, 보이지 않는 존재와 보이는 존재 등 존재하는 모든 것은 서로 유기적인 관계 안에서 조화를 유지하였다. 하나님이 말씀하신 그대로 된 세상은 하나님이 보시기에 좋고 또 아름다웠다.

혼돈 가운데 창조된 세상은 특히 인간의 자율적 속성으로 인해 어떤 방식으로든 방해받는다. 인간의 연약함이면서 동시에 강점이다. 성경은 이런 일을 적극적으로 행하면서 하나님과의 관계를 깨뜨리려는 세력을 마귀 혹은 사탄으로 부른다. 사탄은 물질의 속성과 인간의 욕망(인정욕구, 권력욕구, 영적 탐욕 등)을 잘 알고 있어서 그것을 적극적으로 사용하여 유혹한다. 유혹과 거짓을 통해 하나님의 뜻을 직시하지 못하도록 하거나 혹은 직접적인 공격을 통해 하나님의 백성을 괴롭게 하거나 심지어 죽음에 이르게도 하고, 게으름을 피워 마땅히 되어야 할 일 곧 하나님의 말씀대로 되어야 할 일을 하지 못하도록 한다. 그리고 자기의 뜻을 내세워 하나님의 뜻이 이루어지는 것을 방해하도록 한다. 결국엔 이 모든 일로 인해 세상은 질서에서 벗어나 깊은 혼돈 속에 있게 된다. 죄의 권세에 사로잡힌 세상의 전형적인 특징이 혼돈이다. 죄에 빠진 인간이 어디에 있는지도 모르고 어디로 가야 할지도 모르는 흑암의 세계에서 하나님은 빛으로서 세상을 밝히시고 방해하는 것들로 인해 어지러워진 것을 바로잡으신다. 진리의 영을 통해 참 진리로 이끌어 주신다. 언제든 다시금 혼돈 가운데 놓이게 될 때 인간은 물질의 세계와 관련해서는 어느 정도 질서를 잡을 수 있지만, 그렇지 않은 영적 세계 곧 하나님의 세계는 오직 하나님에 의해서만 바로 세워질 수 있다. 이것을 믿고 고백하는 것이 창조신앙이다.

곧 이것은 하나님이 세상을 다스리고 돌보신다는 사실과 연결되어 있다. 하나님은 섭리 가운데 당신의 뜻을 관철하시며 세상을 다스리신다. 그러나 이것이 언제나 인간이 충분히 이해할 수 있는 방식으로 나타나는 건 아니다. 때로는 이해할 수 없는 방식으로 나타나 그것을 경험하는 사람을 힘들게 하는데, 그래서 섭리라는 말로 표현한다. 신학적 개념인 섭리는 인간이 알기 힘든 방식으로 당신의 뜻을 관철하시며, 세상을 당신의 계획에 따라 보존하시고, 또 구원하시기까지 다스리며 돌보시는 행위를 일컫는다. 오직 지나고 난 후에만 하나님이 하셨음을 인정할 수 있는 그런 방식이다. 따라서 하나님이 세상을 다스리신다는 사실은 인내로 감내할 뿐이며 오직 믿음을 통해서만 알 수 있고 인정할 수 있으며 받아들일 수 있다. 발견할 수만 있을 뿐 결단코 예측할 수는 없다. 하나님의 섭리를 인정하지 못하고 마지막 순간까지 인간이 자기의 뜻을 고집하며 관철하려 할 때, 혹은 끝까지 인내하지 못해 하나님의 다스림에서 벗어나는 다른 길을 선택할 때, 하나님은 마지막 심판을 통해 만물의 질서를 회복하신다. 세상을 자기의 뜻 아래 두신다. 온전한 하나님 나라는 하나님이 오심으로써 이 땅 위에 세워진다.

기독교 교육은 모든 혼란 가운데서 하나님이 질서를 세워주실 것을 기대하며 모든 환란 가운데서도 오직 그분만을 신뢰하도록 돕는다. 하나님의 뜻에 따른 삶이 비록 힘들고 때로는 무의미하게 여겨진다 해도 그것이 하나님이 보시기에 좋은 삶을 만들어 내고 또 인생의 행복에 이르는 첩경임을 가르친다. 어려운 일을 만날 때 두려움과 근심과 염려에 압도당하지 않도록 성품 교육과 훈련을 통해 신앙의 근력을 키운다.

복을 주시는 하나님: 기독교 교육은 하나님의 선물로서 믿음을 갖게 하는 것이 아니라 피교육자에게 하나님의 일에 순종하고 또 순종에 필요한 구체적인 능력 곧 믿음의 능력을 나타내도록 돕는 일이다. 교육을 통해 믿음을 갖게 할 수 있다는 생각은 잘못이다. 기독교 교육은 이미 예수 그리스도를 믿는 성도가 하나님에게서 권한을 위임받아(empowered) 선물로 받은 복 곧 재능과 은사로 표현되는 하나님의 능력으로 주의 뜻이 자신에게 그리고 자신을 통해 이뤄지도록 순종하며 살도록 돕는다. 그런데 복을 잘못 이해하여 기복신앙으로 전락하는 건 참으로 안타까운 일이다. 기복신앙이란 자기를 위해서 구하고 또 오직 자기가 누리기 위해서만 하나님의 복을 구하는 태도를 의미한다. 복에 대한 올바른 이해를 가르침으로써 기독교 교육은 그리스도인의 가장 큰 병폐로 알려진 기복신앙에서 벗어나게 할 수 있다.

하나님의 복은 받은 자가 누리는 것이 아니다. 그것은 차선의 결과다. 복을 주시는 최우선적인 목적은 하나님의 뜻에 순종하여 그 뜻을 이룰 수 있게 하는 데 있다. 곧 복은 하나님의 뜻을 이룰 수 있도록 주시는 하나님의 능력이다. 성령이 행하시는 일이라는 점에서 성령의 은사이며, 부르심을 받은 자에게 주어지는 능력이기에 재능으로 인지된다. 재능은 결코 개인의 유익을 위한 것이 아니며 공동체의 유익을 위해 무엇보다 하나님의 뜻을 이루는 데에 사용되어야 한다. 따라서 복은 하나님의 뜻을 우선시하며 사는 사람에게 주어지는 재능이며 물질이며 권력이며 은혜이며 또한 하나님의 능력이다. 성도가 복을 받았다면, 무엇보다 먼저 하나님의 뜻을 생각해야 하며, 그리고 그 뜻이 이루어졌을 때 비로소 복은 나의 기쁨과 만족이 되고 또 모두의 기쁨과 만족이 된다. 하나님의 뜻이 이루어졌다면, 설령 내가 갖고 싶은 것을 갖지 못하고, 내가 원하는 대로 되지 못하고, 또 내가 하고 싶은 것을 하지 못한다 해도 기뻐하고 감사할 수 있다. 하나님을 기뻐하며 하나님으로 인해 감사하기 때문이다. 이것이 복 받은 자의 모습이다.

내가 가지고 있는 것은 다른 사람들이 하나님의 능력으로 혹 은혜로 여길 수 있도록 사용해야 한다. 그러므로 이런 것을 가지고 있는 사람은 하나님의 뜻을 아는 일을 최우선의 과제로 삼아야 하며, 하나님의 뜻을 위해 그리고 하나님의 뜻에 따라 자신의 복을 사용해야 한다. 때로는 나눔으로써 실행되고 때로는 자신이 직접 사용하여 실천함으로써 실행된다. 만일 복을 자신의 유익과 안일을 위해서만 사용하는 것으로 안다면, 그것은 기독교적인 의미의 복이 결코 아니다. 오히려 화근이 되지 않도록 유의해야 한다. 만일 하나님의 뜻을 알고는 있으나 실천 능력이 없다고 여긴다면, 복을 주시는 하나님을 가르쳐 하나님의 뜻에 합당하게 반응할 수 있도록 복을 구하도록 지도해야 한다. 복을 구하는 일을 무조건 기복신앙이라 몰아붙이는 건 잘못이다.

한편, 성경에서 복은 인격적인 의미로도 이해된다. 창세기 12장에서 하나님은 아브라함을 부르시면서 '너는 복이라'라고 선언하셨다. 아브라함 자신을 복으로 삼으신 것이다. 이 사실은 아브라함을 부르시고 그가 어디를 가든, 어디에 머물러 있든지, 그가 무엇을 하든, 하나님이 그를 통해 당신의 뜻을 이루실 것을 약속하셨다는 것으로 이해할 수 있다. 관건은 하나님이 행하실 일이 자신에게 일어나도록 하고 또 자신을 통해 이루어지도록 순종하는 것이다. 우리는 예수 그리스도를 믿음으로 아브라함의 영적 후손이 되어 그에게 주어진 약속대로 복을 받았다. 그러므로 그리스도인은 갈 바를 알지 못한 채 하나님의 부름을 받고 떠난 아브라함처럼 순례자의 삶으로 부름을 받는다. 예수도 결코 한 곳에 머물지 않고 이곳저곳을 다니시면서 하나님 나라의 복음을 전파하시고, 가르치시고, 병을 고치셨다. 그리스도인의 본향은 이곳이 아니다. 세상의 구원을 원하시어 아들을 보내신 하나님은 우리를 통해 복음이 전해져 우리와 세상이 당신의 나라 안에서 발견되길 원하시기 때문이다. 이 뜻에 순종하는 삶을 훈련함으로써 그리스도인의 믿음은 더욱 강해지고 거룩한 성품을 입는다.

전능하신 하나님: 성경은 하나님이 전능하시다고 가르친다. 그래서 사도신경을 통해 신앙을 고백할 때, 우리는 '하나님은 전능하시다'라고 말한다. "나는 전능하신 아버지 하나님 천지의 창조주를 믿습니다." 하나님이 전능하심을 믿을 뿐 아니라 하나님은 (예수 그리스도의) 아버지로서 천지의 창조주이심을 믿는다는 말이다. 이것을 신앙하며 고백하는 까닭은 증명해 나타내 보일 수 없기 때문이며 또한 성경에 기록된 대로 과거 하나님이 자신의 전능하심을 나타내 보이기 위해 행하신 일들을 증명할 수 없기 때문이다.

그렇다면 흠과 결점으로 가득한 인간이 어떻게 하나님의 전능을 가르칠 수 있을까? 그건 단지 무능과 한계를 경험한 인간의 투사일까? 성경에서 말하는 '전능하신 하나님'의 의미를 생각하면서 질문에 대한 답을 찾아보도록 하자.

앞서 언급한 대로 전능하신 하나님은 히브리어 '엘 샤다이'의 번역이다. 이 말은 아이에게 있어서 모든 필요를 채우는 어머니의 가슴을 가리키는 말로써 우리가 절대적으로 의존해야 할 하나님을 말한다. 엄마는 아이가 필요로 하는 것을 채워주는 것처럼, 그렇게 하나님은 당신을 신뢰하는 자에게 모든 것을 다 부어주시면서 돌보신다. 전능하다 함은 기본적으로 이런 의미가 있다. 이런 의미가 그동안 오직 모든 것을 할 수 있다는 의미에만 집중하여 이해된 것은 참으로 안타깝다. 설령 이런 의미에 착안한다 해도 단어적인 뜻을 넘어 신학적인 의미를 파악할 필요가 있다.

'전능하다'의 형용사적인 표현의 라틴어는 omnipotens(옴니포텐스)이다. 이 말은 '모든 것'을 뜻하는 omni와 '할 수 있는', '강력한', '의지를 관철할 능력이 있는', '다스리는' 등을 뜻하는 potens의 합성어이다. 흔히 '모든 것을 할 수 있는', '모든 것을 다스리는', '무엇으로도 막을 수 없는', '그 힘이 미치지 않는 것이 없는' 등의 의미로 이해된다. 결과적으로 '하나님이 할 수 없는 것이 없다' 혹은 '하나님은 모든 것을 할 수 있다' 혹은 '하나님은 모든 것을 다스리신다'라는 의미로 이해된다.

그래서 과학적으로는 아직 설명할 수 없는 일들도 -그러나 장차 과학적으로 입증될 수 있는 일들도- 하나님은 충분히 일으킬 수 있다고 믿는다.

이런 이해에 대한 대중문화적인 표현으로 대표적인 경우는 아마도 짐 캐리가 주연으로 출연한 영화 〈브루스 올마이티〉(톰 새디악, 2003)가 아닐지 싶다. 브루스는 뉴스를 진행하는 메인 앵커가 되고 싶은 마음이 간절했고 이를 위해 매일 기도했다. 그런데 기대와는 달리 선정 과정에서 탈락하고 오히려 경쟁자가 앵커로 결정되자 크게 실망하여 하나님을 원망한다. 브루스의 원망을 들으신 하나님이 그에게 나타나셨다. 그리고 그에게 그의 뜻대로 모든 일을 할 수 있는 전능한 능력을 부여한다. 자신이 원하는 모든 일을 할 수 있게 된 브루스는 무엇보다 먼저 자신이 그토록 원하는 뉴스의 메인 앵커 자리를 차지하고, 또 자신과 비슷한 처지에 있는 사람들을 돕는 마음에서 그들의 모든 기도를 들어준다. 결국에는 모든 사람이 자신들이 원하는 세계에서 살 수 있도록 했다. 원하는 일을 할 수 있게 됨으로써 흡족해하는 자신처럼 사람들 역시 모든 일에서 행복해하고 또 세상 모든 일이 잘될 줄 기대했다. 그러나 브루스는 오히려 심각한 혼돈을 경험해야만 했다. 어떤 일에서 한 사람이 성공하면, 다른 사람은 차선이거나 실패할 수밖에 없는 법인데, 모두가 성공의 기회를 얻다 보니 오히려 불만은 커지고 세상은 혼돈의 도가니에 빠질 수밖에 없었다. 게다가 토라져 버린 사랑하는 여자의 마음을 얻는 일에서 브루스는 자신에게 주어진 전능한 힘으로도 어찌할 수 없음을 깨닫는다.

브루스의 이야기를 충분히 공감하면서도 동시에 우리는 "전능하신 하나님"에 대한 이해가 그동안 얼마나 잘못되었는지를 깨닫는다. 우리는 그동안 '전능'을 모든 것을 할 수 있는 능력으로만 이해했다. 여기에는 전능이 다분히 인간이 원하는 것을 모두 들어주시는 하나님의 능력으로 이해되었다. 그러나 그런 이해가 실현되면 세상을 혼돈의 도가니로 몰아갈 뿐이다.

그렇다면 전능하신 하나님, 곧 '하나님은 전능하시다'라는 고백은 어떻게 이해해야 할까? '하나님은 사람들이 기대하는 모든 것을 할 수 있다'라는 의미에서 전능을 이해해서는 안 된다는 건 분명하다. 하나님이 전능하시다는 고백은, 사람들의 기대를 성취하는 일과는 무관하며, 오히려 하나님은 당신이 원하시는 것이라면 무엇이든지 다 이루실 수 있다는 것을 의미한다. 당신의 뜻과 말씀을 현실로 옮길 수 있다, 당신의 약속을 반드시 성취하신다는 말이다. 당신을 철저하게 신뢰하는 자에게 전능한 자로 나타나실 것이다. 이것이 '하나님은 전능하시다'라는 고백이 담고 있는 의미이다. 핵심은 하나님은 당신의 의지를 관철할 수 있고, 뜻을 성취할 수 있으며, 그리고 약속을 지킬 수 있다는 것이다. 말씀하신 것은 반드시 이루신다는 의미이다. 이것을 창조와의 관계에서 고백하고, 부활과의 관계에서 고백하는 것은 그것이 하나님의 확실한 뜻임을 말하는 것이지 불가능한 일을 행하셨다는 것에 포인트를 두고 있지 않다.

이제 하나님과 신앙인과의 관계를 생각해보자. 영화 속에 등장하는 브루스는 사실 하나님을 믿고 그분에게 기도하는 사람으로서 보편적인 인물이다. 하나님의 전능하심을 오해하고 있는 전형이라고 생각하면 된다. 다시 말해서 하나님은 우리가 바라는 것을 이루어 주실 수 있는데 때가 안 되었거나 혹은 아직 준비가 안되었기 때문에 들어주시지 않은 것이 아니다. 보통은 기도의 응답이 없을 때, 아직 때가 되지 않았다는 말로 위로를 주고 또 위로받는다.

그러나 이것은 하나님의 전능을 일부 잘못 이해한 결과이다. 잘못된 위로이고 또 잘못된 자기만족이다. 물론 기도가 이루어지지 않는 건 시기와 관계가 있기도 하지만 종종 하나님의 No!라는 응답이기도 하다. 아직 받을 만큼 성숙하지 않았기 때문일 수 있다. 이건 단지 시간 문제만으로 이해할 수 있는 것이 아니다. 하나님의 전능은 오히려 당신의 말씀과 뜻과 의지와 약속과 관련되어 있다. 하나님은 당신이 원하시는 것을 모두 이루실 수 있는 분이기 때문에, 만일 우리 기도의 응답을 원한다면, 무엇보다 먼저는 기도를 하나님의 말씀과 뜻과 의지와 약속에 일치시켜야 한다. 기도를 통해 우리는 마땅히 하나님의 뜻을 원해야 한다는 말이다.

그렇기에 기도는 우리가 구하는 것을 나열하는 것만이 아니라(물론 그런 것이기도 하다), 오히려 하나님의 뜻을 발견하고 또 알아가면서 동시에 우리의 욕망이 드러나고 폭로되는 과정이다. 이것을 간과하면 욕망이 하나님의 뜻으로 포장되고, 하나님의 뜻은 인간의 탐욕의 원동력으로 변질한다. 기도는 예수님이 가르쳐 주셨듯이, 하나님의 뜻이 하늘에서와 같이 땅에서도 이루어지길 원하는 마음의 표현이다. 하나님의 뜻에 우리의 뜻을 조율하는 일이다.

따라서 기도하라는 말은 결국 우리의 뜻을 하나님의 뜻에 맞추며 살라는 의미이다. 하나님을 신뢰하며 살라는 말이다. '항상 기도하라'라는 바울의 권고는 모든 일에서 하나님을 신뢰하라는 의미로 이해할 수 있다. 단지 말로만 기도할 일이 아니라 삶에서 철저히 하나님을 신뢰하고 또 그를 기대하고 소망하며 살라는 말이다. 언어적인 표현으로 말하는 기도를 염두에 둔다면, 이것을 '행동하는 기도'라고 말할 수 있을 것이다.

그렇다면 하나님의 전능하심은 이 땅에서 어떻게 나타날까? 하나님이 직접 전능자로서 나타나시기도 하시지만, 창조 이후 하나님은 섭리 가운데 통치하시며, 언제나 인간의 역사와 자연현상을 통해 나타나시고 말씀하신다. 천사라 하더라도 피조물을 사용하신 것이고, 또 세상에 나타나셔도 사람의 모양으로 혹은 자연현상을 통해 나타나셨다. 이것을 바탕으로 이해한다면, 하나님의 전능은 곧 우리로 당신의 뜻대로 살고 또 최선을 다해 그 뜻을 이룰 수 있게 하는 능력을 말한다. 내가 할 수 있다는 뜻이 아니라 내 안에 계신 성령께서 하나님의 능력이 되어 나로 능히 행할 수 있도록 하신다는 의미이다. 겉으로 보기에 내가 한 것 같아도 자랑할 일이 결코 아니다. 비록 성령의 도구로 선택되었다는 자부심은 가질 수 있고, 그것을 기뻐하고 또 감사할 수 있을지 몰라도, 자랑할 일은 결코 아니다. 설령 자랑한다 해도 주 안에서 할 뿐이며 하나님을 자랑한다.

다시 말해서 이렇다. 우리가 하나님을 전능하신 분으로 고백할 때, 이 고백은 계시한 뜻이 진리임을 확신하며 그것이 하나님에 의해 반드시 성취될 것을 인정하는 것이다. 그리고 하나님께서는 부르신 자들에게 능력을 주셔서 당신의 뜻을 이루게 하실 걸 믿는다는 의미이다. 아이가 엄마의 가슴에 매달려 있을 때 아이에게 필요한 모든 것을 공급해주시듯이, 하나님은 우리가 당신을 철저히 신뢰할 때 당신의 사랑과 은혜를 아낌없이 부어주신다. 이로써 하나님의 뜻은 이루어지고 그 뜻을 바라며 살아온 우리에게는 샬롬(평안)이 임한다. 구약에서는 이 능력이 하나님이 주시는 복으로 표현되었고, 신약에서는 성령의 은사로 때로는 달란트로 표현되었다.

그러므로 전능하신 아버지 하나님을 믿는다는 고백은 이것을 의미한다. 곧 그분의 능력의 통로, 곧 하나님의 뜻이 이 땅에서 온전히 이뤄지도록 하는 일에서 내가 부름을 받았음을 인정하고 오직 그분만을 신뢰하겠다는 고백이다. 그리고 전능하신 하나님을 고백하는 사람은 먼저 순종을 결단하면서 하나님 아버지께서 나를 사용하시기를 간절히 소원한다. 그 후에 나를 통해 하나님의 뜻이 이루어지도록 능력을 주실 것을 기도한다.

성경에 기록된 신앙의 역사는 바로 전능하신 하나님이 이 땅에서 당신의 뜻을 어떻게 이루셨는지를 증언한다. 신앙고백은 오늘 우리 역시 그런 역사의 한 부분이길 기대하며 결단하는 행위이다. 신앙을 고백할 때마다 우리가 늘 명심해야 할 의미이다. 하나님은 전능하시다는 고백은, 하나님은 나를 통해 당신의 뜻을 이루길 원하신다, 그래서 비록 내가 매우 어려운 상황에 놓여 있어도 능력 주시는 자 안에서 나는 하나님의 뜻을 이루기 위한 모든 것을 행할 것이다, 이런 의미이다. 이런 신앙을 고백하는 사람은 감정에 사로잡히지 않으며, 내 고집을 내세우지 않고, 나를 주장하지 않는다. 오직 하나님의 뜻이 이루어지는 것으로 기뻐한다.

전능하신 하나님에 대한 이해는 먼저는 교사가 무엇을 기대할 수 있고 또 기대해도 되는지를 밝혀준다. 교사는 -비록 교수 능력을 간과할 순 없어도- 잘할 수 있기에 교사로 임명되는 것이 아니다. 교회가 교사를 임명하는 것은 교육이 하나님의 뜻임을 밝히는 일이다. 그리고 교사로 임명되는 사람은 먼저 하나님을 철저히 의지하고 신뢰하면서 하나님의 뜻에 순종하는 가운데 하나님 스스로 나타내실 전능을 경험하도록 부름을 받은 것이다. 부르심을 간과하고 오직 가르치는 일에만 열을 올려서는 안 된다.

그러므로 먼저는 부르심을 겸손히 감사함으로 받되 하나님이 자신에게 혹은 자신을 통해 이루실 일들을 깨닫는 일이 우선된다. 교사는 자신의 연약함에도 불구하고, 또 심지어 악을 경험하는 때에도 하나님의 뜻에 순종하는 자에게 임하는 하나님의 능력을 기대할 수 있다. 교사이기 전에 먼저 학습자로서 정체성을 갖는다는 말이다. 학습자로서 교사가 세상에 살면서 가장 우선해야 하는 건 하나님의 뜻이 무엇인지를 깨닫는 것이다. 하나님의 나라와 그의 의가 무엇인지를 알고 그것을 구하는 삶을 배우는 것이다. 이 일을 위해 하나님은 당신의 전능하심을 나타내시기 때문이다. 기독교 교육은 성도가 하나님의 전능하심을 믿고 기대하면서 하나님 나라의 의를 구하며 살 수 있도록 돕고, 그들이 가르치는 자로서 충분한 능력을 갖추도록 돕는다.

목회 비평의 기준으로서 두 초점의 교육

기독교 교육이나 교회 교육은 하나님을 알고 이단을 분별하는 교리교육, 공적 신앙을 실천하도록 돕는 신앙교육(윤리교육), 그리고 예전의 의미를 알고 적극적으로 반응하며 참여할 수 있도록 돕는 예배교육을 통해 궁극적으로 교회와 세상에서 하나님을 참으로 예배하는 데 목적을 둔다. 하나님과 이웃(자연을 포함)에 적합하게 반응하며 예배할 수 있기 위해 기독교 교육은 인간을 이해하고 또 하나님을 이해하기 위한 노력을 두 초점으로 삼는다. 어느 한쪽으로 치우쳐서는 안 된다. 인간을 알아야 왜 하나님을 예배해야 하는지를 알고 또 우상숭배를 피할 수 있으며, 그리고 세상에서 하나님의 형상으로 사는 방식을 실천할 수 있다. 하나님을 알아야 하나님을 바르게 예배하길 구체적으로 실천할 수 있다. 인문학과 신학은 교회 교육에서 결단코 간과하지 말아야 할 내용이다. 지나치게 신학에 치중하거나 혹은 인문학에 경도되는 교육은 지양해야 마땅하다. 신학과 인문학에서 균형을 갖추려 노력해야 한다.

[점검해야 할 질문들]

– 예배교육/교리교육/신앙교육은 계획에 따라 시행되고 있는가?

– 교육 이후 실천 능력을 향상하기 위한 훈련은 시행되고 있는가?

– 하나님과 인간 그리고 자연을 이해하기 위한 교육은 어떻게 이루어지고 있는가?

– 교육이 교회와 사회 그리고 자연환경의 현실을 반영하며 균형 있게 이루어지고 있는가?

– 교회 안팎에서 하나님과의 관계 안에서 살기 위한 교육은 있는가?

– 교사의 핵심 정체성은 무엇인지 생각하고, 그 이유에 관해 말해보자.

---

3. 교제는 왜 교회의 기둥인가?

-성도의 교제와 공적 사역을 통한 교제

"…코이노니아는 단순한 인간의 친교가 아니다.
그것은 승리를 얻은 교회 안에서, 성령을 통해 성부와 그리고 성자 예수 그리스도와 나누는 친교이며,
동시에 성도들과 나누는 친교이다."
(1954년 에번스턴 총회 '신앙과 직제 위원회' 보고서 B.8).

관계 결핍의 인간

인간은 사회 안으로 태어나 사회에서 성장하고 사회 안에서 평생을 살아간다. 고대 그리스 철학자 아리스토텔레스는 그의 "정치학"에서 인간은 '사회적(원래는 '정치적') 동물'이라고 했다. 여기서 사회적(정치적)이란 원래 공동의 비전을 놓고 서로 토론하고 논쟁하는 삶의 모습을 가리킨다. 인간의 상호작용을 떠올리면 될 터인데, 무엇보다 서로 다른 의견을 논의할 수 있는 관계가 '정치적'이 의미하는 바다. 이 말이 나중에 라틴어로 번역되는 과정에서 '사회적'이란 표현을 얻게 되었다. 사회적이란 의견이 다른 사람들의 '관계'를 전제하고, 그 관계 속에 들어있어서로 연결되어 있고 또 소통하는 것을 의미한다. 그 후 줄곧 인간은 사회적 동물로여겨졌다. 곧 '사회적'은 인간이 수많은 다양한 관계 속으로 태어나 소통 관계를유지하며 산다는 것을 의미한다. 자기와 같은 길을 걷거나 같은 견해를 가진 사람들만을 생각해서는 안 된다. 특별한 경우 일시적으로 관계를 떠나 살 수는 있어도관계를 영원히 떠난 인간은 생각할 수 없다. 사람은 죽은 자와의 관계도 기억 행위를 통해 지속한다.

실제로 현대인은 복잡한 그물망처럼 얽혀 있는 관계 안에서 산다. 너무 복잡해

서 어떤 한 부분에 손상을 입으면 다른 부분도 고통을 느끼지만 정작 그곳이 어디인지를 발견하기가 어려울 정도다. 관계에서 비롯함에도 원인과 출처를 모르는 고통에 시달리는 사람들이 의외로 많다. 시대가 가면 갈수록 그 복잡함은 더해갈 것이다. 이는 현대인들이 어느 하나에 문제가 생기면 해결책을 발견하기도 전에 수많은 갈등 관계에 휩쓸려 고통을 겪는 이유이기도 하다. 이런 까닭에 정신 및 심리 치료 그리고 통증 치료에 대한 수요가 증가하고 있다. 고통의 정확한 원인을 진단하기 위함이다.

갈등(葛藤)은 칡뿌리가 등나무와 서로 얽혀 있는 모양을 두고 만들어진 말이다. 매듭이 어디서 풀릴 수 있는지 확실하지 않은 채 긴장 상태가 지속되는 관계를 말한다. 요즘 심리학, 정신 분석학, 심리 치료나 내적 치유, 일반상담이나 목회상담 같은 전문 분야가 대중들의 관심을 끌고 있는데, 관계라는 그물망이 현대사회에서 얼마나 중요하고 또 그것으로 인해 생기는 문제가 개인과 사회에 어떠한 영향을 미치고 있는지를 어느 정도 짐작하게 한다.

한 사회나 집단의 성공은 관계를 어떻게 형성하고 또 유지해나가는가에 달려 있다고 말할 수 있다. 관계가 잘못되면 질서가 무너진다. 그래서 관계가 제대로 정립되지 않은 집단은 위기의식을 강하게 느끼고 그 위기를 극복하기 위한 힘이 필요해진다. 이것은 정치적 지도자의 필요성을 높여주고 심하면 독재자의 출현을 부추긴다. 그러므로 만일 어떤 한 사회가 독재자와 같은 강력한 힘을 꿈꾸는 불행한 일이 생긴다면, 사회 구성원들의 관계가 비록 위기는 아닐지라도 심각한 상태임을 말해준다. 바른 관계 속에 있는 집단은 독재를 꿈꾸지 않는다. 사람들의 관계란 유기적이기 때문이다. 유기적 관계의 매력은 생명력이 있어 자율적인 조정을 기대할 수 있다는 데에 있다.

우리의 일상적인 삶 속에서도 쉽게 확인해 볼 수 있는 일이지만, 끊어질 것 같으면서도 계속 이어지고, 당연히 연결되어 있을 것 같으면서도 여지없이 끊어지는 것이 바로 인간관계다. 수도 없이 끊고 싶다고 말하기는 해도 쉽게 끊어지지 않는다. 친구 관계 역시 마찬가지다. 나 자신이 큰 상처를 입지 않고는 도저히 끊을 수 없는 것이 바로 친구 관계이다. 이성 관계는 특히 그렇다. 헤어지자는 말을 여러 차례 해놓고도 여전히 붙어 다니는 청년 남녀들이 한둘이 아니다. 부모 자식이나 형제, 사제 관계, 직장 동료들과의 관계 등은 쉽게 끊을 수 있는 것들이 아니다.

문제는 끊어지지 않고 또 끊을 수도 없으면서 아무런 발전이 없고, 또 정상적으로 회복되지 않으면서도 관계가 지속하는 것이다. 친밀한 교제 없는 관계가 꼬리에 꼬리를 물고 있다. 오늘 우리 사회가 그렇다. 관계에 지나치게 집착하거나 의존하여 인간관계에서 심각한 장애를 겪는 "관계 중독(relationship addiction)"이라는 증상을 흔히 볼 정도로 관계가 혼돈의 도가니 속에 있다는 느낌을 받는다. 현대인은 애정도 의미도 없는 관계로 몸살을 앓고 있으면서도 그 해결책을 알지 못하고 있다.

그리고 갈등을 습관적으로 반복하는 관계도 있다. 정치권의 권력 쟁취를 위해 의도적으로 생산된 갈등과 무절제한 다툼이 그것이다. 이것뿐만 아니라 부부의 갈등과 불화는 일상화되어 있어서 부부의 높은 이혼율은 이미 오래전부터 세계에서 선두를 달리고 있다. 노사 간의 갈등, 가진 자와 못 가진 자의 갈등, 진보와 보수의 갈등, 남녀의 갈등, 세대 간의 갈등 등도 국가 경제에 큰 타격을 주고 있어서 그나마 힘든 경제를 더더욱 어렵게 만들고 있다. 남북 간의 갈등은 물론이고 주변 국가와의 외교적인 갈등도 간과할 수 없는 일이다. 개인적인 차원에서도 마찬가지다. 수많은 사람이 개인의 친분이나 직장에서 관계 손상으로 인해 받는 정신적 스트레스가 날로 늘어나고 있다. 이런 관계들이 싫어 마약이나 알코올에 의존하거나 스스로 고립된 채 히키코모리로 살아가거나 기계와 컴퓨터에 의존해서 건조한 인간관계로 만족하며 사는 사람들이 늘고 있다.

이런 점에 비추어 생각해볼 때 성경에서 말하는 '교제(사귐)'의 주제를 깊이 묵상하는 것은 관계를 회복하기 위해서나 시대적 상황에 대처하기 위해서도 유익한 일이라 생각한다.

과거에는 교회가 시대를 이끌었으나 이제는 상황이 바뀌었다. 과학 기술 기반의 문명적 차원에서 볼 때 교회가 시대를 앞서간다는 건 쉽지 않다. 그러나 적어도 '관계 회복'과 '친밀한 교제'만큼은 다른 어떤 단체나 기관보다 앞장설 요인이 충분하다. 이것이 하나님이 원하시는 일이며, 또한 하나님의 형상인 사람들에게 마땅히 일어나야 할 일이기 때문이다.

종교에서의 관계

관계의 소중함은 이미 여러 종교에서 강조되고 있다. 바른 관계의 정립과 회복을 위해서도 종교는 적극적인 노력을 기울이고 있다. 베트남 승려로서 서구 사회에 많은 반향을 일으켰던 고(故) 틱낫한(Thich Nhat Hanh)의 저서들은 수많은 관계에서 어떻게 평화로운 마음을 유지할 수 있는지에 대한 설명에 많은 부분을 할애하고 있다. 모든 현상이 서로 관계를 맺고 있다는 사실을 설명하는 인드라망(因陀羅網)을 강조하는 힌두교나 불교에서 관계의 문제는 교리의 핵심 가운데 하나이다. 생로병사를 매개로 이어지는 각종 관계로부터 초월하여 평정을 유지할 수 있는 도(道)를 추구한다. 유교도 마찬가지다. 삼강오륜이라는 유교의 기본 원리는 관계를 규정하는 데 의의를 두고 있다. 유교 사회는 인간 및 사회관계를 바로 세우고 유지하는 철학이라고 해도 과언이 아니다.

'하나님의 형상'이라는 말 자체가 이미 관계를 전제한 인간 이해를 반영한다고 앞서 말했지만, 관계는 기독교 신앙의 기본을 형성한다. 삼위 하나님의 관계로 출발하고 또 삼위 하나님의 관계에 근거하고 있기 때문이다. 인간의 하나님과의 관계는 구약시대에는 선택과 계약을 통해서, 그리고 신약시대에는 예수 그리스도에 대한 믿음과 약속에 대한 신뢰 그리고 거룩한 삶을 통해 확립되었고, 사람과의 관계 역시 처음에는 하나님이 창조를 통해 직접 세워주셨지만, 후에는 예수 그리스도 안에서 성령을 통해서 세워지고 유지된다. '하나님의 선택'이나 '예정'이라는 교리도 일차적으로는 하나님의 주권적이고 예지적인 행위를 고백하고 있지만, 이 차적으로는 하나님과 인간 사이에 맺어진 관계의 깊이를 설명한다. 자연과의 관계가 소중하다는 것을 인식하면서부터 기독교 안에서는 하나님과의 관계에서 환경보호 운동과 생태계 보호 운동이 활발하게 전개되고 있다.

모든 종교에서 강조하는 관계의 궁극적인 목표는 평화에 있다. 일반적으로 평화란 관계 속에 있는 모든 구성원이 만족과 안식을 얻는 상태를 말한다. 하나님과 피조물, 사람과 사람, 사람과 자연 그리고 자연과 자연 사이의 평화가 이루어질 때, 우리는 그것을 구원이라 말한다. 이 구원을 사람이 스스로 얻을 수 없고 오직 하나님만이 하실 수 있다는 말은 관계를 위한 인간의 노력이 아무리 치밀하고 또 대단하다 해도 온전함에 결코 이를 수 없다는 말이다. 인간이 수고한다 해도 그것은 온전한 만족으로 이어지지 않는다. 인정욕구에 매여 사는 인간은 관계 형성에 있어서 늘 자기중심적이고 이기적이기 때문이다. 그래서 관계를 회복하려는 노력이 오히려 일을 그르치는 경우가 허다하다. 관계 회복의 노력에 있어서 인간의 노력은 한계가 있다. 관계 회복을 위한 사귐을 새롭게 생각하려고 할 때 우리가 가장 먼저 염두에 두어야 할 점은 바로 이것이다. 도대체 어떻게 해야 관계가 회복할 수 있고 또 친밀한 사귐을 가질 수 있을까? 이 질문에 그리스도인은 '주 안에서 성령을 통해 이루어지는 교제'로 대답한다.

교회와 교제

교회는 관계 회복과 친밀한 교제에서 모범적일까? 교회 안에서 갈등과 반목으로 점철된 관계는 일상이 되었고 또 서로가 서로에 대해 익명의 관계로 남아 있는 현상 역시 마찬가지다. 개인주의를 부추기고 자기 일에 전념할 수밖에 없는 사회적인 분위기 때문이긴 하다. 경쟁 사회, 성과사회, 각자도생의 사회일수록 관계는 경쟁적이고 또 피상적인 수준에 머물고, 서로에 대해서는 경쟁 혹은 익명으로 남아 있을 뿐이다. 대형교회일수록 더욱 그렇다. 상호 대립과 갈등 그리고 익명으로 존재하고 또 그런 실존 방식을 선호하는 교인을 위해 일하는 교역자들의 탈진 현상은 심각한 상태다. 가나안(그리스도인 정체성을 갖고 있으면서도 교회에 출석하지 않는) 교인이 되지 않고 최소한의 신앙생활을 유지하기 위해 대형교회에 출석하는 이유 중 하나가 누구에 의해서도 간섭받지 않을 뿐 아니라 자신만의 방식으로 신앙생활을 할 수 있는 것이라는 말도 들린다. 교회 안에서마저도 관계를 갖지 않고 오히려 피상적인 관계로 만족하고, 갈등과 반목의 수렁에 빠지지 않기 위해 친밀한 관계를 회피하는 교인 수가 늘고 있다. 성도의 교제에 전념하여 하나님과 교제할 필요를 느끼지 못하는 성도도 많다. 또한, 이와 반대로 하나님과의 교제만으로 만족하고 성도와 친밀하고 공동체적인 교제가 없는 신앙인이 늘고 있다. 진정 그것이 하나님과의 교제를 누리는 성도의 모습이라고 말할 수 있을까? 혹 하나님과의 관계를 포장지로 삼아 자신의 교제 없는 신앙생활을 숨기고 있는 건 아닐까? 성도와 교제는 없으면서 하나님과 관계를 갖는 것 역시 본질에서 관계가 파괴된 현실을 보여준다. 신앙인에게는 바람직하지 않은 모습이다.

교제를 더는 필요로 하지 않는 사람의 신앙은 어떠할까? 그런 신앙은 올바른 것일까? 교제가 없는 사람들로 가득한 교회는 어떤 모습일까? 그런 곳을 교회라 말할 수 있을까?

교제(사귐)의 의미

'사귐(교제)'의 한국어 사전적 의미는 '서로 가까이하여 얼굴을 익히고 서로 사이좋게 지냄'이다. 서로 알고 지내면서 그 관계에 있어서 별문제가 없이 지내는 사이라는 말이다. 그런데 신약성경에서 말하는 '교제'의 의미는 이와 다르다. '교제'의 원어는 '코이노니아'이다. 이것은 단순히 '사이좋게 지낸다'라는 의미를 넘어서, 나의 것을 나누어준다는 의미의 '나눔'(히 13:16, 고후 9:13), 서로 하나가 된다는 '교통'(혹은 공동체 고전 1:9, 고후 13:13), '참여'(빌 3:10, 고전 10:16, 고후 8:4) 곧 '무엇을 공유하다'라는 뜻이다. 친밀한 관계뿐만 아니라 이를 통해 이르게 되는 결과까지도 내포한다. 이 가운데 가장 기본적인 의미는 '나의 것을 나누어 다른 사람과 공유하다'이다. 그것은 물질일 수 있고, 복음의 결실일 수 있고, 마음일 수 있으며, 인격일 수도 있다. 성령으로 충만함을 경험한 후의 초대교회 성도는 서로 모이기를 힘썼고, 모일 때마다 은혜를 서로 나누었으며, 한마음으로 교제하고 예배하였으며 심지어 물질까지도 공유했다(행 2:42~47, 행 4:32). 이것을 가능하게 한 동력은 성령 충만과 함께 몸과 피를 나누어 주신 예수 그리스도의 희생을 기념하는 만찬을 갖기 위해 모인 예배이다. 그들은 생명을 나누어주신 예수 그리스도를 따라 물질까지도 공유할 수 있었다.

사귐 혹은 교제가 단지 관계를 맺는 것만이 아니라, 나와 너의 것을 나눈다는 의미도 있는 건 현대사회에서 매우 주목할 부분이다. 단지 함께 먹고 마시며 기뻐하는 것만이 아니라 복음의 정신을 실천하면서 나의 것을 다른 사람을 위해 내어 놓는 삶을 사는 것, 이것이 사귐이며 교제의 기본이다.

신학적인 의미에서 교제는 예수 그리스도를 통해 주신 하나님의 기쁨과 평안을 성령 안에서 서로 나누는 것을 의미하는데, 이 땅에 임한 하나님 나라의 백성들이 서로에 대해 보이는 마음과 태도 그리고 삶의 방식을 가리킨다. 이것에 관해 좀 더 살펴보자.

• 교제의 원형

요한 서신은 사귐의 본질을 아버지와 아들 예수 그리스도의 사귐에서 발견하고 있다. 사귐의 성경적 의미를 결정하는 아버지와 아들의 사귐에 관해 간단하게 말하자면, 아버지는 아들과 본질에 있어서 서로 같으며 하나이다. 그러나 아버지는 아들 안에서 발견되고, 아들은 아버지 안에서 발견되는 관계다. 아버지는 당신의 뜻에 순종하는 아들에게 당신의 모든 것을 주시고, 아들은 신실하신 아버지께 자신의 모든 것을 돌려드린다. 어느 한쪽의 자기 버림이라는 과정이 없이는 가능하지 않은 관계다. 아버지는 말씀하시고 아들은 그 말씀에 순종하는 관계다. 아버지의 뜻에 아들이 순종하여 그 뜻이 이루어지고, 아들의 기도를 아버지가 들어 응답하시고, 아들의 모든 것 가운데서 당신의 뜻을 나타내는 그런 관계다. 요한일서 4:16에서 요한은 하나님은 사랑이시다 이렇게 단언하고 있다. 이 말씀을 바탕으로 생각해본다면, 하나님과 아들의 관계는 사랑에 기초를 두고 있다. 아버지는 아들을 사랑하고, 아들 역시 아버지를 사랑한다. 사랑 안에서 아버지와 아들은 서로를 내어주고 또 서로를 받아들여 하나로 존재한다.

요한이 편지에서 분명히 밝히고 있듯이, 하나님과 아들 예수 그리스도 사이에 이루어진 이 친밀한 교제는 그리스도인의 모든 교제의 원형이다. 그렇다면 보이지 않는 하나님과 우리의 교제는 어떻게 가능한가? 구약의 맥락에서 본다면, 하나님과 이스라엘 백성의 교제는 계약과 율법을 통해 관계를 맺고 또 율법을 지키고 계약에 충실한 삶을 통해 이루어진다. 이런 식으로 하나님과의 관계를 말하는 구약에서는 하나님과의 교제라는 표현을 전혀 찾아볼 수 없고[20] 오직 신약에서만 볼 수 있는데, 예수 그리스도를 통해 가능해졌음을 알 수 있다.

부연하여 말한다면, 하나님과의 교제는 예수 그리스도 안에서 성령을 통해 가능해졌다. 하나님은 당신의 외아들을 세상에 내어주시고 아들로 십자가에서 죽게 하심으로써 인간과 교제의 길을 여셨다. 이 교제는 인간에게서 비롯하지 않으며 오직 중보자 되시는 예수 그리스도를 통해서만 가능하다. 사실 이런 의미의 교제를 실천하는 건 참으로 어려운 일이다. 우리가 아무리 가까운 부부나 부모 자녀 사이라고 해도 하나님과 아들 예수 그리스도 사이의 관계에는 이르지 못한다. 부모는 자식을 위해 헌신한다고 말한다. 그러나 세태를 보면 이런 말은 이제 옛말인 것 같다. 헌신하는 분들이 있어서 많은 사람에게 모범이 되고 있으나 엄밀히 말해서

---

20 하나님이 모세를 언급하며 말씀하실 때 얼굴을 대하며 말씀하셨다는 건 교제에 관한 대표적인 표현이다.

예외일 뿐이다.

요한일서 1장에서 요한은 우리가 하나님과 아들 예수 그리스도 사이에서 이루어진 그런 교제에 참여할 수 있음을 명시해주고 있다. 원형으로서만 존재하는 것이 아니라 우리에게도 허락되었다고 말한다. 3절을 보면 "우리의 사귐은 아버지와 그 아들 예수 그리스도와 함께함이라"라고 말하고 있기 때문이다. 만일 우리가 교제를 단순히 사이좋게 지내는 것으로만 이해한다면 도저히 이해할 수 없는 일이다.

그러나 염려하거나 놀랄 이유는 없다. 앞서 말한 대로 우리의 교제는 예수 그리스도의 십자가와 믿음을 통해서 이미 이루어졌기 때문이다. 이 교제는 예배와 성찬을 통해 구체화된다. 하나님은 우리를 위해 아들을 내어주셨고, 그 빈 가슴에 우리 죄인들을 받아들이셨다. 이 일로 인해 예수 그리스도를 믿는 모든 사람은 성령을 통해 하나님과 예수 그리스도의 교제에 동참한다. 하나님과 우리의 교제를 위해 우리가 할 일은 주신 은혜를 감사함으로써 기쁘게 받아들이는 것 외에는 사실 아무것도 없다. 다시 말해서 그리스도를 믿음으로써 우리는 이미 하나님과의 교제 안에 있다. 세례를 받고 성령으로 거듭나고 성찬에 참여하면서 믿는 자는 더는 단순한 인간이 아니라 하나님의 형상으로서 그리고 하나님의 다스림을 받는 하나님의 백성으로서 산다. 따라서 그에 합당하게 살도록 요구받는 건 당연하다.

교제는 교회의 기둥

• 교제와 존재

교회의 행위로 실천되는 교제(사귐 koinonia)는 아들 하나님과 아버지 하나님과의 친밀한 교제에서 유래한다. 삼위 하나님은 내적으로는 상호교류하시면서 사랑의 친밀한 교제를 가지시고 세상과의 관계에선 각 인격에 고유한 일을 행하시면서 언제나 협력하신다. 하나님은 우리를 위해 이 일을 행하신다(God for us).[21] 간단

---

21   다음을 참고: Catherine Mowry LaCugna, *God For Us*, 이세형 옮김, 『우리를 위한 하나님-삼위일체와 그리스

하게 말해서 성부 성자 성령 하나님은 인격적으로 서로 교제하시면서 존재한다. 삼위 하나님의 존재와 삼위 하나님의 교제는 분리되지 않는다. 하나님은 세 인격으로서 서로 교제하시면서 일체로서 존재한다. 곧 성경의 하나님은 서로 교제하지 않는 존재로서는 결단코 생각할 수 없다. 교회는 은혜로 삼위 하나님과의 교제에 참여하도록 허락받으며, 하나님과의 교제에 주어진 약속, 하나님과의 교제 안에서 경험한 것, 그리고 교제와 관련해서 마땅히 증언할 것 등을 교회의 교제(성도의 교제와 이웃과의 교제)를 통해 나타내 보인다.

> "너희를 불러 그 아들 예수 그리스도 우리 주와 더불어 교제하게 하시는 하나님은 미쁘시도다"(고전 1:9)

> "우리가 보고 들은 바를 너희에게도 전함은 너희로 우리와 사귐이 있게 하려 함이니 우리의 사귐은 아버지와 그의 아들 예수 그리스도와 더불어 누림이라"(요일 1:6)

하나님을 나타내도록 부름을 받은 교회 역시 교회라는 존재가 세워지고 그 후 필요에 따라 구성원들이 서로 교제하는 방식을 취하지 않는다. 교회는 교제하면서 공동체로서 실존한다. 교제 없는 교회의 존재는 결단코 생각할 수 없다. 교제가 교회의 구성 요소다. 교제를 통해 교회는 구체적인 모습을 얻으며 또 성장한다. 성도 역시 교제하면서 교회의 일원으로서 곧 공동체로서 실존한다. 공동체를 떠나 아무런 교제가 없는 성도는 더는 교회로서 정체성을 갖지 못한다. 성도 개인이 있고 그 후 필요에 따라 교제하며 공동체를 세우는 것이 아니다. 성도는 교제하는 존재로서 정체성을 갖는다. 교제 없는 성도는 생각하기 어렵다. 교제하는 성도는 비록 홀로 있어도 공동체의 일원으로서 교회이다.[22]

이와 관련해서 교회의 교제는 두 개의 초점을 갖는데, 하나는 교회 내 성도의

도인의 삶』 (서울: 대한기독교서회, 2008).

22 성도의 영적 공동체와 관련해서는 다음을 참고: Larry Crabb, *Becoming a True Spiritual Community: A Profound Vision of What the Church Can Be*, 김명희 옮김, 『영혼을 세우는 관계의 공동체』 (IVP, 2013).

상호교제이고 다른 하나는 교회 밖에서 개별적으로 혹은 교회의 이름으로 실천하는 공적 사역을 통한 교제이다. 후자는 대개 '이웃 사랑'이라는 이름을 갖는다. 보기에 따라 달라지겠으나 양자는 같은 맥락에서 이해할 수도 있고 다르게 이해할 수도 있다. 성도의 교제는, 만일 그것이 교회 안에만 머물지 않는다면, 공적 사역을 통한 교제와 크게 다르지 않다. 그뿐 아니라 공적 사역을 통한 교제 역시 교회 밖의 교제로만 이해되지 않는다면 성도의 교제와 크게 다르지 않다.

그런데 성도의 교제는 예수 그리스도에 대한 믿음을 전제로 예배와 교육과 말씀, 그리고 교회의 각종 봉사를 통해 이뤄진다는 점에서 일상에서 구체적인 봉사를 매개로 이뤄지는 타자와의 교제 곧 공적 사역을 통한 교제와 구분된다. 말씀을 매개로 하는 성도의 교제가 삼위 하나님의 내적인(immanent) 사귐에 근거해서 생각할 수 있다면, 공적 사역을 통한 교제는 하나님의 경륜적(economic) 사귐의 맥락에서 이해할 수 있다. 교회와 세상은 다르지만, 하나님 나라의 관점에서 볼 때 양자는 크게 다르지 않다.

지금까지 말한 것들을 다음에 이어지는 글에서 좀 더 자세히 살펴보도록 하겠다.

• 삼위 하나님의 교제

삼위일체, 곧 성부 성자 성령 하나님이 한 분이시고 또 한 분 안에서 상호 친밀한 사귐을 갖는다는 건(perichoresis) 성경에 기초하여 신학적으로 이해되고 구성된 개념이다. 삼위일체 신앙은 성부 성자 성령 하나님이 한 분이라는 고백이고 또 하나님이 상호 인격적 교제 없이는 존재하지 않는다는 고백이다.

예수님은 요한복음 제17장에서 하나님 아버지와의 사귐이 어떠한지를 기도의 형태로 구체적으로 말씀하셨다. 단지 아들로서 아버지와의 관계를 말하는 수준을 넘어서 친밀한 교제를 말씀하셨다. 곧 아버지 하나님과 아들 예수 그리스도는 서로를 깊이 아시고, 각자 행하시는 모든 일에서 서로 일치하며, 그리고 서로를 사랑하신다. 그뿐 아니라 서로의 말을 들으며 서로를 높이고 서로를 자기 안으로 받아들이면서도 결코 인격(persona 정체성)을 상실하지 않는다. 여기서 중요한 건 이 모든 것이 우리를 위한 것, 세상의 구원을 위한 것이라는 점이다.

• 성도의 교제는 성찬공동체

하나님 나라의 모형으로서 교회는 삼위 하나님의 일치와 친밀한 교제 안으로, 곧 그분의 영광 안으로 부름을 받아 하나님과 교제하며 또한 그분의 영광을 누린다. 이 교제는 예수 그리스도를 믿어 은혜로 허락받고 성령 안에서 현실이 된다. 구체적으로 말해서 예배의 자리로 초대된 사람은 은혜로 성령의 인도를 받아 삼위 하나님의 영광 안으로 들어가는데, 이로써 예배하는 자는 성령 안에서 하나님과의 친밀한 사귐을 누린다. 하나님을 예배함으로써 하나님의 사귐 안으로 들어가는 것은 물론이고 성도가 서로 교제하는 일도 일어난다. 이는 오직 성령의 역사로 가능한 일이다. 사도신경은 이것을 '성도의 교제(성도가 서로 교통하는 것)'라고 표현하였다. 사도신경이 이것을 신앙의 내용으로 삼은 까닭은 성도가 서로 교통하는 것이 감각적인 경험을 넘어서기 때문이다. 다시 말해서 비록 거리가 멀고 또 한 번도 서로 만나지 못했어도 예수 그리스도를 믿고 성찬에 참여하는 성도 사이에는 성령 안에서 교제가 이루어진다.

성령 안에서 상호교제를 정체성으로 갖는 성도는 이 교제를 세상 가운데 나타내도록 부르심을 받는다. 예수님은 이 교제가 사랑의 교제임을 말씀하셨는데, 성도는 서로 사랑함으로써 자기가 예수 그리스도의 제자임을 나타낸다. 다시 말해서 성도의 교제는 궁극적으로 삼위 하나님이 서로 친밀한 사귐을 갖는다는 사실을 세상에 보이기 위해 부름을 받은 성도가 하나님과의 교제를 은혜로 누리면서 서로에 대해 갖는 친밀한 관계를 의미한다.

하나님과의 교제는 성령 안에서 이루어지는데(고후 13:13, 빌 2:1), 이것은 그리스도의 몸과 피에 참여하고(고전 10:16-17), 고난에 참여하며(빌 3:10), 그리고 영광 가운데 부름을 받고 예배하는 것(계 제4~5장, 21~22장) 등으로 나타난다. 하나님과의 교제를 나타내는 성도의 교제는 이 땅에 임한 하나님 나라의 백성으로 사는 사람의 친밀함과 평화의 모습이 어떠함을 나타내 보인다. 성도의 교제만 있고 그것을 나타내는 사역을 매개로 교회 밖 사람들과의 교제가 없다면 하나님 나라의 현실을 나타내 보이는 건 불가능하다.

누가는 사도행전에서 성령의 인도를 받은 초대교회 성도의 교제가 어떠했고 또 그것에 대한 교회 밖 사람들의 반응이 어떠했는지를 전해주는데, 그것이 비록 교제에 국한한 일만은 아니라도 다음과 같다.

> "믿는 사람이 다 함께 있어 모든 물건을 서로 통용하고 또 재산과 소유를 팔아 각 사람의 필요를 따라 나눠 주며 날마다 마음을 같이하여 성전에 모이기를 힘쓰고 집에서 떡을 떼며 기쁨과 순전한 마음으로 음식을 먹고 하나님을 찬미하며 또 온 백성에게 칭송을 받으니 주께서 구원받는 사람을 날마다 더하게 하시니라"(행 2:44~47)

간단히 말해서 교제는 서로 사랑하는 것과 서로의 것을 나누는 것, 서로를 위해 기도하고 서로를 돕는 삶을 실천하는 것이다. 그리고 같은 마음으로 하나님을 예배하는 것도 교제이다. 떡을 뗀다는 것과 음식을 먹는 것이 구분된 것으로 보아 떡을 떼는 행위로 흔히 언급되는 성찬도 예수 그리스도와의 교제는 물론이고 성도의 교제로 여겨진 건 아닐지 싶다. 다시 말해서 성찬은 기본적으로 은혜를 받으며 주의 죽음을 기억하고 선포하는 일이지만, 다른 한편으로는 주 안에서 성도가 예수 그리스도의 몸과 피를 공유하면서 서로 교제하는 방식이기도 했다. 예수 그리스도의 몸을 함께 먹고 또 그의 피를 함께 마시는 성찬에 참여하면서 성도는 예수 그리스도 안에서 서로가 하나임을 확인한다. 모일 때마다 가르침을 받고 성찬을 거행했다는 건 교회가 처음부터 말씀 및 성찬공동체로 출발했음을 말해준다.

다시 사도 바울의 말에 따르면 "모든 겸손과 온유로 하고 오래 참음으로 사랑

가운데서 서로 용납하고 평안의 매는 줄로 성령이 하나 되게 하신 것"(엡 4:2~3)을 힘써 지키는 것도 성도의 교제이다. 여기에 덧붙여 말한다면, 성도의 교제는 서로의 것을 나누고 서로에게서 하나님의 형상(그리스도의 형상)을 보며 기뻐하는 삶이고 서로를 자신보다 더 낫게 여기는 삶이다(빌 2:3). 간단히 말해서 서로 사랑하고, 서로 돕고, 서로 세우는 공동체다.

• 교제가 없는 교회?

만일 교회 안에 성도의 교제가 없다면, 어떤 일이 발생하고, 또한 이것은 무엇을 의미하는가? 사회를 떠난 인간을 생각할 수 없듯이, 교제가 없는 교회 역시 그 건강함을 고려한다면 생각하기 쉽지 않다. 가장 큰 문제는 하나님과의 교제가 없다는 것인데, 그 결과 진정한 의미의 공동체는 형성되지 않는다. 교회 안에 개인주의가 넘쳐나고, 서로에게서 하나님의 형상을 볼 수 없으며, 또한 서로에 대해 하나님의 형상됨을 나타내지도 못한다. 그것의 가장 큰 원인은 범죄로 인해 하나님과의 교제와 관계가 침해된 데에 있다.

곧 성경은 타락 후 인간에게서 하나님과의 친밀한 교제가 사라진 모습을 연이어 보여주고 있다. 하나님으로부터 피하고(타락 후 인간은 하나님을 피했다), 서로를 비난하고(아담과 하와), 심지어 형제 살인이 벌어지고(가인과 아벨), 자신의 감정이 상했다는 이유로 아이를 죽이고(라멕), 자기 욕망에 이끌려 살면서 타인을 배려하지 않고(노아의 때), 서로의 언어가 통하지 않아 소통이 단절되는(바벨탑) 등의 극도의 개인주의가 모습을 드러냈다.

삼위 하나님의 친밀한 사귐을 반영하는 성도의 교제가 없으면 궁극적으로는 삼위 하나님의 친밀한 사귐을 세상 가운데 나타내지 못한다. 하나님과의 교제가 없는 것은 문제이지만, 이런 관계를 나타낼 성도의 교제가 없는 것도 문제다. 이렇게 되면 교회는 하나님 나라의 모형으로서 제 기능을 감당하지 못한다. 교제를 통해서 교회는 세워지고 예수 그리스도의 충만함을 입는다. 바로 이런 의미에서 교제는 교회의 기둥으로 여겨진다. 교제 없는 교회는 참 교회의 모습을 유지하기 쉽지 않다. 교제가 없으면 교회는 영적 어둠의 상태에 빠지게 되는데, 만일 교제가 회복되지 않으면, 더는 교회로서 모습을 갖기 어렵다. 조직으로서 유지된다 해도 경건의 모양만 있고 경건의 능력은 없는 사람들의 모임에 불과하다.

• 교제의 방식

하나님과 우리와의 사귐은 실제로 어떻게 이루어지는가? 하나님은 우리와 사귀실 때 이미 당신을 내어주심으로써 우리와 함께 계시지만, 우리는 무엇인가를 함으로써 그것을 이루어야 한다고 여긴다. 그래서 하나님이 우리와 함께 계실 기회를 주지 않는다. 그것은 착각에서 비롯한 잘못된 생각과 행동이다. 사역보다 교제가 앞선다. 하나님과 교제하는 가운데 우리는 하나님의 자녀로서 또 하나님의 백성으로서 마땅히 해야 할 일을 한다. 하나님과 사귐을 위해서 우리가 할 최우선적인 일은 하나님의 아들로서 이 땅에 구세주로 오신 예수 그리스도를 믿는 것이다. 하나님이 우리에게 내어주신 것을 우리는 감사함으로 받아들이면 된다.

> "영접하는 자 곧 그 이름을 믿는 자들에게는 하나님의 자녀가 되는 권세를 주셨으니."(요 1:12)

이것을 믿어야 한다. 그리고 이 믿음은 온전한 예배(예전을 통한 교회 예배와 선한 삶을 통한 일상 예배)로 결실한다. 하나님과의 기본적인 사귐은 예배 안에서 그리고 예배를 통해 이루어진다. 하나님의 은혜에 적극적으로 반응하는 일이 사귐의 기본이다. 요한 서신의 표현을 빌린다면, 빛 가운데 행하는 것이다. 곧 하나님과 사귐은 복음을 매개로 하고 또 기도하고 찬양하며 말씀을 읽고 증언하는 삶을 통해서 이루어지지만, 실제로 보면 우리는 사귐을 너무 복잡하게 만드는 경향이 있다. 하나님과의 관계를 위해 무엇을 해야만 한다고 생각한다. 마치 행위로 구원을 얻으려는 것과 다르지 않다.

그러나 무엇을 행하기보다는 예수 그리스도를 통해 나타난 하나님 나라를 어린이의 심정으로 받아들이는 일이 더 앞선다. 하나님 나라 안에서 하나님의 백성으로서 합당하게 사는 것, 그것은 그다음 일이다. 바로 이것이 사귐의 본질이다. 이것은 예수 그리스도를 믿음과 더불어 일어난다. 그리고 성찬에 참여함으로 구체적으로 실현된다. 그리고 예배하면서 하나님의 백성으로서 합당하게 사는 일 역시 은혜와 사랑에 대한 반응일 뿐이다.

믿음 외에 우리의 과제가 있다면 이 사귐이 성도의 사귐 속에서 나타나도록 하는 것이다. 이를 위해 우리는 함께 예배하고 성찬에 참여하고 복음을 전한다. 예수님은 제자들을 성찬에 초대하시고 당신의 몸과 피를 나누어 주심으로써 그 어떤 교제보다 더더욱 깊은 교제의 의미를 보이셨다. 요한은 우리와의 사귐이 가능하기 위해 생명의 말씀을 증언한다고 말했다. 예수 그리스도를 통해 하나님으로부터 받은 생명을 우리와 나누겠다는 말이다. 복음을 매개로 하나님의 생명을 나누는 일은 간단하지 않다. 당시는 순교를 각오해야 했던 시기였기 때문이다. 나눔에 수반되는 아픔과 고통이 있지만, 하나님과 사귐이 우리 사이에도 일어나기 위해 죽음을 각오하고 복음을 전하겠다는 각오가 선행해야 했다. 하나님과 우리의 교제 아래서 이루어지는 우리의 상호교제가 가능해지기 위해 요한이 제시하는 몇 가지 조건들을 생각해보겠다.

• 교제의 비결
첫째, 생명이 있어야 한다.

동물이든 식물이든 생명이 있어야 한다. 생명이 없는 것과 사귄다고 한다면, 그 사람은 정신이 온전치 못하든가, 아니면 예술가로서 작품을 구상하는 중이든가, 아니면 우상을 섬기는 것이다. 일반적인 사귐의 기본은 살아있어야 한다는 것이다. 생명은 보살피고 돌보는 일을 본질로 삼는다. 보살피고 돌보는 일이 없인 생명이 가능하지 않다.

사귐의 기본인 생명의 원천은 예수 그리스도이다. 그는 영원한 생명으로서 태초부터 계셨고 또한 이 생명은 우리가 감각적으로 확인할 수 있는 모습으로 나타나셨다. 예수님의 생명은 인간의 돌봄과 보살핌으로 가능했다. 이로써 생명은 돌봄과 보살핌을 본질로 한다는 것이 밝혀졌다. 우리가 이 생명과 사귀기 위해선 우리 자신에게 먼저 생명이 있어야 한다. 곧 죄 때문에 죽은 우리가 다시 살아있기 위해선 하나님의 돌봄과 보살핌이 있어야 하는데, 이것은 예수 그리스도를 믿을 때 비로소 효력이 나타난다. 이 생명은 믿음을 통해서만 가능하기 때문이다. 믿음은 예수 그리스도의 생명 곧 하나님의 생명을 받은 사람이 서로를 돌보고 보살피는 행위에서 그 진정성이 드러난다. 야고보서 말씀에 따라 말한다면, 이것이 [사랑의] 행함이 있는 믿음이다. 우리가 서로 믿음을 권고하는 것은 하나님의 생명으로 서로 사귀기 위함이다. 이런 사귐이 있을 때 우리는 생명을 넘어 하나님의 생명을 살게 된다. 하나님의 생명을 산다는 것은 하나님에게서 영원한 돌봄과 보살핌을 받는다는 말이다. 믿는 자에게 주어진 약속인 영생은 하나님의 돌봄과 보살핌이 결단코 중단되지 않는 삶을 가리킨다.

믿지 않는 자와 사귄다고 할 때 그것은 공동체 혹은 연합을 의미하지 않는다. 말 그대로 별다른 문제 없이 사이좋게 지낸다는 것이다. 성경 말씀에 따라 한 가지 욕심을 부린다면, 증언하는 자로서 사귀는 것이다. 삶을 통해 복음의 증거를 제시함으로써 그들이 하나님의 생명을 받도록 하는 것이다. 이것이 바로 땅끝까지 복음을 전하라는 주님의 말씀에 순종하는 일이다.

다시 말해서 사귐의 목표는 예수 그리스도를 믿고 주어진 우리 안의 생명이 복음의 증거를 통해 믿지 않는 자들에게 옮겨지도록 하는 데에 있다. 그들은 먼저 하나님과 사귐이 회복된 후에야 우리와의 사귐이 온전해질 수 있기 때문이다. 그렇지 않으면 그들은 이 땅에 임한 하나님 나라의 복을 충분히 누리지 못한다. 인간적으로 그들과 일정한 관계 안에 있고, 때로는 그들로부터 배울 수도 있고, 또 그들과 더불어 삶의 다양한 과제들을 이행할 수도 있다.

그러나 그들은 살아있는 것 같으나 그 안에 생명, 곧 예수 그리스도의 생명이 없는 자들이다. 구원을 위한 돌봄과 보살핌이 들어있는 풍선이 허공에 있는 상태와 다르지 않다. 풍선을 터뜨리는 믿음만이 구원에 이르는 하나님의 돌봄과 보살핌이 유효하게 작용한다. 그들에게 생명이 잉태될 수 있도록 수고하는 과제가 우리에게 주어져 있다. 만일 사귀고 있다고 하면서도 하나님의 생명이 전달되지 않거나 그럴 마음이 없이 진행된다면 그 사귐은 재고되어야 한다. 생명의 가치를 내가 진정으로 인정하고 있는지를 살펴볼 필요가 있기 때문이다. 내가 확신하지 않는 하나님의 생명을 다른 사람이 받을 것을 기대하는 것은 그야말로 진정성이 결여한 행위이며 요행을 바라는 일이다.

요한은 사귐의 출발점은 하나님과 사귐이요 곧 복음에 대한 믿음이요 그리스도에 대한 믿음임을 잘 알고 있었기에 복음을 전하는 수고를 아끼지 않았다. 이것이 바로 복음에 대한 열정이다. 어떤 사귐도 만일 믿음이 없으면 그 안에 하나님의 생명이 없고, 하나님의 생명이 없는 사귐은 하나님과 사귐을 반영하지 못한다.

둘째, 빛 가운데 행해야 한다.

요일 1장 5절의 말씀에 보면 하나님은 빛이시라고 했다. 따라서 사실 어떠한 사귐도 삼위 하나님의 사귐에서 벗어날 수 없다. 우리의 모든 사귐은 성부 성자 성령 하나님의 사귐 속에 들어있다는 말이다. 우리가 아무리 노력한다고 해서 그 노력을 통해 우리가 하나님의 사귐에 동참하진 않는다. 엄밀히 말한다면 말씀에 순종하는 우리를 하나님이 당신의 사귐 안으로 받아주신다. 대단히 큰 은혜가 아닐 수 없다.

이러한 은혜에도 불구하고 성경은 어둠 가운데 행하는 일이 있을 수 있다고 말한다. 여기서 말하는 어둠은 구체적으로 이단들의 가르침을 말한다. 당시에는 정신세계에 큰 영향력을 행사한 소위 영지주의자로 불리는 이단이 있었다. 이들은 영과 육이라는 이원론적인 세계관에 근거해서 거룩한 지식을 통해서 구원에 이를 수 있다고 주장했다. 육체를 부정하게 생각했던 이들은 예수께서 육체를 입고 이 땅에 오신 것을 인정할 수 없었다. 그들이 말하는 구원이란 심오한 지식을 통해 이루어지는 영의 구원이었다. 이것은 육체 가운데 오신 예수 그리스도에게서 나타난 하나님의 사랑을 충분하게 설명하지 못하고 오히려 왜곡했다. 이처럼 복음의 증거를 부인하고 잘못된 가르침을 따르는 자들을 가리켜서 요한은 어둠 속에서 행하는 자라고 말한 것이다.

오늘날 우리는 새로운 형태의 영지주의를 곳곳에서 만난다. 지식을 최고로 여기는 사람들이다. 몸으로 사는 일상에서 생각으로나 태도에서 아무런 변화는 없고 다만 지식으로만 가득 무장되어 있을 뿐이다. 깨달음을 중시하지만 행함으로까지는 이어지지 못한다. 잔치는 화려하나 그것을 실행에 옮기려 하지 않는다. 그럴 의지조차 없을 때가 있다. 삶과 죽음의 의미에 대해서는 확신 있게 말하나 마치 지식으로 구원에 이를 수 있을 것처럼 말하고 행동한다. 어떠한 변화도 기대할 수 없을 정도다. 배우려고 하지는 않고 선생의 자리만을 선호한다. 아니 배움에서는 부지런하나 실천에서는 너무 게으르다. 변화된 삶은 없고 마치 지식을 교회 생활의 전부처럼 생각하는 자들이 오늘날 우리 세대에 막대한 영향력을 행사하는 새로운 버전의 영지주의자들이다. 새로운 지식이 과학 문명의 세계를 열어주어 마치 빛 가운데 행하는 것처럼 보이지만 실상은 어둠 가운데 행하는 것이다.

간단히 말해서 사귐이 어둠 가운데 있다는 건 진리 가운데 행하지 않고 잘못된 가르침에 있고, 또 말씀을 읽거나 들어도 전혀 실천하지 않고, 변화는커녕 자신을 고집스럽게 주장하는 그런 사귐을 가리킨다. 바른 지식을 추구해야 하지만 행함에 있어서 게으르지 않아야 한다. 하나님과 사귐이 나타나기 위해 우리는 바른 가르침 속에 있어야 한다. 바른 지식을 위해 우리가 부지런히 성경을 공부하는 건 당연한 일이다.

빛 가운데 행한다는 것은 다른 말로 주 안에서(예수 그리스도에 대한 믿음을 갖고) 하나님의 성품으로 서로 사귄다는 것이다. 성품이 결여한 사귐은 설령 믿음 가운데 서로 사귄다 해도 기쁨이 없으며 오히려 서로를 멀리하게 만드는 원인이다. 바른 가르침은 물론이고 그 가르침을 실천하는 일에서 성품으로 하지 않으면 사귐은 결실하기 쉽지 않다. 믿음이 있다고 하나 온유하지 못한 사람, 인내하지 못하는 사람, 화를 참지 못하고 감정을 조절하지 못하는 사람, 정직하지 못한 사람, 겸손하지 못한 사람, 남을 배려하지 못하는 사람, 관용하지 않는 사람, 충성하지 않는 사람, 신뢰하지 않는 사람 등과 사귀어보라. 기쁨보다는 근심과 걱정으로 가득한 삶만이 있을 것이다. 인생은 고통의 연속이라는 말은 성품이 온전하지 못한 사람과 관계를 맺고 살기 때문이며 또한 그들과 더불어 살면서 겪는 삶의 마찰 과정에서 나타나는 파열음 때문이다. 바울의 글은 요한의 것과 많은 면에서 차이가 있는데, 빛 가운데 사귄다는 것을 바울에게서 찾아보면 '성령 안에서 사귄다' 혹은 '성령을 따라 산다'라는 표현을 생각할 수 있다. 에베소서 4장, 빌립보서 2장, 갈라디아서 5~6장, 로마서 12~14장 등에서 찾아볼 수 있다.

셋째, 죄인임을 인정하는 것이다.

죄란 하나님이 우리와 사귀기를 원하셔서 하시는 행위들을 방해하거나 사귐을 위해 요구되는 규정을 어기는 일을 말한다. 사탄은 죄를 통해 하나님이 세상을 다스리시는 것을 거역하거나 방해한다. 죄란 구체적으로는 법을 어기는 것이며 말씀에 순종하지 않는 것이다. 예컨대 하나님은 우리를 다스리시며 우리를 통해 당신의 구원을 나타내시기를 원하고, 또 우리를 받아들이시면서 당신의 사랑이 어떠한지를 우리가 세상 가운데 나타내기를 원하신다. 그런데 인간은 그것을 인정하지 않는다. 받아들이지도 않는다. 오히려 우리가 원하는 대로 행한다.

우리가 죄인임을 인정하고 고백하는 것이 왜 중요한가 하면, 예수 그리스도의 십자가 죽음을 통한 구속의 사역이 진리임을 인정하는 일이기 때문이다. 우리가 스스로 죄 없다고 하면 가장 큰 문제가 되는 것이 예수 그리스도의 십자가 사역이다. 십자가를 통해서 이룬 일 곧 죄 용서를 무의미하게 만들고 심지어 거짓으로 만드는 일이기 때문이다. 하나님의 행위를 전면적으로 부정하는 것이고 하나님을 거짓말하는 자로 만드는 것이다. 그것을 부정하는 것은 곧 용서의 은혜를 스스로 부정하는 것이다. 멸망의 길을 자초하는 것이다.

그러나 우리가 죄를 인정하고 자백하면 십자가 사건을 인정하는 것이다. 하나님은 신실하시고 의로우시기에 우리 죄를 용서해주실 것이고 또 모든 불의에서 우리를 깨끗하게 하여 주실 것이다(요일 1:9). 죄를 고백하고 용서받으면 이제는 하나님과 사귐을 누릴 일만 남았다.

넷째, 서로 돕는 것이다.

인간은 연약한 존재다. 하나님은 처음부터 인간을 서로 돕는 존재로 만드셨다. 그렇다고 연약함에 머물러 있으라는 뜻은 아니다. 연약함은 극복해야 한다. 그 방법은 한편으로는 서로 돕는 것이지만, 다른 한편으로는 하나님의 도움을 받는 존재로서 서로 돌보면서 사는 것이다. 인간이 서로를 의지하는 건 당연하지만, 그렇다고 하나님을 불필요하게 생각하면 안 된다. 하나님을 갈망하며 그를 신뢰해야 한다. 서로 돕고 또 하나님의 도움을 기대할 때 교제는 가능하다.

다섯째, 서로 다르다고 배척하는 것이 아니라 유기적 소통 관계를 위해 노력하는 것이다.

인간의 오장육부는 서로 대립하면서도 몸의 유기적 관계가 원활하게 이뤄져 건강을 유지하기 위해 서로 상생한다. 마찬가지로 공동체 내에서 인간은 서로에게 돕는 존재이면서 또한 서로에 대해 어느 정도 대립한다. 공동체의 건강을 위해선 서로 견제하고 대립하는 관계에서 내가 살기 위해 상대를 죽이는 것이 아니라 오히려 유기적으로 건강한 공동체를 형성하기 위해 어느 정도는 대립 관계를 받아들인다. 상대를 살리기 위한 갈등과 대립이지 내가 이기고 살아남기 위해서가 아니다.

하나님과 우리의 사귐은 하나님이 먼저 아들 예수 그리스도를 내어주심으로써 시작되었고, 우리는 믿음을 통해서 그 사귐 안으로 들어가게 되었다. 이것을 먼저 확실하게 믿을 때 비로소 사귐의 기쁨과 평화와 만족을 누릴 수 있다. 이제 이 사귐은 우리를 통해 나타나야 한다. 믿음과 진리와 경건한 생활 속에 있게 될 때, 하나님과 우리의 사귐은 우리와의 사귐 속에서 그 모습을 드러낸다. 하나님은 이를 위해 우리의 사귐을 허락해주셨다. 때로는 슬픔도 있고, 때로는 근심과 염려가 있다. 그렇지만 우리의 만남은 근본적으로 축복이고 또 기쁜 것이다. 소망이 있다. 서로에 대해 자신을 주장하기보다는 자기보다 남을 더 낫게 여기는 마음으로 겸손과 온유와 섬기는 자세로 대할 때, 하나님과 우리의 사귐은 일상의 삶에서 열매로 나타날 것이다. 하나님은 사귐을 위해서 아들을 내어주셨고, 더군다나 이 모든 일에 있어서 아무런 대가도 요구하지 않으셨다. 우리도 거저 주는 사귐이 되어야 할 것이다. 십자가의 희생을 통해서 맺어진 사귐이니만큼 우리 자신의 사귐이 얼마나 소중한지를 잊어서는 안 될 것이다.

교회 안에서의 교제, 동호회?

성도의 삶이 대체로 교회에서 이루어지는 리듬에 따라 사귐의 모양과 방식이 다양해졌다. 구역모임 외에 각종 취미에 따른 동호회 모임이 활성화되고 있다. 심지어는 마음이 맞는 사람들끼리 여행 혹은 선교여행을 위한 모임을 만들기도 한다. 이것은 구역모임과 성경 공부 모임과는 성격이 다른 모임이다.

성도들은 주일 외에도 교제를 위해 혹은 회의를 위해 혹은 봉사를 위해 공휴일마다 있는 각종 교회 행사(교회, 부서, 기관, 위원회 등)로 말미암아 교회에 자주 모일 수밖에 없는 형편에서 교회 밖의 사람들과 교제를 갖기가 쉽지 않은 건 사실이다. 교인들이 교회와 무관한 일정을 따르기보다 교회 안의 교제를 더욱 중시하는 의미에서 동호회 모임을 만드는 건 바람직하고 기독교 문화 형성에도 도움이 된다.

그러나 교회 내 동호회 활동이 항상 긍정적인 면만 있는 건 아니다. 무엇보다 세상에서 빛과 소금으로 살 기회를 놓친다. 전도를 가장 어렵게 생각하는 사람은 대개 교회에 오래 다닌 사람들이다. 믿지 않은 사람들을 만날 기회가 없기 때문이다. 전도할 사람들이 그들 주변엔 없다. 주변에 믿지 않는 사람들이 있어도 오랫동안 알아 온 터라 성령의 역사가 아니면 더는 전도할 가능성이 없다고 판단된 사람들이다. 그들은 교회 안의 교제로 만족하며 산다. 교제가 선교를 대체할 수 없다 보니 교회가 지원하는 선교사를 위한 헌금이나 단기 선교여행으로 만족한다. 멀리는 가도 바로 곁에 있는 사람들을 전도하진 못한다.

무엇보다 우려되는 건 교회 안에서 분파가 형성되는 주요 원인으로 작용하는 것이다. 취미를 공유하며 서로 기쁨을 나누는 일을 부정적으로 판단할 이유는 하나도 없다. 그러나 그것이 교회에 관한 생각을 나누고 또 교회 내 문제를 공유하는 장이 되면서 동호회는 하나의 분파로 구분되기 시작한다. 혹시라도 동호회 회원이 교회로부터 혹은 특정인에게 부당한 일을 겪었다고 호소하는 경우 그 세력은 더욱 커진다. 집사 권사 장로 등 교회 직분을 맡을 사람을 선택하기 위한 투표가 있는 경우에는 동호회 회원이라는 이름으로 지지를 부탁받는다. 누구를 지지할 것인지 자체적인 의견 수렴도 이루어진다. 좋은 의도로 동호회에 가입했는데, 처음에 생각했던 것과 달라 도중에 나온 사람들의 이야기를 들어보면, 그들이 가장 우려하는 것이 바로 분파 형성이다. 교회 안에서 또 다른 교회의 정체성을 갖고 있어 교회 분열의 원인으로 작용한다.

또 다른 문제는 동호회 모임이 대체로 사교적인 모임 이상으로 나아가지 못한다는 것이다. 공동체적 성격의 모임은 교회의 사안이고, 동호회는 다른 성격의 모임이라고 말하지만, 실제로 교회가 공동체가 아닌 사교모임으로 전락하게 하는 위험 요인을 내포하고 있다. 이를 막기 위해서는 동호회마다 교역자를 임명해야 하는데, 작은 교회의 경우엔 가능하겠지만, 중대형 교회의 경우엔 교역자가 동호회 모임에 일일이 참여하여 지도한다는 건 불가능하다.

교회가 교제의 의미를 바로 정립하지 못해 성도들을 지도하지 못하고 또 성도의 교제의 의미를 단지 서로 모이는 것 이상의 의미를 제시하지 못하는 것은 결코 간과해서는 안 될 문제다. 성도를 제자 삼고, 세상으로 나가서 실천하도록 도우면서, 인격적으로 성숙해질 기회를 제공할 생각보다 양적인 성장만을 우선하여 추구하는 것이 주요인이긴 하다. 교회가 커지면 인격적인 관계를 갖는 건 어려워진다. 같은 교회에 속해 있어도 누가 누구인지 모르는 경우가 대부분이다. 교회가 교제의 중요성을 알고 이에 관해 교육하지 않거나 혹은 규모를 스스로 조정하지 않으면 교제 없는 교회 혹은 동호회 수준의 교회로 전락할 수밖에 없다.

교회의 교제는 동호회에서 갖는 사귐과 분명히 다르다는 사실을 성도들에게 주지시킬 뿐 아니라 공동체적인 성격의 모임 이외의 다른 모임을 교회가 주최하지 않는 것이 바람직하다. 성도들이 가정과 일상에서 자유로운 삶을 즐길 기회를 주어야 한다. 교회에서는 성경을 배우는 것과 말씀에 기초하여 삶을 공유하는 것 그리고 예배와 성찬을 통해 하나님의 사귐에 참여하는 것은 권장하되, 행사를 치르듯이 모임을 만들고 그것을 성도의 교제라고 부르는 일은 지양해야 한다. 이렇게 되면 교회는 언제든지 동호회 수준으로 전락할 위험에 노출되기 때문이다. 설령 동호회를 통한 교제가 필요하다는 인식을 공유한다 해도 분파를 형성하는 분위기가 되면 교인들 스스로 삼가도록 교육해야 한다.

교회 밖의 교제=선교?

교회는 하나님 나라의 모형이다. 교회는 하나님의 내적인 사귐을 성도의 사귐을 통해 드러낸다. 하나님의 사귐 곧 우리를 위해 삼위 하나님은 각각 고유한 사역을 하시면서 서로 협력하며 일하시는 가운데 세상과 교제하신다. 이 사귐을 드러내기 위해 교회는 교회 밖의 사귐을 갖는다. 한편으로는 우리를 위한 하나님과 세상의 사귐이 교회가 교회 밖의 사귐을 위한 근거가 되지만, 다른 한편으로 그것은 교회의 공공성을 위한 근거이다.

이러한 근거에 따라 실천되는 소위 공공신학은 하나님이 세상을 다스리신다는 믿음에 근거하여 교회가 교회 밖의 질서와 삶에 대한 책임을 인지할 것을 주장한다. 인지할 뿐만 아니라 또한 책임 있는 참여를 주장한다. 사회 각 분야에서 하나님의 다스림이 구체화할 가능성을 찾는다. 곧 정치, 경제, 환경, 인권, 교육, 생명윤리, 남북 관계의 긴장 및 통일, 다문화, 다종교, 양극화 등과 같은 사회 문제를 기독교적 가치에 따라 공감적으로 인식하고 관련된 분야와 합리적인 대화를 시도하면서 사회가 마땅히 귀 기울여야 하는 하나님의 말씀과 뜻을 설득력 있게 전하는 것을 과제로 삼는다.

복음의 현실과 전혀 무관하지 않은 각종 사회 문제와 이슈에 책임 있는 자세로 적극적으로 참여하며 또 각종 제도가 원활하게 기능하도록 해서 인간다운 삶을 실현할 방법을 모색한다. 이것을 위해 교회 밖의 사람들과 기관들과 협력하여 일하는 것, 이것이 교회 밖 교제이다. 최근에는 흔히 '지역 교회'나 '마을 목회'를 구체적으로 실천함으로써 교회가 교회 밖의 교제를 갖는다. 그러나 이것이 항상 긍정적인 측면만 있는 건 아니다. 교회 내적인 교제를 등한시하고 교회 밖의 교제에 전념하는 건 문제이다.[23]

한편, 믿지 않는 사람들과의 교제는 가능한가? 그래서 교회 밖의 교제는 선교로 이해해야 하는가, 아니면 긍휼 사역의 하나로 봉사로 이해해야 하는가?

하나님의 선교(Missio Dei)가 에큐메니즘에 따른 선교의 기본정신과 방법으로 받아들여지면서 그 외연의 폭이 확장하는 추세다. 세상을 창조하신 하나님이 세상을 다스리신다는 사실에서 출발하여 하나님 나라의 범위를 교회에서부터 세상으로까지 확장할 수 있었다. 곧 하나님의 선교는 예수 그리스도의 오심과 더불어 영적으로 임하고 또 그의 인격과 사역을 통해 세상 가운데 밝혀진 하나님 나라가 세

---

23 이와 관련해서는 다음의 글을 참조: 최성수, 『의미는 알고나 사용합시다』 (예영, 2019), 220~230.

상에서 경험될 수 있도록 하는 모든 행위를 포함한다. 단지 믿지 않는 지역에 교회를 세우고 복음을 직접 전하며 세례를 주기보다는 하나님이 앞서 행하신 일을 발견하고 드러낸다는 맥락에서 하나님의 선교는 세상의 구원을 지향함으로써 인권, 생명, 환경보호, 교육 등을 위한 운동을 전개하며, 이것을 선교의 핵심과제로 삼고 있다. 이러니 봉사와 교제와 교육까지도 선교 안에 포함하는 경향이 강하다.

목회 비평의 기준으로서 두 초점의 교제

삼위 하나님의 상호 사귐을 내재적인 사귐과 경륜적 사귐으로 구분하고, 둘 중 하나를 배제할 수 없듯이, 교회 내 성도의 교제와 공적 사역을 통한 교회 밖 사람들과의 교제는 교제의 두 초점을 형성한다. 하나님과 사귐을 중심으로 하면서 교회는 성도의 교제는 물론이고 교회 밖의 사람들과 교제한다. 전자는 예배와 말씀과 봉사를 매개로 하며, 후자는 교회의 공적 사역을 매개로 한다. 전자는 신앙 공동체를 세우기 위한 것이지만, 후자는 세상을 하나님의 다스림을 나타내 보여 질서 가운데 온전히 세우기 위한 것이다. 과거에는 전자를 위해 후자를 희생하거나, 혹은 후자를 위해 전자를 소홀히 하는 것이 일반적이었으나 건강한 목회를 위해선 어느 것 하나도 소홀히 할 수 없으며, 만일 하나를 배제하거나 소홀히 하면 교제는 온전해지지 않는다. 교회의 기둥으로서 제 역할을 감당하지 못하면, 교회는 건강을 상실한다.

[점검해야 할 질문들]

– 교제의 신학적인 근거에 대해 얼마나 숙지하고 있는가?

– 두 초점인 교회 내 교제와 교회 밖의 교제는 어떤 것들이 있고 또 그것은 균형 있게 이루어지고 있는가?

– 말씀을 매개로 하는 교제를 위해 구체적으로 행하는 것이 있는가?

---

4. 봉사(섬김)는 왜 교회의 기둥인가?

- 공동체를 위한 교회와 타자를 위한 교회

"예배 이후의 예배는 봉사다."
(1983년 밴쿠버 총회)

봉사와 부르심

교회는 성령의 역사로 형성된 유기적 공동체로서 은사에 따라 서로 구분된다. 그리스도인은 성령의 은사에 따라 서로 구분되기에 공동체의 건강을 갈망하는 그리스도인은 서로를 절실하게 필요로 한다.[24] 서로를 섬기는 일이 교회에서 불가피하게 여겨지는 까닭이다.

봉사(diakonia) 역시 교회의 다섯 기둥 가운데 하나이다. 교회와 봉사의 관계를 살펴볼 때 핵심 질문은 이렇다.

교회의 기능으로서 봉사가 왜 교회의 기둥으로 여겨지는 걸까?

교회는 왜 반드시 봉사를 실천해야 하며, 심지어 봉사가 없는 교회는 왜 건강하지 않은가?

봉사를 흔히 교회의 직분과 연결해서 생각하는 경향은 올바른 일인가?

봉사의 대상은 누구인가?

봉사는 어떻게 실천되어야 하는가?

봉사의 신학적 의미는 무엇인가?

---

24 Edmund P. Clowny, *The Church*, 황영철 옮김, 『교회』(IVP, 1998), 93.

일차적으로 교회 행위로서 봉사의 필요성은 하나님의 명령과 지시 그리고 예수 그리스도의 긍휼 사역에 근거를 둔다. 곧 하나님은 하늘과 땅을 만드신 후에 인간에게 세상을 관리하라고 명령하셨고, 또 후에는 선택하신 이스라엘 백성들에게 하나님만을 섬길 것, 그리고 고아와 과부와 나그네와 가난한 자들을 멸시하지 말고 그들을 돌볼 것을 명령하셨다. 갖가지 이유로 그늘진 곳에 머물 수밖에 없는 사람들을 방치하여 홀로 있게 말고 하나님이 함께 계시는 삶으로 인도하라는 것이다. 이웃 사랑은 바로 이와 관련해서 요구되었다. 그래서 교회는 사역을 통해 하나님 나라를 관리하고, 또 약자를 돌보고 병자를 치료하신 예수님의 사역이 계속 이어질 수 있도록 부르심을 받는데, 이것은 '봉사'라는 이름을 얻는다. 곧 하나님의 다스리심과 긍휼하심을 교회 행위로 나타내는 것이 봉사다. 교회는 예수님의 사역을 자신의 과제로 삼기 때문에 봉사를 교회의 행위로 받아들이는 것은 당연하다. 본회퍼(Dietrich Bonhoeffer)가 말한 타자를 위한 교회로서의 정체성은 바로 이런 맥락에서 규정된다. 봉사를 교회의 기둥이라 여기는 건 교회가 자기중심적이어서는 안 되고 타자 중심적이어야 함을 의미한다. 봉사는 교회를 자기중심적 구조와 사고에서 벗어나 타자 중심적 구조와 사고로 전환케 한다.

교회는 이 땅에 임한 하나님의 나라를 섬기며 관리하는 일에서 책임을 지고 하나님 나라의 현실을 나타내 보이도록 부름을 받은 실존이다. 봉사 없는 교회는 생각할 수 없다. 교회가 있고 봉사가 있는 것이 아니다. 봉사하는 실존 형태가 교회이다. 이 땅에서 교회는 본질에서 하나님 나라의 모형으로서 하나님의 영광을 위한 존재이지만 또한 타자를 위한 존재로서 정체성을 갖는다. 따라서 봉사는 하나님과 이웃을 섬기는 일이며, 이것이 없이는 교회가 가능하지 않다는 점에서 교회의 기둥으로 여겨지는 건 당연하다. 다만 그 이유를 알기 위해선 무엇보다 하나님은 왜 이웃 사랑의 모습으로 사회적인 약자를 돌보라고 하셨는지 그리고 예수님은 왜 하나님의 다스림과 긍휼 사역을 자신의 중심 사역으로 삼으셨는지를 살펴볼 필요가 있다.

• 왜 봉사인가?

창조신앙의 맥락에서 볼 때, 인간은 다른 피조물과는 달리 하나님의 형상으로 만들어졌다(창 1:26). 인간은 하나님이 위임하신 일을 하며(창 1:28) 또한 서로를 돌보며 돕는 관계로 살도록(창 2:18) 창조되었다. 이 땅에 임한 하나님 나라의 삶은 모두가 겸손한 마음으로(벧전 5:5) 서로 돕는 데서 실천된다. 엄밀히 말해서 모든 인간이 그런 삶으로 부름을 받는다.

사회적 약자의 출현은 대체로 외부의 환경에 의해 강요되거나 촉발된 게 많다. 물론 불의의 질병과 사고로 발생한 것이나 개인의 잘못과 실수 그리고 게으름 때문에 발생하는 경우가 없지 않다. 그러나 하나님은 죄인인 아담과 하와를 돌보셨듯이 어떤 이유에서 빈곤하게 되었든 그들이 생명을 유지하며 하나님의 형상으로서 존엄성을 유지하며 살 수 있기를 원하신다. 사회적인 약자를 돌보라는 명령은 하나님의 형상으로서 인간이 자기의 품위와 인격을 잃지 않고 살도록 도우라는 의미다. 단순히 인간답게 사는 것만을 지향하지 않는다. 더욱 중요한 관건은 하나님이 세상을 돌보시는 일, 그 일을 실천하는 것이다. 하나님은 이 일을 섭리 가운데 행하실 뿐 아니라 직접적인 명령과 지시로 이행하도록 하신다. 늘 자비와 은혜를 베풀어주시지만, 만일 말씀을 듣지 않고 회개하지 않는다면 화를 내고 심판하기까지 하신다. 그럼으로써 하나님은 당신이 세상을 창조하시고 또 다스리시며 돌보시는 분임을 사람들이 인정하길 원하신다.

복음서에 기록된 예수님의 모든 사역은 궁극적으로 하나님 나라와 그 나라가 임하는 것과 관련이 있다. 구약과 크게 다르지 않은 맥락이다. 곧 예수님이 병을 고치거나 마귀를 쫓는 것은 물론이고 사회적 약자를 긍휼히 여기시며 그들에게 특별한 관심을 보이신 까닭은 하나님 나라가 예수 그리스도를 통해 그들에게 임함을 보여주시기 위함이다. 긍휼 사역을 통해 예수님은 하나님 나라의 복음을 전하고 하나님의 은혜를 나타내셨다.

이와 마찬가지로 교회의 봉사는 하나님이 하시는 일을 위임받아 행하는 신앙 행위이다. 봉사는 섬김을 받는 자에게 주의 은혜가 나타나며 또한 하나님의 말씀에 순종하는 그들에게 하나님 나라가 임함을 알려준다. 그러므로 하나님 나라의 모형으로서 교회가 봉사를 기둥으로 삼는 건 지극히 당연하다.

봉사는 우선 교회의 행위(예배와 교육)를 통해 하나님의 뜻이 예수 그리스도를 믿는 자에게 이뤄질 수 있게 하며, 또 교회 밖에서 성도와 관계를 갖는 사람들 곧 교회 밖의 타자에게서 하나님의 뜻이 이뤄지도록 봉사한다. 양자는 결코 분리되어서는 안 되고 오히려 두 초점으로 기능한다. 이것이 제대로 될 때 비로소 균형 잡힌 신앙이 형성된다. 세상 속 신앙의 구조는 원이 아니라 타원의 형태다.

한편, 봉사를 이해할 때는 특히 부르심과의 차이를 염두에 둘 필요가 있다. 부르심과 봉사는 한편으로는 서로 공통점을 갖고 있지만, 다른 한편으로는 차이가 있기 때문이다. 차이를 분명히 알기 위해 각각 나누어서 살펴보자.

• 봉사(섬김)란

구약에서 봉사의 원어는 '쉐렛' 혹은 '에베드'이다. 종이 주인에게 혹은 낮은 자가 높은 자에게 예를 갖춰 행하는 일을 가리킨다. 구약의 사례를 보면 먼저는 특별한 부르심을 받은 자에 대한 태도를 말할 때 봉사 혹은 섬김이란 말을 사용하였다. 요셉이 보디발의 집에서 시중을 들 때(창 39:4), 여호수아가 모세를 섬길 때(출 24:13, 33:11, 민 11:28), 하나님 앞에서 수행하는 제사장들의 직무를 가리킬 때, 제사장들이 섬김을 받을 때(민 18:2), 엘리사가 엘리야를 섬기는 일(열상 19:21) 등이다. '예배하다' 의미로 사용된 '아바드'는 사람에게도 사용되었고 또 하나님을 섬기는 일에도 사용되었다.

헬라어 역본인 70인경(셉투아긴타)에는 이 말이 '둘레인'으로 번역되었다. 신약은 이 말을 가감 없이 그대로 받아들였다. 용례에 따르면 구약의 기본적인 의미를 계승하면서도 예수 그리스도에 의해 전혀 새로운 가치와 의미를 얻었다. 곧 제자들과 사람들에 의해 주님으로 혹은 선생님으로 불린 예수님은 스스로 섬김을 위해 왔다고 말씀하셨고 또 직접 섬김의 본을 보여주면서 그리스도인의 삶의 전형으로 봉사의 가치를 한층 높여주셨다. 이로써 그리스도인은 하나님을 섬기고(예배하고) 또 이웃을 섬기는(사랑하는) 자로 이해된다. 그리고 교회는 예수 그리스도의 섬김이 구체적으로 실천되는 통로가 된다. 교회가 있고 난 후에 여력이 있어서 봉사를 실천하는 것이 아니다. 교회는 봉사함(섬김)으로써 존재한다.

예언서 전통에서 특별히 강조되어 오늘날 널리 받아들여지고 있는 봉사는 하나님이 공동체와 사회적 약자에게 당신의 뜻을 이루시기 위해 주신 달란트 혹은 각종 은사(카리스마)를 가지고 공동체와 그들의 유익을 위해 일하는 것이다.

이에 따라 기독교적인 의미에서 봉사는 하나님을 예배하고, 하나님이 주시는 능력으로 사회적 약자들을 도우며, 특정한 일을 행하는 것을 포함해서 먼저 이런 일을 위해 부르심을 받은 사람에게 하나님의 뜻이 이루어지도록 돕는 것은 물론이고, 또 부르심에 순종하는 사람을 통해 하나님의 뜻이 이루어지도록 돕는 일을 가리킨다. 봉사는 하나님의 뜻을 이루는 일에 공헌하는 사람을 '돕는 행위'이며 또한 사회적 약자를 보살핌으로써 '돕는 행위'이다. 돕되 주인에 대해 보이는 종의 자세를 취하는 것이다. 봉사자는 결코 자기를 주장하지 않는다. 인간을 향한 하나님의 뜻은 하나님을 예배하며 그를 섬기는 것이다. 따라서 봉사는 하나님을 예배하는 자가 하나님을 참으로 예배하도록 돕고, 하나님을 섬기는 자가 하나님을 정성껏 섬기도록 돕는 일이다. 그 일이 일어나는 곳에는 하나님 나라의 경험이 일어난다.

오늘날 봉사는 그 의미가 외연에서 많이 넓어졌다. 곧 일차적으로 하나님을 예배하는 일이며, 그다음으로 하나님과 하나님의 부르심을 받고 일하는 사람들이 사역을 잘 행하도록 돕는 행위이다. 그뿐 아니라 교회 안팎에서 실천되는 긍휼 사역이며 또한 사회적인 약자를 돕는 행위를 가리킨다. 성도 곧 부르심을 받은 자를 섬기는 이유는 그것이 하나님을 섬기는 직분이기 때문이다. 봉사는 부름을 받은 자 개인을 섬기는 걸 목적으로 하지 않고 부름을 받아 수행하는 일이 제대로 되도록 돕는 걸 목적으로 한다.

예컨대 성도가 다른 성도를 섬기는 건 단지 성도의 마음을 얻기 위함이 아니다. 성도가 하나님의 형상으로서 인간답게 살고 또 하나님의 백성으로서 합당하게 살도록 돕기 위함이다. 특히 교역자를 섬기는 일에서 교인은 기쁨조로 전락하지 않도록 스스로 조심해야 할 것이며, 교인을 섬기는 일과 관련해서는 내 편으로 삼으려는 생각을 떨쳐버려야 한다.

봉사에서 처음과 마지막은 하나님의 뜻이다. 사람의 기쁨을 위해서가 아니라 하나님의 뜻이 이루어지도록 돕는 일이며, 내 뜻보다는 하나님의 뜻이 이루어진 것으로 만족한다.

하나님의 뜻을 아는 일은 무분별한 봉사가 되지 않기 위해 매우 중요하다. 그래서 섬김과 관련해서 특별히 주목할 은사는 지혜다. 이는 솔로몬의 경우에서 잘 볼 수 있다. 왕으로 등극한 솔로몬이 하나님께 일천 번 제를 드린 후에 구한 것은 "듣는 마음"이었다. 하나님의 백성을 바르게 섬길 수 있도록 구한 것인데, 이것에 대해 하나님은 지혜를 주심으로 응답하셨다. 그러므로 지혜는 하나님을 섬기고 이웃을 섬기도록 부름을 받은 사람에게 주어지는 하나님의 선물이라고 볼 수 있다. 하나님을 경외하는 게 지혜의 근본이라는 잠언의 말씀은 거짓 없이 하나님을 섬기고 또 이웃을 섬기는 사람은 하나님에게 지혜를 선물로 받는다는 의미로 이해할 수 있다.

하나님의 뜻을 지향한다는 의미에서 고도의 분별력을 요구하는 봉사는 단지 아무 대가 없이 행하는 일을 가리키지 않는다. 일의 수고에 대한 대가를 전혀 받지 않는 일을 봉사라 말하는 관행에서 벗어나야 한다. 무엇보다 아무 대가도 없이 수고하는 일이라고 해서 내 뜻대로 행하려고 해서는 안 된다. 그러니 교회의 특정한 기능(찬양대, 교사, 식사, 청소)을 수행하는 것만으로 봉사의 의미는 온전히 드러나지 않는다. 이것들 역시 하나님의 뜻이 이루어지도록 돕는 일 혹은 섬기는 일이라는 점에서 봉사임에는 분명하다. 그러나 무엇보다 교회의 기능을 수행하여 제도를 유지한다는 생각보다 하나님의 뜻을 위해 부름을 받았다는 생각이 앞서야 한다. 무엇을 하든 봉사는 하나님의 뜻이 드러나고 하나님이 영광을 받으시는 것을 목적으로 한다. 물론 그렇다고 해서 봉사를 받는 사람을 무시한다는 건 아니다. 하나님의 뜻에 대한 깨달음과 의식이 없이 직분을 수행하면 혹 내 뜻대로 되지 않을 때 실망하거나 다툼이 발생한다. 다시 말해서 봉사는 하나님의 뜻이 봉사하는 자를 통해 나타나고, 동시에 그 뜻이 봉사의 대상에게서 이루어지도록 돕는 일을 가리킨다.

그런데 부름을 받은 자가 하나님의 뜻과 무관하게 보이는 행동을 했을 때는 어떻게 해야 할까? 의도를 확인하고 투명한 기준으로 판단이 가능한 경우엔 금해야 하고 봉사를 멈추어야 할 것이다.[25] 그렇지 않은 경우, 봉사와 관련해서 갈등과 다툼이 생기는 이유는 봉사의 현장에 임해서 그것이 내가 생각하는 일과 다를 때, 혹은 주관적으로나 객관적으로 볼 때 이것은 아니라고 생각될 때, 혹은 섬김의 대상에 윤리적 도덕적 문제가 있다고 여겨질 때다. 이런 경우 봉사를 그만두어야 할까? 열심을 갖고 봉사하지만 잘못된 생각에서 혹은 상황 판단을 잘못해서 일어나는 경우나 생각의 차이에서 오는 갈등의 경우엔 무조건 비난하기보다는 이해하고 공감하는 마음을 갖고 또 인내와 용기를 갖고 대화를 통한 소통의 노력이 필요하다. 인간이 온전치 못하여 생기는 일과 잘못된 의도를 갖고 행하는 일은 구분해야 한다. 전자는 관용과 인내가 필요하나, 후자는 계속되는 대화를 통해 막아야 한다.

봉사는 인간이 하나님의 다스림을 교회와 세상 가운데 나타내는 한 방식이며, 인간은 봉사를 통해 세상 속 하나님 나라를 관리하고 궁극적으로는 하나님을 영화롭게 한다. 봉사는 하나님을 예배하는 일이다. 그러므로 아무런 대가 없이 교회의

---

25 한국교회에는 담임 교역자의 불의한 행동을 알면서도 부 교역자가 생존을 핑계 삼아 봉사하는 일이 많다. 가능한 한 다른 사역지를 알아보아야 하며, 직언할 용기가 없다면, 비록 욕을 먹고 인사상의 불이익이 온다 해도, 의도적인 태만을 보임으로써 불의가 이기지 않도록 하는 것을 추천한다.

기능을 수행한다고 해서 그것을 봉사로 생각하지 않아야 하고 교회 성장을 위한 방편이 되어서는 안 되며, 무엇보다 교회 내에서 목사를 비롯한 특정인의 마음을 사기 위해서나 그 사람의 기쁨과 만족을 위해 행하는 일이어서는 결코 안 된다. 담임 교역자의 심기를 살피고 비위를 맞추는 일을 봉사로 여겨 감언이설을 일삼는 일도 삼가는 것이 좋겠다. 간혹 힘을 북돋고 위로를 주기 위해 할 일이 있으나 오직 그것만을 위해 행하는 일은 봉사가 아니다.

성경에 따라 이해된 봉사의 기본 의미는 시간이 지나면서 확장되었다. 봉사는 종종 '섬긴다'라는 표현으로 대체된다. 섬김은 기본에서 낮은 자가 높은 자를 돕는 일이다. 기독교적인 맥락에서 섬김은 어떤 일이든 하나님의 뜻 가운데 진행되도록 돕고, 대상이 누구이든 하나님의 은혜를 경험하게 하거나 하나님의 뜻에 순종할 수 있도록 돕는 일이다. 하나님의 뜻에 따라 마땅히 되어야 할 일들이 나 아닌 다른 사람을 통해 이루어지는 일에서 잘 될 수 있도록 돕는 것이다. 부르심에 충실하게 살도록 돕고, 연약한 자의 회복을 돕고, 또 하나님의 형상으로 살도록 돕는 일이다.

앞서 말했듯이, 성경은 봉사와 관련해서 특히 고아와 과부와 노인과 나그네 그리고 가난한 자와 병약한 자 같은 사회적 약자를 돕는 것을 강조한다. 현재 서구나 한국에서 '디아코니아'란 이름으로 행하는 일들의 목록들을 살펴보면 알 수 있다.

그러나 봉사의 기본적인 의미를 간과하지 않아야 한다. 곧 이들에 대한 봉사와 섬김은 단지 구제의 의미가 아니다. 그들로 하나님의 은혜를 경험할 뿐 아니라(이것은 어느 정도 구제의 의미가 있다고 볼 수 있겠다) 그들이 하나님의 뜻에 따라 살 힘을 북돋기 위함이다. 그들을 향한 하나님의 뜻이 이루어지도록 하는 일이어야 한다.

봉사의 유익은 봉사자를 통해 하나님의 도움을 만나고 또 돕는 자 역시 부지중에 하나님을 만나는 기회가 된다는 것이다(참고: 마 제25장의 양과 염소의 비유). 그러므로 봉사하는 자와 봉사의 대상 모두 봉사 행위를 통해 하나님을 만난다. 이런 의미에서 봉사(service)는 예전을 통하지 않은 예배(service of God) 곧 삶으로서의 예배다. 1983년 캐나다 밴쿠버 WCC 총회에서 말했듯이, 봉사는 "예배 이후의 예배"이다.

하나님과 예수 그리스도의 긍휼과 자비를 실천하는 태도와 삶은 남보다 앞서기 위해 치열하게 경쟁하는 사회 혹은 모두가 경제적으로 힘겹게 살아가는 상황에서 일반인들을 놀라게 하는 이유로 작용해 사회적인 관심을 끈다. 봉사를 통해 구약 백성은 주변 국가로부터 그리고 로마 식민지 시대의 교회는 주변 사람들로부터 많은 주목을 받았다. 물론 마땅히 해야 함에도 실천하지 못했을 때 하나님은 혹독하게 책망하셨다.

봉사는 부르심이 우선되어야 하며 여기에 더해 능력과 성품이 바탕을 이룬다. 하나님의 뜻과 관련한 일이니 부르심이 우선이고 또 자기도 할 수 없는 일을 좋다고 해서 남을 도우려고 나설 수는 없기 때문이다. 그리고 돕는 자로서 갖추어야 할 성품은 매우 중요하다. 그렇지 않다면 차라리 안 하는 것만 못하다. 그러니 봉사는 먼저 자기 능력을 알고 또 부르심에 순종하여 자발적으로 실천할 때 가장 큰 효율을 나타낸다. 필요하다고 해서 능력도 안 되는데 나서거나 혹은 필요하다는 이유로 누군가를 강제로 일하도록 하는 건 엄밀히 말해서 봉사가 아니다. 그렇게라도 해서 은혜를 경험한 사람들의 간증이 있어서 비록 단언할 수는 없지만, 아무리 그래도 봉사는 본질에서 자발적이어야 한다. 그래서 봉사를 위해서는 동기 부여가 필요하다. 봉사를 수행할 사람을 임명한다고 될 일이 아니다.

그러나 훈련의 의미에서 어느 정도는 가능하다. 처음에는 못할 것 같았는데 부르심에 순종하여 행하다가 잠재력을 발견할 수 있기 때문이다. 게다가 부족함을 느끼면서 부르심으로 받아들여 순종하면 하나님의 도우심을 구하며 간절히 기도할 마음을 갖게 된다. 봉사에 필요한 능력을 성령의 은사로 공급받기도 한다. 따라서 교회의 봉사는 공동체의 부름에 따라 수행된다. 교회는 적합한 사람을 신중하게 선정해야 하지만, 직분에 임명된 성도는 설령 자신에게 입증된 능력이 없어도,

교회로부터 직분이 주어지면 일단은 하나님을 신뢰하면서 순종하고 기도함으로 능력을 구해야 한다.

그러나 본인의 동의도 없이 일방적으로 임명하면서 순종을 강요하는 경우엔 이내 문제가 발생한다. 불평과 불만이 생기고 때로는 교회 갈등의 불씨가 된다. 함께 일하는 사람마저 덩달아 힘들어진다. 좋게 시작했다가 상처로 혹은 원망으로 혹은 다툼으로 마치는 경우가 허다하다. 봉사를 위한 동기가 부여되면 자기 능력과 성품을 고려해서 자발적으로 감당하는 것이 가장 바람직하다. 이때는 즐겁게 일할 수 있기 때문이다. 봉사를 받는 사람뿐만 아니라 본인 스스로에게도 유익이 된다. 만일 정서상 혹은 개인의 성격상 자원의 뜻을 알리기 어렵다면 교회가 직분을 줄 때 열린 마음으로 감사함으로 받아들이는 것이 좋다.

봉사는 거저 받았으니 거저 준다는 정신으로 해야 한다(마 10:8, "…너희가 거저 받았으니 거저 주라"). 그렇지 않으면 사람은 봉사에 대한 대가나 보상 혹은 인정을 어떤 형태로든 기대하게 되는데, 이것은 봉사의 의미에서 벗어날 뿐 아니라 교회의 다양한 기능을 무력화하는 주범이다. 봉사의 핵심은 하나님의 일을 함으로써 하나님의 뜻이 이루어지는 데에 쓰임을 받는 것이다. 하나님을 예배하는 일이다. 사람을 섬기는 일이든 교회 내 어떤 사역을 감당하든 마찬가지다. 그 이상도 이하도 아니다. 오히려 하나님 나라를 관리하는 일 곧 하나님이 하실 일을 하도록 허락받은 것 자체가 은혜이다.

만일 봉사로 여기고 행했으면서 상대에게 인정받으려거나 유무형의 대가를 기대하면 더는 봉사가 아니며 오히려 심각한 교회 문제만을 일으킬 뿐이다. 신앙적으로 동의가 되지 않으면 차라리 하지 않는 것이 서로에게 유익하다. 부탁한 사람과의 관계 때문에 어쩔 수 없이 하다가 더 큰 문제를 겪는 것보다 자신의 형편과 처지를 이해시키고 거절하는 것이 훨씬 낫다. 인정욕구가 과하게 일어날 것으로 예상한다면 나중에 스트레스를 받지 말고 처음부터 하지 않는 것이 좋다. 일 자체에 매료되기보다 하나님의 뜻을 우선해야 하고 또 자기 능력과 한계를 돌아볼 수 있어야 한다.

그러나 마땅히 해야 할 일을 행하지 않았을 때 하나님은 매우 실망하시고, 만일 불순종이 거듭 반복되면 실망을 넘어 진노하신다. 이런 상황을 생각한다면 사역의 의미로서의 봉사는 자발적으로 행하는 것이 바람직하나 예배하는 일과 사회적 약자에 대해서는 사정이 다르다. 예배에 관해서는 앞서 말했고 또 익히 알고 있지만, 특히 사회적 약자들을 위한 봉사는 교회의 의무다. 하기 싫어도 해야 한다. 왜 그런가? 사회적 약자에 대한 봉사가 당위적인 까닭은 이 일이 인간에 의해 자발적으로는 행해지지 않기 때문이다. 예외가 없지 않지만, 자기가 원하는 대로 살길 고집하는 인간의 본성상 그렇지 못하다.

그러므로 하나님은 의무 규정을 통해 사회적인 약자가 돌봄을 받도록 하셨다. 이 일이 이행되지 않을 때는 분노하셨다. 이것이 봉사이며, 이를 통해 하나님의 긍휼하심은 구체적인 모습을 얻는다. 성도는 비록 의무라도 순종하여 이행함으로써 사회적인 약자를 돌볼 때 하나님의 긍휼하심이 나타나 결과적으로 하나님께 영광을 돌린다. 이스라엘 백성과 예수 그리스도를 믿는 사람들은 봉사를 통해 하나님의 뜻을 드러내도록 먼저 부름을 받은 것이다.

• 부르심

바로 앞부분의 글에서 어느 정도 밝혀졌듯이 부르심은 특정한 사람이 하나님 나라와 긍휼의 뜻에 순종하도록 하나님이 특별히 요구하시는 일이다. 교회가 임명하는 것 같지만 부르시는 분은 하나님이다. 부르심을 받아들이는 것은 본인에게 달려 있다. 그래서 이것은 자발적인 것처럼 보인다.

그러나 사도 바울은 전혀 다른 말을 했는데, 우리에게 소원을 두고 행하시는 분은 하나님이라고 말한 것이다(빌 2:13, "너희 안에서 행하시는 이는 하나님이시니 자기의 기쁘신 뜻을 위하여 너희에게 소원을 두고 행하게 하시나니"). '우리'라는 표현에서 이것이 개인이 아니라 공동체를 염두에 둔 것임을 알 수 있다. 그리고 교회의 행위가 자발적인 것 같아도 뜻을 이루시기 위해 하나님이 공동체의 마음에 공동의 소원을 두고 행하게 하신다는 말이다. 성령이 행하시는 일임을 이렇게 표현한 것인데, 이것은 봉사와 비교할 때 조금 차이가 있다. 하나님의 부르심에 따라 행하는 일은 마땅히 해야 할 일로 여겨지기 때문이다. 하나님의 부르심에 따라 주어진 일은 어떤 방해와 어려움이 있어도 반드시 행해져야 한다.

하나님이 우리 안에 소원을 두고 행하시면서 우리로 봉사하도록 부르셨지만, 사실 하나님은 부르심과 함께 부르심을 수행할 수 있는 능력 곧 은사를 주신다. 구약에서는 이것을 복으로 인지했지만, 신약에서는 성령의 은사로 혹은 하나님의 능력으로 인지했다. 곧 하나님은 복, 은사, 능력을 주시면서 당신의 뜻이 부르심에 순종하는 자들을 통해 이루어지도록 하신다. 그러니 순종은, 설령 겉보기에는 십자가를 지는 것같이 보이고 또 순종의 과정에서 고난을 겪을 수 있어도, 실상은 하나님의 은혜 안에 머물고 또 하나님의 은혜로 사는 삶의 모습이다.

그러나 만일 우리가 순종하지 않으면 하나님의 뜻은 반드시 이루어지는 것이기에 부르심은 필연코 다른 사람에게 옮겨 간다. 촛대가 옮겨지고 복(하나님의 능력)과 은혜가 이동한다. 하나님의 뜻은, 비록 인간의 불순종 때문에 시기적으로 지연될 수 있을지 모르지만, 때가 되면 반드시 이루어지는 것이어서(사 55:9~11) 내가 순종하지 않으면 다른 사람을 통해 성취된다. 따라서 부르심의 핵심은 나의 소원이나 의지가 아니라 하나님을 신뢰하는 것과 하나님의 뜻을 내 뜻으로 받아들여 순종하는 것이다.

하나님의 부르심에는 후회함이 없다(롬 11:29)고 했다. 순종하면 비록 그 일로 인해 고난을 겪을 수 있어도 하나님의 뜻이 이루어지는 것은 물론이고 궁극적으로는 순종한 사람에게도 유익이 된다. 영광은 십자가 후에 온다. 눈에 보이지 않고 또 당장 나타나지 않을지 몰라도 하나님의 복(능력)이 임한다. 이렇게 단언적으로 말할 수 있는 까닭은 모든 부르심에는 하나님의 약속이 있기 때문이다. 부르심의 목적은 하나님의 뜻을 이루고 성도가 온전하게 되는 것이다. 부르심에는 하나님의 권한위임(empowerment)이 일어나기 때문에 하나님의 능력이 부어진다. 따라서 부르심을 받은 사람은 하나님의 능력으로 살고 또 그분의 속성을 드러낸다. 성령이 도와주시기 때문에 순종만 하면 하나님이 일을 이루신다. 순종 후 결과를 기다리는 시간은 많은 경우 어둠으로 경험되는데, 사실 이건 하나님이 일하시는 시간이다. 어두울 때일수록 하나님이 당신의 일을 이루시길 기대하면서 인내할 일이다.

• 봉사와 부르심

지금까지 봉사와 부르심을 구분하였지만, 엄밀히 말해서 양자는 서로 교차하는 부분이 많다. '봉사는 하나님의 부르심을 받고 행하는 일'이라는 의미에서 그렇다. 하나님의 뜻이 교회를 통해 이뤄지고 또 사회적 약자에게 일어나는 일에 대해서는 무조건 부르심에 순종하는 마음으로 봉사의 태도를 보여야 한다. 그런데 처음에는 의식하지 못하고 있었던 봉사가 나중에 하나님의 부르심으로 확인되는 경우가 있다. 주 안에서 행하는 봉사는 내가 할 수 있고 또 한다고 해서 가능한 일이 아니다. 주의 일은 하나님의 부르심에 근거한 봉사를 통해 이뤄진다. 그렇다고 해서 봉사하는 사람이 다 부르심을 받는 건 아니다. 하나님의 영광을 위해서가 아니라 종종 스스로 의미 있다고 생각해서 봉사에 참여하는 사람들이 있기 때문이다. 그러나 의미의 깨달음 자체가 성령이 주신 생각이라 말할 수 있기에 이런 봉사에도 유익이 나타나고 또 아무것도 하지 않는 사람에 비하면 낫다.

그러나 경험적으로 보면 이런 봉사에는 믿음의 성장이 드물게 나타난다. 믿음은 한계상황을 만나고 극복하면서 자기 능력 이상의 세계를 지향하면서 하나님을 신뢰하길 배운다. 그리고 이런 일을 반복적으로 경험하면서 믿음은 진보한다. 그런데 자기 능력의 한계 안에만 머물고 또 자신이 선호하는 일만을 하는 봉사는 한계상황을 만나면 쉽게 포기된다. 그래서 한계를 넘어서는 부르심이라는 생각이 들면 심적으로 부담을 느낀다. 스트레스를 받다가 견디기 어려워지면 신앙마저 흔들린다. 자신이 하고 싶고 또 의미가 있다고 생각하는 만큼만 한다. 믿음의 성장을 기대하지 않고 봉사 자체에만 의미를 둘 때 일어나는 일이다. 현대 그리스도인에게 흔히 볼 수 있는 현상이다.

믿음의 성장을 동반하는 봉사가 되려면 먼저 그것이 하나님의 부르심에 따른 것임을 깨닫기 위한 시간을 가질 필요가 있다. 관건은 내가 할 수 있느냐의 여부가 아니라, 하나님의 뜻에 대한 확신이다. 비록 겉보기에는 할 수 없어 보이는 것이라도, 하나님의 뜻에 대한 열심을 갖고 사모하면서 순종하는 사람에게 하나님이 능력을 주시는 경우가 있다. 사도 바울은 내게 능력 주시는 자 안에서 내가 모든 것을 할 수 있다고 했다(빌 4:13). 하나님을 사랑하고 또 그의 뜻이 이뤄지는 일에 열심을 품고 있다면, 비록 연약하고 부족하다 해도 하나님은 순종을 사용하셔서 그 뜻을 이루신다. 하나님의 도움으로 가능해지는 것이다. 그렇다고 터무니없는 경우는 삼가야 할 것이다. 모두가 부르심을 받는 것은 아니라고 생각할지 모르지만, 사실 모든 인간은 살아있는 한 피조물로서 부르심을 받는다. 그것이 무엇이든 인간에게는 각자 마땅히 해야 할 일, 다시 말해서 하나님의 뜻을 실행에 옮겨야 할 일들이 있다. 생육하고 번성하며 땅에 충만하고 땅을 잘 관리하는 일이다. 기독교인은 이것을 명시적으로 고백하면서 행하지만, 비기독교인은 그렇지 않고 행한다. 인간의 생존을 위해 혹은 생태계를 위해 혹은 미래를 위해 그렇게 한다.[26]

간혹 교인에게 자기 비전을 강요하며 무리한 일을 시키면서 그것을 부르심이라는 이름으로 포장하는 교역자가 있다. 공동체의 유익이나 개인의 능력과 특성

---

26 비록 이유와 목적은 달라도 부지중에 하나님의 뜻에 순종한다고 말한다고 해서 가톨릭 신학자 카를 라너(Karl Rahner)가 말하는 "익명의 기독교인(anonymous Christian)"을 말하는 것은 아니니 착오가 없기를 바란다. 익명의 기독교인이란 예수 그리스도를 믿지 않고 선한 행위를 행하는 사람으로서 그 행위를 통해 하나님의 구원을 받을 수 있다고 여겨지는 사람을 말한다. 비록 입술로 고백하지는 않아도 행동으로 하나님을 인정하고 또 고백한다고 보기 때문이다. 행위로 얻는 의나 타 종교 안에서도 구원이 있다고 가르치는 가톨릭에서는 가능할지 모르겠지만, 개신교에서는 종교 다원주의(religious pluralism)를 추종하지 않으면 받아들이기 힘든 주장이다.

을 생각하지 않고 오직 자신이 필요하다고 생각해서 일을 시키며 그렇게 말하는 것인데, 이것은 본질에서 하나님의 이름을 함부로 부르는 일이며, 교역자의 자질과 영성이 부족해서 발생한다. 얼마나 많은 교인이 교역자들의 잘못된 요구로 마음의 상처를 받는지 모른다. 특히 청년들이 이런 교역자들 때문에 겪는 마음고생은 말로 다 할 수 없다. 오늘날 대한민국 청년들이 처한 형편과 처지를 생각한다면, 청년들에게 무리한 봉사를 강요하는 건 절대 삼가야 할 것이다. 교역자는 교인에게 직분과 과제를 주면서 서둘러 부르심을 말하기 전에 먼저 교인의 능력과 특성을 깊이 고려하여야 한다. 충분히 대화를 나눈 후에 본인의 의사를 반영하며 일을 맡기는 것이 좋겠다. 이것은 사실 목회 사역 중에 인사행정과 맞닿아 있는 부분이다. 적절한 인재 양성과 배치가 잘못되면 교회 자체에 문제가 생길 수 있다. 교역자는 하나님의 부르심을 대행하는 위치에 있다고 자신하기 전에 먼저 영적 능력 및 분별력뿐만 아니라 합리적인 리더십을 발휘할 수 있도록 훈련해야 한다.

성도는 봉사에 임하기 전에 진정한 부르심에 따른 순종인지, 아니면 자기 욕망에 따른 것인지를 분별할 필요가 있다. 물론 앞서 언급했듯이, 처음에는 자신이 원해서 한 일이지만 나중에 부르심을 받는 경우가 있기에 부르심이 봉사의 유일한 동기라고 말할 수는 없다. 그렇다면 무엇을 기준으로 분별할 수 있을까? 내가 할 수 있느냐의 여부가 아니라 봉사를 받을 사람들이 필요로 하는 것에 대한 열정이 있느냐 없느냐의 여부이다. 그리고 내가 하고 싶고 또 나의 만족을 위해 하는 것인지 아니면 하나님을 나타내기 위한 것인지, 하나님의 영광을 위한 것인지를 명확하게 구분해야 한다. 앞서 언급했듯이 열정과 관심으로만 임하기보다는 자기 능력과 한계를 냉철하게 고려하면서도 하나님을 신뢰하는 마음을 갖고 결정해야 한다. 그렇지 않으면 불현듯 찾아오는 영적인 어둠에 휩싸일 수 있다.

• 봉사와 쉼

앞서 말한 부분을 조금 관점을 달리해서 살펴보자. 봉사와 쉼의 관계다. 교인의 봉사는 대개 토요일이나 일요일(주일)에 이뤄진다. 많은 사람은 아직도 토요 휴무제의 혜택을 받지 못하고 일한다. 여하튼 정도의 차이는 있지만, 그들은 일주일 동안 삶의 현장에서나 가정에서 일한다. 토요일과 주일 혹은 오직 주일만이 그들에겐 쉼의 날이며 재충전의 시간이다. 교회는 그들의 쉼의 시간을 이용해서 봉사할 기회를 제공한다. 앞서 말했듯이 그리스도인의 봉사는 일차적으로 하나님을 예배하며 사회적 약자를 돌보는 일이다. 부르심에 따라 일하는 사람들에게 하나님의 뜻이 일어나고 또 그들을 통해 하나님의 뜻이 성취되도록 돕는 일은 그 후에 행하는 것이 마땅하다.

그런데 교회 직분을 맡은 자들의 쉼은 어떻게 보장될 수 있는가? 무엇보다 교회 내 평신도의 위상이 전과 같지 않은 현실을 염두에 둘 때, 교회 행위가 교역자에 의해서만 수행되어야 한다고 말하는 것은 교인 스스로가 용납하지 않는다. 비록 전문성은 부족하겠으나 교인 역시 교회 행위에 주체의 자격으로 참여할 이유는 충분하다. 다만 일과 가정에 전념하면서 교회 일을 맡아 행한다는 것은 교인에게 적지 않은 부담이다. 열심 있는 성도는 대체로 일주일 내내 쉼이 없는 시간을 보낸다. 가족과 보내는 시간도 부족하고, 개인적인 쉼의 시간도 부족하다. 교회는 이 문제를 어떻게 해결할 수 있을까?

무엇보다 봉사의 개념을 바로 이해할 필요가 있다. 직분을 수행하는 것이 어떤 의미에서 봉사인지를 숙지해야 한다. 교회 봉사는 누구나 하나님 나라의 백성으로서 살 수 있도록 돕는 것이다. 기본적으로 사회적 약자가 인격체로서 인정받으며 살도록 돕는 일이며, 의미의 확장에 따른 봉사의 경우엔 교회 행위의 주체들을 돕고 또 봉사의 대상을 섬기는 것이다. 교역자는 일하지 않는데 교인만 일하는 건 바람직한 현상이 아니다. 교인은 철저히 돕는 위치에 서 있어야 한다. 설령 평신도 사역자가 있어도 그를 돕는 위치에 있어야지 성도 자신이 전적으로 맡아 일하는 건 봉사라 할 수 없다. 그렇게 하도록 철저히 훈련되고 또 본인 스스로 소명으로 받아들인다면 아무 상관이 없지만, 그렇지 않으면 더는 봉사라 볼 수 없다. 이런 일을 방지하기 위해서 교회는 교인들이 기꺼이 봉사할 수 있는 마음을 가질 수 있도록 철저하게 교육하고 훈련하든가, 아니면 사역을 대폭 줄이든지 해야 할 것이고, 만일 사역을 줄일 수 없다면 교역자를 더 고용해야 한다. 사역을 줄이지도 않고 또 인건비 부담 때문에 교역자를 고용하는 대신에 교인들을 동원할 수밖에 없는 일을 한다면 쉼이 없는 봉사는 계속해서 늘어갈 것이고 교인은 계속해서 소진하는 악순환을 겪을 것이다.

섬김은 제자도

섬김의 의미에서 봉사의 전형을 보이신 분은 예수님이다. 예수님은 "내가 너희에게 행한 것같이 너희도 행하게 하려 하여 본을 보였노라(요 13:15)" 말씀하셨다. 일반적으로 섬김은 낮은 자가 높은 자에게 행하는 태도이지만, 하나님의 아들이신 예수님은 당신의 오심과 함께 하나님 나라가 이미 현존해 있음을 우리가 알 수 있도록 스스로 섬김의 본을 보이셨다. 그리고 우리가 마땅히 서로를 섬기며 살기를 원하셨기에 스스로 섬김의 본을 보이셨다. 비록 낮은 자가 높은 자를 섬기는 것이 마땅하지만, 높은 자가 낮은 자를 섬김으로써 주 안에서는 전혀 다른 질서가 세워진다. 곧, 우리 가운데 높은 자가 있다면 마땅히 낮은 자를 섬길 것이며, 동등한 자는 서로에 대해 더더욱 그러할 것이라는 뜻이다. 누가복음 22:27에서 예수님은 "나는 섬기는 자로 너희 중에 있노라"라고 말씀하셨다.

봉사(섬김)는 일종의 제자도다. 요한복음 12:26에서 예수님은 "사람이 나를 섬기려면 나를 따르라(밑줄은 필자 강조) 나 있는 곳에 나를 섬기는 자도 거기 있으리니 사람이 나를 섬기면 내 아버지께서 그를 귀히 여기시리라"라고 말씀하셨다. 봉사(섬김)는 제자도의 하나로 하나님께 영광을 돌리며 또 하나님에게 귀하게 인정받는 한 방법이다.

봉사의 대상은 이웃에 제한하지 않는다. 유대인에게 이웃 사랑은 의무였지만, 여기서 그들은 자기를 중심에 두고 가족, 친족, 사회, 국가, 종교, 그리고 맨 마지막에 이방인을 두었다. 그들에게 봉사는 우선 이웃을 위한 행위였다. 그러나 예수님은 유대교의 사고를 넘어서 진정한 이웃의 의미를 밝혔다. 곧 선한 사마리아 사람의 비유를 통해 예수님은 돕는 자의 위치를 기준으로 삼을 것이 아니라 도움이 필요한 사람을 기준으로 돕는 일을 실천해야 함을 강조하셨다.

창세기에 하나님이 인간을 향해 땅을 관리하라고 말씀하신 것을 보면 인간의 봉사는 피조물의 세계에까지 확장된다. 생태계에 대한 인간의 잘못된 태도, 곧 자연을 지배하고 동물들을 인간 중심적으로 다루려는 자세는 인류를 위협할 정도가 되었다. 이걸 회복하기 위해 인간의 봉사는 마땅히 피조물에까지 확장해야 한다.

봉사는 하나님이 사용하시는 도구

한편, 봉사와 관련해서 부여된 특별한 의미라고 생각하는데 예수님의 봉사 행위에 추가로 부가된 것이 있다. 자신을 대속 제물로 주는 일을 봉사와 관련시킨 말씀이다.

> "인자가 온 것은 섬김을 받으려 함이 아니라 도리어 섬기려 하고 자기 목숨을 많은 사람의 대속물로 주려 함이니라"(마 20:28)

대속 행위는 봉사에 덧붙여서 행하시는 것이 아니라 예수님의 봉사가 갖는 또다른 의미이다. 다시 말해서 예수님의 봉사는 단순히 사람에게 심리적으로나 육체적으로 유익을 주기 위한 것만이 아니라 죽음으로부터 생명을 구하고, 억압 상태에서 자유를 주기 위한 것이라는 말이다. 좀 더 정확하게 말한다면, 하나님의 구원이 자기를 통해 현실이 되도록 순종한다는 의미이다. 이런 점에서 우리의 봉사와 예수님의 봉사는 질적으로 다르면서도 하나님의 보내심에 따라 사역한다는 점에서는 공통적이다.

대속물은 노예 상태에 있는 사람이나 생명의 위협을 받는 사람들을 구하기 위해서 지불하는 재화(돈이나 물건)를 가리킨다. 예수님이 자신의 봉사를 모든 사람을 위한 대속물로 이해하셨다는 사실로부터 우리는 인간이 어떤 상태에 있는지를 확인할 수 있다. 곧 인간은 죽을 운명에 처해 있거나 사망의 종으로 있다. 인간은 구원이 필요하며, 또한 생명의 회복이 필요한 상태에 있다.

제사와 관련해서 대속물에 대한 전통적인 개념을 갖고 있던 유대인들이 당시 로마의 식민지 상태에서 이 말을 어떻게 이해했을지 궁금해진다. 혹시 출애굽 사건을 알고 있는 그들은 자기들을 로마 식민지 상태로부터 자유롭게 하실 것이라는 말씀으로 이해했을까? 그럴 가능성이 커도 유대인들이 어떻게 이해했는지는 정확하게 알 수 없다. 다만 제자들은 예수님이 주의 나라를 통치하실 때 한 자리를 차지할 것을 기대했던 것 같다. 그들은 자신을 일종의 구국 공신으로 여기며 왕으로 등극하실 예수에게서 어느 정도 보상받길 기대했다. 세베대 아들의 어머니만이 속내를 드러냈을 뿐, 사실 제자들이 대부분 그런 생각을 했다고 생각해도 무리는 아니다. 그러니까 제자들을 포함해서 예수님을 따랐던 사람들은 하나님 나라가 임할 때 자신의 행위에 따른 보상을 기대한 것이다. 예수님은 제자들의 이런 기대를 보시고 그들이 섬기기보다는 섬김을 받으려 했다고 이해하셨다.

이와 관련해서 예수님은 그들의 기대와는 전혀 다른 말씀을 하셨다. 자신을 따라다니는 제자들이 하나님 나라에서 권력을 누리는 것을 다른 사람의 섬김을 받는 것으로 이해하시고는 그것을 거부하셨다. 사람들의 으뜸이 되려는 사람은 오히려 먼저 사람들의 종이 되어야 한다고 하셨다. 그 모형으로 예수님은 당신 자신이 섬기는 자로서 오셨고 또 실제로 그렇게 사셨다는 사실을 보여주셨다. 그리고 섬김의 도에 덧붙여 말씀하시기를 자신의 섬김은 많은 사람의 대속물이라고 하셨다. 곧, 자신의 섬김을 많은 사람의 생명을 구하기 위한 것으로 여기셨다.

이 말을 들은 당시 유대인들은 혹시 예수님이 자기를 희생하심으로 로마의 지배에서 벗어나게 해줄 것으로 이해했을 테지만, 이것은 오해였다. 구체적으로 말해서 예수님이 자신의 섬김을 대속을 위한 제물로 이해하신 것은, 세상을 사랑하시어 인류를 사망에서 건지시고 영생을 주시길 원하는 하나님의 뜻이 예수 자신에게 이뤄지도록 하면서 동시에 자기 죽음을 통해 성취되길 바라셨다는 사실을 가리킨다. 곧 십자가에서 죽는 일을 가리켜 말씀하신 것이다. 요한은 이를 두고 다음과 같이 말했다.

> "하나님이 세상을 이처럼 사랑하사 독생자를 주셨으니 이는 그를 믿는 자마다 멸망치 않고 영생을 얻게 하려 하심이라"(요 3:16)

그 결과 예수 그리스도를 믿는 사람은 누구든지 죄의 권세에서 해방되고 또 사망의 권세에서 자유롭게 된다. 그뿐 아니라 하나님 나라를 관리할 권한을 위임받는다. 왕 같은 제사장이요 거룩한 나라이며 하나님의 백성이 되는 것이다(벧전 2:9, 계 5:10).

이에 비해 우리의 섬김은 결코 대속물이 될 수 없다. 그러나 우리 스스로는 그렇게 할 수 없지만, 하나님은 세상을 향한 당신의 뜻이 오늘 우리에게서 먼저 이뤄지길 원하신다. 그 결과가 어떻게 나타날지 우리는 알 수 없어도, 하나님의 행위가 먼저 우리에게 일어나게 하고 또 하나님의 뜻이 우리를 통해 이뤄져서 사람들에게 유익이 된다면, 그것이 바로 봉사다. 우리는 모르는 일이지만, 우리가 하나님의 뜻에 우리를 내맡길 때, 하나님은 우리를 통해 당신이 선택하신 사람들을 죄의 세력으로부터 구하실 수 있고, 억압 상태에 있는 사람을 자유롭게 해주실 수도 있다. 그리고 봉사하는 우리를 만나주신다.

개역 개정 본문에는 나와 있지 않지만, 헬라어 원어에는 마태복음 20:28 앞에 접속어 "이와 같이"가 있다. 이것은 예수님의 섬김을 오늘 우리의 섬김의 모형으로 삼으라는 의미를 담고 있다. 따라서 우리의 섬김이 예수님의 섬김과 결코 같을 수 없지만, 우리도 하나님의 뜻에 우리 자신을 내어드린다면, 하나님이 당신의 뜻에 따라 우리의 섬김을 사용하시어 다른 사람의 생명을 구하실지 누가 알겠는가?

이와 관련해서 참고로 베다니에서 일어난 사건을 잠시 생각해보자(막 14:3~9). 예수께서 베다니 시몬 집에서 식사하실 때였다. 한 여자가 매우 값진 향유가 담긴 옥합을 가지고 와서는 예수 앞에서 그것을 깨뜨려 예수님의 머리에 부었다. 일용직 근로자 1년 연봉 가치의 향유를 한 번에 쏟아붓는 것은 누가 보더라도 낭비다. 이것을 본 제자들은 웅성거렸고, 감정에만 사로잡혀 아무 생각 없이 행하는 것같이 보이는 여인의 무절제함을 비난했다. 그런데 예수님은 여인의 행동을 제자들과는 전혀 다르게 보셨다. 그 여인의 행동에 일종의 계시적인 의미를 부여하셨고, 그 여인의 행동 자체는 복음과 함께 영원히 기억될 거라 말씀하셨다.

다른 사람들은 여인의 행위 자체의 의미를 생각하지 않고 불필요하게 낭비되는 물질적 가치에 주목하여 여인을 평가했다. 그러나 여인은 물질이 아니라 예수님 자신에 가치를 둔 것이었다. 그래서 예수님은 제자들의 시각과 달리 여인의 행동을 당신의 복음과 함께 기억할 가치가 있는 것으로 삼으셨다. 그것은 일종의 계시적인 의미다. 예수 그리스도의 죽음을 예비하고 그 죽음의 가치를 나타내는 행위였기 때문이다. 여인은 마음에서 일어나는 간절한 소원에 따라 자신이 가진 것으로 예수님을 섬긴 것이었으나 예수님은 그것을 하나의 계시로 삼으셨다. 우리가 예수님에 어떠한 가치를 두느냐에 따라 우리 역시 그렇게 평가받는다. 그렇다고 아무에게나 가치를 둔다고 해서 우리가 그에 상응한 평가를 받는 건 아니다.

마찬가지로 우리의 섬김은 단지 부르심에 따른 순종이라 비록 그 의미를 알 수 없어도 하나님이 그것을 통해 어떤 역사를 일으키실지 우리는 알지 못한다. 관건은 우리는 다만 섬김을 실천하는 것이고 특히 부르심에 순종하며 나아가는 것이다. 하나님이 행하시는 일이 내게 일어나도록 하고 또 하나님의 뜻이 나를 통해 이루어지도록 할 때 무의미하게 보여 가슴이 아프고 때로는 육체적인 고통을 수반하는 일이 일어난다 해도 하나님은 그것을 통해 복음의 역사를 일으키실 수 있다. 고난을 통과한 후에는 반드시 하나님의 영광을 보게 된다.

예수 그리스도가 이 땅에 오신 목적은 섬김에 있었다. 삶의 방식도 섬김이었다. 이와 마찬가지로 우리도 섬기는 자로서 살아야 하고 또한 그것을 삶의 방식이며 목적으로 삼아야 한다는 것이 예수님의 뜻이다. 이웃을 섬긴다는 것은 이웃에게 그리고 이웃을 통해 하나님의 뜻이 이뤄지도록 돕는 일이다. 곧 섬기는 일은 하나님이 하시는 일이 먼저 나 자신에게 일어나도록 순종하는 것이다. 그 결과는 상대에게 유익이 되는 일이지만, 하나님은 우리의 섬김을 통해 세상의 구원을 위한 당신의 뜻을 이루실 것이다. 가족을 섬길 때 가족을 통해 하나님의 뜻이 더욱 힘을 얻을 것이다. 나의 이웃을 섬길 때 나의 이웃들을 통해 하나님의 뜻은 더욱 구체화될 것이다. 내가 누군가의 섬김을 받는다는 건 나를 통해 하나님의 뜻이 이루어지도록 도움을 받는 일이다. 타인의 섬김을 자기 편의를 위해 즐기는 일은 결코 바람직하지 못하다. 이에 비해 강압적으로 누군가의 섬김을 받으려는 건 다른 사람을 통해서도 또한 나를 통해서도 하나님의 뜻이 이뤄지는 걸 가로막는 일이다. 기독교인으로서 부름을 받았다면, 관건은 내가 섬기는 자가 되느냐 아니면 섬김을 받는 자가 되느냐에 달려 있다. 어느 편을 선택하겠는가?

봉사(섬김)는 예배

앞서 여러 번 언급했듯이 봉사 곧 섬김은 하나님의 뜻이 이루어지길 순종하고 또 순종을 통해 하나님을 만나는 기회라는 의미에서 볼 때 예배라 말할 수 있다. 이와 관련해서 좀 더 살펴보자.

'예배'에 해당하는 영어(service of God)나 독일어(Gottes+dienst)도 그렇지만 히브리어(에베드)와 헬라어(레이투르기아)도 이미 '섬기다' 의미가 내포해 있다. 이에 따르면 섬김은 한편으로는 하나님을 섬기며, 다른 한편으로는 하나님이 섬기시는 일이다. 달리 말해서 하나님의 섬김(다스림과 돌봄)이 사람에게 경험되도록 수고하는 것이다. 하나님을 섬기는 행위 외에 하나님의 섬김이 사람들에게 나타나게 하는 봉사는 일상에서 하나님께 영광을 돌리는 일의 대표적인 사례이다.

"이같이 너희 빛이 사람 앞에 비치게 하여 그들로 너희 착한 행실을 보고 하늘에 계신 너희 아버지께 영광을 돌리게 하라"(마 5:16)

성경의 맥락에서 착한 행실은 단지 윤리적으로나 도덕적으로 착하다는 의미에 앞서 하나님의 뜻대로 사는 것을 가리킨다. 그것이 윤리적일 수 있고 혹은 도덕적일 수 있지만, 결코 그것과 동일시할 수는 없다. 그리스도인이 타인을 위해 어떤 일을 하는 데 있어서 자기 뜻을 따르지 않고 하나님의 뜻대로 되도록 했다면(이를 위해선 자신을 극복해야만 하는 수고와 고통이 따른), 이를 본 사람들이 하나님의 주님 되심을 인정하게 된다는 것이다. 쉽게 말해서 하나님이 세상을 다스리시는 분임을 인정한다. 섬김의 대상은 비록 사람이라도 섬김을 통해 드러나는 건 하나님의 뜻이며 하나님의 주님 되심 곧 하나님이 세상을 다스리시는 분이라는 사실이다. 이런 의미에서 섬김은 예배이다.

예수님 제자들의 직무 가운데 기본에 해당하는 것도 봉사였다(행 1:25). 사도 바울은 봉사에 관해 특별한 의미를 부여하고 싶었던 것 같다. 빌립보서 3:3에서는 봉사가 성령을 통해 이뤄지는 것이라 했는데, 에베소서에서는 좀 더 구체적으로 언급하면서 성령께서 다양한 은사를 주신 목적과 관련해서 "성도를 온전하게 하여 봉사의 일을 하게 하며 그리스도의 몸을 세우려 하심이라"(엡 4:12)라고 말했다. 이런 맥락에서 공동체에서 행하는 봉사는 서로 다른 은사를 받은 성도들이 공동체를 세우고 유지하기 위해 서로에 대해 행하는 것이며, 또한 봉사할 때는 하나님이 공급하시는 힘으로 곧 성령의 도움으로 행해야 한다. 그래야 하나님이 영광을 받으시는 봉사가 된다(벧전 4:10~11).

봉사가 없으면 무슨 일이 일어나는가?

봉사가 교회의 기둥이라는 말은 충분히 이해되었을 것이다. 그렇다면 실제로 봉사가 없는 교회의 모습은 어떠할까? 예수님은 이 땅에 오신 목적이 섬기기 위함이라고 말씀하셨다. 이것을 바탕으로 이해한다면, 봉사 곧 섬김이 없는 교회는 예수님의 사역과 무관한 곳이다. 예수님의 사역이 계속 이어지기 위해 존재하는 교회는 봉사와 더불어 세워진다. 교회는 먼저는 하나님을 예배하면서 세워지고 성도와 이웃을 섬기는 가운데 세워진다. 교회가 힘이 남아서 봉사하는 것이 아니다. 봉사는 교회를 통해 실천되고, 교회는 봉사를 통해 세워지며 건강해진다. 봉사 없는 교회는 교회의 본질에서 벗어난 것이다. 겉모습이 어떠하든 봉사 없는 교회는 얼마 안 가서 건강을 상실해 심각한 상태가 된다.

봉사가 없다는 것이 교회의 일을 맡아 일할 사람이 없다는 의미만은 아니다. 현실적으로 봉사가 없다는 건 무엇보다 사회적 약자가 돌봄을 받지 못한다는 것이다. 사회에서는 자격에 따라 복지 혜택을 받기 때문에 자격을 갖추지 못해 돌봄을 받지 못하는 사람들이 적지 않다. 그런데 교회에서마저도 여러 이유로 돌봄을 받지 못한다면 도대체 누가 그들을 돌볼 것인가? 하나님이 돌보시는데 교회가 돌보지 않는다면, 하나님의 은혜가 철회되는 일은 일어나지 않겠는가? 마태복음 18장에서 용서받은 죄인이 친구의 잘못을 용서하지 못해 처음 상태로 떨어진 경우를 가볍게 여겨서는 결코 안 된다. 교회 직원의 인권과 그들에 대한 복지는 사회보다 못하면서도 교회가 인권과 복지를 위해 일한다고 하면 대체 누가 그 말을 믿겠는가? 도무지 믿을 수 없는 일이 현실 교회에서는 버젓이 행해지고 있다. 후안무치가 따로 없다. 부르심을 받고 열심히 일하지만 아무런 도움을 받지 못해 탈진한다면, 부르심은 계속 유지되지 못하고 중단될 수밖에 없다.

그런 교회에 하나님은 안 계신다고 말할 수 있는가? 단언하기 쉽지 않지만, 하나님의 긍휼하심이 나타나지 않고 하나님의 다스림이 나타나지 않는 곳이라고는 확실하게 말할 수 있다. 하나님이 다스리지 않는다면 인간이 다스리는 곳이고, 하나님의 돌봄이 없다면 인간의 탐욕이 가득한 곳에 불과하다. 부르심으로 일하는 사람을 돕는 사람이 없다면 돕는 하나님이 전혀 경험되지 않는 곳이다. 타인에게는 무거운 짐을 지우고 자신은 편안한 삶을 즐기면서 하나님께 감사하고 기쁨의 생활을 하는 교회는 기형적인 교회임이 분명하다. 비록 그런 교회에 주권적 뜻에 따라 임재하시는 하나님의 존재를 부정할 수는 없어도 하나님의 임재가 경험되지 않는 교회임이 분명하다. 그러니 참다운 예배는 생각할 수 없다.

정리하여 말한다면, 교회가 반드시 봉사를 실천해야 하는 이유는 크게 세 가지다. 첫째, 봉사를 통해 하나님은 세상을 다스리시기 때문이다. 둘째, 봉사를 통해 봉사자나 봉사를 받는 자 모두 부지중에 하나님을 영접하기 때문이다. 셋째, 하나님은 봉사로 부름을 받은 사람에게 지혜를 포함해서 각종 은사를 주신다. 그 이유는 봉사는 하나님의 일을 행하는 것이기 때문이다.

목회 비평의 기준으로서 두 초점의 봉사

봉사는 이 땅에 임한 하나님 나라를 관리하는 삶의 방식이다. 교회 안팎에서 같은 비중을 두고 실천되어야 한다. 어떤 이유에서든 어느 것 중 하나를 소홀히 하면 봉사의 참 의미가 드러나지 않으며, 하나님의 긍휼 사역이 퇴색한다. 하나님의 영광이 드러나지 않게 되는 것은 명약관화하며, 봉사가 결핍된 교회에는 인간의 욕망만이 극대화할 뿐이다. 교회 봉사는 내적으로는 서로 도우며 공동체를 세우고 성도 간 서로 사랑을 실천하는 일이고, 외적으로는 교회의 공공성을 실천할 뿐 아니라 착한 행실을 통해 하나님께 영광을 드리는 일이다.

주의해야 할 일은 교회 밖 봉사에 전념함으로써 교회 내 봉사를 등한시하지 않아야 한다는 것이다. 하나님의 선교(Missio Dei)가 일반적으로 받아들여지는 현실에서 복음 사역에 대한 인식이 변해 교회보다는 교회 밖의 봉사에 더 큰 비중을 두는 경향이 커졌기에 하는 말이다. 과거 지나친 교회 중심의 신앙으로 교회가 양적으로 비대해지긴 했으나 오히려 대 사회적인 봉사를 등한시해 사회에 대한 영향력이 급격히 줄어든 경험에 비추어본다면, 교회 밖 봉사의 중요성은 아무리 강조해도 지나치지 않는다. 그러나 공동체를 세우고 더욱 풍성해지게 하는 봉사는 포기할 수 없다.

교회 안의 봉사는 교회 밖의 봉사를 위한 원동력으로 작용하며, 교회 밖의 봉사는 교회 봉사의 결실이라 말할 수 있다. 교회 안의 봉사와 타자를 위한 봉사는 타원형 궤도를 형성하게 하는 두 초점이다.

[점검해야 할 질문들]

– 직분 맡은 자들을 대상으로 봉사의 의미에 관한 교육은 시행되고 있는가?

– 하나님 나라를 관리하는 일에서 봉사는 어떤 의미가 있는가?

– 성도는 교회의 공공성에 관해 숙지하고 있는가?

– 성도는 교회 봉사와 사회봉사의 관계에 대해서 숙지하고 있는가?

5. 선교는 왜 교회의 기둥인가?

- 선교와 하나님의 선교

"선교는 전 세계를 위해 교회가 짊어진 최대의 과제이다. …
복음화가 이루어지지 않는다면, 세계의 평화는 결단코 오지 않을 것이다."
(1938년 마드라스 세계선교대회 보고서 〈교회의 세계선교〉 중)

하나님 나라와 선교

선교(missio)는 부름을 받은 성도가 증인으로서 삶을 실천하는 신앙 행위이다. 증인으로서 부름을 받은 성도는 선교지로 보내지기 전에 먼저 하나님이 행하신 일들과 그의 말씀을 숙지하고 있어야 한다. 왜냐하면 이것은 일상에서 하나님이 행하신 일을 볼 수 있고 또 그분이 말하는 것을 들을 수 있는 신앙적 인지능력을 갖춘 후에야 비로소 가능하기 때문이다. 따라서 앞서 부름을 받은 성도는 교회에서 하나님을 예배하고, 세상으로 파송된 후에는 일상에서 건강하고 선한 삶을 통해 하나님을 예배한다. 교회는 성경을 통해 하나님과 인간에 관한 교육을 하고, 성도로 성도의 교제 및 봉사를 실천하게 하면서 선교적 영성(missionary spirituality)을 갖추도록 훈련한다.[27] 경우에 따라선 교육과 훈련과정에서 하나님이 직접 보여주시고 또 듣게 하시며 부르신다(모세와 바울과 요한 등, 오늘날에는 오직 말씀과 기도와 목회 상담을 매개로 깨닫게 하시며 부르신다). 증언을 위한 바탕은 하나님의 약속이며, 또한 약속하신 하나님에 대한 신뢰이다. 하나님과 그의 약속을 알지 못하고는 증언할 수 없고, 하나님을 신뢰하지 않고는 하나님을 경험할 수 없으며, 하나님 경험이 없이는 증인의 삶이 불가능하다.

---

27 "선교적 영성"에 관해서는 다음을 참고: 최성수, 『대중문화 영성과 기독교 영성』(글누리, 2010), 195~297.

부르심은 대개 교회 안팎에서 사는 동안에 일어나는 하나님 경험이지만, 어떤 경로를 통해 보고 들었든지 믿음으로 부름을 받는다면, 이것은 증인으로 부르신 것이다. 엄밀히 말해서 모든 성도는 부름을 받고(예배에로의 부름) 교육과 훈련을 받은 후 보냄(축도와 함께 파송)을 받는다. 곧 선교는 하나님과의 교제로 부르심을 받고 또 그 후에 세상으로 보냄을 받은 성도가 하나님의 은혜와 사랑을 증언하여 사람들로 하나님의 행위에 반응하며 살도록 돕는 신앙 행위이다. 증언으로 궁극적으로 기대하는 건 사람들이 예수 그리스도와 그를 통한 계시를 믿고 말씀에 따라 살게 함으로써 하나님께 영광을 돌리도록 하는 것이다. 이런 의미에서 봉사와 마찬가지로 선교 역시 "예배 후의 예배"다.

교역자가 아닌 교인 역시 성도로서 다른 성도를 돌보면서 세상 가운데 부분적으로 임한 하나님 나라를 관리하기에 목회자의 정체성을 갖는다. 하나님 나라를 관리하는 일은 교역자만의 사안이 아니라는 말이다. 따라서 선교는 특정한 사람만의 일이 아니라 모든 성도가 감당해야 하는 실존 형태다. 여기에 예외는 없다. 지역적으로 국내와 국외로 구분될 뿐, 실상은 모두가 증인으로서 살도록 부름을 받고 또 보냄을 받는다.

그런데 증인으로서 하나님의 은혜와 사랑을 구체적으로 드러내어 하나님께 영광을 돌리는 신앙 행위는 하나님이 앞서 행하신 선교(보내심)에 근거한다. 본래 선교는 피조물을 사랑하시어 그들과 더불어 친밀한 교제를 갖길 원하신 삼위일체 하나님이 당신의 경륜에 따라 행하시는 일이다.

> "하나님이 우리를 깊이 사랑하사 그의 사랑하는 이들을 세상 만물의 화목제로 보내신 것은 우리 모든 인간을 성령을 통하여 하나님의 온전하신 사랑과 하나님 아버지와 함께 계시는 그리스도 안에서 하나가 되게 하기 위함인 것이다."(1952 '십자가 아래의 선교'라는 주제로 열린 빌링엔 IMC 대회의 주제 글)

인간의 선교는 하나님의 오심을 기대하면서 종말론적 지평 아래 행해지는데,

이로 말미암아 선교는 위로와 치료와 회복을 동반하는 하나님의 구원을 말할 뿐 아니라 또한 하나님의 심판도 말한다. 곧 하나님은 창조를 통해 세상을 당신의 거처(쉐키나)로 삼으셨으나 인간의 죄로 인해 더는 하나님이 거하시기에 합당하지 않게 되었다. 피조물을 사랑하시고 또 인간과 친밀한 교제를 원하신 하나님은 죄로 인해 막힌 관계를 회복하시기 위해 당신의 유일하신 아들을 세상으로 보내셨다. 아버지의 뜻에 순종하여 이 땅에 육체의 몸으로 오신 하나님의 아들 예수 그리스도는 십자가의 죽음과 부활을 통해 생명과 구원의 길을 보여줌으로써, 비록 세상이 타락했다고 해도 하나님이 끝까지 사랑하신다는 사실을 나타내 보이셨다. 그리고 승천하신 후에는 성령을 보내시어 하나님의 소유(시 24:1 "땅과 거기에 충만한 것과 세계와 그 가운데에 사는 자들은 다 여호와의 것이로다")인 세상을 회복하길 원하시는 하나님의 뜻을 이루게 하신다. 이로 말미암아 더욱 분명해진 일이 이제는 예수 그리스도의 지상명령 형태로 먼저는 사도들에게 그리고 오늘날 우리에게까지 제시되었다. 이런 의미에서 성경의 하나님은 선교하시는 하나님이다.

사도들과 그 후의 시대에도 그랬지만 특히 오늘 우리에게 선교의 핵심은 예수께서 승천하여 육체적으로 부재하시는 때에도 그의 인격과 사역이 성령을 통해 계속된다는 사실을 증언하는 일이다. 곧 예수 그리스도와 더불어 하나님 나라가 이 땅에 현존해 있음이 드러났으며, 이 땅은 그가 다시 올 때 온전해져 하나님이 거하시기에 적합한 곳으로 변화된다. 이때 예수 그리스도 안에서 모든 것은 하나(일치)가 된다(롬 11:36, "이는 만물이 주에게서 나오고 주로 말미암고 주에게로 돌아감이라 그에게 영광이 세세에 있을지어다 아멘"). 그때까지 예수 그리스도를 믿는 성도는 성령을 통해 예수 그리스도와 연합하기에 하나님의 백성으로서 세상에서 왕 같은 제사장으로 산다. 다시 말해서 성도는 예수 그리스도 안에서 그와 함께 세상을 다스리고 또 세상을 하나님이 보시기에 좋은 곳으로 회복한 후 하나님께 돌려드린다. 선교는 이 약속을 믿고 또 하나님을 신뢰하며 사는 동안 깨닫고 얻는 신앙 경험을 말과 삶으로 증언한다. 그와 함께 세상을 다스린다는 말은, 하나님의 말씀이 힘을 얻어 믿는 자들이 많아지고 또 그들을 통해 수많은 증거를 나타내어, 하나님이 세상의 모든 사람으로 그 말씀에 따라 살게 한다는 것을 의미한다. 사도행전은 이 일에서 매우 모범적인 사례들을 보여준다.

달리 말하면 선교는 예수 그리스도를 통해 하나님 나라가 어떻게 존재하고 작용하는지를 증언하고, 그가 승천한 후에는 이 세상에 임한 하나님 나라를 성령의 도우심을 받아 관리하고, 또 세상 모든 사람이 하나님 나라의 백성으로서 일치하여 살도록 곧 영생을 얻기에 합당한 자가 되도록 돕는 일이다. 선교는 예수 그리스도 안에서 하나 되게 하신 성령의 역사(엡 4:3)에 따른 것이다.

> "오직 성령이 너희에게 임하시면 너희가 권능을 받아 예루살렘과 온 유대와 사마리아와 땅끝까지 이르러 내 증인이 되리라"(행 1:8)

선교가 지향하는 것은 타락하여 더는 하나님이 거하시기에 합당치 않은 세상을 다시금 하나님이 거하시기에 적합한 곳(쉐키나)으로 만드는 일이다. 하나님을 인정하지 않는 세상을 다시금 하나님을 인정하며 그의 소유로 돌아가게 하는 일 곧 거룩하게 하는 일이다. 복음의 능력으로 악한 권세를 물리쳐 인간이 인간을 억압하고 착취하는 일이 사라지고 인간다움을 누리며, 창조 질서가 회복하도록 한다. 선교를 통해 세상은 하나님이 거하시기에 적합한 곳으로 변화되는데, 교회는 이런 곳이 존재함을 증언하고 또 실제로 하나님이 세상을 다스리심을 나타내 보이기 위해 세워진다. 교회가 세워지고 그 후에 선교하는 것이 아니라 선교와 함께 교회가 세워진다. 초대교회의 설립은 선교로 가능했고, 선교는 설립 초기부터 헌신적으로 실천되었다. 교회는 원래 하나님의 선교를 뒤따르도록 부름을 받아 사는 사람의 모임이기 때문에, 그 후에 세워지는 교회는 선교적 실존을 정체성으로 가질 수밖에 없다. 선교는 예수 그리스도를 믿는 자를 하나님의 백성으로 부르신 이유이며 목적이다(벧전 2:9, "그러나 너희는 택하신 족속이요 왕 같은 제사장들이요 거룩한 나라요 그의 소유가 된 백성이니 이는 너희를 어두운 데서 불러내어 그의 기이한 빛에 들어가게 하신 이의 아름다운 덕을 선포하게 하려 하심이라").

무엇보다 선교는 사랑을 동기로 실천되는 것이기에 쉽게 이해할 수 없는 일들로 가득하다. 복음서와 사도행전에 기록된 각종 이적과 기적은 선교 현장에서 일어난 일들이다. 성령의 선물 역시 선교의 필요에 따라 주어지는 것이라 볼 수 있다(행 1:8). 선교하는 자에게는 권능과 함께 각종 은사를 필요에 따라 주시는데, 이미 사도(apostolos)란 말 자체가 특별한 목적을 위해 부름을 받고 또 보냄을 받은 사람임을 알려주지만, 교회는 복음을 전하고 하나님이 행하신 일을 증언하는 자로서 부름을 받고 또 보냄을 받은 자들의 모임이라는 정체성을 갖는다. 선교를 받는 사람들을 회개하게 하시는 하나님은 또한 그들에게 성령의 선물을 주시어 그들로 구원을 얻어 온전케 하신다(행 2:37~41).

하나님은 이제 성령을 통해 그리스도인을 불러 교회로 세우시고 또 그들을 예배교육과 신앙교육 그리고 교리교육을 통해 훈련하여 세상으로 보내신다. 역사적으로 볼 때 이 일은 스데반 집사에 대한 박해와 더불어 실현되었다(행 11:19). 다시 말해서 교회가 박해 때문에 디아스포라 그리스도인의 위치에 있게 되면서 제자들은 흩어졌는데, 하나님은 이 사건을 오히려 당신의 계획으로 삼아 복음이 유대인의 경계를 넘어 이방인에게까지 전파되도록 하셨다. 외국 선교의 길을 여신 것이다. 유대 전 지역을 넘고 또 이방인 취급을 받은 사마리아 땅을 넘어 땅끝까지 이르러 복음을 전함으로써 세속과 거룩함을 가르는 경계를 허물고, 거룩함이 하나님의 피조물 전체로 확장된 것이다. 선교의 결실로 유대 지역이 아닌 안디옥이라는 이방인 지역에서 처음으로 그리스도인이라는 말이 생겼는데(행 11:26), 이 사실은 오늘날의 관점에서 볼 때 매우 의미 있는 일이다. 그리스도를 따르는 삶이 사회로부터 주목받았음을 말해주기 때문이다. 게다가 안디옥교회는 최초로 바울과 바나바를 선교사로 임명하여 파송하였다. 바울은 이방인의 사도로 부름을 받고 죽는 날까지 최선을 다해 복음을 전하고 교회를 세우고 또 성도를 직접 혹은 간접적으로 교육하고 훈련하였다. 사회로부터 주목을 받았을 뿐 아니라 또한 말씀대로 살게 함으로써 현실 변화의 주체로서 사회에 대한 책임을 간과하지 않았다. 이 일은 이 땅에 하나님의 나라가 불현듯 그러나 온전히 임할 때까지 계속될 것이다.

이처럼 선교는 교회(건물이 아니라) 설립과 떼려야 뗄 수 없는 관계에 있으며 초기부터 지금까지 당연시된 사역이다. 이로써 하나님은 세상의 혼돈을 물리치시고 이 땅에서 당신의 질서를 다시 세우신다. 그리고 하늘에서와 같이 땅에서도 당신의 뜻이 이루어져, 세상이 하나님이 보시기에 좋은 곳이 되게 하신다. 세상은 하나님이 거하실 만한 곳이 되어야 하는데, 이 일을 예수께서 다시 오실 때까지 실행하는 것이 선교이다. 선교에서 교회의 확장은 부수적일 뿐 최우선의 과제는 결코 아니다. 먼저는 사람들로 그리스도를 믿어 하나님이 행하신 일을 깨닫고 또 하나님의 말씀을 듣게 하면서 하나님의 부르심을 들을 수 있게 깨우는 일이 선행된다. 긍휼 사역과 치유 사역 그리고 건강한 삶을 위해 도움을 베푸는 사역 등이 실행된 후 부르심에 순종하여 하나님의 말씀과 행위에 반응하는 사람들이 늘어날 때 공동으로 하나님 나라를 관리하기 위해 교회설립의 필요성이 부각한다.

그리스도인은 누구든지 하나님 나라의 복음을 전하는 전도자로 그리고 하나님 나라를 관리하는 자로 부름을 받으며, 교회는 이 일을 수행하면서 이 일을 위한 부르심에 응답하면서 세워진다. 교회 역시 선교의 대상일 수 있지만, 교회에 대한 선교는 거듭남, 갱신, 개혁, 변혁 등의 개념을 사용한다. 그러니 선교와 관련해서 교회는 처음부터 개혁을 전제한다. 개혁된 교회가 선교하는 것이니 선교하는 교회는 곧 개혁된 교회라고 볼 수 있다. 선교를 위해서라도 교회는 개혁되어야 한다. 교회는 이 땅에 임한 하나님 나라를 나타내는 모형이다. 그러니 하나님 나라의 현실을 전하는 선교로 교회가 세워지고, 또 교회는 하나님 나라의 실재를 증언하기 위해 곧 선교를 위해 세워진다고 말해도 과언은 아니다. 하나님 나라에 대한 소명이 없는 교회는 존재 이유와 목적이 없는 하나의 종교단체에 불과하다. 하나님 나라가 숨겨져 있는 상태에서 아직 분명하게 드러나지 않은 곳이 있다면, 그래서 그곳으로 보내시는 하나님의 뜻이 있다면, 그 뜻에 순종하여 나아가는 행위가 선교다. 선교는 하나님의 나라가 임할 때, 세상이 그 나라를 인지하고 받아들일 수 있게 할 목적에서 행한다. 하나님이 거하실 만한 곳으로 변해야 한다.

그러므로 선교는 예수 그리스도를 통해 하나님을 아는 지식을 소통하고, 하나님의 말씀에 순종하게 하며, 또 하나님 나라에 합당한 삶을 살도록 돕는 일이다. 궁극적으로는 하나님을 참 하나님으로 인정하여 예배하도록 한다. 따라서 선교는 교육이고 봉사이고 교제며 또 예배다. 이런 의미에서 교회는 본질에서 선교적인 정체성을 갖는다.

하나님이 당신과 하나이신 아들을 세상에 보내실 때 자신을 비우신 것처럼(케노시스), 교회의 보냄은 무엇보다 먼저는 자신을 비울 때 가능하다. 교회가 사람 수를 불리고 또 물질적 성장을 목적으로 삼으면 선교는 어려워진다. 세상의 구원과 풍성함을 위해 자신을 비우시기까지 희생하시면서 당신의 아들을 보내신 하나님은 이제 교회가 자기를 비우는 고통을 감수하고 또 불안정한 상태를 하나님을 신뢰함으로써 극복하면서 세상의 구원과 풍성함을 위해 자신의 일부를 내려놓길 원하신다. 따라서 교회는 세상에서는 비록 고통을 당하나, 하나님은 그 고통을 당신의 아픔으로 삼으시고 당신의 뜻을 이루시는 방편으로 삼으신다.

선교지는 이미 우리 앞서 행하신 하나님의 역사가 숨겨져 있어 우리에 의해 발견되기를 기다리는 현장이고, 우리의 순종을 통해 하나님의 뜻이 더욱 분명하게 드러나는 곳이며, 그리고 그곳이 어디든 말씀에 순종하여 떠난 성도와 함께 계시겠다는 하나님의 약속이 실현되는 현장이다(마 28:19~21). 선교 명령을 순종하는 교회에 하나님의 약속이 주어지는데, 하나님 나라는 이 약속이 실현됨으로써 세상 가운데 구체적으로 드러난다. 오직 순종하는 자만이 부지중에 임하는 하나님 나라를 영접할 수 있다.

• 선교적 교회

앞서 말한 것을 정리한다면, 선교의 본질은 하나님이 우리 앞서 행하신 일들을 발견하고, 그것이 세상 가운데서 더욱 분명해지게 하는 일이다. 땅을 하나님이 거처하실 만한 곳이 되게 바꾸는 일이다. 약한 자가 건강해지고, 가난한 자가 궁핍함을 해결받으며, 힘이 없는 자가 자유를 누리게 한다. 이를 위해 예수 그리스도를 통해 알려진 하나님의 말씀과 행위를 증언하며 복음을 선포한다. 달리 말해서 하나님이 함께 계심을 믿고 신뢰하며 불안정한 상태로 스스로 나아가 순례자로서 사는 일이고 또한 이 땅에 임한 하나님 나라의 소식과 예수 그리스도의 복음을 전파함으로 세상을 사랑하시는 하나님의 뜻을 알게 할 뿐 아니라 하나님이 세상을 위해 일하심을 하나님의 뜻에 대한 순종의 삶을 통해 보이는 것이다.

선교에서 관건은 이 땅에 예수 그리스도를 통해 드러난 하나님 나라를 전하는 것이며, 그것을 특히 말과 선한 행위와 하나님의 말씀에 순종하는 삶으로 증언하는 행위이다. 예수 그리스도의 인격과 사역에 대한 지식을 매개로 감추어진 것은 드러내고, 이미 드러난 것은 더더욱 세련되게 한다. 그리스도인이 말하는 것이 무엇이든 듣는 자들이 듣고 받아들이며 예수 그리스도를 주로 인정하고 회개함으로 하나님 나라의 백성이 되고 또 하나님 나라에 합당하게 살게 하려는 것이다. 첫째는 복음의 현실을 듣고 보게 하는 것이며, 둘째는 회개하게 하려는 것이고, 셋째는 이 땅에 임한 하나님 나라를 받아들여 하나님의 백성으로서 살게 하는 것이다. 예수님이 "회개하라 천국이 가까이 왔느니라"라고 외친 이유이다.

선교는 왕 같은 제사장이요 거룩한 나라와 백성으로서 그리스도인이 선교사의 정체성을 실천하는 신앙 행위이다. 선교하는 삶은 자기를 현실에서 안주하는 삶에서 벗어나 불안정한 상태로 몰아가는 것은 물론이고 자기와 타인에 대해 하나님 나라를 향한 열정을 깨우고 실천한다. 선교를 위한 교육과 선교를 재정적으로 나 물질적으로 후원하는 것까지도 선교로 보는 경우가 있는데, 넓은 의미에서 그렇게 말할 수 있지만 엄밀한 의미에서는 구분된다. 선교는 반드시 부르심과 함께 보내시는 하나님의 뜻이 자신에게 일어나게 하고 또 그 뜻이 자신을 통해 성취되도록 순종하여 불안정한 상태로 나아가는 신앙 행위이다. 선교를 준비하는 일과 선교를 후원하는 일도 넓은 의미에서 선교이긴 해도 엄밀한 의미에는 미치지 못한다.

이런 선교 정신을 교회가 어떻게 받아들이느냐에 따라 교회의 정체성은 달라진다. 의식에 따라 예배하는 교회가 대세였던 때가 있었고, 건축하는 교회가 대세였던 때가 있었으며, 교육하는 교회가 대세였던 때가 있었다. 지금은 어떤 때라고 콕 집어 말하기 어렵지만, 교회가 비판의 대상이 되고 또 탈 교회 현상과 관련해서 대체로 대사회적인 교회 이미지를 개선하는 것을 과제로 삼는 교회들이 많아졌다. 지역사회에 봉사하여 좋은 교회로 소문이 나도록 하는 가운데 자연스럽게 선교하는 교회 곧 소위 '선교적 교회'가 전면에 부각하고 있다는 느낌을 받는다. 21세기 교회론에서 선교를 교회 됨의 표식(sign)으로 보는 견해도 없지 않다.

선교적 교회란 선교(대체로 에큐메니즘을 추구하는 선교)를 교회의 본질적 과제로 삼아 추구하는 교회를 말한다. 이렇게 되면 교회의 모든 행위(예배, 교육, 교제, 봉사)가 선교로 수렴한다. 물론 이렇게 말하기 위해서는 상황보다는 먼저 선교 개념에 변화가 있었다는 사실을 염두에 두어야 한다. 선교적 교회로의 변화는 전통적인 의미의 선교 개념에 따른 것이 아니라는 말이다.

• 선교에 대한 다양한 이해

선교 개념의 변화에 대한 명확한 그림을 얻기 위해서 선교에 대한 다양한 이해를 비판적으로 살펴볼 필요가 있다.

사람을 모으는 일: 교회를 함께 운영할 사람을 모으는 행위로 선교를 이해하는

경우들이 종종 있다. 아직도 많은 사람의 생각을 지배하는 선교 개념이다. 현실적으로는 충분히 이해할 수 있다. 사람 없이 교회가 유지하지 못하기 때문이다. 교회는 원래 세상에 속한 사람을 부르시는 하나님의 말씀에 순종하여 복음을 살아내고 성찬을 나누기 위해 모인 사람의 모임이다. 그러니 선교를 사람을 모으는 행위로 보는 이런 생각은 매우 자연스럽다고 말할 수 있다. 실제로 비신학적인 측면에서 교회를 이해할 때 사람과 건물이 없이는 교회가 기능을 수행할 수 없다.

그러나 이것은 선교에 대한 불필요한 오해를 낳는 주범이다. 선교를 교회 확장을 위한 수단으로 여기게 한다. 실제로 이런 오해로 인해 교회는 건강을 해친다. 교회는 사람의 뜻에 따라 운영되고, 하나님의 관심이 아니라 세상의 흐름을 좇는 교회가 된다. 현실적인 이유를 배제할 수는 없어도 선교는 교회를 세우고 확장하는 데 필요한 사람을 모으는 행위가 아니다. 이것을 배제할 수는 없어도 이것만이 전부는 아니다.

세상의 진보를 이루는 일: 선교를 세상의 진보를 위한 노력으로 이해하기도 한다. 특히 인간다움을 실현하고 평화를 구축하며 차별이 없는 정의로운 사회가 되게 하는 노력을 선교로 보는 것이다. 이것이 지나쳐 적지 않은 수의 사람은 심지어 예수 그리스도에 대한 믿음을 갖게 하고 교회를 세우는 일은 있으면 좋고 없어도 무방하다고 생각한다. 비록 기독교로 개종하지 않고 자기 종교에 머물러 있어도 인간다움과 정의와 평화를 위한 삶을 산다면 그것으로 충분하다고 생각하는 것이다. 이것은 굳이 유형 교회(visible church)를 세우는 것을 겨냥하지 않기 때문에 무형의 교회(invisible church)를 추구한다고 생각할 수 있다. 이런 생각은 소위 가나안 교인들에게서 흔히 볼 수 있다. 사실 일상에서 기울이는 선한 노력은 하나의 "거룩한 산 제물"이다. 그러나 그것만을 하나님을 예배하는 일이라 보는 건 옳지 않다. 일상의 삶을 통한 선교 없는 교회를 생각하기가 쉽지 않듯이, 예전을 통해 하나님을 예배하는 일을 염두에 두지 않는 선교도 생각하기 쉽지 않다.

그리스도인을 만드는 일: 일단 사람을 교회로 모아 놓고 그 후에 예배와 교육을 통해 그리스도인이 되게 하는 행위를 선교로 이해하기도 한다. 그동안 알지 못했고 인정하지 않았던 하나님에 관해 가르쳐 세례를 주고 또 그분을 예배하는 삶을 받아들이게 해서 그리스도인으로서 살아갈 수 있게 돕는 일을 선교로 이해하는 것이다. 이것 역시 공동체로서 교회를 생각할 때 현실적이고 또 충분히 수긍할 수 있는 이해다. 그리스도 안에 있는 공동체이기 위해선 무엇보다 먼저 그리스도인이 돼야 한다는 건 당연하다.

그러나 선교는 예배나 교육과는 분명 다른 점이 있다. 이것은 무엇보다 교회가 자기를 안정된 상태로 만들어 가려는 과정이다. 불안정한 삶의 형태를 지향하고 증인으로서 정체성을 기반으로 하는 선교 개념 자체에 적합하지 않다. 예수님이 지역을 두루 다니시며 복음을 전파하셨듯이, 만일 교회가 안정된 삶의 조건과 환경에서 벗어나 하나님의 인도에 자신을 내맡기면서 증인으로 살아가는 일이 없다면, 예배와 교육 자체를 선교라 말할 수 없다. 비록 이 일이 선교에서 중요한 일이고, 그래서 충분히 선교로 이해할 수 있어도, 단지 교회 안에 머물러 있는 그리스도인을 양성하는 예배와 교육만으로 선교를 말하는 건 충분치 않다. 그것은 선교와 더불어 행하는 신앙 행위일 뿐이다. 그것으로 선교를 대체할 수는 없다.

• 선교 없는 교회?

한편, 선교가 없는 교회는 어떻게 될까? 절대 있을 수 없는 일이지만, 만일 그렇다면, 가장 분명한 일은 예수님의 지상명령이 무의미해진다. 진리에 대한 확신이 있는 사람이라면 으레 자신이 아는 것을 공유하고 싶어 하는 법이다. 알려진 진리는 스스로 보편을 추구하기 때문이다. 선교가 없다면 교회는 진정 진리의 터전 위에 서 있는 건지, 아니 최소한 진리를 알고 그것을 추구하는 건지 심각하게 묻지 않을 수 없다.

사실 오늘날 선포(kerygma)의 의미에서 선교는 어려운 일이 되었다. 행정 관할구역에 신고하지 않으면 거리 전도가 어렵다. 이것은 다른 나라 문화권에서의 선교도 마찬가지다. 중국과 베트남과 캄보디아와 라오스 그리고 이슬람 지역의 아랍 국가들처럼 공개적인 선교 자체가 금지된 나라가 있고, 일본처럼 종교 및 문화적인 장벽이 높아 선교의 결실이 너무 더디어 오직 신앙 행위로써 선교 자체에 의미를 두어야 하는 나라도 있다. 문명이 발달한 나라에서 거리 전도는 대체로 신고해야 가능하다.

원론적인 의미에서 선교 곧 하나님 나라의 소식을 전하고 예수 그리스도의 복음을 주저 없이 담대하게 전하는 일은 어렵게 되었다. 사정이 이러할진대 어떻게 복음을 전할 수 있을까? 선교가 없는 교회는 오늘날 교회가 어쩔 수 없이 받아들여야 하는 현실일까? 전혀 그렇지 않을 뿐 아니라 결코 그럴 수 없다. 비록 방식의 변화가 불가피해졌어도 선교 없는 교회는 생각할 수 없다. 앞서 말했듯이, 선교는 교회의 실존 양식이다.

한국교회는 현재 국내 선교에서 외국 선교로 눈을 돌리고 있다. 이것이 대세다. 선교 자체를 놓고 본다면 선교 없는 교회가 되지 않기 위해 매우 중요한 선택이지만, 현재의 유럽이나 미국과 같은 전철을 밟지 않을까 염려가 된다. 곧 복음의 역수출이 이루어질 가능성이 크다. 한국교회의 현실이 매우 황폐해졌기 때문이다. 특히 농촌과 도서 지역은 심각한 수준이다.

외국 선교의 경우 교회는 선교가 가능할 뿐 아니라 결과가 확실한 지역을 선호하여 선교지를 택한다. 물론 예외가 없지는 않다. 일부 선교단체나 교회는 여건이 어려워도 이슬람 지역과 일본 등을 선교지로 택해 선교사를 파송한다. 그러나 주로 동북/동남아시아와 남미와 아프리카에 집중해 있는 건 부정할 수 없는 현실이다. 최근에는 과거 선교의 나라였던 북미와 유럽과 호주 같은 기독교 문명국으로 가서 복음을 전하는 일에 관심이 커지고 있다. 이곳에서 사는 교민을 대상으로 하는 선교도 함께 관심을 가져볼 일이다. 현지인들의 교회와 한인교회가 침체했기 때문이고, 또 비록 정의와 평화와 인권에 관한 의식에선 다른 나라에 비해 앞서 있다 하더라도 더는 하나님 나라를 소망하지 않고 또한 하나님 나라의 질서에서 멀어졌다고 생각하기 때문이다. 기독교 전통에 속해 있지만 더는 성경적 정체성을 찾아보기 어려운 현실을 생각한다면, 비록 다른 나라에 비해 비용이 많이 든다 해도, 오늘날 한국교회가 이들 문명국에 관심을 돌리는 일은 절실한 과제다.

하나님의 총체적이고 보편적인 통치를 증언하는 선교는 국내와 외국 모두를 포괄한다. 교회가 국내 선교를 소홀히 하면 선교를 위한 내적 동력을 상실하게 되고, 외국 선교를 소홀히 하면 예수님의 지상명령에 불충해진다. 두 선교는 균형을 잃지 않는 범위에서 교회의 과제로 실천해야 한다.

교회의 기둥으로 여겨지는 선교가 현실적으로 가능하지 않다면 교회는 어떻게 될까? 바로 이런 문제의식에서 선교 개념의 변화가 불가피해졌다. 물론 개념의 변화는 직접 이런 상황 때문에 나타난 것은 아니다. 선교 현실의 상황을 반영한 선교 개념에 대한 신학적인 근거를 탐구한 결과였다. 그 첫째는 관계전도이고, 둘째는 하나님의 선교 개념, 셋째는 BAM(Business as Mission), 그리고 넷째는 문화선교의 등장이다.

선교 현실의 변화에 따른 새로운 선교 개념

• 관계전도

관계전도는 공개적으로 선교가 어려운 나라에서 매우 좋은 효과를 내는 전도 방식이다. 이것은 더는 공개적인 선포가 아니라 일상에서 만나는 사람들과 선하고 유익한 관계를 통해 하나님 나라의 소식과 예수 그리스도의 복음을 전하는 선교방식이다. 이로써 교역자나 안수받은 선교사가 아닌 일반 성도에 의한 선교의 문이 활짝 열렸다. 특히 낙후된 지역에서 교육과 의료행위와 인권운동 그리고 경제활동을 매개로 하는 이웃 사랑의 실천은 관계전도의 핵심 전략이다. 최근 선교는 지구

생태계를 지키기 위한 환경운동에도 적극적으로 참여하고 있다.

관계전도는 아무리 선하다 해도 여러 이유로 남들이 마다하는 삶을 기꺼이 살아내는 모습을 보여주는 방법을 택한다. 또 굳이 더하지 않아도 될 선행을 해서 선한 이미지를 갖게 한다. 이로써 그리스도인의 선한 행실에 대한 이유를 물어오게 한다. 사람들이 그 이유를 물어오면 교육과 훈련을 통해 준비된 대답을 줌으로써 그리스도인의 믿음과 소망과 사랑을 알게 하는 것이다. 선한 영향력을 끼치기 위한 것인데, 이것은 이미 초대교회에서도 관심의 대상이었던 것 같다. 베드로전서 3:13~17 말씀에 잘 나와 있다.

> "또 너희가 열심히 선을 행하면 누가 너희를 해하리요 그러나 의를 위하여 고난을 받으면 복 있는 자니 그들이 두려워하는 것을 두려워하지 말며 근심하지 말고 너희 마음에 그리스도를 주로 삼아 거룩하게 하고 너희 속에 소망에 관한 이유를 묻는 자에게는 대답할 것을 항상 준비하되 온유와 두려움으로 하고 선한 양심을 가지라 이는 그리스도 예수 안에 있는 너희의 선행을 욕하는 자들로 그 비방하는 일에 부끄러움을 당하게 하려 함이라 선을 행함으로 고난 받는 것이 하나님의 뜻일진대 악을 행함으로 고난을 받는 것보다 나으니라"

선한 행위를 보게 하고 또 그것을 궁금해하며 제기하는 질문에 대답하면서 남들이 안 하는 혹은 굳이 하지 않아도 무방한 선행을 하는 이유를 알게 해서 궁극적으로는 그들이 하나님 나라의 소식을 듣고 예수 그리스도의 복음을 받아들이게 한다.

이렇게 보면 선교는 사라진 것이 아니라 다만 선교의 방식에서 변화가 있을 뿐이다. 곧 말을 통한 선포가 대화를 통한 선포로 그리고 행동과 삶을 통한 증언으로 바뀌었을 뿐이며 선교의 본질과 목적에선 변하지 않았다.

비록 선교가 방해받고 핍박받아 형태와 방식이 바뀔 수는 있어도 선교 자체가 없는 교회는 처음부터 가능하지 않다. 교회는 존재 자체가 이미 선교적 실존이기 때문이다. 선교가 없다면 참 교회가 아니고 그 교회에는 미래가 없다. 특히 경제적으로 낙후한 지역에서 물량적 지원을 매개로 선교하는 사례가 많다. 돕는 건 좋으나 그것이 권력관계로 작용하는 건 지양해야 한다, 선교지 사람들과 일부 선교사들 사이에서 종종 나타나는 권력관계의 부작용은 선교 전체에 먹물을 끼얹는 일이다.

• 하나님의 선교[28]

선교 개념의 변화: 흔히 선교 개념 이해에서 코페르니쿠스적인 전환으로 알려진 것은 선교사에 의한 선교에서 하나님의 선교(missio Dei)로의 변화다. 개념의 변화에 문제가 전혀 없는 건 아니다. 기존의 이해와 관련해서 매우 많은 논란이 있고 또 현대 선교 개념에서 핵심으로 여겨지기 때문에 좀 더 자세히 살펴볼 필요가 있다.

일반적인 개념에서 선교는 선교사에 의해 수행되는 모든 사역으로 인식된다. 곧 선교는 소정의 훈련을 받은 선교사가 미전도 지역으로 가서 하나님 나라의 소식과 예수 그리스도의 복음을 전하여 사람들로 예수 그리스도를 믿어 세례를 받게 하고, 또 교회를 세워 이들이 교회 안팎에서 하나님을 예배하며 살도록 돕는 신앙 행위이다. 이런 선교에서 가장 우선되어야 할 일은 예수 그리스도와 그의 복음을 전하고 교회를 세우는 것이며, 지역사회에 대한 봉사는 개인의 변화를 통해 구체적으로 실천하는 것으로 여긴다.

이에 비해 하나님의 선교는 순서에서 전혀 다르다. 처음부터 개인 구원을 목적으로 예수 그리스도를 전하려 하지 않는다. '하나님의 선교'가 우선시하는 일은 선교지에서 선교사가 오기에 앞서 행하신 하나님의 역사를 발견하는 것이다. 이것을 발견하면 더욱 발전시키지만, 만일 하나님의 뜻에 어긋나는 일이라면 개선한다. 특히 인간을 존중하고, 환경을 보호하며, 그리고 정의로운 제도가 정착하도록 한다.

그런데 복음을 전하고 교회를 세우기보다 선교지에서 하나님이 성령을 통해

---

28 다음을 참고: Christopher J. H. Wright, *Mission of God*, 정옥배 외 옮김, 『하나님의 선교』 (IVP, 2010). 이 책에서 저자는 하나님의 선교가 크게 세 가지 변화를 가져온다고 본다. 첫째, 인간만이 아니라 창조세계 전체를 포괄하며, 둘째, 세계의 일부분이 아니라 총체적 영역에서 이루어지고, 그리고 셋째, 선포 형태만이 아니라 거룩한 삶을 통해서도 이루어진다.

앞서 행하신 일들에 우선적인 관심을 기울이는 이유는 무엇일까? 이것을 설명하는 것이 '하나님의 선교(Missio Dei)'이다.

2013년 WCC 부산총회 이후 한국 교계를 뜨겁게 달군 이슈 중 하나는 '하나님의 선교'다. 그동안 학자들 사이에서 혹은 선교방식을 주도하는 선교단체들 사이에서 나타난 복음주의와 에큐메니즘의 첨예한 갈등이 일반 성도와 대중에게까지 알려진 계기가 되었다. 사실 이 말은 1950년대에 국제선교협의회(International Missionary Council, IMC) 안의 성공회와 개신교 간 연합 활동을 추구하는 중에 선교적인 활동의 신학적 근거를 발전시키려는 과정에서 등장했다.

이 개념은 선교의 주체가 사람이나 교회가 아니라 하나님임을 천명한다. 달리 말하면 세상을 통치하시는 분은 하나님이라는 사실이다. 하나님이 피조물의 생명을 구하시기 위해 당신의 열심과 열정으로 일하신다는 것이다. 성부 하나님이 선교의 주체라면, 성자 예수님은 보냄을 받은 자로서 선교의 내용이며, 성령 역시 보냄을 받은 자로서 복음이 전해지기 전이라도 선교지에서 인간다운 삶을 가능하게 하는 형태로 일하신다. 그리고 부르심을 입어 선교하는 자들에게 하나님이 행하신 선한 일들을 보게 하고 활력도 불어넣어 하나님이 선교지에서 앞서 행하신 일들이 결실하도록 노력한다.[29] 복음을 전하고 교회를 세우는 일에 직접적인 관심을 보이지 않는다. 있으면 좋고 굳이 세워지지 않아도 사회가 인간다운 삶을 실현하고 평화가 정착되고 정의가 실현되면, 이것이 지속할 수 있도록 적합한 제도를 마련한다. 비록 노력이 좌절되더라도 부활을 신뢰하여 포기하지 않는다.

이를 위해 선교사는 선교지의 인간 이해와 삶, 도덕과 윤리, 생명, 인권, 복지, 교육, 의료, 정치, 경제, 사회, 문화, 인문 및 자연환경, 그리고 심지어 종교 등의 분

---

29 이런 맥락에서 성령이 아버지와 아들로부터 나온다고 믿는 서방 교회의 삼위일체론이 아니라 동방정교회의 삼위일체론 곧 아버지로부터 나오신다는 이론이 지지를 얻곤 한다. 생명의 영으로서 성령을 이해하는 몰트만은 그 대표적인 신학자다.

야에서 하나님이 토착민을 통해서 행하신 일들을 복음의 관점에서 관찰하고 정리하여, 잘된 것은 더욱 잘되도록 하고, 잘못된 관습이나 태도는 개선하도록 한다. 만일 개선이 더는 불가능하다고 여겨지면 과감하게 버리도록 한다. 특히 종교와 관련해서는 불필요한 갈등을 피하려 무조건 개종을 권유하기를 삼간다. 무엇보다 우선하는 것은 사회가 정의롭고 평화로우며 또 인간답게 살 수 있는 환경이 되도록 하는 것이다. 복음은 억압으로부터 해방이며 각종 형태의 구속으로부터 자유를 의미한다고 믿기 때문이다. 그러므로 하나님의 선교 개념에 따르면 선교적 교회는 당연하며, 이런 교회 이해에 따르면 전통적인 교회 행위의 다섯 가지(예배, 교육, 봉사, 교제, 선교)는 선교로 수렴한다.

'하나님의 선교'는 에큐메니즘의 입장에선 이미 보편적인 개념이지만, 한국에선 선교에 대한 기존의 개념(주로 복음주의적인 입장)과 많이 달라 그리스도인들 가운데 많은 혼란이 일어났다. 복음주의 진영에선 아직도 인정하길 꺼리는 개념이다. 결국 '하나님의 선교'는 일반적으로 공인된 것이기보다는 에큐메니즘의 선교 개념이라 볼 수 있다. 여러 오해가 있기에 개념을 보다 더 분명하게 밝히는 일이 필요하다.

'하나님의 선교'는 현대 선교 신학을 대변하는 개념으로 현대 교회 행위를 이해하는 데에 매우 중요하다. 특히 하나님의 행위가 교회 행위에 앞서 있음을 천명하기 때문에 인간은 생각과 행위에 있어서 완전해야 한다는 강박관념에서 벗어나 하나님의 도움을 구할 수 있는 근거를 제시한다. 교회가 선교의 주체가 아니라 함은 교회가 있기에 선교하는 것이 아니라 오히려 선교가 교회를 가능하게 한다는 의미다. 이것은 초대교회가 성령을 받고 선교에 나섰던 사도들 중심으로 세워졌던 것과도 일치한다. 원래 '하나님의 선교'는 세상의 구원, 곧 생명을 살리기 위한 하나님의 경륜적 행위(창조, 구속, 완성)를 지칭하기 위해 사용되었는데, 이것이 선교의 기원과 근거, 내용과 목적을 설명하는 데 도입되었다.

새로운 선교 지평: '하나님의 선교'의 도입은 당시 국제정세의 혼돈 상황과 관련해서 처음에는 선교를 인간의 행위로 이해할 때 나타나는 부정적인 결과(교회의 차이에 따른 소통의 단절, 교회 중심의 선교관, 배타적인 선교 태도, 제국주의 망령의 부활 등)들을 막고 전 세계 교회의 일치를 지향하기 위한 것이었지만, 부수적으로 오히려 전혀 다른 선교의 지평이 열리게 되었다. 행동에서 변화의 필요성에 대한 동의가 하나님을 이해하고 또 세상을 이해하는 방식의 변화를 초래한 것이다.

예컨대, 요한복음의 입장에서 '하나님의 선교'는 피조물을 사랑의 대상으로 보도록 한다(요 3:16). 이런 관점은 세상을 이원론적으로 보는 방식에서 벗어나게 한다. 세상은 멸망할 곳이 아니라 하나님 사랑의 대상이며 구원이 필요한 곳이다. 이런 변화는 세상이 어떤 모습이라 해도 인간이 현실을 부정하기보다 오히려 세상에 대한 하나님의 사역(종말론적인 행위)을 기대하는 가운데 현실에서 긍정적인 것을 발견할 수 있게 한다. 아무리 타락한 현실이라도 혹은 예수 그리스도를 전혀 알지 못하는 지역에서라도 혹은 비기독교적인 종교가 지배적인 문화에서도 하나님의 역사가 전혀 없는 것은 아니며, 만일 인간다운 삶과 정의 및 평화가 가능하다면, 그것은 하나님이 이미 일하신 결과로 볼 수 있도록 한다. 그 일은 선교사가 오기 전에 혹은 예수 그리스도가 전해지기 전에 이미 성령의 역사에 따른 것이라 보기 때문이다.

선교 주체에 대한 인식의 변화: 용어의 도입과 더불어 선교 주체에 대한 인식의 전환이 일어났다. 이전까지 선교의 주체는 교회 혹은 선교사였다. 이 경우 불가피하게 선교사의 문명과 문화까지도 선교의 이름으로 전해진다. 그런데 하나님의 선교에서 주체는 하나님 자신이다. 선교지의 종교와 문화가 일방적으로 평가되지 않고 존중된다. 하나님이 앞서 행하신 일의 결과이기 때문이다. 다만 그것은 인간의 욕망과 죄로 인해 왜곡되었을 뿐이다.

교회는 부르심에 순종하여 하나님의 선교에 참여하면서 다만 권한을 위임받을 뿐인데, 이 권한은 하나님의 뜻과 말씀과 행위를 세상 속에 드러내기 위해 주어진 것일 뿐, 선교의 진정한 주체는 삼위일체 하나님으로 믿는다. 삼위 하나님은 각각 동등한 자격과 권한을 가지고 사역하되 단지 인격에 따른 사역에서 다를 뿐이다. 성부는 아들을 세상으로 보내시면서도 그와 함께 계시며 같은 마음으로 일하신다.

이것은 교회가 복음을 전하고 실천하는 일과 관련해서 인식의 전환과 관습의 변화를 요구한다. 먼저 하나님의 부름을 받고 훈련받은 사람을 선교사로 임명해 파송하는 것도 중요하나, 무엇보다 선교지에서 하나님의 부름을 받은 사람들을 동역자로 세우고 그들을 통해서 하나님의 선교가 계속 이어지도록 하는 것이 바람직하다. 여기에 참여하는 사람들은 유기적인 관계를 잃지 않아야 하며, 비록 서로 다른 지역과 다른 상황에서 사역한다 해도 삼위 하나님 행위의 일치에 대한 신앙고백을 바탕으로 교회의 일치를 추구하며 또한 공통된 경험을 기대한다.

선교 범위의 확장: 하나님의 선교는 선교 범위를 확장한다. 교회 간의 관계에서는 일치와 연합을 지향하고, 사회적으로는 지역사회와의 관계에서 교회의 공공성을 실천하며 갱신과 변혁 및 평화운동을 전개한다. 민주와 정의와 평화와 인권 그리고 환경보호 및 회복 운동으로도 나타난다. 달리 말해서 하나님의 행위가 교회에만 제한되지 않듯이, 교회 행위 역시 교회 안에만 국한해서는 안 된다는 인식에 이른다.

하나님의 선교, 곧 하나님의 경륜적 행위는 궁극적인 하나님 나라의 구현(정의와 평화)을 위한 하나님 자신의 행위를 세상 가운데 드러내는 교회 행위를 촉구한다. 이뿐 아니라 인간만을 대상으로 하지 않고 하나님의 피조물 모두가 선교의 대상으로 인식된다. 따라서 하나님의 다스림과 돌봄을 나타내 보이는 선교는 매우 포괄적인 범위에서 이뤄지는데, 하나님과의 관계는 여러 이유로 명시적으로 드러나지 않아도 인간과 궁극적인 존재(종교), 인간과 인간(윤리, 정치, 경제, 사회, 문화예술 분야 등), 인간과 자연(환경운동), 자연과 자연(건강한 생태계)의 관계를 바르게 확립하는 것을 포함한다. 이렇게 해서 선교는 봉사와 교제와 교육까지도 포괄하는 범위로 확대된다. 에큐메니즘은 바로 이것을 세상 속에 구현하는 이념과 운동을 말한다.

선교내용의 변화: '하나님의 선교'는 선교내용에서 변화를 일으킨다. 첫째는 구령사업과 교회설립을 우선적인 목적으로 삼지 않고, 하나님의 뜻이 사회와 자연 속에서 실현될 수 있게 하는 행위를 중시한다. 둘째는 교회 행위의 목적과 방향에 대한 확신을 얻고, 그리고 과제 인식과 실천의 당위성을 얻는다. 교회 행위는 하나님으로부터 권한을 위임받아 수행하는 것이며, 하나님의 행위를 드러내는 목적을 갖고, 또한 위임받은 일들을 성공적으로 수행할 수 있도록 능력을 받기 때문이다.

이에 따라 교회의 과제는 외적으로는 교회의 공적인 사역(지역사회와의 관계에서 하나님의 사역을 나타내는 일들)에 적극적으로 참여하며, 내적으로는 교인들로 이 일에 적극적으로 참여할 동기를 마련하는 데에 있다(선교에 대한 동기 부여). 일련의 사역들은 인간다운 삶과 평화와 정의가 선교지에서 구현되는 것을 목표로 삼는다. 이로써 선교는 하나님 나라가 실재하며, 또한 세상 속의 또 다른 현실로 존재하면서 세상에 대해 영향력을 행사하고 있음을 밝히 드러낼 수 있다고 본다.

선교방법의 변화: '하나님의 선교'는 선교방법에 큰 변화를 가져온다. 하나님은 세상의 구원을 이루시기 위해 자신을 내어주시고(십자가의 희생) 또한 자신을 나누시는 일(성찬)을 마다하지 않으셨다. 이것이 선교 현장에서 드러나도록 해야 한다면 교회 역시 자신을 내어주고, 자신을 나누어 주는 일을 주저할 수는 없을 것이다. 그리스도의 육화와 십자가의 희생은 나눔과 희생이 선교의 이상적인 방법임을 입증한다. 이에 따라 선포보다는 대화를, 교리적인 논쟁보다는 실천을 선호한다.

이와 관련해서 하나님의 선교는 더는 복음을 전하고 교회를 세우는 일에 제한되지 않는다. 엄밀히 말해서 그것을 지향하지 않는다. 교회를 세우고 복음을 전하는 일을 포기하지는 않아도 일단은 다원적 가치가 현존하는 상황을 고려해서 인간다운 삶을 보장하는 사회 구조를 구축하고 정의와 평화를 구현할 수 있는 기초를 마련하는 것을 최우선 과제로 삼는다. 하나님의 피조물의 유기적 건강을 책임지는 일에서도 적극적이다. 하나님의 선교로 특히 일터에서 일하는 직장 선교사역(비즈니스 선교를 포함)과 문화변혁을 추구하는 문화선교가 활성화되었다.

• BAM(Business As Mission)

비즈니스 선교(BAM)는 넓은 의미에서 '하나님의 선교'의 한 방법으로 인지되며, 비즈니스를 활용하는 선교이다. "한 손에 성경을 다른 한 손에 직업을!" 모토로 한다. 선교가 삶의 한 부분이 아니라 통전적(holistic) 영향을 미치는 것이어야 한다는 '하나님의 선교'에서 비롯하는 신념이 널리 받아들여짐에 따라 더욱 일반화되고 있다. 교회 생활뿐 아니라 경제와 경영 분야에서도 기독교적 가치가 적합하게 적용되어야 한다고 생각하기 때문이다. 교회의 사회적 책임을 강조하는 공공신학의 강력한 지지를 받아 실천되고 있으며, 그 범위와 규모 면에서 점점 더 커지는 추세다.

선교와 비즈니스를 연결하는 다양한 모델이 있지만,[30] BAM(Business as Mission)이라는 용어가 새로이 도입된 것은 태국 파타야에서 열린 2004년도 로잔대회를 통해서다. 대표적인 것은 선교 기금을 마련하기 위해(Business for Mission) 혹은 선교 행위의 하나로 비즈니스를 하는(BAM) 신앙 행위이다. 특히 복음을 직접 전할 수 없는 환경과 조건의 장소에서(비기독교 국가나 기독교가 혹독하게 비판받는 사회) 간접적인 방식으로 복음을 전할 수 있는 대안으로 많이 활용되고 있다. 관계전도의 한 형

---

30 Business and Mission: 비즈니스와 선교가 서로 분리하여 작용.
    B for M: 선교를 돕기 위한 비즈니스
    B as M: 비즈니스가 선교다
    M in B: 사업장에 고용된 사람들을 복음화하기
    B as a platform for M: 세상과 교회를 연결하기 위한 비즈니스 활동
    B as a cover for M: 선교가 금지된 나라에서 비즈니스로 위장하여 들어가서 선교

태라 볼 수 있다. 비즈니스를 통해 맺어진 관계에서 선한 영향력을 끼쳐 복음의 가치를 전한다. 한국에서도 이미 주요 선교 전략으로 정착하여 -카페, 동네서점, 각종 동호회 모임 등- 그 범위가 확대되고 있다.[31]

물론 선교에 비즈니스를 활용하는 건 최근의 일이 아니라 이미 오랜 역사가 있다. 성경에는 바울이 직접 텐트 제조로 생계를 유지했다는 사실과 바울의 선교를 재정적으로 도운 아굴라와 브리스길라의 경제활동을 언급하고 있고,[32] 삼위일체 논쟁에서 정죄받은 후 국외로 눈을 돌려 실크로드를 개척하면서 중앙아시아, 몽골, 중국 당나라까지 복음을 전파하였던 네스토리안(Nestorian), 헤른후트(Herrnhut)의 영성을 이어받아 남아프리카공화국, 청나라, 페르시아, 탄자니아, 북극 등에서 활발한 선교를 벌인 모라비안(Moravian Church), 그리고 세계선교의 필요성을 역설하고 또 스스로 세계선교를 실천했던 선교사 윌리엄 캐리(William Carey)도 네덜란드 동인도 회사의 무역을 활용한 비즈니스를 활용했다.

최근에는 관계전도와 더불어 그리고 하나님의 선교 개념이 널리 받아들여지면서 BAM을 향한 관심이 커지는 추세다. 무엇보다 이윤 추구에 대한 기독교의 부정적 인식으로 인해 쉽지 않은 시작이었으나, 선교를 위한 기금 마련이 어려워지면서 대안으로 받아들여지고 있고, 이제는 한층 더 나아가서 선한 영향력을 끼치는 비즈니스 자체를 선교로 여긴다. 그 대표적인 근거는 사도 바울이 텐트 만드는 일을 생업으로 삼은 일과 종교개혁자 루터가 직업 소명설을 주장한 것이지만, 무엇보다 칼뱅이 그리스도인의 이윤 추구를 가능하다고 본 것에 있다고 생각한다. 독일의 종교사회학자 막스 베버는 "프로테스탄티즘의 윤리와 자본주의 정신"이란 제목의 책에서 이런 종교개혁 정신 특히 하나님의 예정에 대한 신앙을 구체화한 청교도적 삶이 자본주의 정신이 태동하는 데에 크게 공헌하였다고 주장했을

---

31 한정화(공저), 『비즈니스 미션』 (맑은 나루, 2018). 이 책은 한국 선교사들의 BAM 사례들을 소개하고 있다.

32 아굴라와 브리스길라는 신약에 여섯 번 나온다(행 18:2, 18, 26; 롬 16:3절; 고전 16:19; 딤후 4:19).

정도다.

그렇다면 성경적 경영방식으로 이윤을 추구하면서도 하나님께 영광을 돌리는 일이 과연 가능할까? 이윤 추구와 선교는 양립할 수 있는 건가? 이것은 자기를 비워 타인의 유익을 위해 사는 삶의 방식으로서 선교를 생각한다면 모순처럼 보인다.

사실 이런 의문은 비즈니스 자체에 대한 부정적인 인식이 여전히 작용하기 때문에 제기된다. 만일 비즈니스가 소비자에게 유익한 것을 공급하면서 정당한 수입을 얻는 구조가 된다면 아무 문제가 없다. 양질의 제품을 생산하여 정당한 유통 과정을 거쳐 소비자에게 공급하고, 또 정직한 경영으로 고용과 최저임금의 원칙을 지키고 탈세하지 않는다면, 그것은 그야말로 정당하고 건강한 경영 행위이다. 오히려 건강한 경영은 그리스도인의 사회적 책임을 감당하는 건 물론이고 선한 영향력을 끼쳐 복음의 가치를 각인하는 기회가 될 수 있다.[33]

그러나 일반적으로 볼 때 사람들이 기독교적 비즈니스로부터 요구하는 건 일반적인 비즈니스에 요구하는 것 이상이다. 따라서 기독 실업인으로서 혹은 선교적 의미에서 비즈니스를 하는 그리스도인으로서 욕을 먹지 않고 비즈니스를 하는 건 쉽지 않다. 실제로 역사적으로 볼 때 성경적 경제 공동체를 구현하려는 노력은 대체로 실패했다. 그 이유는 무엇일까?

대표적인 이유는 경제적 공동체로 혹은 인간의 순종으로 하나님 나라를 세우려 했기 때문이었다. 하나님 나라는 인간의 그 어떤 노력으로도 세워지지 않는다. 하나님 나라는 오직 말씀에 순종하는 사람에게 때와 장소가 알려지지 않은 채 불현듯 곧 하나님의 주권에 따라 임한다.

BAM은 비즈니스를 통해 복음을 살아내고 복음의 가치를 전하여 사람들로 복음을 살아내도록 돕는 일에 불과하다. BAM을 통해 하나님 나라를 건설할 생각을 하지 않는 것이 성공의 비결이다.

---

33 다음을 참고: 김진수, 『선한 영향력』(선율, 2018).

• 문화선교

비기독교나 타 문화 지역에서 혹은 세대의 차이가 현저한 대상이나 복음을 전혀 알지 못하는 사람들에게 선교하는 일에서 특별히 복음을 소통하는 방식에 주안점을 둘 때 고려되는 것이 문화선교다. 관계전도 역시 소통을 중시하지만, 이것은 복음을 두고 소통하는 사람들의 관계에 초점을 둔 것이다. 선포보다는 삶의 교류와 인격적인 감응을 통해 복음의 가치를 간접적으로 경험하게 한다.

이에 비해 문화선교는 복음을 담고 있는 형식에 초점을 두고 복음을 듣는 자가 자기 관점에서 복음을 이해하고 또 받아들일 수 있는 형태를 고려한다. 전하는 자의 문화가 아니라 듣는 자의 문화의 틀에 복음을 담을 수 있도록 한다. 쉽게 말해서 복음을 들을 수 있고 또 볼 수 있는 형태를 마련하여 선교한다. 관건은 문화의 형식이 아니라 공감적으로 공유할 수 있는 문화를 적합하게 사용하고 또 복음의 가치에 반하는 문화를 비판함과 동시에 대안적인 새로운 문화를 생산하는 것이다. 특히 그동안 기독교는 문화를 이용하고 비판하는 일에는 열심을 내었지만, 상대적으로 문화를 생산하는 일에는 소극적이었다. 그럴 만한 이유는 충분한데, 왜냐하면 문화를 생산하기 위해선 많은 시간과 노력과 자본이 필요하기 때문이다. 서구에서 전래해 정착한 기독교가 정치 경제 사회 교육 문화와 관련해서 한국의 근대사를 형성하는 데에 적지 않은 영향력을 행사한 건 사실이다. 그러나 비기독교적 종교와 문화로 각인해 있는 한국문화가 기독교 문화 생산을 위한 노력을 힘겹게 만드는 건 사실이다. 그래도 기독교 문화 생산을 위한 노력이 전혀 없지 않고 또 여러 단체와 기관을 통해 문화 생산이 이뤄지고 있는 건 무척 다행이다. 아직은 기독교인만이 즐길 수 있는 문화 콘텐츠를 생산하는 수준이라도 그렇다. 생활 문화로 결실하기까지는 그리고 비기독교인이 공감적으로 공유할 수 있는 문화 생산을 위해선 더 많은 시간과 노력과 자본의 지원이 필요하다.

이런 상황에서 관건은 기존의 문화 장르와 콘텐츠를 사용하여 복음을 전하고, 교회를 어필하는 노력을 기울이는 것인데, 저작권법이 시행되면서부터 그 활동에 많은 제약을 받고 있다. 양질의 콘텐츠를 담고 있는 기독교 문화를 생산하는 것만이 답이다. 이와 관련해서 복음 광고회사 JAD 정기섭 대표의 '복음 광고'는 한 컷의 이미지로 복음을 전 세계로 공감적으로 전할 수 있다는 점에서 특별히 주목할 만한 작업이다. 그밖에 영화제작과 뮤지컬 제작이 기독교 단체를 통해 이뤄지고 있는 건 매우 고무적이다. 양질의 콘텐츠가 생산되기 위해선 기독교 문화를 건전하게, 특히 불법적이지 않은 방법으로 소비하는 데에도 열심을 내야 한다.

선교와 '하나님의 선교'의 통합

• 통합의 가능성

WCC 서울 개최를 계기로 그동안 교계 일부(주로 학계와 선교사들)에서 선교 개념을 두고 전개된 복음주의와 에큐메니즘의 갈등은 더는 숨길 수 없는 것이 되었다. 복음주의는 예수 그리스도와 복음을 최우선으로 전하여 믿게 하며 세례를 주고 교회를 세우는 걸 선교로 본다. 이에 비해 에큐메니즘은 사회 복음화 곧 총체적인 선교를 겨냥한다. 인간다운 삶을 살 수 있는 사회적 관계를 조성하고 또 지속적인 생존과 번영을 위한 지구적 환경을 보호하려 노력한다. 이 차이가 교인에게 대부분 인지되어 이제는 오직 이것과 저것 사이에서 선택만이 남은 상태다. 이것은 과연 양자택일의 문제일까? 상호보완의 관계를 유지할 통합의 가능성은 없을까?

나는 두 개의 입장 사이에서 어느 정도의 갈등이 발생하는 일은 피할 수 없어도, 양자가 서로를 배척한다고 보지 않으며 충분히 통합할 수 있다고 본다.[34] 다시 말해서 하나님의 선교가 주장하는 '하나님에 의한 선교'를 받아들이면서도, 복음주의 입장에서 선교의 핵심으로 삼는 복음 전도와 교회설립을 지향하는 일도 얼

---

34 다음을 참고: Darrell Guder, "Towards a Holistic Theology of Mission: World, Community, Neighbor", "통전적 선교 신학을 향하여: 세계, 공동체, 이웃",「선교와 신학」15(2005), 153~77; 신경규, "통전적 관점에서 본 두 선교 신학의 합치성 모색",「선교와 신학」29(2012), 195~224.

마든지 가능하다고 본다. 곧 하나님의 선교에 뒤이어 일어나는 인간의 선교 행위를 오직 인간다움을 신장하고 또 정의와 평화를 구현하는 일에만 제한하지 말고, 그것을 수용할 수 있는 신학적인 근거를 드러내고 또 그것을 구체적인 선교 행위를 통해 실천하는 것이다. 양자의 통합을 위해서는 어느 정도 관계전도의 정신과 방법이 필요하다.

통합적인 차원에서 교회의 선교 혹은 인간의 선교는 앞서 행하신 하나님의 선교가 세상에서 어떤 결실로 나타났는지를 구체적으로 확인하면서 그것을 하나님 나라 소식을 전하고 복음 전도의 기회로 삼는다. 곧 삶에서 경험된 것을 신학적으로 혹은 성경적으로 설명하여 사람들로 하나님이 행하셨음을 알게 하며, 또한 이 결실을 복음을 받아들일 계기로 삼아 선교지 주민들이 여호와를 참 하나님으로 인정하면서 예배할 수 있도록 돕는 일이다. 물론 선교지의 상황에 따라 설명하는 언어 선택과 예배하는 방식은 달라질 수 있다고 생각한다. 만일 위협적인 상황이라면 공개적인 선포가 아니라 관계전도나 BAM 혹은 문화선교의 형태로 얼마든지 가능하다.

정리하여 말하면, 통합적인 선교는 먼저 하나님의 선교에 따라 먼저 선교지에서 하나님이 행하신 일들을 관찰하고 그것의 결실을 확인하며 또한 더욱 큰 결실로 나타나게 한다. 그 후에 그것의 근거인 복음을 힘써 전하여 사람들이 믿게 하고 세례를 베풀며 교회를 세운다. 선교는 하나님의 역사, 곧 하나님이 예수 그리스도를 통해 계시하신 것을 성령이 선교사에 앞서 행하신 것을 사람들이 지각할 수 있는 방식으로 밝히 드러내어 그들로 그것을 인정하고 받아들이도록 한다. 그리고 그것의 신학적인 근거를 밝혀 같은 믿음을 따라 순종하게 하여 하나님 나라를 기대하게 한다. 복음을 통해 하나님의 피조물을 살림으로써 사람들이 이 땅에서 하나님 나라를 기대할 수 있고 또 궁극적으로 경험할 수 있도록 한다. 이렇게 되면 에큐메니즘과 복음주의는 선교 현장에서 상호협력하여 선교에 임할 수 있을 것이다.

• 비판신학의 가능성

통합적인 의미의 선교는 비판신학의 가능성을 열어준다. 이것은 목회를 비평하기 위한 메타인지 능력을 얻는다는 측면에서 매우 의미 있는 부대 효과라 생각한다. 교회와 신학은 무엇을 대상으로 삼고, 무엇에 근거해서 인간다운 삶을 위한 환경을 구축하고, 어떻게 인간다움을 실현하기 위한 행위의 정당성을 확립할 것인가 하는 질문이 제기될 때, 통합적인 선교는 단지 대답하기보다 행위의 정당성을 물으며 동시에 정당한 대답의 이유를 제시해주기 때문이다. 교회와 신학이 선교에서 마땅히 이해해야 할 근거를 묻고 또 제시함으로써 모든 신학과 교회 행위를 비판적으로 조명할 수 있는 원리들을 확립해준다.

예컨대, 교회는 피조물의 생명을 구원하기 위해 세상으로 보냄을 받은 존재로 인식하는 것을 넘어 자기를 어떻게 인지하고 있는가, 그것은 적합한가? 유기적인가? 단지 하나의 제도로서 존재하는가, 아니면 공동체를 지향하는가? 교인들로 상호의존적인 존재로 양육하고 있는가? 교회는 나눔과 희생을 지향하는가 아니면 소유를 추구하는가?

통합적인 선교는 당신의 뜻을 이 땅에 관철하려는 목적을 갖고 하나님 자신에 의해 시작된 하나님의 경륜적 행위를 지칭한다. 곧 선교는 삼위 하나님이 자기 자신을 세상에서 참 하나님으로 나타내시는 일이다. 하나님은 이를 위해 자기 자신을 나누시는 일을 마다하지 않으셨다.

이것이 하나님의 목회라면 이 일로 부름을 받은 교회는 하나님의 선교를 자신의 과제로 삼는데, 특히 목회는 세상에 대한 하나님의 사랑을 교회의 각종 행위를 통해 실천함으로써 세상으로 소성의 기회를 활용하도록 한다. 예배하고, 교육하고, 교제하고, 봉사하며, 그리고 선교로 하나님의 뜻에 순종한다.

선교가 세상에 대한 하나님의 사랑에서 비롯한 생명 운동과 회복 운동이었다면, 교회의 목회는 하나님의 행위를 따르는 것이며, 하나님의 뜻이 관철되게 하여 세상에서 하나님이 참 하나님으로 인정될 수 있도록 노력하는 일이다. 교회의 목회행위가 궁극적으로 여호와의 하나님 되심을 세상 가운데 나타내기 위한 것이라면, 세상을 사랑함에서 비롯하는 선교 곧 생명 운동과 세상을 회복하는 운동이 교회 목회와 연합하는 것은 당연한 일이다. 이 일은 자기애를 극복하여 이타적인 사랑을 지향하기에 오직 성령의 도움으로만 가능해진다. 지속적인 선교를 통해 교회는 타자를 위한 교회로서의 정체성을 유지한다.

타 종교인에 대한 선교 활동은 괜찮은가?

오늘날은 그 어느 때보다 종교 간 평화가 중요하게 인지되는 상황이며 또한 그것이 대세로 작용하는 시대이다. 종교적 갈등은 사회 안에 늘 잠재해 있어 일정한 조건이 형성되면 언제든지 각종 사회적 혹은 국가 간 갈등의 원인으로 작용한다. 실제로 각종 테러 사건의 배후에는 종교적인 신념이나 혹은 반종교적인 신념이 있다.

굳이 갈등은 아니라도 교회와 기독교는 사회로부터 혹독한 비판을 받고 또 외면당하고 있다. 이런 제반 조건에서 타 종교인에 대한 선교 활동은 의미가 있을까? 선교 이전에 기독교 내에서 먼저 자정의 노력이 필요하진 않을까? 그렇지 않고 타 종교인을 상대로 선교를 하는 건 종교 간의 갈등을 부추기지는 않을까? 종교 다원적 상황에서 타 종교인에 대한 선교 활동은 괜찮은가?[35]

국가의 경계를 넘거나 대륙 간 여행이 빈번하지 않았을 때, 전도는 주로 이웃하는 사람들에 대한 것이 전부였다. 지역적으로 확대한다 해도 대체로 국가 안에

---

35 사실 이런 문제의식에서 필자는 그리스도인이 자신의 정체성으로 삼는 예배를 중점적으로 연구하여, 예배가 가짜 신앙을 포장하는 도구로 전락했음을 발견하였다. 이 때문에 참다운 예배의 두 측면을 보여주기 위해 예전을 통한 예배와 삶으로서의 예배의 본질을 밝히려 노력했다. 다음을 참고: 최성수, 『언제까지 가짜 신앙을 포장할 것인가?』(이화, 2019). 이 책에서 제1부는 예전을 통한 예배의 참모습을, 제2부에서는 삶으로서의 예배가 성품을 통한 예배임을 밝혔다.

머물렀다. 사도 바울은 회심 후 처음에는 유대인을 상대로 복음을 전하다가 유대인들의 거부에 부딪히자 선교지를 이방인 지역인 소아시아로 옮겼다. 원칙적으로 보면 부르심에 따른 것이지만, 현실적으로는 유대인의 거부로 바울이 자신의 소명에 따를 기회를 얻은 것이었다. 다른 많은 일에 대해서도 그렇지만 특히 이와 관련해서 바울은 '모든 것이 합력하여 선을 이룬다'(롬 8:28)라고 고백할 수 있었을 것이다.

바울의 이방인 선교는 소아시아 지역 내 여러 토착 종교와의 갈등을 피할 수 없었다. 그러나 사도행전의 기록에 따르면 여러 박해에도 살아계신 하나님의 역사가 나타나 많은 이방인 지역에 예수 그리스도를 믿는 교회를 세울 수 있었다. 이적과 기적 사건들은 박해를 극복하는 중요한 계기였다. 그 후 소아시아나 유럽에서 국가 간 전도 여행이 있었고, 여기에서도 토착민과의 마찰은 불가피했다.

그러함에도 불구하고 유럽의 선교사를 보면 기독교는 유럽 전체로 퍼졌다. 특히 발달한 로마 문명에 의지해서 기독교는 유럽 전역으로 급속도로 확산하였다. 그 후 기독교는 본질상 종교임에도 토착민들에게는 발달한 문명을 가능하게 하는 정신으로 인지되어 빠른 속도로 북아메리카와 아시아로 퍼져나갔다.

세계화의 흐름에도 여전히 토착 종교의 정체성을 잃지 않고 살아가는 지역이 있다. 특히 동남아시아(불교)와 중동(이슬람) 그리고 인도(힌두교) 지역이다. 이슬람은 과거 기독교와 무력 충돌도 있었을 정도로 자기 정체성에 대한 신념이 강하다. 힌두교와 불교와의 관계에서는 아시아 지역 내에서 크고 작은 마찰이 있었지만, 이슬람과 벌인 전쟁만큼은 못되었다. 지역에 따라 양상은 다르지만, 힌두교와 불교의 갈등은 아직도 진행 중이다.

특히 종교 다원주의 사상이 빠르게 퍼지면서 타 종교인에 대한 선교는 여러 문제에 직면하게 되었다. 무엇보다 먼저는 전도 대상으로서 타 종교인을 선택하는 것 자체가 이미 기독교 우월주의에 근거한 행위라는 것이다. 타 종교의 가치와 의미를 인정한다면 타 종교인을 전도하는 노력은 지양해야 마땅하기 때문이다. 감정에 사로잡혀 합리적인 통제력을 상실하면 언제라도 종교분쟁으로 이어질 수 있다. 타 종교인을 전도의 대상으로 삼는 건 그 종교를 기반으로 하는 가족과 사회 안에 분열의 불씨를 심어놓는 것과 다르지 않다. 전도하는 자에게는 신앙과 확신의 표현이라 당연하게 여기겠지만, 전도의 대상에게는 가치의 충돌을 넘어 사회의 혼돈과 분열로 이어지게 하는 원인일 수 있다. 인간적인 갈등은 물론이고 가족의 갈등을 유발하고 사회의 전통을 해칠 수 있다. 이것을 감정적으로 결단코 용납하지 않으면 종교 간 분쟁까지도 일어날 수 있다.

또 다른 문제는 종교인을 상대로 전도하는 건 기독교가 사회로부터 비난과 배척의 이유가 되는 것이다. 이것은 앞서 언급했지만 자기 종교의 우월성을 주장하는 일이며 또한 세계사의 흐름에 역행한다고 생각하기 때문이다. 진리를 거부하는 것이니 그런 일을 자행하는 기독교는 진리에서 벗어난다고 생각한다.

종교 다원적 사회에서 타 종교인에 대한 선교가 난관에 부딪힌 것은 부정할 수 없는 사실이다. 선교의 방식이 바뀌어야 할까, 아니면 전도 자체를 포기해야 할까? 예수님의 지상명령을 생각한다면 선교를 포기할 수는 없다. 어떤 경우에서든 하나님이 그들도 다스리시고 또 은혜와 자비를 베푸신다는 사실을 인정하도록 할 뿐 아니라 무엇보다 우상을 섬기는 일을 멈추도록 해야 한다. 다만 선교의 방식만은 바뀔 필요가 있다. 이미 하나님의 선교는 방식의 변화를 의미하고 또 요구한다. 복음만이 아니라 복음적인 가치를 실현하는 행위도 선교로 보기 때문이다. 이와 더불어 무엇보다 권장되는 건 관계전도와 BAM 그리고 도시 선교다. 복음을 직접 전할 기회가 있다면 전해야 하겠지만, 이것이 어렵다면 삶의 모범을 통해 곧 좋은 성품을 통해 사람들로 관심을 얻게 할 뿐 아니라 기독교적인 가르침에 근거한 삶의 매력을 보여주는 것이다. 특히 실생활에서 직접 부딪히는 가정 문제에서, 교육과 인권과 생명윤리 문제에서 그리고 자본의 활용 문제에서 세상과 구별되는 가치와 의미를 구현할 때 사람들은 주목한다. 사람들이 주목하여 질문해 올 때 그리스도인은 그 배경과 이유를 말하면서 복음을 전하면 된다.

여행 금지 국가로의 선교여행은 괜찮은가?

조선 말 홍선대원군의 배타적 정책으로 복음을 들고 조선으로 오는 선교사는 발각되는 즉시 죽음을 면치 못했다. 오늘날의 의미에서 볼 때 조선은 여행 금지 국가 중에 제1순위였을 것이다. 영화 〈미션〉(롤랑 조페, 1986)에서 볼 수 있듯이, 들어가기만 하면 죽을 수 있는 지역을 오직 선교를 위해 폭포를 오르는 신부의 모습은 감동 그 자체였다. 죽음의 위협이 현저하다 해도 선교사들은 목숨을 걸고 들어갔고 마침내 복음은 전파되었다. 특히 초창기의 박해를 생각한다면 상상하기 어려울 정도로 전개된 대한민국의 복음화 속도는 세계에서 유례를 찾아볼 수 없다.

오늘날 여행 금지 국가는 전쟁의 위협이 도사리고 있거나 전쟁 중인 국가를 일컫는다. 자국민의 안전을 위해 국가가 안전대책으로 마련한 것이다. 외교부는 여행이 가능한 국가 중에 안전을 보장할 수 없을 정도인 나라를 여행 금지 국가로 분류한다. 문제는 그런 지역이 대부분 다양한 분야에서 도움이 필요하고 또 기독교 선교가 필요한 타 종교 국가라는 것이다. 과거 노무현 정부 때에 대한민국 국민으로서 여행 금지 국가로 선교여행을 갔다가 억류되어 외교적으로나 종교적으로 어려운 문제를 겪었던 사례가 있기에 이것은 국가적으로나 외교적으로 더욱 민감한 문제가 되었다. 북한 선교를 겨냥해서 북한으로 선교여행을 가는 한국계 외국인들도 마찬가지다.

여행 금지 국가로의 선교여행은 중단되어야 하는가? 아니면 정부의 권고를 무시하고 순교를 각오하고 들어가길 주저하지 말아야 할 것인가? 과거의 사례에 비추어보면 선교는 순교를 염두에 둔 행위이기 때문에 복음을 위해 들어가길 주저하지 말아야 할 것이다. 실제로 복음주의적인 선교 개념에 충실한 교회에서는 지금도 여행 금지 규정을 무시하고 우회로를 통해 선교사를 파송한다. 이에 비해 하나님의 선교를 주장하는 에큐메니즘에서는 여행 금지 국가로 선교사를 파송하는 것을 자제하는 편이다. 물론 전적으로 포기하는 것은 아닌데, 무엇보다 국제기구나 NGO 활동을 통해 우회적으로 접근한다. 어떠한 입장에 서든지 여행 금지 국가라 해도 선교는 계속되고 있다.

여행 금지 국가로 지정되는 경우는 대체로 내전 혹은 이웃 국가와의 전쟁 상황 혹은 전염병 감염의 위험 때문이다. 이런 상황에서는 국민의 건강과 아이들의 교육 등과 관련해서 외부로부터 도움을 요청하는 경우가 많기에 이 일을 위해 준비하여 파송하는 건 괜찮은 방법이다. NGO 활동을 통한 간접전도 곧 관계전도 방식이 좋겠다는 말이다.

한편, 내전의 위험이나 박해와 달리 납치의 위험 때문에 여행 금지 국가로 지정되기도 한다. 과거의 피해사례는 납치에 따른 인질을 볼모로 대가를 요구한 것인데, 납치범들이 요구하는 액수가 개인이 감당하기 어렵기에 일단 국민의 생명을 보호하는 차원에서 국가가 대납했다. 납치범들도 이런 상황을 예상하고 인질에 대한 대가를 높게 책정한다. 이것은 선교 행위가 오히려 국민적인 우려로 이어진 대표적인 사례다. 이를 염두에 둔다면 선교의 열정에 앞서 효율적인 선교를 생각해야 할 것이다. 박해가 있다고 해서 선교를 포기할 수 없지만, 굳이 죽을 위험이 현저한 곳으로 무모하게 모험을 강행하여 국가에 부담을 주는 일은 기독교에 대한 이미지 개선을 위해 자제하는 것이 필요하다. 이를 위해 지혜로운 방법을 마련해야 할 것이다.

선교는 피조물을 사랑하시는 하나님이 예수 그리스도와 성령을 통해 직접 행하신 일이다. 하나님은 선교지의 생명을 사랑하시지만, 선교에 동참하는 교회와 선교로 파송된 선교사의 생명도 사랑하신다. 하나님의 사랑을 전하기 위한 희생이라고 믿으며 순교를 각오하고 선교에 임하는 건 의미가 있는 일이지만, 다른 한편으로는 하나님이 모두를 사랑하시는 만큼 모두의 생명을 보전할 수 있는 선교 방식을 개발하는 것이 급선무이다. 내전이 있는 상황에서는 생필품을 포함해 교육과 치료를 위한 도움이 절실한 만큼 이를 위해 노력하는 것도 좋겠다. 종교적인 박해가 있는 곳이라면 직접적인 전도보다 관계전도 곧 "착한 행실"(마 5:16)을 통해 하늘에 계신 아버지께 영광을 돌릴 방법을 마련하는 것이 필요하다.

목회 비평의 기준으로서 두 초점의 선교

국내의 교회 현실을 무시하고 외국 선교에만 전념하는 것도 문제지만, 외국 선교를 도외시하고 국내 복음화에만 열을 올리는 것도 바람직하지 않다. 특히 농촌 지역은 이단들의 공략 대상이 되었다. 도시 교회가 국외로 눈을 돌리는 동안 국내는 이단들이 득세하였다. 농촌 지역의 현실을 고려한다면 교회 선교는 이제 국내로 눈을 돌려야 한다. 농촌뿐 아니라 도시도 마찬가지다. 도시 선교의 필요성은 단지 인구가 집중되어 있다는 사실에만 있지 않다. 도시 문명에 숨어서 회개의 필요를 전혀 느끼지 못하는 사람이 많기 때문이다. 도시 선교는 복음을 들어도 기쁜 소식으로 들을 수 없는 물질문명에 취해있는 현대 도시인들이 회개할 것을 촉구해야 한다. 도시 및 농촌 지역에 관심을 돌려야 한다고 해서 외국 선교를 등한시해도 된다는 건 아니다. 아직도 복음을 접하지 못한 지역이 있기에 외국 선교에 관한 관심은 국내 선교에 기울이는 정도와 비례해서 부족하지 않아야 한다.

선교에서 또 다른 두 초점은 복음주의와 에큐메니즘 선교이다. 복음을 전하고 그리스도의 제자로서 살도록 하는 일과 하나님의 선교 정신을 구현하여 복음의 가치를 구현하며 살아내는 일은 병행해야 한다.

[점검해야 할 질문들]

– 하나님 나라와 선교의 관계는 얼마나 숙지하고 있는가?

– 하나님의 선교에 대해서는 숙지하고 있는가?

– 복음주의적 선교와 에큐메니즘 선교 사이에서 균형을 잘 유지하고 있는가?

나가는 말

교회의 다섯 기둥이 하나님의 뜻에 합한 교회가 되기 위한 조건임을 명심할 때 무엇보다 먼저는 교회 안에서 하나님의 뜻이 이루어질 뿐 아니라 교회를 통해 뜻이 성취되도록 순종하는 것이 가장 중요하지 싶다. 하나님의 심판은 먼저 교회에 서부터 시작하기 때문이다(벧전 4:17). 하나님의 부르심을 따라 그리스도의 몸으로 연합한 교회는 다섯 기능을 통해 먼저 교회가 하나님이 다스리시는 곳임을 가장 먼저 드러낸다.

그러나 교회의 다섯 기능이 유기적으로 통합해 작용하지 못하면 교회를 통해 이루시길 원하시는 하나님의 뜻 역시 온전히 드러나지 않는다. 교회는 건강을 잃게 되고 경건의 모양만 있을 뿐 경건의 능력을 상실한다.

이와 관련해서 교회를 건강하게 유지하는 다섯 기둥을 말하면서 동시에 이런 의문이 든다. 영과 진리로 하나님을 예배하는 일을 무의미하게 여기게 하고, 하나님의 영광을 위한 삶을 실천할 수 있도록 돕는 교육을 방해하며, 또한 같은 목적을 위해 봉사와 교제와 선교를 실천하는 것을 가로막는 것에는 무엇이 있을까? 이 모든 것들이 유기적으로 기능하도록 돕는 교회 행정이 바르게 이뤄지지 못하게 하는 것은 무엇일까?

인간은 지식을 많이 가짐에 따라 그에 비례하여 세상을 보는 안목이 넓어졌을 뿐 아니라 세상을 판단하는 능력도 많아졌다. 올바른 판단을 위해서는 옳고 그름을 분별하기 위한 지식이 필요하다. 지식이 없을 때 혹은 지식의 한계를 경험할 때는 초월적인 일에 관해서 말하기 위해 물질을 매개로 신화적인 의식을 실행하는 종교가 힘을 얻고, 지식이 많아지면 과학자와 철학자(지식인의 대표로서)가 힘을 얻는다. 근대의 과학혁명 이후 오늘날에 이르기까지 과학과 철학은 물질적으로나 정신적으로 시대를 이끄는 동력을 제공하고 있다. 노동력이 여전히 중요한 의미와 가치를 갖긴 해도 오늘날에는 지식과 지식을 결합하여 새로운 지식을 생산하는 통합능력 혹은 서로 이질적인 것을 통합하여 새로운 것을 생산하는 하이브리드 능력이 있는 자가 힘을 얻는다. 창의적인 스토리텔링 능력이 있는 자가 부와 권력을 얻는다. 그런데 무한히 늘어나는 지식을 통합하여 생산능력을 발휘할 수 있는 자는 더는 인간만이 아니다. 인공지능 역시 가능하다. 인공지능은 인간의 뇌 기능의 일부를 수행하는 기계이다. 오늘날 인공지능 기반의 기술인 데이터 지능(Data-Intelligence)은 인간의 판단 능력을 대체하는 수준까지 접근했다. 정보 수준을 넘어 지식을 생산할 정도라는 생성형 인공지능 chatGPT는 그 결과다. 과학과 철학에 의존하는 인간이 자신을 기계로 대체하는 모험을 감수할지 아니면 다른 무엇과 비교해서 얻어지는 인간의 고유한 위치를 고수할 것인지는 의문이다.

여하튼 인공지능 및 데이터 지능이 점점 힘을 얻어가는 이런 시대에 인간은 무엇에 의지하여 세상을 보고 또 판단할까, 기계의 알고리즘일까 아니면 여전히 불합리하게 보이는 하나님의 말씀일까?

인간이 판단을 내릴 때, 만일 하나님이 필요하지 않다면, 인간은 자기를 신뢰할 수밖에 없게 되어있다. 자기 소견에 옳은 대로 사는 방식을 택한다. 설령 기계에 의존한다 해도 그것은 인간의 계산 능력을 기계에 입력한 것에 불과하기에 결국 인간 자신을 의지하는 것과 다르지 않다. 타인을 신뢰하든 아니면 우상을 신뢰하든 마찬가지다. 자기가 옳다고 보기에 신뢰하는 것이다. 이것이 성경이 보는 인간 이해의 단면이다. 아니, 본질적 속성이라 할 수 있다. 앞으로 어떤 시대가 온다 해도 인간의 이런 본질은 크게 벗어나지 않을 것이다. 마지막 심판 앞에서 진리가 무엇인지를 알게 되기까지 계속될 것이다. 참 진리를 알고 자기 자신으로부터 자유롭게 되는 경지에 이르기까지 인간은 자신이 아는 지식에 따라 세상을 보고 또 판단한다. 그리고 계속해서 지식을 추구하면서 인간 세상을 통합하려고 하며 마침내는 신의 관점에까지 이르려 한다(바벨탑 사건을 생각해보라). 더 나아가서 신이 되려고 한다(참고: 유발 하라리, 『호모 데우스』). 그 이유는 인간은 자신을 끊임없이 불안정한 삶으로 부르시는 하나님과 그의 말씀대로 살기보다는 자신이 분명하게 확인할 수 있고 확신하는 지식에 근거해서 살아가는 것을 더 편안하게 생각하고 또 본질에서 그것을 더 좋아하기 때문이다. 인간의 타락을 전해주는 창세기 제3장의 기록은 이런 인간의 본질을 선취하고 있다.

그렇다면 지식을 포기해야 할까? 그렇지 않다. 하나님은 세상의 창조주로서 인간이 세상을 알고 잘 관리하고 또 다스리기를 원하신다. 이를 위해 지식은 절대적으로 필요하다. 신학은 세상의 각종 지식을 포기하게 만들기보다는 지식을 더 풍성하게 할 동기를 부여할 뿐 아니라 또한 지식을 하나님의 뜻에 따라 바로 세우기 위한 노력이다. 지식의 질서를 말할 수 있다면, 질서를 세우시는 하나님의 행위가 신학함(doing-theology)을 통해 나타나도록 하는 것이다. 곧 지식을 하나님의 영광을 위해 사용할 방법을 모색한다. 관건은 어떤 형편에 있든지 또 어떤 상황에서도 하나님을 신뢰하는 것이다. 자신이 아는 것으로 하나님의 말씀을 판단하려고 하지 않는 것이다. 인간은 하나님의 말씀에 따라 판단을 받는 존재다. 오히려 하나님의 말씀에 자신을 비추어보면서 세상에 대한 지식을 바탕으로 그 세상을 향한 하나님의 사랑을 깊이 깨닫고 더욱 겸손해지는 것이다. 예수 그리스도를 통해 나타난 모든 것들을 합리적으로 이해할 수 있도록 설명하는 일이다.

교회의 행위를 방해하는 주범은 세상에 대한 인간의 지식이며 또한 지식과 더불어 나타나는 인간의 인정욕구와 그것을 누릴 때 나타나는 교만이다. 지나친 열광주의와 지나친 금욕주의도 마찬가지다. 인간의 욕망은 하나님의 뜻이 이루어지는 것보다 세상이 해결해야 할 과제에 더 큰 의미를 부여한다. 더욱 심각한 경우는 하나님의 뜻보다 자신이 옳다고 여기는 것을 더 우선하는 것이다. 그럼으로써 세상으로부터 인정받으려 한다. 이로써 사람들의 관심과 지지를 얻는다. 결과적으로 하나님의 뜻이 이루어지는 과정에서 쓰임받는 길을 걷기보다는 자기 소견에 옳은 대로 사는 것을 선호한다. 교회의 행위는 바로 이런 지식과 이런 지식을 뒷받침하는 사상과 이런 지식이 보장하는 번영과 성공의 삶을 통해 심각한 방해를 받는다. 가장 나쁜 경우는 신앙 양심이 마비되어 아무리 말씀을 전해도 귀를 기울이지 않는 것이며, 여기에 더해 양심이 변성되면 하나님의 말씀을 오히려 욕망 실현의 도구로 사용한다.

교회의 다섯 기능은 하나님이 교회를 통해 당신의 뜻을 이루어 가시는 도구이다. 우리가 하나님을 순종하며 살 때 무엇을 통해 하나님의 뜻을 이루며 사는가 하는 질문에 대한 대답이다. 구원의 의미에는 회복을 포함한다. 이에 따르면 하나님이 다섯 기둥을 통해 행하시는 일에 순종하는 건 목회자에게 회복 곧 구원이 일어나기 위한 조건이다. 하나님은 우리가 예배함으로 당신의 영광 안에서 친밀한 사귐을 갖길 원하시고, 교육을 통해 인간과 하나님을 아는 지식이 요구하는 삶의 변화를 돕고, 봉사와 교제와 선교를 통해 십자가의 희생을 통해 하나님의 뜻을 이루신 예수 그리스도를 우리가 증거할 뿐 아니라 또한 그런 삶이 우리 자신에게도 일어나길 기대하며 살길 원하신다.

믿음을 갖고 이 세상에 사는 동안 첫째, 만일 우리가 세상으로부터 얻은 지식에 의지해서 사는 것을 우선한다면, 교회의 분열과 갈등은 불가피해지고, 교회 행위는 치명적으로 방해를 받을 수밖에 없다. 그것이 무의미하다는 말은 아니다. 다만 지식을 갖고 있고 또 그 지식을 매개로 산다 해도 하나님을 신뢰하는 일이 소홀해지지 않도록 하는 것이다.

둘째, 만일 인정욕구에 사로잡히면, 하나님의 영광이 아니라 자기 영광을 추구하는 삶을 살게 된다.

셋째, 만일 우리의 신앙 양심이 깨어나지 못하거나 혹은 변성된 양심의 상태를 치료하지 못하면, 하나님의 말씀은 사단의 도구가 되어 교회를 멸망에 이르도록 한다.

끝으로 영양결핍의 원리를 다시 한번 환기하면서 글을 마무리하고자 한다. 다섯 가지 필수영양소 가운데 하나라도 부족하면 아무리 많은 영양분을 섭취했다 해도 건강에 이상이 생기는 것처럼, 교회의 다섯 기능 중 한 가지라도 부족하면 아무리 다른 기능에서 뛰어난 결과를 얻어도 교회의 건강은 심각한 위협을 받는다. 교회의 동력인 하나님의 은혜가 부족한 부분을 통해 모두 빠져나가기 때문이다. 여기에 행정을 하나 덧붙여 정의와 평등과 은혜와 사랑에 기초한 행정이 바로 세워지면 금상첨화라 할 것이다.

목회는 교회의 건강을 돌보는 일이며, 성도가 세상에서 하나님의 생명을 온전히 누리도록 하는 일이다. 이는 우리 몸의 필수영양소와 같은 교회의 다섯 기둥을 올바로 세우고 또한 제 기능을 수행할 수 있도록 지도하는 과정을 통해 이루어진다.

목회의 건강은 다섯 기둥을 살펴보면서 진단할 수 있다. 특히 이 과정에서 목회 비평은 하나님을 중심에 두고 두 초점을 갖는 타원형 궤도를 늘 염두에 두어야 한다. 목회는 두 초점을 반드시 염두에 두고 실행되어야 하며, 그리고 두 초점과 관련해서 결단코 어느 한쪽으로 치우치지 않도록 해야 한다. 그래야 바른 목회를 통해 건강한 교회가 세워질 수 있다.

초판인쇄 2024년 1월 23일
초판발행 2024년 1월 23일

지은이 최성수
펴낸이 채종준
펴낸곳 한국학술정보(주)
주 소 경기도 파주시 회동길 230(문발동)
전 화 031-908-3181(대표)
팩 스 031-908-3189
홈페이지 http://ebook.kstudy.com
E-mail 출판사업부 publish@kstudy.com
등 록 제일산-115호(2000. 6. 19)

ISBN   979-11-6983-929-7 93230